# 中国东北沙地人地系统研究

杜会石　著

科学出版社

北京

# 内 容 简 介

中国东北分布着科尔沁沙地、松嫩沙地和呼伦贝尔沙地,统称为中国东北沙地。中国东北沙地也是科尔沁草原、松嫩草原和呼伦贝尔草原的分布区。该区位于半干旱、亚湿润半干旱地带,是中国著名的生态脆弱带、气候与环境变化敏感带,也是典型的农牧交错带。本书以中国东北地区沙地为研究对象,基于人地关系地域系统的视角,凝练中国东北沙地人地系统研究的科学体系、研究内容、研究方法与科学范式,沿着"系统组成—时空演变—景观生态—驱动机制—决策支持"的思路,分六篇 19 章系统阐述沙地人地系统科学研究范式、中国东北沙地与沙漠化、景观格局时空演变、沙地生态服务与沙漠化风险评价、沙漠化驱动因素与生态恢复、沙地人地系统数据库建设与资源环境信息共享等内容。

本书可供地理学、资源与环境科学、沙漠环境学、地理信息科学等相关学科的科研人员及高等院校相关专业的师生阅读参考。

审图号:GS 京(2023)2448 号

---

**图书在版编目(CIP)数据**

中国东北沙地人地系统研究/杜会石著.—北京:科学出版社,2024.1

ISBN 978-7-03-069243-6

Ⅰ. ①中… Ⅱ. ①杜… Ⅲ. ①沙漠－人地系统－研究－东北地区

Ⅳ. ①K901

中国版本图书馆 CIP 数据核字(2021)第 124762 号

---

责任编辑:孟莹莹 狄源硕 / 责任校对:邹慧卿

责任印制:徐晓晨 / 封面设计:无极书装

科 学 出 版 社 出版

北京东黄城根北街 16 号
邮政编码:100717
http://www.sciencep.com

**北京盛通数码印刷有限公司** 印刷

科学出版社发行 各地新华书店经销

\*

2024 年 1 月第 一 版 开本:720×1000 1/16
2024 年 1 月第一次印刷 印张:20 1/2

字数:413 000

定价:189.00 元

(如有印装质量问题,我社负责调换)

**本书出版得到以下项目资助：**

吉林省自然科学基金项目"松嫩沙地灌丛沙丘发育的地貌-生态过程"（20210101398JC）

国家自然科学基金面上项目"科尔沁沙地西部风沙地貌空间分异及其形成临界条件"（41871022）

吉林师范大学学术著作出版资助基金项目

# 前　　言

　　中国东北西部和内蒙古中东部草原、美国中部大平原草原与北哈萨克斯坦草原并称为北半球温带三大草原。中国东北西部分布着科尔沁草原、松嫩草原和呼伦贝尔草原，是中国重要的商品畜牧业基地和商品粮基地。中国东北沙地沙漠化灾害频发与生态失衡是区域经济发展的主要障碍之一。

　　中国东北沙地地处农牧交错带，属气候变化和人类活动敏感区，特殊的自然地理环境孕育了独特的沙地自然景观，在沙丘类型、发育模式、分布格局及空间分异等方面与其他沙漠或沙地具有明显差别，成为学者开展相关研究的重要靶区。而特殊的自然地理区位孕育了独特的人文情怀，在人们逐渐适应、利用和改造沙地过程中，区域生态环境也发生了显著变化，形成了独具特色的人地关系，但人地关系系统中很多科学问题尚未解决，正成为地学研究的新热点。因此，本书通过开展中国东北沙地人地系统综合研究，揭示半干旱区生态环境演化机理，为全球环境变化与人类活动背景下区域绿色发展提供科学依据。

　　作者从 2006 年开始，在中国东北沙地区域开展土地利用遥感监测、湿地景观分析和生态系统服务评估工作。2017～2020 年，作者负责或参与了新、内蒙古、晋、吉、黑等地 21 个国家级/省级贫困县退出专项检查评估或抽检工作，特别是负责内蒙古自治区阿尔山、扎兰屯、翁牛特旗、敖汉旗，黑龙江省克东县、青冈县，吉林省镇赉县、洮南县等地的国家级/省级贫困县退出评估工作，深入农牧区走访调研，见证国家脱贫攻坚政策对该区农牧业产业、乡村生态环境与人文景观改变的巨大效力。这对本书写作思路的凝练与梳理都有重要意义，也是选题的出发点，即选取中国东北沙地（科尔沁沙地、松嫩沙地和呼伦贝尔沙地）为研究区，更体现地理学的地域综合与分异的研究思想。

　　人地关系理论是地理学的传统和特色，对认识并解决当下沙区人类面临的重大问题具有重要启示，本书正是基于该视角开展相关研究。目前，学者已出版的专著多是关注沙地区域风沙地表演化过程，很少将人类活动与自然地理研究深入结合，进行综合分析。因此，本书从方法论角度提炼了中国东北沙地人地系统研究的研究内容、研究方法与科学范式；再从实证角度，对中国东北沙地与沙漠化、景观格局时空动态、沙地生态系统服务与沙漠化风险评价、沙漠化驱动力、沙地生态恢复与调控、沙地人地系统数据共享与决策服务等内容进行系统阐述。

　　本书力求遵循人地关系研究范式，紧密结合沙漠科学研究国际前沿，注重沙地环境人地系统研究方法的应用创新，建立中国东北沙地综合研究新视角，即基于人地关系研究范式，建立中国东北沙地人地系统研究框架，揭示景观时空格局特征和演化机制，开展沙漠化风险评估，定量分析沙漠演化驱动机制，针对该区地理条件提出沙地调控途径和可持续发展对策，为中国东北沙地区域生态经济建设决策提供参考。

感谢作者的研究生宋春威、巴之丹在野外定位实验和数据处理中的帮助，感谢曲玮、关晓鹏等同学对书稿文字整理及插图制作给予的帮助。

由于作者才识浅薄，书中疏漏之处在所难免，敬请同仁不吝赐教，万分感激。

作　者

2023 年 10 月

# 目　　录

# 第一篇

## 沙地人地系统科学研究范式

# 第1章　沙地人地系统科学的体系

人与自然系统的关系是一个古老的哲学命题，现代自然科学的进步把这一哲学命题具体化为相关学科的科学命题。地理科学的研究对象是地球表面的地理环境。地理环境是指海陆表面上下具有一定厚度范围而不包括地球高空和内部的地球表层，即岩石圈、水圈、大气圈和生物圈相互接触之处。地理环境可以分为天然环境和人为环境。天然环境是指那些只受到人类间接影响而自然面貌未发生根本变化的地理环境，如高山、荒漠、沼泽等；人为环境则是指那些在人类影响下自然面貌发生重大变化的区域，如农村和城市。人为环境的变化程度决定于人类的干涉程度，然而，人为环境的演变仍受制于自然规律，因此，人为环境仍是自然地理学的研究对象，即自然地理环境应指天然环境和人为环境的总和（伍光和等，2004）。

这里可从系统论角度看地理学的系统构成，系统论认为，现实世界归根到底是由一系列大小不同、复杂程度有差别、等级高低不一、彼此交错重叠的系统组成的一个多级次的网络系统（伍光和等，2004）。在该系统中，由地理环境和人类活动两个子系统交错构成的复杂开放的巨系统是地理学的核心研究对象，称为人地关系地域系统或人地耦合系统（樊杰，2018）。也有学者从生态、环境视角来研究问题，将其称为社会-生态系统、人类与自然耦合系统，但都强调了自然环境和人类活动之间的耦合关系（Ostrom，2009；Liu et al.，2007a；Turner et al.，2003）。人地关系系统研究关注自然与社会要素、结构和功能的相互关联、级联特征，而现实中人地耦合系统要素变化往往在特定地域中呈现此消彼长的权衡规律，从而导致了要素或结构的不匹配和不可持续（Wang et al.，2018）。例如，干旱区生态环境-人类活动问题即聚焦区域土地利用/覆被变化下的人地关系的权衡。而从地理学独特的区域视角出发，理解自然与社会子系统中要素、结构和功能相互关联的地域分异规律，成为人地关系系统研究与其他学科复杂系统研究的重要区分（宋长青等，2018）。以区域人地关系系统中各项子系统协调发展、整体优化为目标，对特定地域的关键要素、结构和功能关联机制解读成为人地关系系统研究的重要科学问题和资源环境可持续管理实践的重要切入点（刘焱序等，2021）。

干旱半干旱区正在受到全球气候变化和人类活动的双重影响，区内人口的生计高度依赖干旱半干旱环境和生态系统所提供的服务；而气候变化和人类活动下干旱半干旱区地表演化过程同时影响着自然生态系统和农业生态系统的结构与功能,进而威胁旱区的生态安全和粮食安全。联合国 2030 年可持续发展目标中的"消除贫穷、消除饥饿、应对气候变化、防止土地退化"和干旱半干旱区沙地生态系统、土地利用、沙漠治理等直接相关。因此,关注气候变化和人类活动下的干旱半干旱区沙地地表演化-人类活动关联机制,是人地关系系统研究的前沿科学问题之一,也是推动中国生态文明建设与可持续发展的重大国家需求。中国在干旱半干旱区地表过程集成研究方面具有深厚积累,在沙漠科学研究如火如荼开展之际,与干旱半干旱区发展密切相关的人地关系研究正成为中国学者关注的焦点。但很多研究仅从生态角度或社会角度分析系统要素的特征或要素间的关联,并未深入诠释区域人地耦合系统中多个子系统间相互作用的动力机制。因此,有必要凝练沙地人地系统研究科学范式,开展沙地人地耦合系统的理论、方法与实践研究,为中国陆地表层系统科学研究的深化和资源环境可持续管理提供借鉴。

# 1.1　沙地人地系统科学的理论体系

## 1.1.1　关于沙漠科学的几个定义辨析

荒漠(desert),指气候干燥、降水量稀少、蒸发量大、植被贫乏的地区。荒漠的地面温度的年较差与日较差都很大,物理风化强烈,风力作用活跃,地表水极端贫乏,多盐碱土。植物生长条件极差,仅见少量株矮小叶或无叶而耐干旱、耐盐碱和生长期短等特征的植物。地面常呈一片荒凉景象,在自然地理学中称其为荒漠化景观。荒漠多分布在亚热带和温带无水外泄的地区。根据地面组成物质分为岩漠、砾漠、沙漠、泥漠和盐漠等。石质和砾质的荒漠平地称为戈壁。沙质地面称为沙漠(吴正,1987)。

沙漠(sandy desert),指沙质荒漠,是荒漠中所占面积最广的一种类型,整个地面覆盖大片流沙,广布各种沙丘。沙漠常分布在砾漠外围,在风力作用下,沙丘移动,流沙侵袭,对人类造成严重危害。沙漠又称旱海或大漠,维吾尔语称"库姆",蒙古语称"戈壁",阿拉伯语称"厄格"(Erg),在中国古书上有的称沙漠为沙河,此外,在荒漠地带以外的干草原地带也有不少面积被沙丘覆盖,这就是通常所说的沙地。自 1977 年联合国防止荒漠化会议以后,受全球沙漠化研究的推动,沙漠研究得到了较高的重视,国内外相关研究也取得了明显进展(David,1997)。

荒漠化是指包括气候变异和人类活动在内的种种因素造成的干旱、半干旱和亚湿润干旱地区的土地退化。这里的土地退化是指由于使用土地或由于一种营力或数种营力结合致使干旱、半干旱和亚湿润干旱地区雨浇地、水浇地或草原、牧场、森林和林地的生物或经济生产力的复杂性下降或丧失,其中包括风蚀和水蚀造成的土壤物质流失,土壤的物理、化学和生物特性或经济特性退化及自然植被长期丧失。该定义是 1994 年由 100 多个国家共同签署的《联合国关于在发生严重干旱和/或荒漠化的国家特别是在非洲防治荒漠化的公约》中所做的定义（中华人民共和国林业部防治沙漠化办公室，1996）。

沙漠化是在干旱、半干旱和部分半湿润地区，由于自然因素或因受人为活动的影响，破坏了自然生态系统的脆弱平衡，使原非沙漠的地区出现了以风沙活动为主要标志的类似沙漠景观的环境变化过程，以及在沙漠地区发生了环境条件的强化与扩张过程。简言之，沙漠化也就是沙漠的形成和扩张过程（吴正，1987）。

此外，相关研究中，经常使用的两个词是沙地和沙丘，这里予以简要介绍。沙地是指地表被沙丘（或沙）覆盖，通常以固定或半固定沙丘为主，气候半干旱或半湿润，多风少水流和植被较少的地区。我国地理学界为了强调东西部沙漠自然条件和景观的差异，就东部沙漠使用了"沙地"一词。沙地一词源于沙漠。而沙丘（sand dunes）是风力作用下沙粒堆积而成的丘状或垄状地貌，是沙漠或沙地主要地貌类型，与气候变化、风信状况和沙源供应等自然环境密切相关（吴正，1987）。沙丘主要包括内陆沙丘和海岸沙丘两种类型。沙丘研究是地貌学重要的研究内容，已成为特殊自然地理区域综合研究的重要方向之一（蔡运龙等，2009）。

## 1.1.2　沙地人地系统科学的主要理论

### 1. 系统科学理论

系统科学是从系统的观点来研究客观世界，是从系统这个统一的概念出发，从不同角度研究其他学科中系统特性的基本原理加以总结，并上升到一门基础科学，其研究方法着眼于系统的总体功能，并注意系统内部子系统的相关关系和层次结构，从系统环境、系统结构、系统功能三者的相互关系入手研究系统普遍规律（钱学森等，1990）。系统科学形成于 20 世纪 70 年代，是运筹学、控制论、信息论、现代数学、计算机科学、生命和思维科学等全面发展的结果，是自然科学与社会科学的交叉产物。凡是用系统观点来认识和处理问题的方法，即把对象当作系统来认识和处理，不管是理论的或是经验的，定性的或定量的，数学的或非数学的，精确的或近似的，都称为系统方法。人们常用的系统方法主要有以下几种，如还原论与整体论相结合，定性描述与定量描述相结合，局部描述与整体描述相结合，确定性描述与不确定性描述相结合，系统分析与系统综合相结合。不论是自然现象还是社会现象，存在着系统问题，都可以用系统科学的方法对其开展研究（钱学森等，1990）。

### 2. 人地关系理论的发展

早在古希腊时期，哲学家希波克拉底在其《论环境》著作中提出"人的性格和智慧是由气候决定的"观点，成为环境决定论的最初萌芽。到 18 世纪地理环境决定论思潮开始盛行，德国的拉采尔在其所著《人类地理学》中认为人和动植物一样是环境的产物，人的活动发展和抱负受到地理环境的限制。其后经美国的森普尔和塞缪尔等相继发展，推进了环境决定论（James，1982；Roberts，1948；Semple，1937）。与环境决定论相反，"人类中心论"则认为人是宇宙的中心，在整个生态系统中处于至高无上的地位，法国的笛卡儿提出了"借助实践哲学使自己成为自然的主人和统治者"重要观点，而康德对人类中心主义进行了较完整的理论构建，提出了"人是目的"的命题（任启平，2005）。在强调人类选择力、创造力和肯定地理环境限制作用的基础上，法国的维达尔·白兰士根据拉采尔所著《地学》第二卷的论述形成了或然论，认为自然为人类居住地规定了界限，并提供了可能性，但是人们对这些条件的反应或适应则按照他自己的传统生活方式而有所不同（李旭旦，1986；杨吾扬等，1982）。白吕纳进一步提出"人类与自然环境有连带关系，其关系并非自然环境单方面的作用，人类对自然环境也有选择的自由和活动的余地"（Brunhes，1935）。从 20 世纪中叶开始，人类普遍关心环境质量，对人类活动引起的生物多样性减少和生态系统破坏已有初步的认知，生态学观点再度受到地理学者的关注（徐建华，1995；Robin，1983）。美国的巴罗斯在其《人类生态学》一文中提出生态论观点，将人类活动、生物作用、自然营力在一定的生态系统中加以整合，既避免了决定论和或然论各持一端之嫌，又打破了自然和人文的二元论观点（王爱民等，2000）。在近代科学实证主义思潮影响下，德国的施吕特尔创立了文化景观论（James，1982），认为人是地表景观形成的主要力量，强调通过景观识辨、景观分类、景观过程、景观评估、景观设计和景观制图来建立系统的景观研究体系，以此来考证地表各种可见和可感事物的人地关系（王爱民等，2000）。随着心理学和行为科学的发展，在地理学中兴起了一场行为革命（Gary et al.，1989），即认为通过研究人类的环境知觉和空间行为，可透彻地了解和检验人地之间的关系（王爱民等，2000）。从 20 世纪初以来，文化对环境的影响日渐引起学者的关注，出现了如文化决定论、"挑战与适应"模式、"能量-文化"进化观、文化生态学中的人与环境的适应模式、文化变革论等关于人地关系的各种各样的文化观（王爱民等，2000），他们普遍认为人地关系中人对地的影响和利用程度取决于文化发展的程度（任启平，2005；赵明华等，2004）。

　　在中国，探究人地相互关系的历史悠久。早在公元前 500 多年，哲学家老子（公元前 580～前 500 年）就提出"人法地，地法天，天法道，道法自然"的观点。先秦著作《礼记·王制》中的"广谷大川异制，民生其间者异俗"和《管子》中的"沃土之民不材，瘠土之民向义"等论断，都带有环境决定论的思想萌芽，即承认人类对自然环境的依赖和自然环境对人类具有制约作用。与此相反，孟子（公元前 372～前 289 年）在《孟子·公孙丑（下）》中提出了"天时不如地利，地利不如人和"的人定胜天思想。荀子（公元前 313～前 238 年）主张人类应"制天命而用之"，提出"天有其时，地有其财，人有其治，夫是之谓能参"的论断，认为只有通过人的作用，才能掌握规律，强调依靠人的实践来证实自然规律，对自然控制人类命运这一观念提出抗争。此外，因地制宜和人地协调的思想在我国古代亦有萌芽。管仲《地员》中"地者，政之本也，辩于土而民可富"，认为土地是国家政治根本，合理利用土地可以致富；北魏的贾思勰提出"顺天时、量地利，则用力少而成功多，任情返道，劳而无获"（《齐民要术·种谷》），这已具有因地制宜的思想，强调人类在遵循自然规律的前提下对自然环境的主动适应。在人地协调发展思想方面，《孟子·梁惠王》中"数罟不入洿池，鱼鳖不可胜食也，斧斤以时入山林，树木不可胜用也"，指出不用细密的渔网在池塘里捕捞，则鱼鳖不会被吃不完，而树木按季节时令有规律地砍伐，则可用之不竭；商鞅曾提出"为国任地"的观点，认为"民过地，则国功寡而兵力少，地过民，则山洋财物不为用"（《商君书·算地》），主张人口与耕地比例要保持平衡。以上观点显示了我国古代思想家对于人地之间及人类主观能动性和客观自然规律之间的思辨（王爱民等，2001）。

　　20 世纪初期，中国地学会的创立（1909 年）和地理学有关杂志的出刊，推动了我国人地关系研究的科学化进程，在"西学东渐"风气影响下，国外人地关系理论和研究方法开始引入，地理学开始从方志性的描述地理学向重因果关系、逻辑推理、观测实验和野外考察的科学地理学转型，初步构建了人地关系研究的科学体系（吴传钧，1981）。20 世纪 80 年代，在李旭旦、吴传钧等学者的大力倡导下，人地关系研究走向复兴和发展的道路，在人地系统研究的理论、方法、实践应用方面取得丰富的成果（方创琳，2004）。1981 年，吴传钧提出"'人-经济-自然'系统是一个多学科相互交错的研究领域。地理学家着重研究人地关系的地域系统，这正是地理学的中心研究课题"（吴传钧，1981）。人地关系地域系统是由地理环境和人类活动两个子系统交错构成的复杂的开放的巨系统，是以地球表层一定地域为基础的人地关系系统，也是人与地在特定的地域中相互联系、相互作用而形成的一种动态结构（吴传钧，1991）。钱学森（1987）倡议发展"地理科学"，认为地理科学属于自然科学与社会科学的交叉学科，具有研究解决人地系统格局与过程问题的天然使命和独特优势。吴传钧（1991）提出人地关系地域系统是地理学的研究核心，科学诠释了人地关系这一地理学研究的基本对象和地理综合体的全新思想。黄秉维（1996）倡导发展"陆地表层系统科学"，强调地球系统研究是可持续发展战略的科学基础。陈述彭等（1996）指出"地球系统科学研究要运用空间信息技术工具和手段，以服务区域持续发展为最终目标"，强调地球表层系统自然、人文和技术相结合的系统研究。史培军（1997）提出从人地系统动力学入手，深入研究可持续发展理论与方法，揭示地球系统演变的人类驱动力机制。陈之荣（1998）指出"实施可持续发展战略必须协调人类圈和全球环境的关系"，促进人类发展与环境交叉研究，其核心是深化"人-地系统"的理论研究。任美锷（2004）提出自全新世以来，把人类作为与地球各自然圈层的总和相对等的一个圈层，即以人类圈为核心，整合环境与社会文化两个对等部分，研究其相互影响和相互作用。刘彦随（2020）基于对前人成果的梳理，构建了人地关系地域系统理论模式（图 1-1），并指出因自然生态系统本身具有承载能力的有限性、过程的复杂性与格局的差异性，当人地系统处于适度耦合时，系统会正向演替和协调发展，否则会引发退化或衰落（刘彦随，2020）。

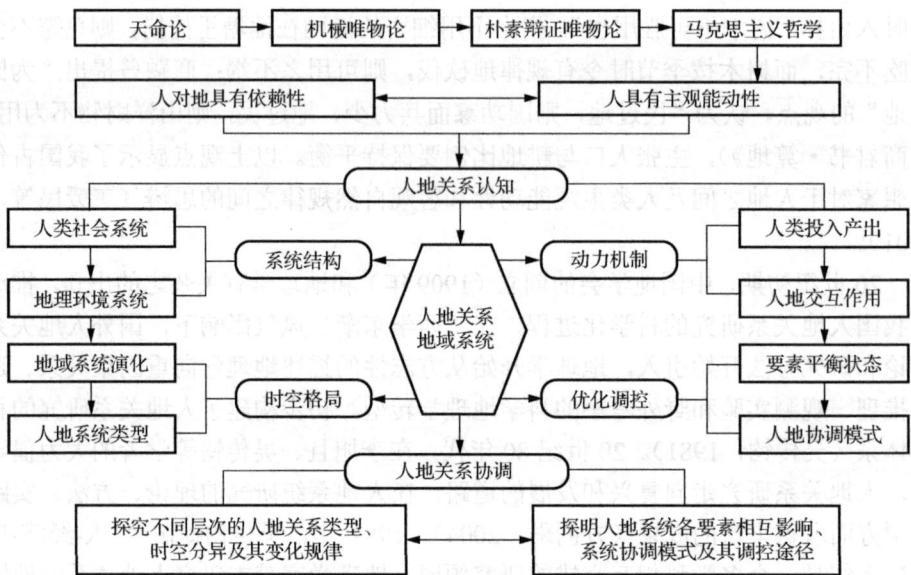

图 1-1　人地关系地域系统理论模式（刘彦随，2020）

综观中西方人地关系思想的发展历程，或侧重于自然地理环境的作用，或侧重于人类活动的能动性，或着重说明人地协调，都试图从不同角度解释人地关系的实质和机制，每一种人地关系思想均存在历史合理性，人地关系的整体性、综合性决定了唯有综合各种观点才能掌握其全貌和本质（郝成元等，2004；王爱民等，2000）。

**3. 地理学视角人地关系的定义**

目前，国际上对人地系统主要有多种表述方式，如人与环境耦合系统（coupled human-environment system, CHES）（Srinivasan et al.，2013；Turner et al.，2003）、

社会-生态系统（social-ecological system, SS）（Mitchell et al.，2015；Ostrom，2009）、社会环境系统（social environment system, SES）（赵文武等，2020）、人与自然耦合系统（coupled human and natural system, CHANS）（Liu et al.，2007b）、自然与人耦合系统（coupled natural and human systems, CNH）（Fu et al.，2018）。这些概念源自学者各自的地理科学、生态学、环境科学等的科学背景，有不同的研究侧重和科学特点，他们关注的对象、研究的要素以及相互作用过程多有交叉、重叠，在解释人与自然系统的耦合机制上均有独特作用。然而，面对全球变化和经济全球化背景下当代人类社会发展趋向和可持续发展问题的复杂性，传统的科学理论和方法显现出片面性和局限性，需要建立能够最大限度地整合自然与人文过程，集成各方面学科优势，形成具有共同科学术语和研究范式的新的学科方向（张平宇等，2011）。由于众多全球可持续发展挑战紧密交织在一起，为了理解系统复杂的相互联系和确定可持续性挑战的有效解决方案，必须采用综合方法，将人地系统的各个组成部分进行系统整合（Liu et al.，2015）。

应当指出，人地关系并非地理学所独有，但以地域为基础，从系统分析与综合角度研究人地关系的只有地理学（潘玉君，1997）。因此，形成了地理科学独具特色的基本理论——人地关系地域系统。吴传钧认为，人地关系地域系统是以地球表层一定地域为基础的人地关系系统，也就是人与地在特定的地域中相互联系、相互作用而形成的一种动态结构（吴传钧，1991）。这种动态结构得以存在和发展的条件，是在特定规律制约下，系统组成要素之间或与其周围环境之间，不断进行物质、能量和信息的交换，并以"流"的形式（如物质流、能量流、信息流、经济流、人口流、社会流等）维系系统与环境及系统各组成要素之间的关系（杨青山，2002）。钱学森（1987）则进一步强调，人地关系地域系统的结构与功能是地学重要的基础研究。从系统组成看，人地关系地域系统由自然环境和人类社会环境两个子系统构成，各子系统分别由不同但又相互关联的因子组成，其中一个因子或一组因子变化，子系统内其他因子也会发生相应的变化，导致系统发生变化，甚至是整个人地关系地域系统运行方向和性质的变化（张平宇等，2011）。

人地关系及其变化是现代地理学研究的重要主题，2010 年国际地圈-生物圈计划（International Geosphere-Biosphere Programme, IGBP）也呼吁进一步加强自然科学、社会科学与政策领域的整合研究（Seitzinger et al.，2015）。但仍有学者认为，如果承认地理学是交叉科学，就是揭露了地理学的"弱点"，那么地理学就会被边缘化，在这种理念指导下，为了不被边缘化，这些地理学者拒绝交叉和融合，实践中各行其是。事实上，如果承认地理学是交叉学科，并努力实行交叉和融合，就可能在自然科学和社会经济两个大学科体系的"边缘"交叉中形成新的中心，这更是地理学的优势所在（陆大道，2015）。诚然，回避地理学是交叉学科的学者，认为自然科学和社会经济科学两大类要素之间相互作用的结果在数学上很难被精确描述出来，或者说描述的结果不能提供确定的答案。而在自然科学范围内或社会经济科学范围内，要素间相互作用经过数学的描述是可以提供确定的答案的，这种性质的相互作用描述是科学的（陆大道，2015）。虽然要素间相互作用有不确定性，但对两类不确定性不应该做简单的科学与非科学划分，因为两种不同性质系统内的相互作用的特征不同（陆大道，2015）。综上，人地关系理论是地理科学的核心理论之一，也是地理科学始终如一的具有重大实践意义的重要理论研究课题之一（吴传钧，1991）。

### 4. 沙地人地系统定义

沙地人地关系是人类社会及其活动与沙地自然环境之间的关系，沙地人地关系强调沙地自然过程与人文过程的有机结合，注重知识、科学、决策的有效链接，通过不同尺度监测调查、模型模拟、情景分析和优化调控，开展多要素、多尺度、多学科、多模型和多源数据集成，探讨系统的脆弱性、恢复力、适应性和承载边界等科学议题。

## 1.2　沙地人地系统科学的学科体系

沙地人地系统科学的学科体系是围绕沙地人地关系地域系统展开研究的相关子学科。各领域专家学者围绕沙地人地系统研究的不同角度，在分析、研究有关沙地人地系统相关研究成果的基础上，提出沙地人地系统科学的学科体系为地理学、地质学、水文学、生物学、生态学、土壤学、古气候与古环境学、信息学等，以及它们的下属子学科。沙地人地系统科学的学科体系表明了沙地人地系统科学不同的研究领域，也反映了沙地人地系统科学是一门综合性学科，随着研究的不断深入与发展，其研究领域也会相应地拓展。与此同时，沙地人地系统科学各子学科均有各自的研究对象、研究内容与方法，从而形成了相互独立的学科，但它们又是互相联系的，从不同的方面研究沙地人地系统科学，从而形成一个学科群。沙地人地系统科学的子学科系统是一种开放系统，随着科学技术的发展和在沙地人地系统科学方面的应用，将会有新的学科加入沙地人地系统科学子学科的行列，沙地人地系统科学的子学科也将不断地调整和充实。子学科间边缘领域的研究，注重在精密研究基础上开展综合分析，将促进子学科的精量化发展，也体现了多学科间边缘领域研究道路的正确性。

## 1.3　沙地人地系统科学与相关学科的关系

　　与人地系统研究高度相关的科学计划，包括人与生物圈计划、国际全球环境变化人文因素计划、千年生态系统评估、未来地球、联合国防治荒漠化公约的国家行动计划、国际跨学科网络研究平台、国际地圈生物圈计划等都呼吁将社会科学作为纽带纳入未来对地理、生态与环境的研究中，以解决复杂的人地系统问题（赵文武等，2020）。沙地人地系统科学是研究组成沙地人地系统各子系统间相互联系、相互作用的机制，沙地人地系统变化的规律和控制这些变化的机理，为沙区乃至干旱半干旱区环境变化预测建立科学基础，并为沙地人地系统的科学管理提供依据。沙地人地系统科学是一门综合性学科，与地质学、地理学、水文学、生物学、生态学、土壤学、地理信息学等相关学科关联密切。这些部门学科主要是对沙地人地系统的某一组成部分进行分门别类的研究。如地理学是研究地理环境的形成、发展与区域分异以及生产布局的科学，它具有鲜明的地域性与综合性的特点，同时具有明显的实践作用，与国民经济建设的各个部门有着极其密切的关系（竺可桢，1973），沙地人地系统同样具有鲜明的地域性与综合性，其研究离不开地理学的支撑；地质学是研究地球的起源、组成、结构、运动和演化的科学，其研究任务是揭示各种地质作用的过程和规律，探讨与人类生存、社会发展密切相关的地质资源、生态环境系统、地质灾害等的形成、分布和演变规律，并对其进行综合评价和预测，作为沙地人地系统科学的重要子学科之一，其研究对象与研究方法与沙地人地系统科学存有诸多相似之处。沙地人地系统内部地质、地貌等自然要素在一定的气候、水文条件下通过相互作用形成特殊的土壤和植被，同时也反映了作为人类活动基本场所及条件的土地的综合特性与生产能力。因此，沙地人地系统研究必然需要这些部门学科的参与。此外，3S［地理信息系统（geographic information system，GIS）、遥感（remote sensing，RS）、全球定位系统（global positioning system，GPS）］技术的发展与成熟，可以将社会经济数据格网化，并与其他多源数据进行空间分析与统计分析，极大地拓展了沙地人地系统研究视角。

## 1.4　沙地人地系统研究的意义

　　中国东北沙地人地系统研究秉承了地理学人地系统研究的宗旨，是人地系统研究在典型区域研究的深化。中国东北沙地人地系统由该区沙地自然-经济-社会以及该区人类活动复合而成，沙地人地系统研究以综合的观点和学科交叉的方式研究中国东北沙地人地系统的演变及其动态机制，揭示人类对沙地环境变化的效应和响应，以及人类对环境的利用和影响。中国东北沙地从早期先民的刀耕火种、游牧狩猎，到清朝移民开荒，再到现代人地系统耦合的陆表过程，系统地刻画了沙区的自然与人文的演化历程及其有机统一，反映了地表多尺度、分层次、时代性的特征及其发展规律。随着人类活动对自然环境作用的不断增强，人文过程逐渐成为驱动地表各类生态过程和环境演变的主要力量（任美锷，2004）。从国际上"人类世"的提出，到"未来地球计划"的发起和"2030 年全球可持续发展议程"的发布，国内以 2020 年决战脱贫攻坚、决胜全面建成小康社会为基础，以推进生态文明建设、构建人类命运共同体和 2035 年基本实现社会主义现代化目标为指引，标志着人类应对全球环境变化、谋求可持续发展新时代的到来。新时期面向人类世、立足人地圈，创新发展人地系统科学，将为深度解析现代人文技术作用过程、地表环境演变进程及其地域分异格局奠定科学认知与决策基础（刘彦随，2020），对于科学支撑新时代城乡融合、美丽中国、生态文明建设，以及全球减贫、减灾与乡村振兴等重大战略具有重要理论价值和实践意义。

# 第 2 章　沙地人地关系研究理论与方法

## 2.1　沙地人地关系研究的基本理论

### 1. 人地关系研究的科学框架

人地关系研究是分析人地系统耦合机理、演变过程及其复杂交互效应的新型交叉学科（陆大道，2015），注重探明人地系统相互作用机理、演变过程、分异格局及其复杂交互效应，为推进人地系统协调与可持续发展提供科学依据。针对干旱半干旱区人地系统，有学者针对性地提出旱地发展模式（drylands development paradigm, DDP）研究框架，强调人-环境的复合研究是耦合系统的关键特征，系统变量决定人地系统演变方向，利益相关者需要考虑人与自然系统的等级化、多层次和巢式网络特性等（Reynolds et al.，2007）。Stringer 等（2017）提出了一个新的 DDP 发展范式，强调分解、转变、分享等三个特征，旨在促进 DDP 框架从理论走向应用。此外，学者还发展了其他人地系统耦合研究框架，如基于生态弹性概念的人类环境动态分析框架（Côte et al.，2011）、人地系统耦合的综合适用系统与可持续性分析框架（Tian，2017）和从生态系统/生态系统服务的角度构建框架（Wang et al.，2018）等。

### 2. 人地关系研究的科学内涵

人地关系有着丰富的内涵，涉及人地关系综合研究的学科（吴传钧，1991），如地理学、环境科学、人类生态学、地球系统科学等学科也都强调对人地相互作用问题进行多学科的综合研究，并出现了"社会-生态系统""人-环境耦合系统"等类似的概念。例如，马世骏等（1984）提出了"社会-经济-自然复合生态系统"的概念，认为社会、经济、自然是三个性质不同的系统，但其各自的生存发展都受到其他系统结构、功能的制约，必须当成一个复合系统来考虑。Durr（1983）提出了"人地系统"（man-land system）的概念，将其定义为由人口和土地共同组成的系统，而社会生态系统（social-ecological system）由生物-地理-自然单元与其相联系的社会参与者、相关制度构成，它是一个复杂并具有适应性的系统，以隐含在特定生态系统及其问题的空间或功能界线为系统边界（陆大道等，1998）。由于地理学的区域性和综合性，地理学对人地相互作用的正效应和负效应都很重视（图 2-1），在研究人地关系问题时尤其注重研究人类生存环境在时间序列中所表现出来的空间结构、空间分异、空间耦合、空间运动、空间相互作用和空间优化等问题（陆大道，2002；郑度，2002；地理科学发展战略研究组，1996）。

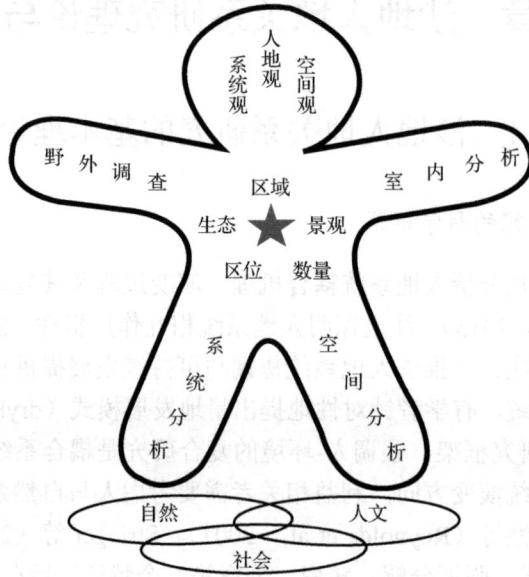

图 2-1　人地系统研究范式

### 3. 人地关系研究的基本特性

人地关系地域系统就其与外界的关系来说，是半开放的系统，即任何一个人地关系地域系统的内部关联构成了各个区域的不同特征，但同时又都是与外部进行物质、能量、信息交流的，这构成了区域之间的联系和整体性。该系统就其稳定程度而言，是非稳定系统，即在该系统内，一个或一组要素的变化就可能导致整个系统的变化，甚至导致系统运行方向和本质的改变。该系统就其变化的机制来说，是或然性系统，而非决定性系统，在人地关系地域系统内，要素相互作用的变化及要素变化对于系统状态的影响并不能精确定量（陆大道，2002）。

### 4. 沙地人地关系研究的科学范式

#### 1）沙地人地系统结构与格局分析

沙地人地系统结构与格局可反映出沙地人地系统的成因机制、演变过程与方向。从系统结构与格局出发，通过分析格局与过程的静态与动态变化过程，可揭示沙地人地系统演变规律及其与影响因素间的关系，可为沙地人地系统演变的驱动力分析与机理模型构建提供依据（高永年，2004）。景观空间格局主要是指不同大小和形状的景观斑块在空间上的排列状况，它是景观异质性的重要表现，反映各种生态过程在不同尺度上的作用结果。由于景观格局的形成是在一定地域内各种自然环境条件与社会因素共同作用的产物，研究其特征可了解它的形成原因与作用机制，为人类定向影响生态环境并使之向良性方向演化提供依据（张世熔等，2003）。通过对沙地人地系统景观格局分析，可以将其空间特征与时间过程联系起来，从而能够较为清楚地对沙地人地系统内在规律性进行分析和描述，而对空间格局的定量描述又是分析沙地人地系统尤其是土地利用子系统的结构、功能及过程的基础。

2）沙地人地系统时空演变过程分析

沙地人地系统是一个动态系统，由于系统不断地受到自然环境因素和社会经济的影响，当这些影响因素的作用强度达到一定程度或作用效果累积到一定规模时，其属性将发生变化，系统也随之发生演化。在不同的自然地理单元内，由于各自然要素及其空间组合的差异性，区域总体特征与主要的自然地理过程各不相同，而各人文要素的影响也存在差异，从而导致沙地人地系统演变的过程与趋势不同，即沙地人地系统演变具有时空差异性。沙地人地系统的时空演变分析在于掌握沙地人地系统状态的变化过程，进而揭示沙地人地系统的时空格局演变过程与规律。

3）沙地人地系统动因与机制分析

定性描述与定量分析相结合是系统研究的基本方法之一（陈彦光等，2001）。沙地人地系统是由多个子系统复合而成的典型自然-经济社会复合系统，具有一定结构、功能和自我调节能力。由于沙地人地系统的演变既受到地形、地貌、土壤及其基础地质、水文、气候和植被等因素的驱动，同时也受到社会、经济、文化、技术、政策等人文因素的驱动，因此，可从系统及其演变所表现的现象中提取自然、社会、经济、政策等定性方面的信息，分析系统演变的动因和机制。

4）沙地人地系统演变生态功能与效应分析

沙地是一种脆弱生态环境，对气候变化和人类活动响应敏感。而土地利用变化引起沙地生态环境系统各要素发生一系列变化，是沙地人地系统演变的主要原因。因此，沙地土地利用变化环境效应是沙地人地系统演变环境效应最为直接的表现形式，研究沙地人地系统演变环境效应主要从土地利用环境效应入手。沙地土地利用变化改变了地表土地覆被状况并影响许多生态系统服务功能与过程，引起植被覆盖、植被净第一生产力等指标参数的改变（蒋勇军等，2005）。

5）沙地人地系统优化调控

沙地人地系统通过各相关子系统及其间的物质、能量与信息的不断转换，以及系统与外部环境之间多种流的传递，按照内在的非线性相关关系，维持其耗散结构。人类改变了区域土地利用结构，而沙地土地利用是推动沙地人地系统空间格局演变最直接最根本的动力。沙地人地系统优化调控目标是通过向人类社会持续发展愿望特质和向土地系统环境特质双向逼近而实现，优化配置最终要实现经济效益目标、社会效益目标和生态环境效益目标。

## 2.2　沙地人地系统研究的科学方法

　　近年来，关于人地关系研究的思路与方法日臻完善，鉴于人地系统的动态、开放和复杂性，钱学森提出要以从定性到定量的综合集成研究方法，研究人地关系的巨系统及其结构和功能，并强调这是地学重要的基础研究（钱学森等，1990）。吴传钧进一步将系统论思想引入地理学研究中，认为人地关系地域系统内部是否协调、人类对其施行调控的可能幅度等都应该数量化，并提出地理学家在研究人地关系地域系统时的基本方法是分类、区划、定量分析、建立模式和评价等（吴传钧，2008，1991，1981）。陆大道（2002）认为研究人地系统要树立综合和系统的观念、地域和层次的观念，研究主题要突出人地相互作用机制和演化趋势，人地关系地域系统研究的基本途径包括模型建立与模拟、参数研究、综合集成研究等方面。近年来，人地关系研究方法趋于多元化，系统动力学方法（史培军，1997）、协同学理论（艾南山等，1999）、分形和混沌理论（刘继生等，1997）、遥感（RS）与地理信息系统（GIS）技术（刘继生等，2002，1997）、能值理论（郭晓佳等，2009）等新方法和新技术不断得到应用，人地关系研究日益向模型化、定量化、综合集成方向发展。

## 2.3　沙地人地系统研究的时空尺度

　　地理学研究对象格局与过程的发生、时空分布、相互耦合等特性都是尺度依存的（Liu et al.，2007a），尺度是自然过程或观测研究在时空域上的特征量度（李双成等，2005）。尺度视角是地理学的重要思想维度之一，也是对沙地人地系统进行研究的典型方法（Young et al.，2006）。由于人地系统不同子系统间相互影响机制的复杂性和动态性，系统间的耦合关系往往随着时空尺度和组织单元的变化而不同。从研究尺度看，人地系统科学研究范畴包含全球人地系统、区域人地系统、地段（地类）人地系统（Liu et al.，2007b）。

## 2.4　沙地人地系统研究的主要内容

　　按照吴传钧（1991）的观点，从地理学视角研究沙地人地关系应包括七个方面内容：①人地关系地域系统的形成过程、结构特点和发展趋向的理论研究。②人地系统中各子系统相互作用强度的分析、潜力估算、后效评价和风险分析。③人与地两大系统间相互作用和物质、能量传递与转换的机制、功能、结构和整体调控的途径与对策。④地域的人口承载力分析，关键是预测粮食增产的幅度。⑤一定地域人地系统的动态仿真模型。根据系统内各要素相互作用结构和潜力，预测特定的地域系统的演变趋势。⑥人地相关系统的地域分异规律和地域类型分析。⑦不同层次、不同尺度的各种类型地区人地关系协调发展的优化调控模型，即区域开发的多目标、多属性优化模型。此外，人类和自然系统的可持续发展取决于人类系统和环境之间的双向互动（任启平，2007；郑度，2002），人类活动不仅对环境造成很大影响，而且由此产生的环境变化也影响着人类的认知和行为。许多地球系统模型能够初步刻画人类社会对环境的影响，但忽视了环境对人类社会的反馈作用，在较长的时间尺度上，环境的反馈作用不能被忽略（赵文武等，2020）。因此，人地系统研究内容也应关注人类如何适应环境变化以及对环境变化响应的模拟工作。

## 2.5　沙地人地系统研究的学科性质

沙地人地系统由人类活动出发，结合独特的沙地自然地理环境，借助地理学、生态学、系统科学等学科相关理论与方法构成了一门独立的学科，该学科具有如下性质。

（1）系统学性质。沙地人地关系的概念是建立在系统论基础上的，沙地人地系统科学也正是在系统论的支持下，由自然科学与社会科学相互渗透而形成的，整体性和系统性始终在沙地人地系统科学各个环节研究中得到充分体现。

（2）综合性与多学科性质。沙地人地关系研究是在地理学、沙漠科学、系统科学、应用数学、信息科学、生态学等学科基础上耦合而形成的，具有明显的综合性与多学科交叉性。因此，在分析沙地人地系统各构成要素与系统整体的特征及功能的过程中，必须要研究各要素间的相互影响、相互作用、相互制约的复杂关系，这其中必然牵涉地理学、系统科学、信息科学和沙地科学等学科的相关知识与研究成果。

（3）自然科学与社会科学的双重属性。沙地人地关系研究包含沙地地区的自然环境和人类活动，是一个独特的自然-社会-经济复合体，因此，沙地人地关系研究兼具自然科学与社会科学的双重属性。

# 2.6　沙地人地系统研究的学术思路

　　沙地人地关系主要由构成沙地区域环境的自然-社会-经济子系统复合而成，依据该复合系统内部人地相互作用的具体对象，还可以把这一巨系统细分为若干个子系统。沙地人地关系是对沙地区域人地科学的系统研究，其研究对象是沙地人地系统，其关注的核心科学问题为在沙地这一独特的自然地理环境下，人类的各种行为活动如何引起区域环境要素的效应与响应，即人类活动引起了怎样的生态环境效应，并对沙漠化演变存在怎样的驱动机制，针对这些效应，人类有什么样的响应，即采取何种应对措施，包括对沙漠化的治理模式与调控等（图 2-2）。我们以沙地人地系统为研究对象，研究沿着"系统组成—时空演变—景观生态—驱动机制—决策支持"的脉络展开，系统阐述中国东北沙地及沙漠化、景观格局时空动态、沙地生态系统服务及沙漠化风险、沙漠化驱动力、沙地生态恢复与调控、沙地人地系统数据共享与决策服务等内容。

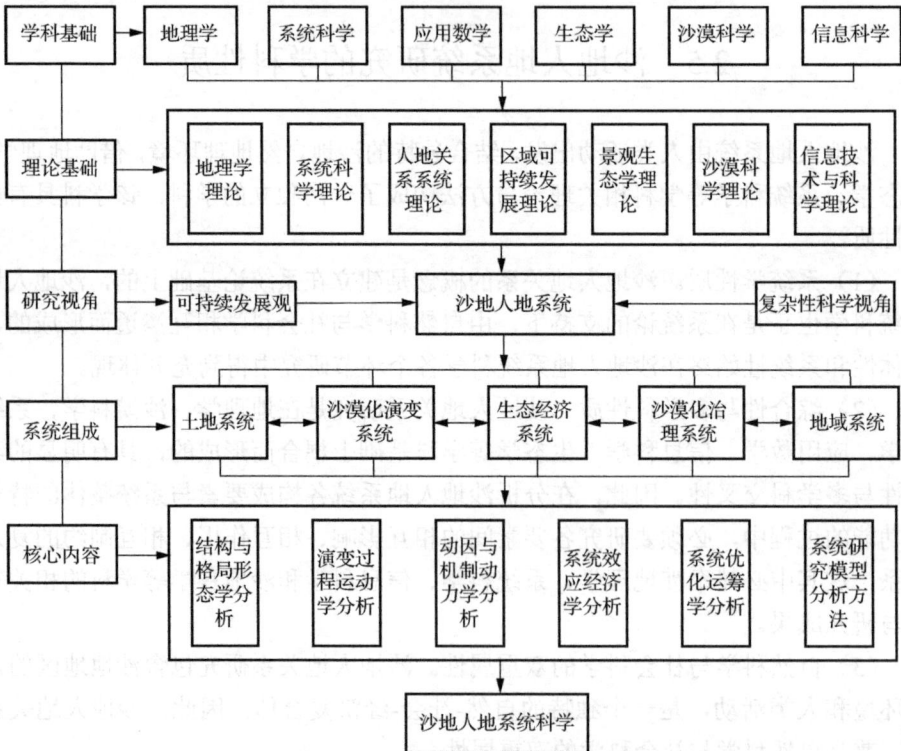

图 2-2　沙地人地系统研究思路

第二篇

中国东北沙地与沙漠化

# 第3章 中国东北沙地形成的自然环境背景与社会经济状况

科尔沁（Horqin）蒙古语意为"弓箭手"。在《金史·地理志》中，科尔沁沙地被描述为"经画壕堑，旋为沙雪湮塞，不足为御"；金人王寂在《辽东行部志》记载，韩州"城在辽水之侧，常苦风沙，移于白塔寨"，懿州"飞尘暗天，咫尺莫辨，驿吏失途"，并先后作诗"塞路飞沙没马黄""逆风吹面朝连暮，蓬勃飞尘涨烟雾"（李东等，2004）。科尔沁沙地主要分布在西辽河平原上，由于脆弱的自然环境和人类早期高强度开发，使固定沙丘活化、流沙蔓延、草原退化，土地荒漠化强烈发展，目前是我国北方农牧交错区土地荒漠化较为严重的地区之一（杜会石，2008）。松嫩沙地（Songnen Sandy Land）位于松嫩平原的西北部，主要分布在嫩江下游、西流松花江下游、吉林白城地区的东部、东辽河中游以北及科尔沁沙地东南，松嫩沙地是发育于温带亚湿润草甸草原黑钙土地带内的沙地，在我国沙漠化土地中属于最湿润的沙地。呼伦贝尔沙地（Hulunbuir Sandy Land）位于大兴安岭西麓的呼伦贝尔高平原，是中国纬度最高的沙地，也是我国东部半干旱干草原地带沙地（科尔沁沙地、松嫩沙地、呼伦贝尔沙地、浑善达克沙地、毛乌素沙地）中自然条件最优越的地区之一。

## 3.1 中国东北沙地形成的自然环境背景

### 3.1.1 地质地貌背景

科尔沁沙地和松嫩沙地分布于松辽平原，属亚洲东部新华夏系第二沉降带，是一个发育在古生代褶皱上的自白垩纪以来形成的巨型的中新生代碎屑物沉积的盆地，称松辽盆地（裴善文，2008a）。盆地走向为北东向，盆地在侏罗纪时期比较分散，两次受断裂控制，早白垩纪才开始形成统一的内陆湖盆。早白垩晚期是松辽盆地发展史上的全盛时期，盆地湖水较深，沉积范围广，超过 20 万 $km^2$。沉积厚度达 2000～3000m，晚白垩纪至第三纪盆地逐渐萎缩，沉积中心由东向西逐渐迁移。至新生代沉降带移向了松辽平原西部，即齐齐哈尔—白城地区—通辽地区—开鲁一带，新生代沉积了近 1000m 厚的泥岩、砂岩和砂砾岩地层，新近系和第四系地层总厚达 500m（表 3-1）。第三纪末第四纪初期松辽湖盆更加萎缩，仅在松辽平原的松辽分水岭以北的松嫩平原分布着约 50 万 $km^2$ 的椭圆形大湖，它的范围大致西起白城、齐齐哈尔，东至扶余，北至林甸，南达长岭北。湖泊持续了自早更新世中晚期至中更新世末，沉积了厚 40～65m 灰黑色湖相淤泥质亚黏土、黏土层。当时的松辽水系，包括西辽河、嫩江和松花江都流向松嫩大湖，仅东北方向有一出口，流向哈尔滨、佳木斯，向东北方向流注黑龙江（裘善文，2008a）。科尔沁沙地主要分布在西辽河平原，它是松辽平原向西南延伸的部分，在地质构造上属于新华夏系松辽平原一级沉降带的次一级盆地。受中生代燕山运动的影响，平原再度下降，沉积了厚 400～500m 碎屑岩地层。新生代初期受喜马拉雅运动影响，盆地进一步得到发展，继续下降，沉积了厚约 120m 的泥岩、砂岩和砂砾岩，尤其是沉积了数百米的粉细砂岩，为科尔沁沙地的形成提供了极为丰富的沙源。第四纪新构造运动时期，西辽河平原以开鲁盆地为中心，地壳一直下降，沉积了厚约 100m 的第四纪松散沉积物，最厚达 208m（莫力庙），地表均由松散的第四纪冲积、风积和湖积物组成，质地为细沙、中沙、粉沙和黏土，是沙地形成和沙漠化的物质基础（杜会石等，2018b）。

**表 3-1　中国东北沙地生态结构组成**（石元亮等，2004）

| 名称 | 地貌 | 地形 | 地带性植被 | 干燥度 | 气候 | 地带性土壤 | 主体沙地类型结构 |
|---|---|---|---|---|---|---|---|
| 科尔沁沙地 | 大兴安岭山间河谷和山前台地 | 松辽分水岭以南的辽河流域平原 | 草甸平原 | 1.0～1.49 | 半湿润半干旱、干旱 | 黑钙土（东北部）、栗钙土（西部）、褐土、黑垆土（南部） | 以固定、半固定沙地为主。流动沙地片状分布，通过至赤峰铁路，其西流动沙地、半流动沙地居多，其东固定沙地为多 |
| 松嫩沙地 | 沙丘覆盖的冲积平原，周围环以台地，由阶地、平原、泛滥平原和冲积扇构成 | 泛滥平原（河漫滩、古河道洼地、湖泊洼地） | 五花草甸、灌丛草甸森林、灌丛平原 | 0.9～1.1 | 中东部半湿润，西部半干旱 | 黑土、黑钙土、草甸土 | 以固定、半固定沙地为主，又以风蚀风积作用形成的地表形态较明显 |
| 呼伦贝尔沙地 | 大兴安岭西麓草甸草原向典型草原过渡 | 呼伦贝尔平原 | 草甸平原 | 1.0～1.49 | 东部半湿润，西部半干旱、干旱 | 草原黑钙土（东部）、草原暗栗钙土和栗钙土（西部） | 固定、半固定沙地为主，流动沙地较少 |

松辽平原自晚更新世以来，公主岭—长岭—太平川—科右中旗—巴雅尔吐胡硕（汗山）一线的松辽分水岭缓慢上升，构造凹陷形成的松嫩大湖业已消衰。松辽平原古水文网发生了重大变化，辽河由原来以法库—铁岭为分水岭，逐渐溯源侵蚀，使分水岭后退到前述位置，辽河精源侵蚀袭夺了东西辽河，使之由原来向

东北流向松嫩大湖而转向辽河流去，今日东西辽河同主河交汇关系在三江口、金宝屯带呈倒插河态势（裘善文，2008a）。从晚更新世开始，松辽平原由湖积、冲积而形成的平原，转向由冲积为主伴有湖积、风积作用而形成的平原，进入了河流作用时期，水文网形成了今日的基本格局。松辽分水岭呈西北—东南弧形分布，由黄土状及冲洪积物组成。分水岭北侧有一系列火山锥呈直线排列，说明分水岭升起与断裂构造火山活动有关。松嫩平原虽然大湖现已消衰，但代之以河流作用和风力作用形成的湖泊以及残迹湖，仍然星罗棋布，湖泊群水面超过 40000km$^2$，主要集中分布在嫩江中下游的松嫩低平原上，除乾安、长岭、通榆等县境内的湖泊为内陆流域的闭流湖泊外，其他均为外流型淡水湖泊（裘善文，2008a）。

　　呼伦贝尔沙地分布在呼伦贝尔高平原上，它是内蒙古高原的组成部分，在地质构造上属亚洲东部新华夏构造体系第三沉降带北端的海拉尔盆地，它是在华力西褶基底上的中生代、新生代断陷盆地。盆地的西南以达赉诺尔断裂与满洲里凸起分开，东以巴日图断裂为界与大兴安岭西坡为邻，北界为海拉尔河断裂，盆地内为北东向和北北东向的次一级隆起和凹陷分割，如呼伦湖断陷、嵯岗—圣山隆起、中部拗陷、巴彦山隆起、辉河凹陷等，它们之间分别为阿尔公特山断裂、嵯岗断裂、巴彦山断裂、阿吉图—依洪德断裂。地质构造轮廓控制着地貌的基本格局，以及地貌的发育（裘善文，2008a）。第四纪以前，盆地一直处于陆相碎屑物质的堆积环境，堆积了各色泥岩、砂岩和砂砾岩，沿断裂带并有火山喷发，堆积厚度达 1000～3000m。在盆地西部，呼伦湖西岸沿断裂喷发有玄武岩堆积。盆地内部广泛发育了上侏罗系扎赉诺尔群含煤地层，南部的贝尔湖一带尚有上白垩系红色地层的发育。新近系呼查山组砂砾岩在盆地中广泛分布（裘善文，2008a）。第四纪沉积物分布最广，对呼伦贝尔高平原上风沙地貌最具影响力的是晚更新世海拉尔组沉积物，它是一套以中沙、细沙、粉沙、亚黏土为主的河、湖沉积物，这套沉积物沙砾石较少，砾径多不超过 0.5cm，且磨圆度差，呈半滚圆状，厚度达 20～25m。经风力重新搬运的风成沙是呼伦贝尔沙地风沙地貌形成的主要物质来源（杜会石等，2013）。该区地势东高、向西倾斜，主要属于沙丘覆盖的冲积、湖积高平原。风沙地貌景观呈固定、半固定、半流动的梁窝状、新月形状沙丘、沙丘链，主要集中分布在海拉尔河以南。南部沙带东起伊敏河上游，西至甘珠尔庙，起伏连绵沙带和沿海拉尔—满洲里铁路两侧，东西长约 150km、宽 4～40km。高平原西部的呼伦湖属地堑式的构造湖。在地质历史时期（晚更新世）呼伦湖的面积比现在大，那时呼伦湖的东界达阿木古朗—甘珠尔庙一线向北的延长线一带，与额尔古纳河相通，属外流河。晚更新世晚期，气候渐干，呼伦湖东岸逐渐向西迁移，湖面缩小，乌尔逊河入湖的位置也随之向西迁移，遗留下来的是甘珠尔庙与呼伦湖之间的数条南北向延伸的古湖滨砂堤、古河道和广阔的低湿地，以及诸多的湖泊。那时的辉河可能直接注入呼伦湖，其后呼伦湖西去和辉索木与莫达木吉以西的潜伏构造隆起，迫使辉河转向东北方向流去，于白音他拉附近注入伊敏河，从此呼伦贝尔高平原上的水文网形成了今日的格局（裘善文，2008a）。

## 3.1.2 气候背景

中国东北沙地处于亚洲东部温带季风气候区，属半干旱、半湿润向半干旱过渡地带，为气候变化敏感带，生态环境脆弱带，亦是农牧交错带。从北半球来看，极地涡旋和副热带高压这两个大气环流系统对该区气候带来影响，极涡面积大，则东北地区气温低，反之气温高。极地西伯利亚气团对该区气候影响最为显著，造成该区的冬季强降温天气，且能造成持续低温，形成冬季风型，多西北风，形成该区冬半年干冷多雪的气候特征（裘善文，2008a）。鄂霍次克海气团多出现在初夏及秋季，具有高温、稳定性差、厚度大的特征，这时该区多冷涡、低温，雷阵雨天气，多偏东风（表3-2）。此外，副热带高压与该区气候也有密切关系，一般副热带高压偏高，易出现多雨天气（裘善文，2008a）。

**表 3-2　沙地生态类型分区特征简表**（石元亮等，2004）

| 名称 | 沙地形成简要历史与沙源 | 生态环境背景 | | | | | 沙地生态地表形态构成 |
| --- | --- | --- | --- | --- | --- | --- | --- |
| | | 降水/mm | 不小于10℃年均积温/℃ | 8级以上大风天数/(d/a) | 土壤 | 植被 | |
| 松嫩沙地 | 源于晚更新世，黄土演变到第四纪松散沉积物，多以细沙、中沙和粉沙并混有亚黏土构成沙地沙源 | 400~500 | 2600~3000 | 15~20 | 以黑钙土及其亚类淡黑钙土和石灰性草甸土居多，伴有部分黑土和栗钙土 | 针叶林樟子松、云杉；阔叶林蒙古栎、白黑桦为代表的林缘草甸；以针茅和羊草为代表的草原植被；以贝加尔针茅、羊草、线叶菊为代表的草甸植被 | 这里降水较多，风蚀风积作用明显减弱，被誉为"沙地黄金带"，最大特征是以轻度风蚀沙地居多，伴随典型灌丛沙堆与甸子地、湖泊相间，形成明显的格状大沙垄 |
| 科尔沁沙地 | 在全球冰期和间冰期，气候波动广泛出现，风成沙进入第四纪，中更新世中沙、细沙、粉沙以及亚沙土大量沉积，构成该沙地沙源 | 350~450 | 1800~2200 | 25~30 | 以淡黑钙土、栗钙土以及石灰性草甸土为代表，伴有暗棕壤、褐土和少部分黑土 | 针叶林樟子松；阔叶林蒙古栎、桦、椴、杏、榆；以典型草原、草甸植被为主，并以大针茅、羊草为代表的典型草原得到广泛发展 | 沙垄和梁窝状沙丘相间分布，从西向东，由干旱到半干旱、半湿润，其植被由草原草甸向草甸森林、杂类草变化，土壤由栗钙土、暗栗钙土到淡黑钙土、黑钙土演变 |

续表

| 名称 | 沙地形成简要历史与沙源 | 生态环境背景 | | | | | 沙地生态地表形态构成 |
|---|---|---|---|---|---|---|---|
| | | 降水/mm | 不小于10℃年均积温/℃ | 8级以上大风天数/(d/a) | 土壤 | 植被 | |
| 呼伦贝尔沙地 | 在冰期和间冰期演变中,到第四纪残积坡积和洪积物大量沉积,沉积过程中沙层和砾石层得到广泛分布。特别是上更新统流动海拉尔组的细沙层覆盖于广泛的高原上 | 350～400 | 1800～2000 | 40～55 | 以栗钙土、黑钙土、草甸土为主要代表,暗棕壤、棕色针叶林土、黑土局部出现 | 针叶树以松为主,并有少量云杉;草原植被充分繁衍;喜温的和阔叶树明显增多,其中以砾为主,其他为榆、胡桃楸和柳;草甸植被喜湿性莎草科增多;泥炭沼泽得到发育 | 地处高原环境,大气降水和风蚀风积作用使沙地多被切割成零星散落沙丘,垄状沙丘不明显,而多以支离破碎风蚀沙地、湖泊、甸子地交错分布,梁窝状沙丘很突出 |

受季风影响,该区从东南向西北降水量由多变少,干旱程度向西北方向递增。反映在植被上,松嫩平原西部为半湿润气候条件下的森林草原,至呼伦贝尔高平原为半干旱气候条件下的草原和干草原。该区沙地多与草原伴存,且位于草原内部的气候偏干区。如分布在嫩江中下游的松嫩平原伴存着松嫩沙地,分布在西辽河平原的科尔沁草原伴存着科尔沁沙地,分布在呼伦贝尔高平原的呼贝尔草原伴存着呼伦贝尔沙地(裘善文,2008b)。该区气候特点是降水量少,变率大,并在同一纬度自东向西明显减少。降水量的季节分配不均,全年降水量多集中在6～8月,占年降水量的60%～70%,且多暴雨。20世纪50年代后期到60年代早期降水量以偏多为主;70年代,年降水量出现持续偏少;80～90年代,连续4年降水量明显偏少,其中1999～2001年出现了连续性干旱。干旱化导致生态环境明显恶化,科尔沁沙地虽然年降水量没有明显减少,但干旱化的特征很明显,表现为河流断流,湖泊干涸和地下水位下降等特征。吉林省西部泡沼面积萎缩也十分明显。1954～2000年,辽宁和吉林西部、黑龙江西南部和内蒙古东南部干旱出现次数为15～25次,加上该区灌溉条件差,所以是干旱多发区,通常也是重旱区。连续干旱造成不少河流断流、水库干涸,水资源供需矛盾日益突出。

## 3.1.3　水文特征

松嫩平原中西部主要河流有松花江、嫩江及其支流诺敏河、乌裕尔河、雅鲁河、绰尔河、洮儿河、霍林河。东、西辽河平原河流有东辽河、西辽河及其支流西拉木伦河、老哈河、教来河、新开河、乌力吉沐沦河等。其中，乌裕尔河、霍林河、乌力吉沐沦河为无尾河，为内陆型河流，流至下游，无固定河床，呈散流状，形成一片沼泽湿地。嫩江发源于大兴安岭伊勒呼里山，流域面积 99249km²，河长 1370km，至中下游河比降 1/6000～1/8000，河漫滩 10～20km，地势低平，称松嫩低平原，又称松嫩低湿地，其上湖泊星罗棋布，洪涝灾害频繁。洮儿河发源于大兴安岭中段阿尔山地区，流域面积 33090km²，河长 563km，是嫩江较大的支流，年平均流量 179.98m³/s，最大含沙量 5280g/cm³，最小近于零，自西向东南流至大兴安岭山前，在白城市的洮南市境内折向东北，注入月亮湖。至下游河道弯曲系数为 1.8～2.5，比降为 1/6000，河漫滩宽广，与嫩江中下游连成一片，构成松嫩低平原，沼泽湿地广布（裘善文，2008a）。西辽河流域面积 104105km²，为辽河水系，主要河流有西拉木伦河、老哈河、教来河、新开河和乌力吉沐沦河。年径流总量 22 亿 m³，可利用量占 30%～50%，该区可用水量 12 亿 m³。水系自产径流量很小，单位面积产水量 1748m³/km²，径流量年际变化大，最大径流量与最小径流量一般 7∶1 至 10∶1，径流年内分配不均，多集中于汛期，6～9 月夏汛期径流量占全年的 60%～70%，断流现象常见。径流深在 5m 以下。有大小湖泡600 多个，蓄水量 14 亿 m³，水质好，为畜牧供水水源，大型湖泡可养鱼，近年来近 50%的湖泡已干涸。

　　呼伦贝尔高平原河流，包括克鲁伦河在内均属于额尔古纳河水系，平原区主要河流有海拉尔河、哈拉哈河—贝尔湖—乌尔逊河、伊敏河、辉河、克鲁伦河—呼伦湖等。流域面积 135151.0km²，占全盟面积 60.7%。额尔古纳河位于黑龙江上游，上游为海拉尔河，发源于大兴安岭西侧的古利亚山北，海拔 1233m。自东向西贯穿呼伦贝尔高平原的中部，全长 1608km，干流长 708km，流域面积 54270km²，是本流域主要产流区。平原区河谷开阔，达 3～5km，河宽 100～200m，河床由沙土组成，河道弯曲系数在 2～2.5。滩地古河道与沼泽广布。它的支流有伊敏河、辉河。辉河西岸分布大片沙丘，其中下游河谷开阔平坦，达 15～20km，谷地中，大小湖泊密布，沿岸宽 3～6km、长 100km 的低河漫滩上芦苇(*Phragmites australis*)丛生。哈拉哈河—贝尔湖—乌尔逊河中的贝尔湖是中蒙国际淡水湖泊，湖长 33km，宽 9km，面积 600 余平方千米，平均水深 8m，最深 9m，水的矿化度 0.28g/L，湖底以沙粒石为主。乌尔逊河长 233km，河谷平坦，河滩湿地宽 3～5km，芦苇、柳(*Salix*)条丛生。呼伦湖的西南有克鲁伦河和尔南的乌尔逊河注入，湖北岸有新开河与海拉尔河连通，湖水面积 2200 余平方千米，周长 250～300km，湖水平均深5m，最深达 10m，蓄水量约 130 亿 m³，渔业资源丰富。

## 3.1.4　土壤背景

该地区土壤属温带草原黑土地带，松辽平原西部由松嫩沙地地区和科尔沁沙地地区的土壤形成，主要为钙化过程、生草过程、苏打盐渍化过程及沼泽过程。土壤类型主要有各种黑钙土、风沙土、盐碱土及沼泽土。土壤的钙化过程是在比较干旱的气候条件下形成的非淋溶的土壤水分状况，使土壤表层的钙大部分与植物残体分解过程中产生的碳酸钙结合成重碳酸钙向下移动，并以碳酸钙形式大量淀积于土体下部，形成各种形式的碳酸钙聚积层（裘善文，2008a）。

黑钙土分布在松嫩平原西部，主要有草甸黑钙土、淡黑钙土；分布在大兴安岭东西两侧山前剥蚀残坡积台地上的为淋溶黑钙土，分布在山坡地和坡麓坡积洪积台地上的为黑钙土；分布在松辽分水岭上的为碳酸盐草甸黑钙土。在松辽平原西部常见的为碳酸盐草甸黑钙土，厚度 40～50cm，剖面上下有石灰反应，可溶性盐<0.1%，代换盐基以 Ca、Mg 为主。

风沙土可分为流沙土、生草沙土及栗钙土型沙土，其共同特征是剖面只有腐殖质层（A）和母质层（C）。风沙土由于质地松散，毛细管作用微弱，能抑制水分蒸发，所以一般在 10～20cm 以下能保持湿润状态，为造林提供条件。分布在科尔沁沙地地区的为黑钙土型沙土，多为固定沙丘，生长草原或草甸植被，腐殖质含量较高，并有地带性土壤特征。

盐碱土包括草甸土、草甸碱土以及盐化或碱化草甸土。广泛分布于松辽平原中西部和呼伦贝尔平原的低地和河谷地带，以及湖泡周围，为内陆盐碱土。松嫩平原是世界上苏打碱土三大分布地区之一。地下水位一般为 0.5～2.0m，多为弱矿化苏打型地下水，矿化度 1.0～10.5g/L。含盐量 0.3%～0.7%，pH 高达 8.5～11.0，表层碱化度高达 80%～90%，此外，土壤透水性能很差。同时在分布上，此类土壤通常同草甸土、黑土、黑钙土、栗钙土等呈复区分布。这类土壤历来是需要大力整治的低产土，改造利用的难度较大。草甸土主要为暗色草甸土和碳酸盐草甸土，分布在低湿地和丘间低地或洼地中，地下水矿化度<0.5g/L，属碳酸钙型水。

该地区的沼泽土主要有泥炭腐殖质沼泽土、腐殖质沼泽土和草甸沼泽土，主要分布在古河道河曲带、泛滥地、河流汇合口、冲积扇前缘地带，以及丘间洼地。该地区湖沼地的腐殖质沼泽，其剖面特征是泥炭的积累很少，上部为深厚的腐殖质层，往下潜育化现象加重。呼伦贝尔高原主要土壤类型为栗钙土，可分为暗栗钙土和草甸栗钙土，俗称"白干土"，此外，还有盐碱土、草甸土等。栗钙土分布于海拔 650～700m 的波状起伏的草原沙地，栗钙土在平原地区常有草甸化过程，在洼地还有盐渍化过程。暗栗钙土剖面可分出腐殖质层、过渡层、碳酸盐层及母质层，腐殖质的厚度为 10～13cm，是团块或屑粒状结构。

### 3.1.5　植被背景

该区域草原为"欧亚大陆草原区"的东缘部分，植被区主要包括松辽平原，为松辽平原草甸草原区的主体部分。松嫩平原主体为羊草（*Aneurolepidium chinense*）草甸草原。植被的组合成分主要为羊草、线叶菊（*Filifolium sibiricum*）、野古草（*Arundinella hirta*）、贝加尔针茅（*Stipa baicalensis*）、牛鞭草（*Hemarthria japonica*）、拂子茅（*Calamagropstis epigeios*）、蒙古柳（*Salix mongolica*）、芦苇、达香蒲（*Typha davidiana*）等。碱土生态优势植物主要有羊草、贝加尔针茅、黑龙江苔草（*Carex heilongjiangensis*）、芦苇、落草（*Koeleria crista*），以及虎尾草（*Chlorisuirgata*）、碱蓬（*Suaeda glouca*）、碱蒿（*Artemisia anethifolia*）、星星草（*Puccinellia tenuiflora*）。在一些沙丘地和阶地上，生长着小面积的榆树（*Ulmus*）疏林或山杏（*Prunns sibirica*）灌丛。松嫩草原碱化严重，为碱化草原。这里的草原是中国草质优良草原，尤其是羊草，适宜发展牧业。分布于西辽河和东辽河平原的科尔沁草原，沙化严重，为沙化草甸草原，与松嫩碱化草甸草原有很大差异，植被组成为大量沙土植物。在流动沙丘上有沙蓬（*Agriophyllum squarrosum*）、差不嘎蒿（*Artemisia halodendron*）和黄柳（*Salixflavida*）等。在半固定沙丘上有山竹子（*Hedysarum fruticosum*）、小叶锦鸡儿（*Caragana microphylla*）和多种虫实（*Corispermum*）等。在固定沙丘上的植物有麻黄（*Ephedra distachya*）、落草、甘草（*Glycyrrhiza uralensis*）等，并有冰草（*Agrpyron cristatum*）、贝加尔针茅、克氏针茅（*Stipa krylovii*）、山杏等。在沙漫漫岗上以各种榆树为主，混有蒙桑（*Morus mogolica*），形成小片榆树林。在松辽分水岭以及海丰沙带的固定沙丘地上散生白榆（*Ulmus pumila*）、黄榆（*Ulmus macrocarpa*）、栓皮春榆（*Ulmus japonica suberasa*）等，形成独特的疏林。在西辽河北侧沙丘覆盖的冲积平原上，主要分布着各种沙生植物和草甸、沼泽，个别孤丘上有小片森林出现。呼伦贝尔高平原属于温带蒙古草原，植被以樟子松（*Pinus sylvestris* L.var. *mongolica*）、羊草、针茅（*Stipa*）为主。乌尔逊河西南部的克鲁伦河流域、呼伦湖和新巴尔虎右旗地区，形成克氏针茅和冷蒿（*Artemisia frigida*）为主的丛生禾草—小灌木蒿类草原。在沟谷洼地和河流两岸分布着芨芨草（*Achnatherum spdendens*）草甸。在盐碱化湿地上出现盐爪爪（*Kalidium gracile*）、多根葱（*Allium palyrrhizum*）等群落（裘善文，2008a）。

## 3.2　沙地地区社会经济状况

中国东北沙地位于辽宁、吉林、黑龙江三省西部地区和内蒙古东部三盟一市，历史上形成东北经济区（杜会石等，2017），主要包括呼伦贝尔草原、科尔沁草原和松嫩草原自然地理区域，是中国著名的农牧交错带。该区是中国极为重要的畜牧业基地和商品粮基地。区域内多民族聚居，以汉族、蒙古族为主，还有回族、满族、达斡尔族、朝鲜族、鄂温克族、鄂伦春族等 45 个少数民族。

在研究期间（1980~2020 年），中国东北沙地总人口数量不断增加。其中，科尔沁沙地在研究时段内增长至 280.54 万人，总人数呈现先增大后减小的趋势；松嫩沙地在研究时间段内增长到 1125.03 万人，呈现明显波动变化的现象，2005 年达到最大值，约为 1163.78 万人；呼伦贝尔沙地总人口数较小，且在研究时段内基本保持稳定。GDP 呈指数型增长，由研究初期快速增长到 2020 年的 11009.54 亿元，其中松嫩沙地 GDP 增速最为显著，约为 6589.69 亿元。农牧民人均纯收入变化趋势基本与 GDP 变化一致，但呼伦贝尔沙地农牧民人均纯收入变化最为明显，由 574.11 元增加到 11894.00 元。在农牧业方面，耕地面积整体波动较大，增加明显，在 2000 年达到最大值，约为 4603.87km$^2$。全年粮食总产量约为 35899.34t，全年牧业年度牲畜存栏头数约为 856.37 万头，均发展较快。

## 3.3　沙地地区社会文化特征

中国东北沙地区域地域文化历史悠久，伴随着东北地区的开发历程形成了不同时期的地域文化的主导特征，从东北地域文化源流来看，主要为地方民族文化、中原汉族文化、外来殖民文化的融合；从东北地域文化发展演变来看，主要经历了六个时期，包括早期的渔猎—农耕—游牧文化、清朝封禁时期的流人文化、封禁政策解除后的移民文化、沦陷时期的殖民文化、中华人民共和国成立后的创业文化以及改革开放后的创新文化等六个阶段（殷晓峰，2011）。总体来看，东北地域文化对区域社会经济发展的影响深远，积极影响体现在创业精神促进区域经济快速开发、科技文化基础提供高素质人力资源、开放朴实的地域文化推进区域合作、地域文化促进了地方特色文化产业的形成等；消极影响则体现在计划经济体制惯性束缚了市场经济的发育、区域文化的保守致使区域经济创新不足、区域文化更新落后导致区域经济增长缓慢、小农意识决定了东北地区对资源型经济的过度依赖（殷晓峰，2011）。

## 3.4　沙地历史时期人类活动与沙漠化

沙漠化土地并不是近几十年来出现的，而是自从有人类历史以来，在自然环境变化和人类活动影响下，地表出现风蚀、粗化、沙漠化的环境退化过程，称为沙漠化的历史过程（张启德等，1994）。根据考古发掘文物和史籍记载，结合本区全新世以来环境变化和风沙地质发育特征，已证明本区的开发历史悠久，沙漠化在人类历史时期曾有多次发展与逆转（裘善文，2008a）。

西辽河地区第一次出现规模性的人类活动是距今 7200～9000 年的兴隆洼文化时期，在考古学上属于新石器时代早期，科尔沁沙地上十分丰富的新石器文化遗存就是这时期人类活动的记录（张柏忠，1989）。已发现保存较好的石器文化遗址都堆积在黑沙层中，如扎鲁特旗毛道苏木、毛道嘎相等新石器文化遗址等。1973 年在扎鲁特旗查希嘎图木苏木南勿呼井发现的包括敲砸器、砍伐器、龟背形石器、扁桃形手斧等，时代在距今 8000～10000 年（张启德等，1994）。兴隆洼文化有两个特点，一是遗址分布较密，二是地层堆积较薄，一般不超过1m，这表明当时人类迁移频繁。而点种式的农耕活动对地表结皮层的破坏甚微，在宜于植被恢复气候条件下，不会对当时生态环境造成严重破坏（宋豫秦，2002）。这一时期的农业和畜牧业由于生产力低下，规模很小，未能构成对生态环境的破坏，大部分地区植被相当繁茂，属于疏林草原景观。

科尔沁地区第一次大规模农业开发是兴隆洼文化时期。兴隆洼文化是分布在辽西山地以北，包括赤峰市南部和通辽市西南部的一种新石器文化，时代为距今7200 年。根据小山遗址的发掘，兴隆洼文化的农业已占重要的地位，人们过着定居生活（张启德等，1994）。红山文化是距今 4500～6000 年的考古学文化，与此相近或稍晚的还有小河沿文化和富河文化。它们也都是分布在科尔沁地区以农业为主兼营畜牧业的文化时期。当时人们以石刀、石铲、石锄作为生产工具。红山文化和小河沿文化分布在科尔沁地区的南部，富河文化分布在其北部。根据奈曼旗大沁他拉镇以北沙丘中 5 个红山文化地点的考古结果（张柏忠，1991），证明当时原始的畜牧业和农业同时被经营着，而且渔猎还是重要的经济补充手段。遗址也表明，在当时还是适于原始人类生存的水草丰盛的河域，不曾有沙丘出现。

赵宝沟文化是在兴隆洼文化基础上发展而来的一支稳定的定居文化。石耜的大量应用，证明赵宝沟文化已进入锄耕农业为主的阶段，较之兴隆洼文化的弋耕农业，更有利于土壤肥力的转化，制陶具的集中出土以及陶器上以各类动物形象为主体的彩绘组合，说明当时科尔沁沙地仍是适宜于人类农业活动的区域，人们对生态环境的破坏未超越当时环境承载力。

继兴隆洼和赵宝沟文化之后，红山文化在西辽河兴起。近年来，凌源牛河梁、喀左东山嘴等地大型祭址、女神庙、积石冢的面世和众多玉雕猪首龙的出土，表明红山文化已经步入文明时代的前夜。大量中原仰韶文化因素的渗入，更促进了红山文化社会经济的繁荣和发展。值得注意的是，红山文化遗址分布相当广泛，甚至与目前居民点的密度接近。这种现象并不表明当时人口密度大，数量多，而显然是撂荒轮作式粗放型农业活动的结果。根据风沙地貌学原理，尤其是根据当前西辽河流域沙质草场开垦后的例证，可以肯定，红山文化长达千年的大面积撂荒式犁耕农业生产，必然会大范围地破坏地表结皮层，逐步导致大面积风蚀沙化景观的出现（宋豫秦，2002）。

　　如前所述，红山文化是我国北方地区新石器时代晚期的一支强盛的文化，但在其进入鼎盛阶段之后，却于距今 5300 年左右骤然走向衰落。在夏家店下层文化出现之前，"辽西地区经历了一个近千年的过渡期准备"。通过前面的分析可以推断，正是沙漠化的发展，导致了西辽河流域腹地红山文化的骤然衰亡和该区长达千年的人类活动低潮期（宋豫秦，2002）。

　　敖汉旗小河沿石棚山一类遗存，是红山文化衰落之后分布在西辽河流域西部和南部大凌河流域及老哈河上游、略呈"L"形分布的一支新石器时代晚期文化。小河沿文化的地域范围尚不及红山文化的三分之一，以形式多样的石斧、穿孔石铲为主要的农业工具，红山文化最主要的翻土工具石犁在小河沿文化中似已绝迹，这表明二者具有不同的耕作方式。分析红山文化骤然衰落的原因和小河沿文化在分布地域上的特点，可以得出结论，红山文化时期人类持续性的强度犁耕农业导致严重的沙漠化以后，西辽河流域腹地丧失了进行大范围原始农业的条件，所以小河沿文化仅分布于科尔沁沙地边缘和外围地区（宋豫秦，2002）。

　　青铜器时代存在着夏家店下层文化，距今 3500～4000 年，科尔沁地区的自然景观还与红山文化时期相似，整个地区仍被固定沙丘所覆盖。夏家店下层文化所处的黑沙土，颜色更黑，夏家店下层文化时期虽然也是农业兼营畜牧的经济类型，但这一时期社会生产力已经有了相当高度的发达，青铜冶炼技术已经成熟，出现了比较发达的青铜文化（张启德等，1994）。与红山文化和夏家店下层文化前期并存的另一种文化是富河文化，富河文化因 1962 年在巴林左旗富河沟门被发现而得名。富河沟门遗址的 30 号房址中出土的桦树皮经 $^{14}C$ 测定和树轮校正为(5300±145)年，这种文化在乌力吉沐沦河流域分布十分密集。根据哲里木盟文物普查资料，富河文化在西拉木伦河和新开河流域分布也相当广泛（张启德等，1994）。富河文化的生产工具多是打制的石器，主要有石锄、石斧、石凿、石磨盘、石磨棒等农业工具和加工工具，骨制的工具还有鱼镖、鱼钩等。最能说明问题的是富河沟门遗址发掘出土的大批动物骨骼。这批骨骼经鉴定有野猪、鹿类，黄羊、狗、松鼠、狐狸以及犬科和洞角类动物。这些动物都是当时人们猎获的对象，从而反映出当时的自然环境。富河沟门一带显然不是荒漠草原地带，而是一片繁茂的森林草原景观。

　　夏家店下层文化是一支较为成熟的农业文化，它的生产工具以石器为主。通过夏家店下层文化众多、密集、长期的文化遗址，可推断在夏家店下层文化兴盛的科尔沁沙地出现了人口数量较红山文化多出数倍以上的第二高峰期,当时对土地的利用率也必然大大提高。在距今 3500 年的商代中期,夏家店下层文化突然消失,直到距今 2800 年的西周中期夏家店上层文化兴起之前的 700 年间,科尔沁沙地又一次出现了文化的衰弱期。仍是夏家店下层文化的大规模农垦活动导致了科尔沁沙地严重的沙漠化,迫使夏家店下层文化的先民不断南迁至燕山以南地区。同红山文化衰落后的情况一样,夏家店下层文化之后人类活动的衰竭使西辽河流域腹地再度获得了生态恢复的时机(宋豫秦,2002)。

夏家店上层文化是夏家店下层文化之后的一种青铜文化,经济类型为畜牧兼营农业和狩猎。1981 年发掘的敖汉旗周家地墓地位于老哈河中下游红山水库的北部,属夏家店上层文化。多数葬残存木质葬具和桦皮器,主人面部覆盖有蚌壳,可以肯定夏家店上层文化时期老哈河的水量丰富,河中还盛产河蚌,而且在老哈河两岸还分布岩桦树林。根据夏家店上下两层文化的对比和地层中出土反映古生态的材料对比得出:在赤峰夏家店遗址中,上层文化堆积在灰土、褐土或黄砂土之中。下层文化堆积在黑灰土或黄灰土之中。在南山根遗址中,夏家店上层文化堆积于褐土或浅灰土之中,下层文化堆积于灰土之中。在夏家店上层文化堆积中出土的动物骨骼,经鉴定有猪、狗、牛、羊、鹿、马、兔、狐和鸟类等,且出土以鹿骨和鹿角制作的生产工具为主。作为森林动物的鹿还是人们猎取的对象,反映出当时这里还有大片的森林。但与夏家店下层文化相比,动物的骨骼中森林动物的数量已经大大地减少,森林的覆盖面积也远不如夏家店下层文化时期。这说明夏家店上层文化时期的科尔沁沙地植被出现了波动,森林草原出现一些退缩的趋势,流动沙丘可能在个别地带又零星出现(张启德等,1994)。究其原因:一是西周初年西辽河流域同中国其他地区一样,处于气候的寒冷期;二是该区的沙漠化尚未发生全面逆转。这样的气候和景观条件不利于定居的农业民族生存,但对于频繁迁徙、逐水草而居的游牧民族,却仍不失其适应性。

从西汉到北魏以前,科尔沁沙地上活动的民族为鲜卑人,鲜卑人是一个以畜牧为主兼营农业的民族,鲜卑人的文化遗迹在科尔沁沙地上保存得非常丰富。1975 年,哲里木盟进行了第一次大规模的文物普查,普查中发现哲里木盟各地都分布大量西汉到北魏以前鲜卑人的文化遗址和墓葬,这种遗址在新开河沿岸分布十分密集(张启德等,1994)。如敖本台苏木翻身屯遗址、中敖本台遗址、太平乡后太平遗址、查干苏木后查巴灯遗址、乌力吉吐苏木北勿力毛都遗址、敖日木苏前敖日木遗址、乌兰花遗址、架玛吐镇新艾力遗址等。这些鲜卑人的文化遗址除一些已被破坏,失去了地层关系之外,全部分布在黑砂土台地上。有些遗址在黑沙土台地上连续分布长达 4000m。根据墓葬的情况可知,当时的地表是植被发达、水草丰美的自然景观。鲜卑文化的遗址和墓葬在科尔沁左翼后旗,在奈曼旗、库伦旗及开鲁县、通辽市都有分布，在科尔沁左翼后旗流沙严重的地区也有鲜卑遗址和墓葬分布，如茂道吐苏木的舍根嘎查（村），村南为遗址，村北为墓葬。遗址遭到破坏失去了地层关系，墓葬则全部分布在黑砂土地层上。墓葬中也出土了大量的贝壳，其时代属西汉末到东汉中期，说明了当时这一带不是流动沙丘，而是一个植被发达、水草丰美的草原景观。

《三国志·乌桓鲜卑传》引《魏书》："乌侯秦水，广袤数百里，淳不流。"乌侯秦水即今老哈河，老哈河水停不流，当是其下游河道堵塞，而形成很大的湖面。到了北魏时期，老哈河堵塞的现象已经解除，之后，大湖干涸了，留下的湖底必然为风沙活动提供了非常有利的场所和沙源，而老哈河水与湖水的急剧排泄，也必然会引起下游地区的水灾和河流改道。一条条干涸的河道和湖底都成了起沙之源，所以老哈河下游大湖的出现与消失是科尔沁沙地一次较大的沙漠化过程。这一过程之后，老哈河、西辽河及新开河的沿岸出现了成片的流动沙丘，这种现象在历史上肯定出现过多次。

十六国时期，科尔沁沙地的南部归前燕管辖，前燕曾在这里建有沙城。沙城，顾名思义，其城周围应为沙漠。曾公亮《武经总要·北蕃地理》记作"甯于松漠之地"，此松漠之间或松漠之地是历史上第一次记载科尔沙地出现了沙漠，地点当在西拉木伦河、新开河南北地带。

北魏以后，契丹人继鲜卑人之后在科尔沁沙地上发展起来，与北魏王朝通使，继而问鼎中原，这一时期契丹人已经有比较强大的军事实力和经济实力。这反映出科尔沁沙地当时是一片草原，可以为契丹人提供足够的衣食，有相当多的剩余物资作为大规模战争的后备供应。至唐代，科尔沙地的植被进一步发育。北宋《九国志》记载："契丹代居辽泽之中，潢水南岸，南距榆关一千一百里。"《辽史·地理志》也记作"国之先曰契丹，本鲜卑之地，居辽泽中，去榆关一千一百三十里，去幽州又七百一十四里。南控黄龙，北带潢水，辽河堑左。高原多桶柳，下湿饶蒲苇"，这正是辽代初期科尔沁沙地的自然景观。

随着草原开垦范围的扩大及樵采活动的加强，植被受到大量的破坏，到12世纪的金代，在有些地区已出现了"上脊绝，当令所徙之民，姑逐水草以居"的情况，科尔沁沙地生态环境急剧恶化，沙漠化现象十分严重。辽代在科尔沁沙地建立的州城几乎全部废弃。永州、乌州、龙化州及其支部都不复存在了。韩州也因"常苦于风沙"而由科尔沁左翼后旗浩坦苏木的城五家子移于昌图县三江口乡小塔子村。由于科尔沁沙地严重沙化，州县废弃，人民流散。所以在金代的史籍中没有留下对科尔沁沙地上农牧业生产和有关生态环境、沙漠变迁的直接记录。13世纪以后，随着元、明王朝的建立，统治中心南移，这里基本是蒙古族活动地区，其经济活动以畜牧业为主，农垦规模与活动缩小。到17世纪清初这个地区又成为"长林丰草……讹寝咸宜……凡马驼牛羊之孳息者"。清代不少围场和牧场便分布在这一地区。但18世纪中叶以后，由于清政府推行放价招民耕种政策，遂开始了本区又一次大规模的农垦时期。根据一些旗县的农垦史调查，科尔沁草原东部西辽河以南的农垦是在1750～1876年进行的（张启德等，1994）。养畜牧场于1898年（光绪二十四年）已全部开放招垦。西辽河以北的农垦在1877～1900年进行。而昭乌达盟的放荒招垦也主要在光绪年间实行的垦荒实边政策之后。放荒招民开垦无疑会破坏天然植被。今库伦旗养畜牧河北部的塔民查干大片流沙地、奈曼的大沁他拉以及老哈河以西的以流动沙丘为主的沙漠化土地，可能开始于这个时期，它们是在原来的斑点状流沙与固定、半固定沙丘交错分布的基础上进一步发展而形成的。

综合西辽河流域自然层和文化层剖面孢粉组合的特征，二者反映的气候状态并不完全统一（宋豫秦，2002），这或许反映了西辽河流域不同区域局部环境或样品本身所含信息的差异（表3-3）。

表3-3　西辽河流域距今9000年以来气候变化

| 演化阶段 | 时间 | 特征描述 |
| --- | --- | --- |
| 1 | 距今9000年 | 干燥气候 |
| 2 | 距今7000～8000年 | 温和较干气候过渡到温暖较干气候 |
| 3 | 距今7000年 | 温暖较干气候 |
| 4 | 距今6000～7000年 | 温暖较干气候过渡到温湿气候 |
| 5 | 距今5500年 | 较温暖干燥气候 |
| 6 | 距今4000～5300年 | 由半干旱向温暖湿润的过渡气候 |
| 7 | 距今4000年 | 温暖较湿润至温暖较干气候 |
| 8 | 距今2000～3000年 | 相对干燥气候 |
| 9 | 距今1000～2000年 | 温暖较湿气候 |
| 10 | 距今200年 | 较干冷气候 |

由此可知，西辽河流域全新世以来的气候和植被经历了若干次的波动和变化。值得注意的是，距今7000～8000年、5000～6500年、3600～4000年三个气候的温暖期，也正是兴隆洼文化、红山文化、夏家店下层文化三种农业文化的兴盛期；而距今7000年左右、5000年左右和3600年左右出现的相对干冷期，也正好是上述三种农业文化的衰弱期（宋豫秦，2002）。

大暖期结束后，植被界线向南迁移，而且随着社会的进步，我国少数民族也逐步强大起来，北方原始农业区退缩到中原一带。自然环境和政治因素的急剧变动，导致文化上的重大转型——从原始农业土地利用方式向游牧业土地利用方式转变，从定居农耕民族向游牧民族转变，西辽河地区的生态环境得到了一次长达千年的恢复机会。与之同时，这里也成为我国北方少数民族最重要的政治舞台，东胡、乌桓、鲜卑、契丹等民族都曾在此建立强大的国家政权，成为与中原汉族政权相抗衡的政治主体。而辽代以后至今，西辽河流域却再也没有成为政治、经济、文化的战略要地，其原因在于辽代以来，除了明末清初的恢复期之外，西辽河流域的沙漠化大多处于不断扩张和强化的状态。而导致这种状态的直接动因仍然是人类的粗放性农垦活动（宋豫秦，2002）。

松嫩沙地自全新世早期形成以来，至少出现 4 次气候暖湿、沙漠化逆转和 4 次气候冷干、沙漠化扩张时期（李宝林，1996）。1000 年以来，松嫩沙地气候逐渐变干，而且迁入了农业人口，特别是光绪末年开始"放荒"以来，先后有大批难民、移民来到该区，而大规模土地开发是在 20 世纪中叶以后（李宝林，1996），人民对沙地进行了大面积不合理开垦，致使该区生态环境出现了明显的恶化趋势（李取生，1990）。

全新世以来呼伦贝尔沙地经历了四次逆转期，即 12000～9000 年、6000～5000 年，3400～2500 年的四次固定期与 9000～6000 年、5000～3400 年、2500～1200 年的四次扩张时期，与松嫩沙地的变化相似。植被的演替由半荒漠草原演变为以蒿为主的蒿类草原，再演变为以榆为主的疏林草原，最后演变为以藜为主的杂类草草原，它们均属于沙地草场的植被类型。这主要反映了在千年尺度上大的气候波动对于沙地的影响。特别是近一个世纪以来，区内沙漠化强烈发展，沙丘大面积活化，而同期自然条件的变化很小，不可能造成这么大的环境变化，相比之下，同期区内人口成倍增加，人类活动对环境的干扰和破坏加重，因而，有理由相信人类不合理的经济活动对环境的破坏是造成这一过程的主要因素（冯建民等，2004）。

## 3.5　沙地演变的现代化过程

沙地沙漠化的现代化过程系指百余年来的沙漠化过程，也就是从清朝在这一区域实行放荒招民垦种政策以后的沙漠化过程（张启德等，1994）。从那时起，这一区已由"游牧式"开垦发展到定居垦种，使本区逐渐进入一个更大规模的农业开发期。特别是中华人民共和国成立以后，随着人口的增长和生产关系的变革以及生产力的发展，人类经济活动无论从深度上和广度上都是历史时期所无可比拟的。如果说在本区沙漠化的历史过程中人类活动仅在局部范围内产生一定影响的话，则在沙化的现代化过程中，人为因素导致土地沙漠化却是到处可见的事实（图 3-1）。

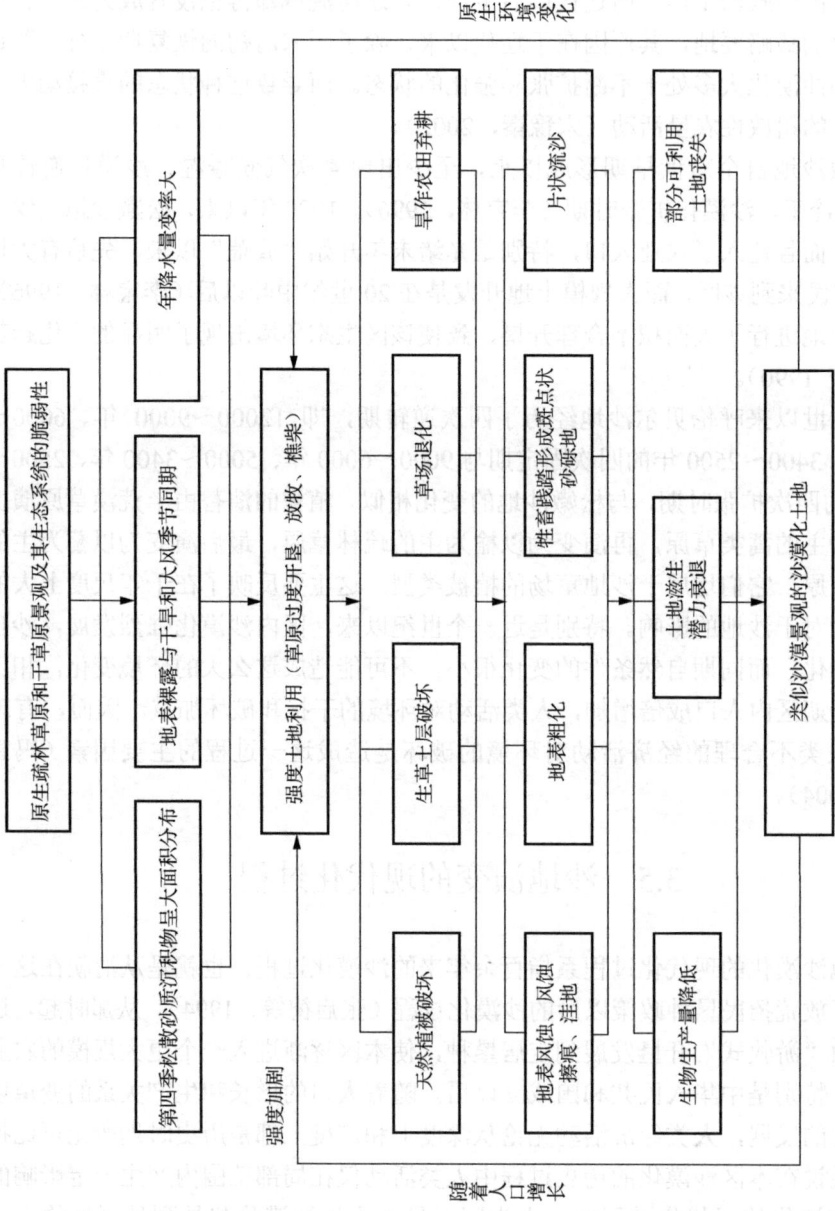

图 3-1 沙漠化现代化过程模式图（张启德等，1994）

　　尽管人为因素对土地沙漠化的作用可以表现在多方面，但其最基本的是直接依赖于土地的农业人口增长过快。该区产业结构以农牧业占主体，人口总数的 90% 为农牧民，主要依靠农牧业生产获得最基本的生活资料，农业区由于人口不断增长，人均粮食占有量在原有经营范围内不断下降，在沙地广种薄收、单产较低的条件下只能扩大开垦面积，以维持人均最基本粮食消费标准。这样对土地造成越来越大的压力，导致土地退化，生产能力降低，并形成一种恶性循环。牧区则盲目扩大牲畜量，造成严重超载的草场退化，同样，对薪柴等燃料需求量的增大又导致天然植被的破坏（朱震达等，1989a）。

　　大面积开垦的结果必然是草场面积的缩小，草场质量下降。同时在畜牧经营上一味追求牲畜存栏头数的情况下，造成天然草场过载，使草场得不到休养生息的机会，生产力急剧下降，加之牲畜频繁践踏而使表土结构破坏，抗风蚀能力减小，加速了土壤风蚀引起土地沙漠化（张启德等，1994）。科尔沁沙地冬季严寒，群众长期以来习惯烧火盆，每户一年烧薪柴 5000 余千克，如此大的燃料需求量，几乎都是采自当地，因此破坏了天然植被，使地表覆盖度减小甚至完全处于裸露状态，这样的地面状况为土壤风蚀创造了条件，随着土壤风蚀过程的进行，在地表沙物质丰富的基础上，土地迅速发生沙漠化。

# 第 4 章 中国东北沙地沙漠化科学内涵 与程度类型划分

## 4.1 沙漠化的科学内涵

### 4.1.1 沙漠化形成的物质基础

科尔沁沙地、松嫩沙地和呼伦贝尔沙地三大沙地均被较厚的第四纪松散沉积物所覆盖,一般厚 100m 左右,最厚在 180m 以上,直接出露地表(石元亮等,2004)。松嫩沙地第四纪松散沉积物一般厚 70～90m,最厚达 100m,其上部厚 20～30m,呼伦贝尔沙地第四纪松散沉积物一般厚 50～70m,其上部裸露,地表为河湖相沉积地层(海拉尔组),一般厚 30～45m,最厚达百米(石元亮等,2004)。由于春季西辽河松花江、嫩江和海拉尔河的河漫滩、河心滩及沿河地河水干涸,松散的沙层被大风吹移,特别东北地区近几十年来气温逐渐上升,降水量减少,风速增大,大陆性气候的明显变化为沙漠化的发展创造了条件(石元亮等,2004)。松散的第四纪沉积物,尤其深厚的沙层为沙漠化土地形成提供了充足的物质基础(表 4-1)。

表 4-1 东北沙地第四纪沉积物颗粒组成表 (石元亮等, 2004)

| 地域 | 深度/cm | 颗粒组成/(g/kg) | | | 质地名称 |
|------|---------|---------|---------|---------|----------|
| | | >0.02mm | 0.02～0.002mm | <0.002mm | |
| 科尔沁沙地 | 0～20 | 888.0 | 10.0 | 102.0 | 壤质沙土 |
| | 50～100 | 891.0 | 18.0 | 91.0 | 壤质沙土 |
| | 100～120 | 901.1 | 18.8 | 80.1 | 壤质沙土 |
| 松嫩沙地 | 0～15 | 790.0 | 115.0 | 95.0 | 沙质壤土 |
| | 15～100 | 690.0 | 135.0 | 175.0 | 沙质壤土 |
| | 100～170 | 897.0 | 18.0 | 85.0 | 壤质沙土 |
| 呼伦贝尔沙地 | 0～14 | 922.9 | 41.9 | 35.2 | 壤质沙土 |
| | 60～70 | 918.0 | 74.9 | 7.1 | 壤质沙土 |
| | 100～110 | 965.7 | 16.7 | 17.6 | 壤质沙土 |

## 4.1.2　沙漠化形成的动力因素

在沙漠化形成的自然因素中，气候干旱是决定性的因素，气候干旱少雨是所有沙地区域主要的环境限制因子之一（石元亮等，2004）。干旱的气候导致沙漠地区空气干燥、土壤含水量低、微生物缺乏、生物结皮不易形成、植被稀疏低矮、生产力低下等，沙漠地区降水年变率很大，经常会出现持续干旱，一些沙漠地区甚至多年没有任何有效降水，这种干旱环境背景，意味着生态环境十分脆弱，遭受起沙风侵扰时，干燥疏松的表土，由于缺少植被的覆盖，很容易发生风蚀，导致沙漠化的发生（石元亮等，2004）。

气候干旱只是沙漠地区的一个环境背景特征，虽然沙漠化的发生与之密切相关，但真正导致沙漠化迅速发展的气候因素是气候变化，而不是气候背景。气候变化主要通过两种方式导致沙漠化的发生：一是区域性的连续干旱，导致植被大面积死亡和沙漠化的发生；二是风力的增强，特别是强沙尘暴的频繁发生，或造成大面积土壤侵蚀，或导致流动沙丘持续前移，造成下风向大面积土地或植被受到风沙危害，致使沙漠化迅速扩展（赵哈林，2012）。

我国学者对晚更新世以来我国北方东部沙区沙漠变动的研究（董光荣，1994）证明，人类历史时期以来，由于气候经历几次波动，这一地区也几经沙漠化和非沙漠化的一系列变迁。

距今 8000～3000 年的中全新世，我国气候转变为温暖湿润，称为冰后期的气候适宜期（或高温期），相当于考古上的仰韶文化时代，这一时期的平均气温比现在高 2～3℃，生物气候带与现在相比，整体向北推移了 2～4 个纬度（石元亮等，2004）。在内蒙古东北的呼伦贝尔沙地的固定沙丘垂直剖面上，也普遍存在 3 层有机质含量比较丰富并有很多根孔和虫孔的埋藏黑沙土，夹于黄色细沙中。从海拉尔区西沙山等地的沙丘上发育的黑沙土中所发掘的大量打制石器、研磨石器和各种彩陶器等历史文物推断，最下层埋藏黑沙土层形成的时代，一般不应早于新石器早期，即距今 7000 年左右，也就是相当于全新世中期的高温期。这种埋藏黑沙土也曾在科尔沁沙地、松嫩平原和大兴安岭东坡山麓台地上的固定沙丘剖面中看到，这说明它不是一个局部现象，而是由于气候变化引起区域自然条件改变的结果（石元亮等，2004）。到了距今大约 3000 年开始的晚全新世，气候又转为寒冷干燥，其中以公元前 1000 年、公元 400 年、公元 1200 年和 17～19 世纪 4 次寒冷期最明显，气温普遍比现在低 1～2℃，旱灾、暴风频繁发生（图 4-1）。在干冷多风的环境下，固定沙丘及发育的黑沙土普遍受到风蚀破坏，流沙再起，又一次出现沙漠扩张，即产生了沙漠化。

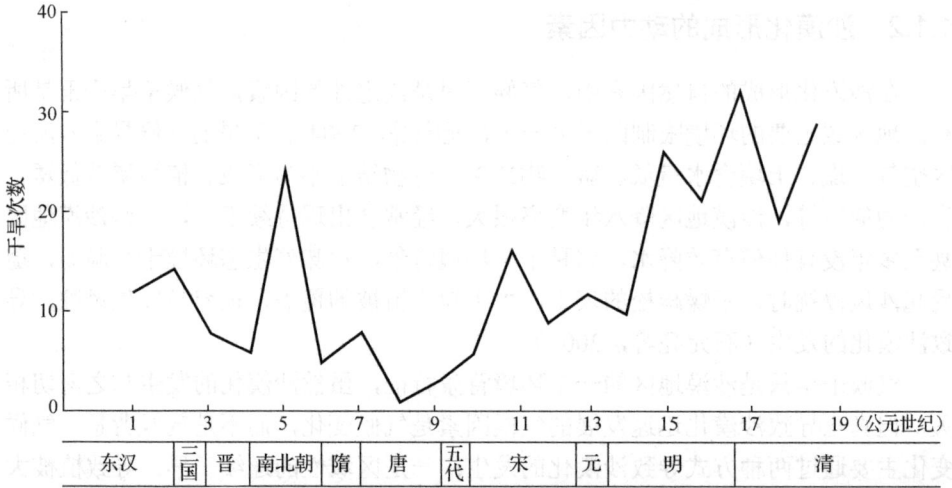

图 4-1　中国东北沙地历史干旱发生情况（石元亮等，2004）

　　东北沙地气候以夏季温暖多雨、春季干燥多风为主要特点。全年 70%的降水量集中在 7～8 月份，3～5 月份降水仅有 35～40mm，占全年的 10%，往往连续 1 个月或 40～50 天无降水，加之春季沙性土地升温快，蒸发强，表土层干燥严重，植物萌发很难，且生长缓慢，地面裸露时间长达 7 个月以上，且春季大风频繁。据测定，粒度 0.10～0.25mm 为主的干燥裸露沙质地表形成风沙流的风力需 4～5m/s（朱震达等，1989b），因此，春季随时可见贴地面的风沙流。

　　降雨量减少的同时，气温增高，风速加大，高温和大风又加速了蒸发。区域气候向着干旱化方向发展，使得地表沙质土壤更加干燥疏松，为沙漠化提供了便利条件。旷日持久的干旱期乃是导致沙漠化的主要因素。干旱在沙漠边缘地带是长期的、不可避免的、反复出现的，只有对土地及其资源合理地开发、正确地使用，才能避免由于干旱而引起的沙漠化的扩展（石元亮等，2004）。

### 4.1.3　沙漠化形成的诱导因素

　　如果说气候影响是沙漠化产生的主导因素，那么人类活动则可加速或延缓沙漠化过程。干旱半干旱地区，降水量少，蒸发量大，干燥多风，且大风日数持续时间长。东北沙区大气干燥度为 1.0～2.0；年均温度 0～8℃，年均温差达 50℃，月较差 10℃，夏季地表温度可达 40～50℃，夜间 10℃以下；降水量东部为 500 多毫米，西部降至 300～350mm，严重时不足 150mm。在这样生态系统极其脆弱和敏感的地带（特别是农牧交错地带），生物有机体与环境条件之间处于临界的相对平衡状态之中，只要稍受人为干扰，就很容易破坏生态平衡，诱发和促进沙漠化的发生和扩张（石元亮等，2004）。人类活动加速沙漠化进程主要表现在滥垦、滥牧、滥伐、滥采以及水资源不合理利用等方面。

（1）滥垦。滥垦是造成干旱区土地沙漠化的一项直接诱发因素。在生态恢复能力极弱的干旱区，土地的连片开垦加速了植被的破坏，在干旱大风的条件下直接导致了土地沙漠化。如在清朝中叶以后，清政府推行"借地养民""移民实边"等政策，在科尔沁沙地的西拉木伦河以北等地招民滥行放荒垦地，仅 1907 年（光绪三十三年）一年中，科尔沁右翼中旗就放荒 8 万余公顷（石元亮等，2004）。这些地区由于开垦的是长草的沙地，加上地广人稀，农民靠天种地，不打井、不灌溉、不施肥，掠夺式经营，耕作方式极其粗放，开垦时没有注意保留防护林带，结果导致沙地流动。沙地有适合于种植瓜类（打瓜、白瓜）的特点，沙区农民为追求利润开新荒弃旧地已成习惯，这一普遍性的耕作习惯给脆弱的沙地生态系统增加了破坏动力，新开荒的土地经过两三年，农民就因沙害或自然肥力衰退而被迫弃耕，另辟新地（石元亮等，2004）。弃耕的撂荒地无植被保护，加速了风蚀过程，流沙蔓延，产生沙漠化。

（2）滥牧。滥牧是由于牲畜头数超过草地（生草沙地）载畜能力，因牲畜的啃食和践踏而引发的土地沙漠化（石元亮等，2004）。以放牧为主要饲养方式的东北沙地草场都面临着 5 月"哨青芽"的严重问题。每年 5 月份，多年生及一年生牧草刚刚发芽，由于过度超载放牧，草芽还没有积累营养就被啃食或被践踏在草地里，造成原本很弱的草地植物衰退和死亡。多年生草本植被在过度放牧的条件下，没有休养生息的机会，四季牧群啃食，植物营养得不到补充，长期透支，致使死亡，植被衰退。在干燥气候下，促使风蚀沙漠化加剧。尤其在无人管理的自由放牧制度下，牲畜（羊群）因受放牧半径的限制，终年在畜群点或水井点周围采食和践踏，更加重了畜群点和井点附近沙漠化的进程，所以过度放牧引起的沙漠化往往形成以畜群点和水井点为中心，呈环状向外扩散的"光秃斑"（石元亮等，2004）。2015～2020 年，在国家脱贫攻坚政策支持下，草原实施禁牧、草地奖补政策，滥牧问题得到有效遏制。

（3）滥伐。20 世纪 60 年代初，通榆县新华乡小前王屯后的固定沙丘地上长满了拉条榆蒙古榆、黄柳等灌木，60 年代中期（1966 年前后），由于砍伐灌木，沙丘上的灌木植被几乎破坏殆尽，2～3 年后全部变成了流动沙丘（石元亮等，2004）。林木的砍伐在农牧交错区的生态脆弱带的生态保护上显得尤为重要，东北沙地的近代扩展是多因素作用的结果，其中树木的大量砍伐加速了沙漠化的进程。东北沙地多数处于半干旱半湿润区，降水量相对较多，沙地的原始植被多为森林、稀树草原或灌草混生草原。木材用量的增加加剧了砍伐，使沙地失去了原有天然屏障的保护作用，一方面直接提高地面风速，另一方面森林植被的破坏又间接地影响气候，反过来加剧了干旱，使沙漠化加速（石元亮等，2004）。

（4）滥采。滥采是指在沙质土地上过度搂柴及滥挖药材，特别是具有强固沙力的野生药用植物，如甘草、麻黄、防风等，在经济利益的驱使下，盲目滥采乱挖，结果造成更大规模沙漠化的发展和扩大（石元亮等，2004）。20 世纪 50 年代中期，从科尔沁右翼中旗到通榆县、长岭县、科尔沁左翼中旗、双辽市、通辽市一线，沙坨地上长满了麻黄、甘草，保护着大面积沙坨地没有出现流沙的现象。从 1966 年开始，由于大面积沙地被开垦，特别是盲目抢挖、采挖药材，麻黄、甘草几乎绝迹。结果是这些地区沙漠化面积成倍发展扩大。过度搂柴也是导致沙漠化的原因之一（石元亮等，2004）。东北沙地受过度樵采影响最严重的时期是 20 世纪 60 年代末到 80 年代初，这一时期农牧民为解决烧柴问题，曾利用特制的畜力大耙在草地上搂草，不仅破坏了具有防风效应的草被，更主要的是使多年生的草根遭到破坏，失去了再生能力，从而加剧了沙漠化（石元亮等，2004）。

（5）水资源不合理利用。在沙地区域，水资源利用不合理也是导致土地沙漠化的主要原因之一。水资源利用不合理作为沙漠化的成因主要有四种情况：一是河流上游大量截取地表水，致使下游来水量减少，植被因缺水而大面积萎缩或死亡，引发下游地区大面积土地沙漠化；二是绿洲边缘地区开垦农田后，因水源不足，缺少灌溉，或灌溉量不够，致使农田风蚀加剧；三是建立水库，导致库区周围地下水位抬升，或不合理灌溉，抬升地下水位，造成土地次生盐渍化；四是过度抽取地下水，导致地下水位降至植物根系层以下，致使植被大面积死亡，引发沙漠化。

同时指出，人为活动对许多地区土地沙漠化的逆转起到了积极作用，尤其是"三北"防护林的建设和不断完善，对风沙的防治起到了重要作用，一些防护林建设的典型区，生态环境得到明显改善。城镇发展吸引了一部分农业人口就业，对减轻沙区人口压力起到了一定作用。2000 年以来实施的河湖连通工程也对沙漠化逆转起到积极作用。

# 4.2　沙漠化程度类型划分及沙漠化特征

## 4.2.1　沙漠化程度类型划分

沙漠化程度类型的划分是沙漠化评价的基础，只有通过沙漠化土地程度类型的划分，才能系统分析沙漠化土地成因，提示沙漠化发生、发展的过程及探索沙漠化防治途径。沙漠化土地类型划分根据需要从不同角度出发，有多种分类。按沙漠化发展的程度，国际上一般均作四级划分，即轻度类型、中度类型、重度类型和极重度类型（裘善文等，2008a）。在进行沙漠化动态检测时，首先确定沙漠化程度类型及其差别指标体系、程度分级。根据东北沙漠化土地立地条件，该区沙漠化程度类型最直观的可操作性指标是风沙地貌所占的百分率（风蚀或风积地表形态面积占该地面积百分比）和植被覆盖度，而地表景观的综合特征和土地生物生产量较沙漠化前下降的百分率可作辅助指标来应用（裘善文等，2008a）。分类采用四分法，即轻度、中度、重度和极重度。

（1）轻度沙漠化类型指标。风蚀或风积面积占该地区面积小于 5%，植被覆盖度大于 60%。地表景观综合特征为，沙丘起伏度小于 5m，斑点状流沙或风蚀地，地表为固定沙丘，植被均未发生变化。生物生产量年平均降低小于 1.5%（裘善文等，2008a）。

（2）中度沙漠化类型指标。风蚀或风积面积占该地区面积的 5%～25%，植被覆盖度在 30%～60%。地表景观综合特征为，沙丘起伏度 5～10m，沙地沙丘多为半固定状态，出现大小不等灌丛沙堆与风蚀相结合的景观，耐干旱植物增多。生物生产量年平均降低 1.5%～3.5%（裘善文等，2008a）。

（3）重度沙漠化类型指标。风蚀或风积面积占该地区面积的 25%～50%，植被覆盖度 10%～30%。地表景观综合特征为，沙丘起伏度 10～25m，沙地处于半流动状态，风蚀严重，整个地表呈现出片状流沙、密集灌丛沙堆与较大风蚀坑和风蚀洼地相互交错分布的景观，可利用土地资源显著丧失。生物生产量年平均降低 3.7%～7.5%（裘善文等，2008a）。

（4）极重度沙漠化类型指标。风蚀或风积面积占该地区面积大于 50%，植被覆盖度小于 10%。地表景观综合特征为，沙丘起伏度在 25m 以上，地表以流沙为主，密集的沙丘占绝对优势，出现大型风蚀坑和风蚀洼地，植被以沙生植物为主，已基本丧失生产效能（裘善文等，2008a）。生物生产量年平均降低大于 7.5%。

沙漠化类型指标与过去四分法（表 4-2）的程度类型基本上相对应，即轻度沙漠化土地对应潜在沙漠化土地，中度沙漠化土地对应正在发展的沙漠化土地，重度沙漠化土地对应强烈发展的沙漠化土地，极重度沙漠化土地对应严重沙漠化土地。这样，可以保证过去沙漠化土地的程度类型面积数据对照使用，体现出沙漠化研究具有继承性和科学性。

表 4-2　沙漠化程度类型划分及指标（裘善文等，2008a）

| 程度分级 | 风蚀或风积面积占比/% | 植被覆盖度/% | 地表景观综合特征 | 生物量年均降低比例/% |
|---|---|---|---|---|
| 轻度 | <5 | >60 | 沙丘起伏度<5m，斑点状流沙或风蚀地，地表为固定沙丘，植被均未发生变化 | <1.5 |
| 中度 | 5～25 | 30～60 | 沙丘起伏度 5～10m，沙地处于半固定状态，出现大小不等灌丛沙堆与风蚀地相结合的景观，耐干旱植物增多 | 1.5～3.5 |

| 程度分级 | 风蚀或风积面积占比/% | 植被覆盖度/% | 地表景观综合特征 | 生物量年均降低比例/% |
|---|---|---|---|---|
| 重度 | 25～50 | 10～30 | 沙丘起伏度 10～25m，沙地处于半流动状态，风蚀严重，整个地表呈现出片状流沙、密集灌丛沙堆与较大风蚀坑和风蚀洼地相互交错分布的景观，可利用土地资源显著丧失 | 3.5～7.5 |
| 极重度 | >50 | <10 | 沙丘起伏度达 25m 以上，地表以流沙为主，密集地流动沙丘占绝对优势，出现大型风蚀坑和风蚀洼地，以沙生植物为主，已基本丧失生产效能 | >7.5 |

## 4.2.2　沙漠化特征

### 1. 风沙活动明显

土地沙漠化是以风为外营力，以风沙活动为主要特征的一种土地退化形式。因此，出现风沙活动是土地沙漠化最基本也是重要的特征之一。在原来没有风沙活动或风沙活动不明显的地区，开始出现明显的风沙活动时，说明其土地沙漠化已经开始（裘善文等，2008a）。

（1）地面风沙活动明显。地面风沙活动是指大风作用于裸露干燥地面时，吹扬起沙尘或土壤细颗粒，形成的风沙流在近地面活动的一种现象。地面风沙活动以风沙流的形成为主要标志，反映了土壤风蚀的发生和风积地貌的开始，也从另一个方面反映了土地沙漠化的状况。一般来讲，在相同条件下，地面风沙活动越强烈，说明土地沙漠化越严重，反之说明沙漠化越轻（裘善文等，2008a）。

（2）地表出现风蚀或风蚀地貌。地面风沙活动只有在大风天气才能显现，而无论有风或无风，只要地表出现明显风蚀迹象，即说明土地沙漠化已经开始发生。土壤风蚀作为土地沙漠化的主要标志之一，常被用来衡量土地沙漠化的程度，土壤风蚀面积越大，风蚀深度越大，风蚀速率越强，说明沙漠化越严重，反之则说明沙漠化程度较轻（裘善文等，2008a）。

（3）地表出现风积或形成地貌。风积是风力减弱过程中，风沙流运载或携带的沙子在地表发生沉积的过程。风积既是风积地貌形成的初始过程，又是流动沙丘移动的动力，其结果往往导致积沙范围的扩大，甚至导致风积地貌的形成。因此，风积也是衡量土地沙漠化程度的重要指标（裘善文等，2008a）。风积范围越大，厚度越厚，速率越快，其土地沙漠化也越严重，反之则较轻。

2. 地表裸露、活化，土壤粗化

（1）地表裸露、活化。地表裸露意味着大风可以直接作用于地表，是土地沙漠化的前提条件之一。而地表的活化意味着大风已经开始作用于地表，并已导致土地的风蚀。因此，原来有植被的地方开始出现地表裸露、原来固定的土壤开始发生活化也是土地沙漠化显著的特征。地表裸露越严重，说明沙漠化潜在危险越大，土壤活化越明显，说明沙漠化越严重，反之说明沙漠化潜在危险较小，沙漠化程度较轻（裘善文等，2008a）。

（2）土壤粗化。土壤粗化是指土壤在风的作用下发生分选，导致土壤黏粉粒吹失，沙粒残留下来，土壤质地变粗的过程。土壤粗化意味着土壤已经发生了风蚀，风蚀已经导致土壤质地的恶化。因此，土壤粗化也是土地沙漠化的一个重要特征和衡量沙漠化的重要指标之一（裘善文等，2008a）。土壤粗化越明显，沙漠化越严重。

3. 植被覆盖度下降、优势种沙生化

（1）植被覆盖度的下降。反映植被退化的指标很多，但与沙漠化影响有关的其中一项重要指标是植被覆盖度和盖度的下降。植被覆盖度下降，意味着植被覆盖区域面积降低，流沙裸地面积增加（裘善文等，2008a）。植被覆盖度下降，意味着植被更为稀疏，植被对地面保护功能降低。因此，在一定范围内，植被覆盖度越低，说明沙漠化越严重，反之说明沙漠化程度较轻。

（2）优势种的沙生化。土地沙漠化过程中，植物群落的建群种或优势种通常会由原生植物向沙生植物演替，从而表现出优势种的沙生化。如果群落中沙生植物的比重越大，地位越高，说明土地沙漠化越严重，如果群落中旱生植物的比重越大，地位越重要，则说明沙漠化土地在发生逆转（裘善文等，2008a）。因此，植物群落优势种的变化也是土地沙漠化，特别是草地沙漠化的重要特征之一。

# 第5章　沙漠化过程及其对环境的影响

## 5.1　沙漠化过程

土地沙漠化最主要的外部特征是风蚀、风积现象的发生和风沙流活动的出现，最终形成风蚀、风积地貌和类似沙漠的景观。而沙漠化过程的本质，就是风蚀过程与风积过程，是风蚀地貌和风积地貌形成过程的统一（朱震达等，1989a）。

### 5.1.1　土壤风蚀与风蚀地貌形成过程

风力对地表物质的吹蚀和风沙的磨蚀作用统称风蚀。其中，吹蚀是指净风吹经地表时，风的动压力作用等使地表松散矿物颗粒发生位移或吹走的过程；磨蚀是指风沙流吹经地表时，由运动沙粒引起的地表破坏和物质位移的过程（吴正，1987）。风蚀的起始过程来自于吹蚀，一旦风沙流形成，磨蚀则成为风蚀的主要过程。

#### 1. 地表风蚀与粗化过程

当起沙风作用于裸露地表时，地表的风蚀即已开始。在风的动能作用下，土壤颗粒首先产生震动，之后颗粒之间的凝聚力被打破，部分土壤颗粒处于无约束的松散状态。这时，得到风能传递的部分具有能量的颗粒，包括沙粒、细沙、黏粉粒和粗沙，开始发生位移（朱震达等，1989a）。其中，黏粉粒颗粒细小，位移速率和距离均最大，多以悬移方式进入大气。粗沙质量较大，位移需要较多能量，因为多以蠕动方式移动，移动速度最慢，距离最小，甚至基本上保留在原地。细沙携带能量居中，多以跃移方式位移，移动距离和速度处于黏粉粒和粗沙之间。土壤颗粒不同的运移过程，实际上是土壤颗粒的分选过程，即土壤细颗粒被不断吹蚀，粗沙被保留下来的过程。因此也是土壤粗化的过程，即随着土壤持续的风蚀，土壤中绝大部分黏粉粒被吹蚀后，土壤变成无黏结力的松散流沙（吴正，1987）。因此，土壤风蚀的初期总是伴随着土壤的粗化，即土壤风蚀过程和土壤粗化过程是一个过程的两个方面。

土壤颗粒离开地表进入大气后，使原来的净风因土壤颗粒的加入而变成了挟沙气流，即风沙流。这些在气流中运动的颗粒会在不断获得风能情况下，持续加速，当其以与气流相当的速度运动时，能量很大。而当这些沙粒冲击松散地表时，会使更多沙粒进入风沙流，从而造成土壤风蚀的加剧（吴正，1987）。风沙流的这种磨蚀作用能把更多的风能通过沙粒传递给土壤，造成更多土壤颗粒位移，因此其作用要比吹蚀作用强得多，是土壤风蚀的主要形式。

### 2. 风蚀地貌的形成

风蚀地貌是指由风和风沙流的吹蚀和磨蚀作用塑造的地表形态（吴正，1987）。当风速足够大、持续时间足够长时，风蚀不仅会造成土壤颗粒的分选和粗化，而且会导致土壤所有颗粒被吹走，使原地开始出现小的风蚀地貌，如风蚀槽、风蚀穴，继续风蚀则会形成大的风蚀地貌，如风蚀洼地或风蚀坑等（图 5-1）。

图 5-1　科尔沁沙地风蚀坑

由于土壤质地和结构并不是十分均匀，所以当其受到风的侵蚀时，总是有一部分地方最先出现侵蚀，之后才逐步扩展。在同等风力下，风蚀总是最先出现于土壤黏结性最差的地方，而在土壤黏结性强的地方风蚀总是发生得较为缓慢。当风蚀开始时，地表首先出现细小的沟槽。当风沙流顺着沟槽运动时，由于磨蚀作用而使沟槽不断加深和扩大，最终沟槽连成片，形成小的风蚀穴（吴正，1987）。随着风蚀穴的不断扩大和加深，会形成风蚀坑。当风蚀坑足够大时，会改变进入风蚀坑的携沙风格局，使之垂直结构和水平格局发生变异，形成独特的气流场结构。当气流进入风蚀坑后，在入风口扩散，风速开始降低，至坑底达到最低，而在坑后缘由于地势抬升，风速剧增。风蚀坑后缘在强劲风沙流的磨蚀作用下不断后退，使风蚀坑顺风扩展（朱震达等，1989a）。在风蚀坑顺延过程中，两侧坑壁出现坍塌，使风蚀坑不断加长加大。随着风蚀坑后沿对风的汇集作用减弱，坑底的侵蚀作用加强，导致其不断加深，直至风的变化在坑深和坑长中达到平衡，风蚀坑才会处于稳定状态。

3. 固定沙丘与沙地的活化过程

起伏低缓的固定沙丘和半固定沙丘在过度放牧和樵采情况下，因植被受到严重破坏极易出现风蚀和风积现象，使沙丘发生活化。固定沙丘的活化过程包括风蚀和积沙两种不同过程，其中风蚀过程主要出现于沙丘的迎风坡，积沙过程出现于沙丘的背风坡。

风蚀形态的发育过程可以概括为风蚀破口→风蚀窝→风蚀陡坎→风蚀坑→风蚀坑迎风坡变缓等五个阶段。首先是在外界条件的干扰下，沙丘迎风坡出现活化缺口。当起沙风作用于缺口时，由于风蚀作用出现风蚀窝。风蚀窝继续受到风蚀，会使深度增加，边缘出现陡坎。当风蚀深度较大时，陡坎坍塌，形成风蚀坑（吴正，1987）。由于风蚀坑处于沙丘迎风坡的斜面上，随着风蚀坑继续扩展和加深，处于沙丘下部的风蚀坑入风处逐渐变缓，风蚀趋于停滞，而风蚀坑处于沙丘顶部的出风口处，会因风速不断增强而使风蚀加剧，导致风蚀坑不断向后延伸，最终突破沙丘顶部，使整个沙丘受到破坏。

与迎风坡风蚀过程相对应，沙丘背风坡及背风坡下侧的积沙过程也经历了斑点状草灌丛沙堆→小片状流沙→半流动片状流沙→流动沙丘及流动草灌丛沙堆→典型流动沙丘景观等五个阶段。当迎风坡风蚀开始时，其风沙流越过沙丘顶部，因风速下降，流沙开始发生沉积，首先在背风坡中下部出现零星斑点状积沙（朱震达等，1989a）。随着迎风坡风蚀的加剧，越过沙丘顶部的沙量逐渐增多，在沙丘背风坡中下部出现片状积沙。片状积沙不断扩展和增厚，逐渐形成半流动沙丘。当风蚀导致沙丘顶部完全破坏并与沙丘背风坡积沙相连接时，整个沙丘完全活化，沙丘从固定状态演变成流动状态（吴正，1987）。

## 5.1.2 沙粒堆积和风积地貌形成过程

风积地貌是指被风搬运的物质在某种条件下堆积形成的地貌。由于沙物质堆积的方式、速度、阶段的不同，所形成的风积地貌也会有很大差异。比较常见的风积地貌有各种形状的沙丘、沙垄、平缓沙地、灌丛沙堆等。

1. 风沙堆积作用

风沙流携带土壤颗粒的能力是有限的，其限度取决于风力的大小，即一定的风力具有一定的输沙率。风沙流携带土壤颗粒的能力，或称输沙率，与风沙流的容量、强度和饱和度密切相关。其中，风沙流的容量是一定风力下其可搬运的沙量，强度是其实际搬运的沙量，饱和度是其强度与容量之比。其饱和度小于1，则存在风蚀的潜力，其饱和度大于 1，则会发生沙的堆积。因此，饱和风沙流的存在是风沙堆积的必要条件（吴正，1987）。

　　要使风沙流处于饱和状态，需要两个条件：一是在风积区上风向存在易蚀区，使气流经过该区时形成较大的风沙流强度；二是在风积区具有使风速下降的地面条件，使风速能够有所下降，使风沙流处于过饱和状态，从而导致沙子的堆积（朱震达等，1989a）。其中，风蚀区的存在是风积区风沙堆积的物质准备场所，风积区则是风沙流搬运、卸载和堆积沙子的场地。

　　风积区风速的下降与其下垫面的性质有关。在风积区，当风沙流遇到障碍物时，气流在运行中就会受到阻滞而发生涡旋减速，使风沙流容量降低，风沙流处于饱和状态，部分沙子就会在障碍物附近发生堆积。堆积的强度取决于障碍物的性质和大小，障碍物透风性越差，截面积越大，涡流效应越强，风沙流减速越明显，沙子堆积越强烈，积沙越多，最终形成或大或小的灌丛沙堆或流动沙丘。如果积沙区没有明显的障碍物，只是因为地面粗糙度普遍较高，或下垫面性质变化而引起风速的普遍降低，使之容量减小而发生堆积，则可能只形成片状流沙，即平缓流沙地（吴正，1987）。

　　2. 灌丛沙堆的形成过程

　　灌丛沙堆是指风沙流遇到灌丛阻挡后，沙物质在灌丛周围堆积而成的一种小型沙丘，常见于戈壁滩、沙粒质草原、沙地的外围、盐碱滩地等。因其灌木种类不同，沙堆大小有很大差异，如红砂和猫头刺沙堆一般只有 20～40cm 高，锦鸡儿灌丛沙堆则多在 100cm 高左右，而径柳沙堆最高可达 3～5m，甚至 10m。灌丛沙堆的形成起源于灌丛对风沙流的拦截作用，通过降低风沙流容量而使沙粒在灌丛周围堆积，最终形成丘状沙堆（图 5-2）。其过程大致可分为沙条、沙嘴、沙堆和沙包四个形成阶段。沙条阶段处于灌丛沙堆形成的初期，风沙流受到灌丛阻拦发生沉积，在灌丛的下风向形成窄长的沙条，长宽比 10∶1 左右，较大的灌丛还可形成双沙条。沙条阶段的存在时间很短，随着沙条的堆积会很快消失，在野外较少能见到这一阶段的存在。沙嘴阶段是随着沙子的堆积，沙条长度缩短，靠近灌层处逐渐加宽，形成以灌丛直径为底的等腰三角形，并以底边中心处最高，向边缘厚度下降，双沙条的尾部开始合拢，沙脊线成套索状，随续堆积，沙脊增高，沙嘴缩短，沙堆雏形已成，这时的沙堆一般较低，在干草原区，一般高度不超过 35cm，宽度 50～60cm，长度 3～4m。沙堆阶段为沙嘴下风向延伸部分不断缩短，靠近灌丛一侧高度不断增长，并从灌丛背风向逐步向迎风向延伸，形成大头朝向主风向一侧的卵形，这时的沙堆剖面形态为流线型，长宽比小于 2。沙包阶段的形态与沙堆相比变化不大，只是体积有所增加。其最终形态既与植物种类有关，又受制于沙源数量、风力大小和周围水分状况，具有很强的地带性，例如，锦鸡儿灌丛沙堆在干旱地带的沙粒质荒漠中的高度 20～30cm，宽度 100cm，在半干旱沙质草原高度则多在 1.5m，宽 3m 左右。

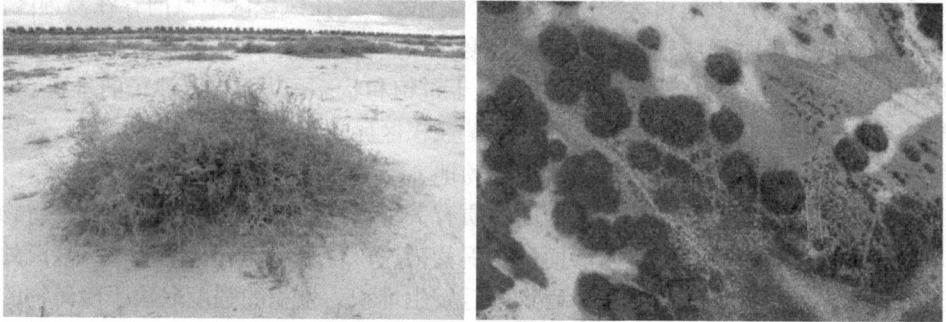

图 5-2　松嫩沙地灌丛沙堆

### 3. 沙丘形成过程

沙丘的形成主要起源于局部风速下降引起的沙子堆积。沙子不断堆积，最终形成沙丘（朱震达等，1989a）。但是，沙子在堆积过程中，由于下垫面状况、风向、风力的不同，可以形成不同形态的沙丘，如新月形沙丘、线形沙丘和抛物线沙丘等，其大小也会随发育过程而改变，最终可能形成复合沙丘链或沙垄。以常见的新月形沙丘为例，因该型沙丘属于形态最简单的一类流动沙丘，主要形成于单向风或两个风向相反一强一弱的起沙风。沙丘的平面形态类似于新月外形，新月的背朝上风向，两个尖端指向下风向。这种沙丘具有两个不对称坡，迎风坡缓而凸，坡度为 $10°\sim20°$，背风坡陡而凹，坡度为 $33°\sim35°$，其两翼开展程度取决于主导风的强弱，主导风越强，交角角度越小。单个新月形沙丘高度都不大，一般为 $1\sim5m$，但高者也可达 50m。新月形沙丘的形成过程，最初起源于较小的盾形沙丘，而后风从迎风坡面发生吹蚀，在背风坡形成涡旋堆积，形成漏斗状沙丘，为新月形沙丘的雏形。与此同时，沙堆的左右两侧形成向内回转的气流，使两翼不断扩展，逐渐形成弓形对称新月形沙丘（吴正，1987）。

# 5.2　沙漠化对环境的影响

## 5.2.1　沙漠化对小气候的影响

小气候是指在一个大范围的气候区域内，由于局部地形、植被、土壤性质、建筑群等以及人或生物活动的特殊性而形成的小范围特有气候状况（赵哈林，2012）。例如，农田小气候、森林小气候、绿洲小气候等。沙漠化过程中，因下垫面的改变，小气候也随之改变。

1. 对地表辐射的影响

1）地表反照率增加，发射率降低

沙漠化过程中，植被覆盖度的下降，地表裸露面积的增加，导致地表反照率明显增加，发射率降低。反照率增加和发射率降低意味着地表吸收太阳能量减少，低层大气加热减弱，引起地表面和边界层温度降低。稳定的垂直温度层结将抑制对流，使降水减少。降水减少致使植被进一步退化，形成植被的反照率和发射率之间的正反馈（赵哈林，2012）。

2）对地表能量收支的影响

沙漠化过程中，随着植被覆盖度的降低和地表裸露面积的增加，地面能量收支状况也会发生明显改变（赵哈林，2012；赵哈林等，2007）。一方面，地面温度升高，来自地面的红外辐射强度增大，通过对流引起的大气感热增强；另一方面，干旱地表导致通过蒸发产生的地面热支出减少，由于蒸发减少和大气水汽含量降低，大气对地表和空间的红外辐射减弱。同时，由于植被更加稀疏，植被蒸腾减少，由蒸腾支出的热量也相应减少。另外，沙漠化的发展和风沙流活动的增强，也会对辐射产生明显影响。大气中沙尘量的增加，对短波辐射的影响是增强加热作用，对红外辐射的影响是增强冷却作用，矿物气溶胶在其所在的大气层中产生净加热，在地表附近使温度递减率降低（赵哈林，2012）。

2. 对大气水热条件的影响

1）降低空气湿度

随着沙漠化的发展，空气湿度会出现不同程度的下降。沙漠化对空气湿度的影响源于两方面：一是沙漠化导致植被覆盖下降和地表覆沙面积增大，植被覆盖的下降会导致植被蒸腾水量的减少，同时地表覆沙面积的增大，会因地表干沙层的存在而使土壤蒸发水量减少，从而导致近地面空气湿度降低；二是植被覆盖减少，植被高度和密度降低之后，空气流动性增强，土壤蒸发和植物蒸腾的水汽就会迅速向上扩散，导致空气湿度下降（赵哈林，2012）。

2）增大温度变幅

土地沙漠化还会导致气温的明显改变，主要表现在三个方面：一是随着沙漠化的发展，年极端最高、最低温度和昼夜最高、最低温度升高，年温差和昼夜温差增大；二是气温的季节变化和昼夜变化增大，气温季节波动和昼夜波动更加显著；三是早霜提前，晚霜推迟，无霜期缩短。导致温度变幅增大的原因主要是沙漠化降低了空气湿度，增大了空气的流动性，破坏了近地面空气的稳定性（赵哈林，2012）。

3. 对风速的影响

1）风速廓线变化

风速廓线是指风速沿高程分布的曲线。在近地面层，风受到地面摩擦阻力的影响而降速，风速随高度增加而增大（董光荣等，1989）。当地面存在植被时，气流受到植被影响被迫抬升，此时风速廓线将相应向上发生位移。而随着沙漠化的发展，地表趋于裸露，粗糙度下降，风速廓线降低。

2）起沙风速降低

地面粗糙度特征是影响起沙风速的重要因素之一，粗糙度增加，引起地表沙粒运动的临界风速就会增高，反之则会下降。沙漠化的发生和发展，一般都会引起植被覆盖度降低，植被高度下降，从而使地面粗糙度降低，起沙风速明显下降。另外，沙漠化也会导致地面干燥，干燥地表也能造成起沙风速的降低（赵哈林，2012）。起沙风速的降低，意味着沙质地表遭受风蚀的概率增大，会进一步促进沙漠化的发展。

3）风沙流活动增强

沙漠化过程中，地表植被覆盖率通常会降低，冠层高度降低，导致地面粗糙度降低。这时，风受到地面摩擦阻力的影响就会减少，近地面风速的下降幅度就会降低，导致 2m 高度相同风速下近地面风速无植被地区明显大于有植被地表（张萍等，2011）。植被能够降低气流运动的速度，降低风裹挟沙尘所持能量，使风沙流的饱和临界值降低，减少风对地表的侵蚀。而沙漠化过程中植被覆盖度减少，也就意味着风沙活动速度增高以及风沙流裹挟沙尘的能力增强。在这种情况下，地面风沙活动就会增强，风沙流强度增大，输沙量增加。由于风沙流对地表的破坏力远高于净风，风沙流的增强意味着环境破坏的速度也会加剧（赵哈林，2012）。

4）扬沙、浮尘与沙尘天气概率增加

扬沙、浮尘和沙尘暴的发生，主要源于大风或强风天气的形成、地面尘源多以及不稳定的空气条件。其中，地面尘源的多少以及空气条件的稳定性均受到沙漠化的明显影响。沙漠化发展，导致植被覆盖降低，地表趋于裸露，沙尘源区面积扩大。同时，地面反照率增加、发射率降低，会导致地表温度变化加剧，热力条件变得更加不稳定，促进强对流的产生，从而使更多的沙尘被卷扬到高空（赵哈林，2012；赵哈林等，2007）。因此，风沙天气的形成、沙尘强弱与沙漠化的规模、程度密切相关。沙漠化面积越大，沙漠化程度越强，在大风和强风情况下越有利于扬沙、浮尘和沙尘暴等风沙天气的形成和发展。

## 5.2.2　沙漠化对土壤环境的影响

沙漠化过程中，受到风蚀、沙埋的影响，土壤机械组成、水热条件、孔隙度、有机质含量、养分含量以及土壤酸碱度等都会发生明显改变，从而使得土壤环境明显恶化。土壤环境的恶化不利于沙漠动植物的生长和繁衍，也会制约土壤的生物地球化学循环过程。

1. 对土壤物理性质的影响

1）对土壤机械组成和容重的影响

一般情况下，沙漠地区土壤中沙粒含量都较高，黏粉粒含量较低，容重较大，特别是风沙土的沙粒比例都在 70%～90%，土壤容重普遍在 1.4g/cm$^3$ 以上。但沙漠化过程中，无论是土壤风蚀，还是土壤风积，都会造成土壤中黏粉粒减少和沙粒含量增加，导致土壤进一步粗化，容重增加。其结果是土壤黏结性降低，流动性增强，土壤大孔隙数量增加，毛细管孔隙减少，土壤持水能力下降。严重风蚀甚至导致表土层完全受到破坏，下伏母质露出，特别是那些深厚松散沙物质的露出将会导致沙漠化的迅速扩展（赵哈林，2012）。

2）对土壤含水量和温度的影响

沙漠化过程中，随着土壤的粗化，持水力的降低，土壤的田间持水量和含水量均会明显下降。同时，风沙土的毛细管作用很弱，土壤水分多以空气对流方式散失，加之沙面容易形成较厚的沙层，能够有效抑制水分蒸发，因而下层土壤水分较为稳定（赵哈林，2012）。土壤含水量的变化还会受到植被的明显影响。固定沙地向流动沙地的演变过程中，随着植物的减少和蒸腾耗水的降低，土壤含水量可能会出现增加趋势，但增加幅度相对较小。沙漠化过程中，随着土壤的粗化和地表干沙层的形成，表土的热容量下降，热导率和热扩散率升高，使白天沙地地表温度升温剧烈，夜间地表温度降温明显，导致地表温度日变化增大的同时，表层土壤不同深度之间的温度梯度缩小，下层温度随表层温度而变化的滞后时间缩短（赵哈林等，2007）。

2. 对土壤化学性质的影响

1）土壤有机质和养分含量变化

土壤有机质是指土壤中含碳的有机化合物，包括腐殖质有机质和颗粒有机质。其中，在沙土中腐殖质有机质占有机质总量的 60%～80%，主要和土壤黏粉粒结合在一起，颗粒有机质仅占土壤有机质的 20%～40%，分散存在于土壤中。由于沙漠化过程中土壤损失的主要是细颗粒特别是黏粉粒，因而导致土壤中有机质含量明显下降。土壤中的养分，尤其是有效氮素、磷素与土壤有机质含量密切相关。伴随着土壤有机质含量的下降，土壤全氮、全磷、速效氮、速效磷含量也会明显下降。

2）土壤盐分组分变化

沙漠化导致土壤粗化后，受土壤持水力降低、淋溶作用增强的影响，土壤含盐量明显降低，阴离子含量明显下降，阳离子含量增加，其变化幅度是表层土壤大于下层土壤。在沙漠化土地特别是流动、半流动沙地，土壤毛管作用小、淋溶作用强，一般不会出现盐分的表聚现象，也很少能够形成钙积层。沙漠化过程中，土壤 pH 也会发生变化，但变化幅度较小。

3）土壤环境空间异质性变化

沙漠化过程中，土壤的风蚀或风积并不是均匀发生的，在空间上有很大的随机性，往往呈斑块状分布。因而，造成土壤环境变化在空间上也是不均匀的，多呈斑块状分布，而且具有较大的随机性。在沙漠化初期至沙漠化中期，沙漠化地区土壤环境的这种空间异质性极为明显，随处可见。但是，随着沙漠化的发展，最终形成流动沙地后，这种土壤环境的空间异质性又会明显降低，甚至完全消失，表现为地面完全被质地相同的流沙或流动风沙土覆盖。

## 5.2.3　沙漠化对水文环境的影响

沙漠化通过对大气降水、小气候和土壤环境的作用，也会对水文环境产生深刻影响。这种影响主要表现在对地表径流、土壤水文特性及地下水等几个方面。

### 1. 对地表径流的影响

1）对地表径流形成的影响

沙漠化过程中，随着土壤中沙子含量增加和黏粉粒含量减少，土壤渗透率明显增加。例如，流沙地表渗透率多在 30mm/h，极端渗透率可以达到 500mm/h，而壤土和黏土地表的渗透率一般只有 2～15mm/h（赵哈林等，2007）。因此，沙漠地区降水后，流动、半流动沙漠的大部分雨水会很快渗入地下，极少会形成地表径流。只有那些地表存在结皮或覆盖土壤的固定、半固定沙丘、沙地，才会在雨后出现地表径流，但其数量仍然很低（赵哈林，2012）。因此，沙漠化的发展抑制地表径流形成，促进雨水下渗。

2）对水体大小和质量的影响

沙漠化的发生会导致风沙流活动增强，地表风蚀风积现象加剧。大量风成沙不断侵入河道、水库和渠道，将对水体产生四个方面的严重影响（赵哈林，2012；裴善文，2008a）：一是造成水体颗粒污染，严重时导致水体生物大量死亡；二是造成水体淤积，引起水体容积减小，造成水体蓄水能力下降或丧失；三是造成河床发生淤积升高，甚至严重阻塞，引发河堤溃决；四是流沙在河边堆积，引起河道一侧淤积，导致河道偏移，引起河岸崩塌。

3）对降水再分配的影响

在风沙地貌没有形成之前，沙漠化对降水分布格局的影响较小。随着沙漠化的发展和风沙地貌的形成，沙漠化对降水，特别是降雪就地再分配的影响逐步显现。风蚀洼地、风蚀坑等风蚀地貌的形成，可以导致风吹雪的堆积，从而得到更多的降雪量。高大沙丘的形成，可以使迎风坡的降雨量多于背风坡，而背风坡的积雪量多于迎风坡，丘间低地的积雪量多于沙丘顶部，从而改变不同季节降水的空间变化（赵哈林，2012）。

2．对土壤水文特性的影响

1）对地表蒸发和蒸腾速率的影响

无论是风蚀，还是风积，都会导致表层土壤的粗化，形成沙层。特别是形成流动、半流动沙地，地面被流沙覆盖后，在阳光照射下表层土壤极易干燥，形成干沙层。由于沙子的毛细管作用很弱，一旦地表形成干沙层，可以有效抑制土壤水分蒸发（赵哈林，2012）。另外，沙漠化可以导致植被明显退化，甚至导致地表完全裸露。由于植物蒸腾是生态系统水分循环的重要环节，植被覆盖的减少，不仅会减缓土壤水分损失的速率，也会降低空气的湿度，导致小气候的恶化。

2）土壤导水率的变化

土壤中液态水的传输存在三种机制（赵哈林，2012）：一是水位差导致水压差的产生，引起水分垂直传输，最后通过水体运动使该区域与周围区域水压相等而达到平衡；二是毛细管效应使土壤水从地下水层或下层湿土层向上层干土层传输，这种传输是保证上层干土层得到下层土壤水或地下水补充的重要途径，也是土壤水再分配的重要机制；三是在重力作用下，地表水通过土壤向地下深层输送，补充地下水。土壤水分在土壤中的传输速度取决于土壤颗粒的大小及土壤水之间的表面张力，土壤颗粒越大，表面张力越弱，土壤毛细管作用传输水分的能力越差，而重力传输水分的能力越强（赵哈林等，2007）。沙漠化过程中，土壤发生粗化，土壤水的表面张力降低，致使土壤毛细管水输水能力减弱，重力输水能力增强。因此，随着沙漠化的发展，降水后雨水下渗速度加快，地表形成径流机会减少，而遇到干旱时由于土壤毛细管输水能力减弱，表层土壤干燥速度加快，更加容易形成干土层。这就导致了雨水能够迅速转换为土壤水和地下水，而地下水较难转换为土壤水和大气水。

3．对地下水的影响

1）流动沙地的集水保水作用

在一些半干旱地区，大面积流沙地区其地下水埋深一般都较固定沙地浅。存在这种现象的一个重要原因是流动沙地具有明显的集水保水作用。流动沙丘或沙地的土壤大孔隙多，小孔隙少，所以其土壤渗透力强，毛细管输水能力弱（赵哈林等，2007）。在雨后，绝大部分降水能迅速渗入土壤并补充地下水，减少了雨水因形成地表径流而产生的损失。在晴天，地面能够迅速形成干沙层，阻断土壤水分的蒸发，减少地下水和土壤水分因蒸发带来的损失。因此，流动沙丘显示出很强的集水和保水特性，这种特性对于维系区域地下水的平衡具有重要作用（赵哈林，2012）。

2）对地下水资源的影响

很多沙漠地区，虽然气候干旱，但地下水埋藏很浅，地下水资源丰富。其主要原因为：一方面由于流动沙丘具有明显的集水保水功能，雨水很容易在地下蓄积，使地下水资源不断累积，抬升了地下水位；另一方面是周边地区存在高山、高原，这些地区形成的降水多以河流或地下潜水方式进入沙漠，补充到沙漠地下水中。由于沙漠化地表容易形成干沙层而很少蒸发，又因植物稀疏而蒸腾很少，使进入沙漠的地下水很少因蒸发蒸腾损失。因此，通过降水和河流、地下潜水的长期补充，很多沙漠地区形成了"地下水库"（赵哈林，2012）。

## 5.2.4 沙漠化对植物群落的影响

### 1. 对植被分布的影响

干旱化对植被分布的影响，根据尺度不同表现形式有所不同。如果发生大空间尺度的干旱化，可以导致生物气候带的移动，引起极端干旱区向干旱区、干旱区向半干旱区、半干旱区向半湿润区扩展，使极端干旱、干旱、半干旱地区的地带性植被边界依次发生偏移，如果是中尺度的气候干旱化，可以导致区域降水量减少，地下水位下降，土壤水分降低，一些植被类型生长不良，甚至消亡，被其他植被类型取代，导致植被分布格局发生改变（赵哈林，2012；石元亮等，2004）。如果是小尺度的干旱化，如因地下水位下降、土壤沙化引起的土壤干旱化等，则会导致群落优势种发生改变，群落发生演替，从而使不同群落空间分布格局的关系发生改变。

### 2. 对植物群落组成的影响

干旱化对植物群落组成的影响主要表现在三个方面（赵哈林，2012；赵哈林等，2007）：一是干旱化可以导致一些不耐旱植物萌发率降低，种群数量减少，甚至暂时消亡，从而使物种多样性下降，群落物种结构趋于简单；二是群落中不同植物耐受干旱的程度有很大差异，干旱化可以引起各种植物在群落中的地位和作用发生改变，不耐旱植物的地位和作用降低，耐旱植物的地位和作用上升，导致群落物种组成结构发生改变；三是干旱化可以导致群落优势种被更为耐旱的物种代替，引起群落的旱生演替。但干旱化对植物群落组成的影响还受干旱化时间尺度的制约。短期季节性干旱不会影响当年群落中总的物种数量，而会导致物种数量的季节波动；短期年际性的干旱（1～2 年的干旱）只会影响一年生植物种的数量，对多年生植物物种数量影响较小，因而不会引起群落物种数量的持续下降；多年持续性旱不仅会引起一年生物种数量持续下降，还会减少多年生草本植物种数量，导致群落物种数量持续明显降低（赵哈林，2012）。

### 3. 对群落生产力的影响

水既是植物生产力的重要原动力，又是植物产品的主要组成部分（赵哈林等，2007）。干旱缺水会导致植物供水不足引起植物生长不良，生产力下降。一般而言，轻度偶发性干旱即可导致植物生产力下降 5%～10%，中度偶发性干旱可致植物生产力下降 10%～20%。干旱对植物生产力的影响分为对营养器官的影响和对生殖器官的影响，或对茎叶产量的影响和对种子产量的影响。干旱化对植物生产力的影响，表现为对种子生产的影响大于对茎叶生产的影响，对生殖器官产量的影响大于对营养器官产量的影响，导致植物生物产量中种子产量比例下降，茎叶比例增加，这显然对于作物生产是极为不利的。另外，干旱化还会影响植物产品的品质，导致其品质下降（赵哈林，2012）。

### 4. 对群落稳定性的影响

群落的稳定性与物种的多样性和个体数量在各种群间分布的均匀程度有关。一般情况下，群落物种多样性越高，群落越稳定，而各种群间植物数量的分布越均匀，群落稳定性越高。短期干旱可以造成一年生物种数量减少，但一般不会引起群落物种多样性降低和均匀度的明显变化（赵哈林，2012）。因此，除了极端干旱情况外，群落的稳定性一般不会受到明显影响。如果遇到长期持续干旱，随着群落物种多样性的降低，群落的稳定性明显下降（赵哈林，2012）。

## 5.2.5　沙漠化对人类的影响

### 1. 对人体的影响

沙尘颗粒对人体具有较大危害，在荒漠化地区，沙尘天气时，大气中弥漫着大量尘埃，这些尘埃颗粒主要由矿物粉尘、无机盐和有机碎屑组成。这些尘埃可以通过呼吸道进入人体，也可通过口腔、眼睛或伤口影响身体健康。其中，通过呼吸道进入人体的沙尘数量和无机盐最多，对人体的危害也最大。颗粒物的直径越小，进入呼吸道的部位越深。直径 10μm 的颗粒物通常只沉积在上呼吸道，直径 5μm 的颗粒可进入呼吸道的深部，直径 2μm 以下的颗粒可 100%深入细支气管和肺泡。这些大气粉尘颗粒物被人吸入后，会累积在呼吸系统中，引发许多疾病。另外，沙尘还会导致结膜炎和沙眼的发生（赵哈林，2012）。

## 2. 文化调适与生计策略

沙漠化扩展致使可利用土地面积减少、土地肥力降低，直接造成农牧业严重减产（董光荣等，1989）。农民为保证粮食产量，不断开垦荒地，待土地肥力下降后弃耕，又进一步加剧了荒漠化过程。农牧民迫于生计，也寻求其他经济收入，如外出打工等。随着城镇生活环境的变化，人们的思想观念和内在文化也不断随之改变，如婚姻习俗、社会交往、价值观和伦理观等，尤其在环境突变时，这种变化呈现得就更为突出（依丽米古丽·阿不力孜，2015）。

## 3. 沙产业发展

沙产业的概念由钱学森于 1984 年首次提出，其是指充分利用沙漠、戈壁地区的日照和温差等有利条件，推广使用节水技术的高知识密集型现代化农业产业。沙产业作为沙区生态保护和高质量发展的关键纽带，在区域防沙治沙、生态修复、经济协调、乡村振兴等方面发挥重要作用。人们通过树立"山水林田湖草沙""生态+"等生命共同体的新理念，结合沙区国土空间规划实施方案，统筹沙产业的发展，延伸沙产业的产业链、增加附加值，兼顾生态优先治理，因地制宜推进沙产业发展，促进沙产业生态产品和调节服务市场的价值实现，解决环境保护与经济发展的矛盾，实现沙区生态经济的绿色高质量发展（张晓琴等，2021）。

# 第6章　中国东北沙地分布与基本特征

## 6.1　中国东北沙地范围的重新界定

### 6.1.1　科尔沁沙地

科尔沁沙地位于我国北方半干旱农牧交错带，是我国四大沙地之一，区内景观生态对气候变化和人类活动影响敏感。目前，各学者对该区景观格局特征、时空动态变化、沙漠化正逆发展程度等方面开展了大量研究，但各学者对其范围的界定尚存较大差异，使得已有研究成果较难在同一空间尺度上进行比较与综合（Du et al.，2018）。地学工作者对研究区范围的界定主要有自由开窗选取、行政区划范围、流域自然地理条件分割等方法。朱震达等（1989b）通过调查科尔沁沙地风沙地貌类型及分布来大致确定沙地的空间范围，但未给出具体自然地理边界；而后，学者多以科尔沁沙地沙丘分布区所在的行政单元作为沙地范围，该方法虽操作简单，但开展地方性的地域分异规律及地貌区划研究尚存在不足之处；很多学者利用遥感技术及生态学取样方法，对科尔沁沙地边界的划定进行了有益探讨，但尚未考虑该区流域地貌特征，而将松嫩沙地的部分地区划为科尔沁沙地，造成该区沙地面积的误估（杜会石等，2017）。

从卫星影像上看，科尔沁沙地边缘与周围地区并没有明确的界限（尤其是科尔沁沙地北部与松嫩沙地相连，影像上较难区分），加之各学者研究所依据的资料和量算方法不同，使得以往对科尔沁沙地范围的界定存有较大差异（杜会石等，2018a）；从自然地理角度来讲，该区的风沙地貌类型和分布格局主要受区域风、水交互作用。因此，对沙地范围的界定，选用水系流域分割方法更为科学。本书基于陆地成像仪（operational land imager, OLI）影像及数字高程模型（digital elevation model, DEM）数据，并参考中国水系流域图，最终确定科尔沁沙地范围（图6-1）：包括松花江、辽河分水岭以南，养畜牧河以北，招苏台河以西，乌力吉沐沦河以东（118°31′E～124°18′E，42°31′N～44°50′N），面积64387.22km$^2$。其中，科尔沁沙地覆沙覆盖区主要分布于西辽河上游的西拉木伦河及其支流老哈河、教来河的两侧。

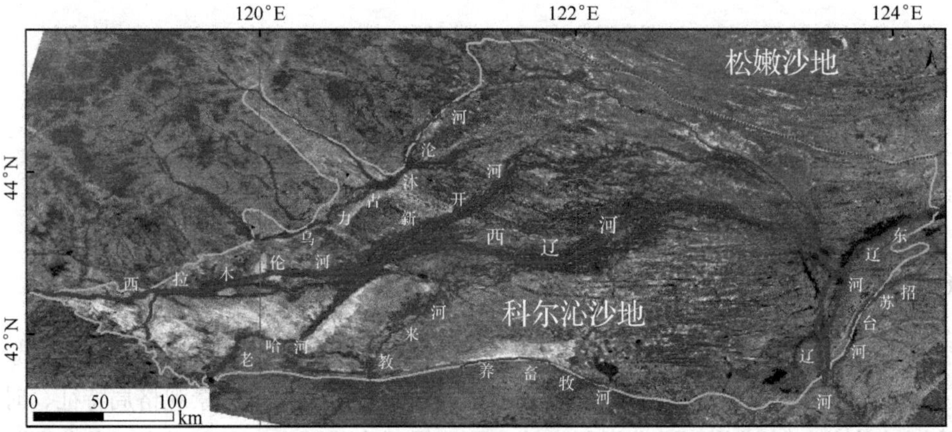

● 研究区所在位置　　——科尔沁沙地边界

图 6-1　科尔沁沙地范围（扫封底二维码查看彩图）

## 6.1.2　松嫩沙地

目前，文献中关于松嫩沙地范围的介绍尚不一致（王良玉等，2018），学者多基于行政区划范围进行各自研究，使得已有研究成果较难在同一时空尺度下进行对比研究与综合分析。从自然地理角度来讲，该区沙地的发育受控于区域风、水动力作用，故对松嫩沙地范围的界定，选用水系流域分割方法更为科学（杜会石等，2018c）。本章基于 Landsat8 OLI 影像及 ASTER GDEM（V.2）数据，参照松辽流域河流三级区域界限（数据来源于水利部松辽水利委员会），最终确定松嫩沙地自然地理单元的范围（119°19′33″～129°12′24″E，43°0′28″～50°36′51″N），面积 352559.12km$^2$（图 6-2）。松嫩沙地在行政区划上包括呼伦贝尔市、兴安盟、齐齐哈尔市、大庆市、绥化市、哈尔滨市、白城市、松原市、长春市、吉林市等市（县）部分地区。

## 6.1.3　呼伦贝尔沙地

同样基于水系流域分割方法确定呼伦贝尔沙地范围，地处 46°40′N～50°20′N，115°30′E～122°25′E，面积 6817.01km$^2$。呼伦贝尔沙地主要集中在中国东北平原东部海拉尔河南部和新巴尔虎左旗的阿木古郎镇向东和东南方向延伸，经辉河至尹敏河的冲积、湖积平原上。呼伦贝尔沙地在行政区划上包括海拉尔区、鄂温克族自治旗、新巴尔虎左旗、新巴尔虎右旗和陈巴尔虎旗等。

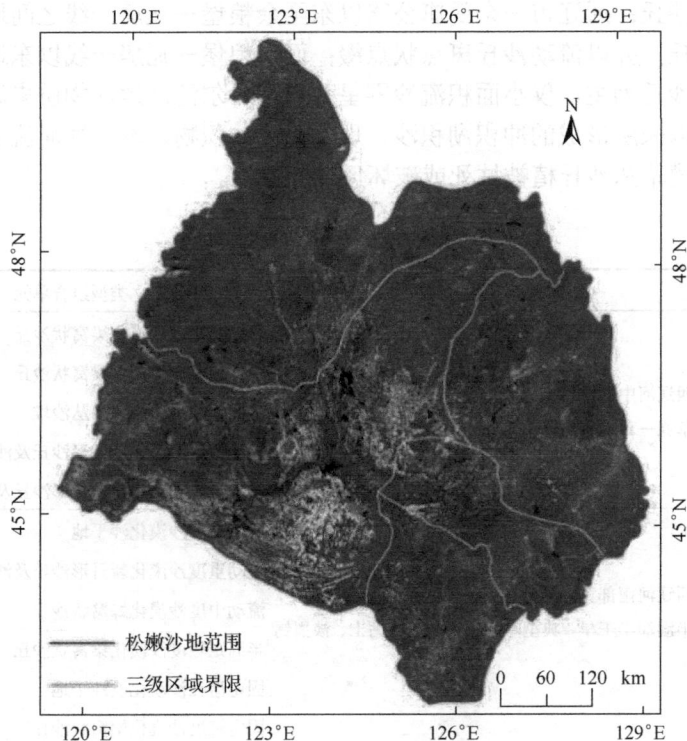

图 6-2 研究区所在位置（扫封底二维码查看彩图）

# 6.2 中国东北沙地风沙地貌类型及其特征

## 6.2.1 科尔沁沙地

科尔沁沙地位于中国东北平原的西部，处于大兴安岭和燕山山脉东延相交地带，东临内蒙古高原。沙漠主体分布于西辽河下游干、支流沿岸的冲积平原上，是我国四大沙地之一。纵观全球范围，该区河岸沙丘无论在发育的规模上，还是类型的多样性上，都具有典型性，因而学者将科尔沁沙地作为开展相关研究的理想靶区。科尔沁沙地在行政区域上包括内蒙古自治区东部的 17 个旗（县），并主要分布在内蒙古自治区通辽市和赤峰市、吉林省西部和辽宁省西北部地区。

科尔沁沙地沙丘分布具有明显的规律性，该区风沙地貌景观主要分布在西辽河干、支流沿岸的冲积平原上（表 6-1）。其中，西辽河干流以南、教来河以西为流沙集中分布区，占整个沙地覆沙覆盖面积的 50%以上。科尔沁沙地沙丘类型自西向东、自南向北趋于简单。其中，通辽市—奈曼旗一线以西地区，沙丘类型自西向东逐渐由西北偏西—东南偏东走向连续分布的起伏状流动沙丘带转变为固定、半固定沙丘；通辽市—奈曼旗公路以东至余粮堡—瓦房一线之间地区主要发育半固定沙丘，并以流动沙丘斑点状点缀；而余粮堡—瓦房一线以东地区则以固定、半固定沙丘为主，仅小面积流沙零星分布。科尔沁沙地沙物质来源主要为当地自第四纪以来所形成的冲积湖积沙、现代河流冲积物、季节性河流沉积物的吹扬物、当地灌草丛沙丘植被枯死或破坏风蚀起沙物。

表 6-1　沙地生态类型划分统计表

| 类型 | 类型（亚区）构成 | 类型组合单元 |
| --- | --- | --- |
| 科尔沁沙地 | 西辽河中部冲积平原（开鲁—通辽—双辽），典型草原—草甸草原，暗栗钙土、淡黑钙土 | 半固定中度沙漠化梁窝状沙丘<br>半固定轻度沙漠化梁窝状沙丘<br>半固定轻度沙漠化灌丛沙堆<br>流动重度沙漠化新月形沙丘及沙丘链<br>半固定中度沙漠化新月形沙丘及沙丘链 |
| | 西辽河南部黄土丘陵（奈曼—科尔沁左翼后旗），半湿润半干旱，典型草原植被，暗栗钙土、淡黑钙土 | 固定轻度沙漠化沙平地<br>流动重度沙漠化新月形沙丘及沙丘链<br>流动中度沙漠化蜂窝状沙丘<br>半固定轻度沙漠化梁窝状沙丘<br>固定潜在沙漠化及沙平地<br>固定轻度沙漠化梁窝状沙丘 |
| | 西辽河北部冲积洪积沙地，通辽、开鲁以北，科右中旗、扎鲁特旗、阿鲁科尔沁旗一线，半干旱、干旱，典型草原植被，暗栗钙土、栗钙土 | 半固定轻度沙漠化沙垄<br>固定轻度沙漠化沙平地<br>半固定中度沙漠化灌丛沙堆<br>半固定中度沙漠化梁窝状沙丘 |
| | 巴林左旗、巴林右旗、克什克腾旗一线，覆沙丘陵，典型草原—草甸草原植被，栗钙土、暗黑钙土 | 固定中度沙漠化梁窝状沙丘<br>固定轻度沙漠化灌丛沙堆<br>半固定中度沙漠化梁窝状沙丘<br>流动重度沙漠化新月形沙丘及沙丘链<br>半固定中度沙漠化沙平地<br>固定潜在沙漠化沙平地<br>半固定轻度沙漠化灌丛沙堆 |
| | 翁牛特旗南，赤峰、敖汉旗所辖范围围属西辽河南部覆沙丘陵，半干旱，典型草原—草甸过渡带，淡黑钙土、栗钙土、淡栗钙土 | 流动重度沙漠化新月形沙丘及沙丘链<br>流动中度沙漠化新月形沙丘及沙丘链<br>半固定中度沙漠化梁窝状沙丘<br>半固定中度沙漠化灌丛沙堆<br>固定轻度沙漠化灌丛沙堆 |

续表

| 类型 | 类型（亚区）构成 | 类型组合单元 |
|---|---|---|
| 松嫩沙地 | 向乌沙带（通榆县向海—长岭县、前郭县、乌兰图嘎镇）（西部为科尔沁沙地，从向海—霍林河源地）冲积、洪积平原，森林、灌丛、草原，淡黑钙土、黑钙土、黑土，半干旱、半湿润 | 半固定中度沙漠化灌丛沙堆<br>半固定轻度沙漠化灌丛沙堆<br>半固定中度沙漠化沙垄<br>固定轻度沙漠化沙平地 |
| | 扶余沙地，洮儿河两岸冲积平原，半干旱、半湿润，草原、草甸植被，淡黑钙土、黑钙土、黑土 | 固定轻度沙漠化灌丛沙堆<br>固定潜在沙漠化沙平地<br>固定轻度沙漠化沙垄 |
| | 舍力沙地（洮儿河两岸），冲积平原，半干旱、半湿润，草原、草甸植被，淡黑钙土、黑钙土、黑土 | 固定轻度沙漠化灌丛沙堆<br>半固定中度沙漠化灌丛沙堆<br>固定轻度沙漠化沙平地 |
| | 杜蒙沙地，齐齐哈尔至大庆铁路之间为冲积平原，属于半湿润气候，草甸植被，暗色草甸土、草甸黑土 | 半固定轻度沙漠化灌丛沙堆<br>固定轻度沙漠化沙垄<br>固定轻度沙漠化沙平地 |
| | 泰来沙地（泰来—镇赉），冲积平原，半干旱、半湿润，草甸植被、草原植被，暗色草甸土、草甸土 | 固定轻度沙漠化灌丛沙堆<br>固定轻度沙漠化沙垄<br>固定轻度沙漠化沙平地 |
| | 齐齐哈尔沙地（齐齐哈尔—富裕），冲积平原，半湿润，草甸植被，黑土、草甸黑土 | 固定潜在沙漠化沙平地<br>固定轻度沙漠化沙垄<br>固定轻度沙漠化灌丛沙堆 |
| 呼伦贝尔沙地 | 高原西部（海拉尔—嵯岗）半干旱，草原、草甸植被，暗栗钙土、栗钙土 | 固定轻度沙漠化梁窝状沙丘<br>固定中度沙漠化沙垄 |
| | 高原南部（新巴尔虎旗—试验林场），半干旱草原、草甸植被，暗栗钙土、栗钙土 | 固定中度沙漠化梁窝状沙丘<br>固定轻度沙漠化梁窝状沙丘 |
| | 高原西南部（嵯岗—新巴尔虎右旗）半干旱，草原植被，暗栗钙土、栗钙土 | 流动重度沙漠化新月形沙丘及沙丘链<br>半固定中度沙漠化蜂窝状沙丘<br>半固定轻度沙漠化梁窝状沙丘<br>固定潜在沙漠化沙垄<br>半固定轻度沙漠化灌丛沙堆 |
| | 高原东南部（试验林场—鄂温克旗），半干旱半湿润，草原、草甸植被，暗黑钙土、黑钙土 | 半固定中度沙漠化蜂窝状沙丘<br>半固定轻度沙漠化梁窝状沙丘 |

　　科尔沁沙地沙丘（链）和丘间地相间分布，平行延展，沙丘总体走向在沙地西部呈西北偏西—东南偏东向，中部呈东—西向，东部呈西南偏西—东北偏东向。这种格局特征主要是受大尺度气流和地形的影响，即冬春季西北风越过大兴安岭，

到达科尔沁沙地后和科尔沁沙地南部东西走向的丘陵斜交，近地气流折返后略向东北方向偏转扩散。

在局地尺度上，如老哈河、教来河两侧沙丘在形态、规模和格局等方面，相互之间以及与其他未受现代河流影响区域之间存在明显差异。这表明河流对科尔沁沙地风沙地貌的发育演化具有重要作用。因为河谷是陆-水-气交互作用地带，具有沙源、风动力和堆积场等风沙地貌发育的条件，河流枯水期，河漫滩、江心洲等大面积出露，沙物质在风力作用下向岸运动，成为河谷东岸沙丘发育的主要物源；同时，河岸上风向的沙丘在风力作用下向河道移动，可致使河床发生堆积并形成沙坝，阻断河道。而在河流丰水期，河谷除对其上风向的沙丘迁移起到阻隔作用外，流水还可清理河道，河流也可能因横向环流发生侧蚀，进而引发河道塌岸与河床冲淤。不同河谷形态、走向其两岸沙丘发育程度呈现较大差异，河流两侧沙丘多表现为垂直于盛行风方向，沿现代河道或古河道呈带状分布，沿盛行风方向，分布在宽谷和支流的入口处。如西南偏南—东北偏北流向（垂直于该区盛行风西北偏西—东南偏东方向）的老哈河东岸，沙带规模较大，长度可达 70km，宽度可达 30km；南—北流向的古力古台河、格沙郭勒河，沙带分布在河谷东岸，长度 10~30km，宽度 1~3km；在主、支谷交汇处，如查干木伦河与西拉木伦河、格沙郭勒与达勒林郭勒交汇地带，沙丘发育良好，沙带长达 15~20km；而养畜牧河形成的深切河谷，阻隔了沙丘的南移。

科尔沁沙地在风水交互侵蚀作用下，处于动态平衡，并维持其发育的稳定性。河流通过其动力和形态要素等控制着沙丘的发育、格局及其变化；风成沙丘通过移动和表面沙物质输移将改变河流水文状况和河床形态特征，河流水文和河床形态变化又将影响风沙地貌的发育演化。而不同河谷形态、走向其两岸沙丘发育的规模、格局皆呈现规律性特征。科尔沁沙地的风水交互作用，将影响沉积物运移模式，并在很大程度上改变地表景观演化过程（杜会石，2019）。按照影像上河流与其两侧风沙地貌分布格局的组合特征，将科尔沁沙地河流与风沙地貌作用关系分成六种类型（图 6-3）：①河流为沙丘发育提供沙源。沙丘发育在西拉木伦河宽河谷与支流的入口处，支流河谷走向垂直于合成风方向，沙丘沿支流河谷展布（河谷右岸，即下风向），以梁窝状沙丘为主。②河流完全阻隔沙丘迁移。这种类型，流水地貌占主导作用。养畜牧河的河谷走向与区域主风向呈 40°交角，河谷完全阻隔沙垄向其右岸迁移。③河流部分阻隔沙丘迁移。河流作用逐渐减弱、风沙作用加强。响水河的河流与区域主风向垂直，对其上风向沙丘迁移具有部分阻隔作用，其上风向新月形沙丘及沙丘链可越过河谷，向下风向移动，但因沙源减少，沙丘间隔变大，多以单体新月形沙丘发育为主，约距离河流右岸 120m 处，沙丘间距变为与河谷左侧一致。④河谷影响其两侧沙丘发育类型。弯曲型河谷的走向与区域主风向一致,其左岸发育纵向沙垄,右岸发育新月形沙丘及沙丘链。⑤河谷影响其两侧沙丘发育规模。宽谷型河流的走向与区域主风向斜交,河谷左岸沙带宽度小于右岸。⑥沙丘阻塞并迫使河流改道。风沙地貌占主导作用,河谷走向与区域主风向近乎垂直,枯水期新月形沙丘链在快速移动中掩埋河道,迫使河流在丰水期改道,水系变迁。因此,风水交互作用过程复杂多变,对干旱半干旱地区沙地景观影响巨大。风水交互作用过程也用图 6-4 的立体模型来表示。图中,中央轴代表风水交互作用强度,$X_n$ 为沙丘发育位置与河岸的距离;在科尔沁沙地 $5km \leqslant X_1 \leqslant 10km$,沙丘发育受风水交互作用最强烈;模型中的水平剖面离开中央轴的水平距离代表沙源丰富程度;沿逆时针方向为地表粗糙度(包括植被覆盖、微地貌形态)影响而发育的各种沙丘类型,这些沙丘类型在一定程度上可以相互转化、变形。

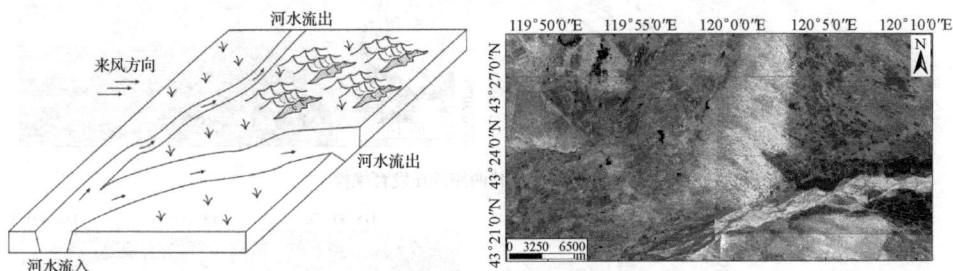

(a)河流为沙丘发育提供沙源

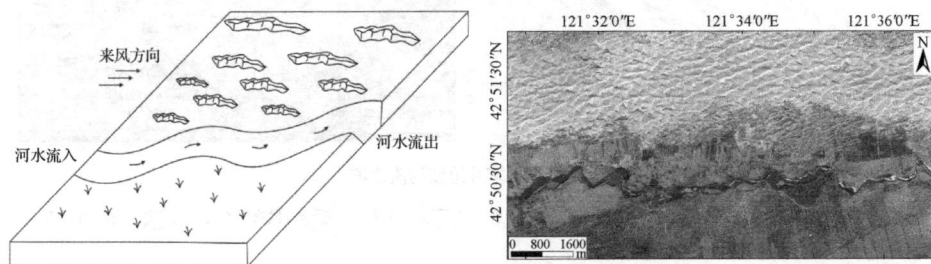

(b)河流完全阻隔沙丘迁移

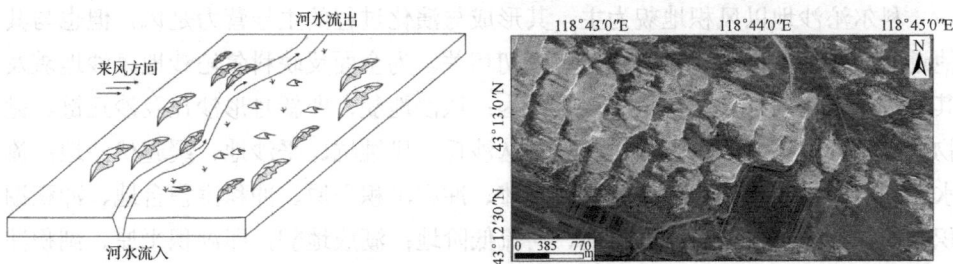

(c)河流部分阻隔沙丘迁移

（d）河谷影响其两侧沙丘发育类型

（e）河谷影响其两侧沙丘发育规模

（f）沙丘阻塞并迫使河流改道

梁窝状沙丘　　新月形沙丘链　　沙垄　　风蚀坑　　抛物线沙丘　　新月形沙丘

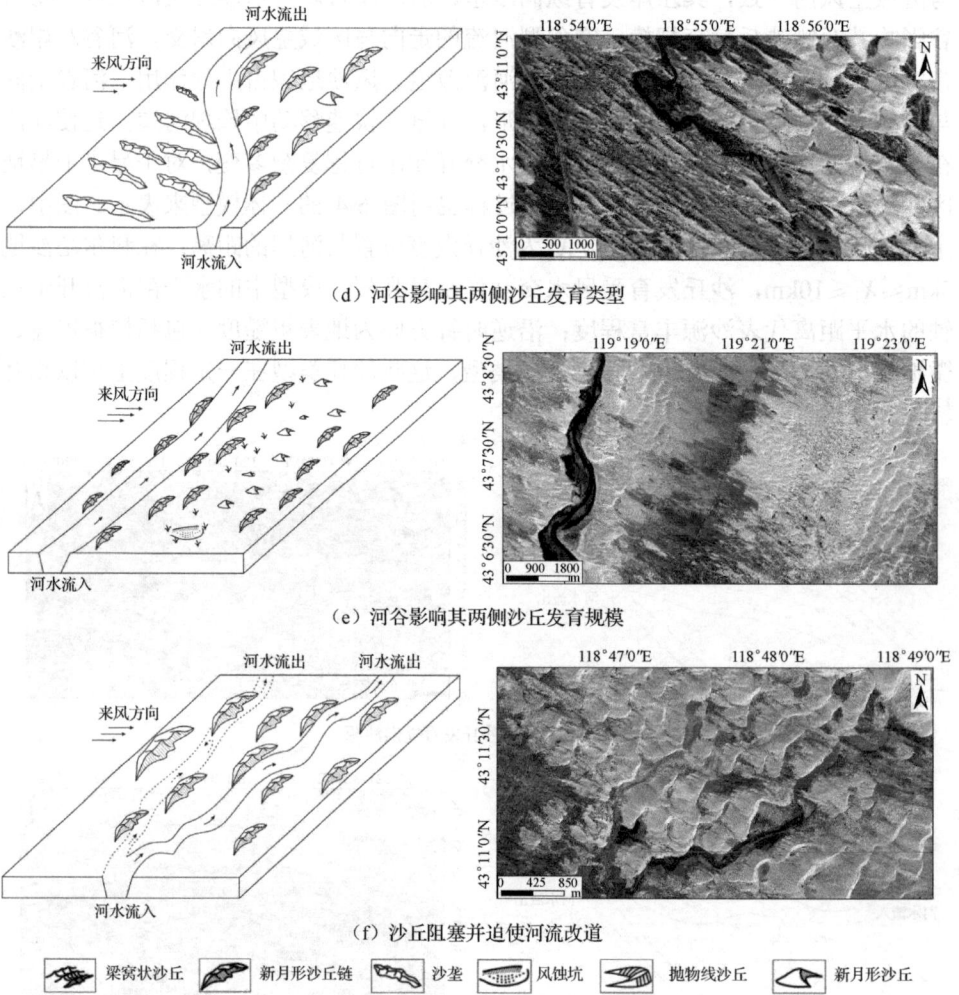

图 6-3　科尔沁沙地河流与沙丘相互作用关系

　　科尔沁沙地以风积地貌为主，其形成与演化过程的主导营力是风，但也与其他过程如冲洪积作用、地质构造等密切相关。为全面反映科尔沁沙地风沙地貌及其形成与演化信息，本章将研究区分为：风沙地貌，即新月形沙丘及沙丘链、抛物线沙丘、沙垄、梁窝状沙丘、灌草丛沙丘、风蚀坑、平沙地、缓起伏沙地；流水地貌，即侵蚀剥蚀台地、冲积河漫滩、冲积洪积平原、冲积洪积台地、冲积湖积平原、冲积平原、河流高阶地、河流低阶地；湖成地貌，即湖积平原、湖积冲积平原；其他，即河流、湖泊及水库（图 6-5）。

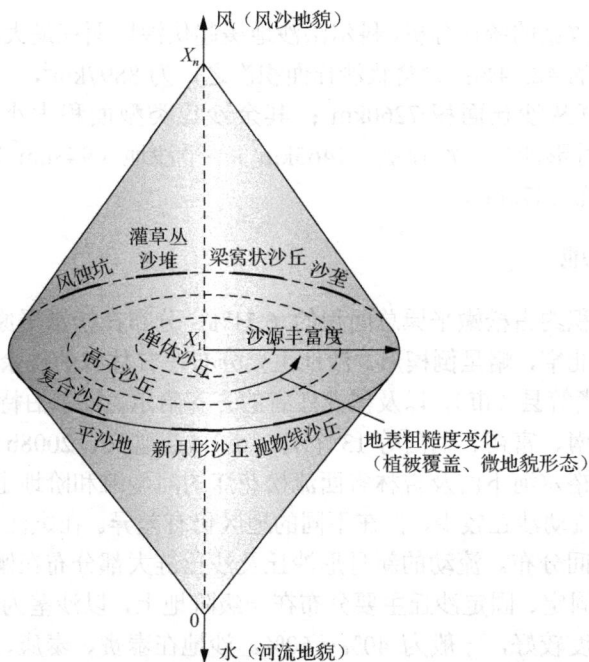

图 6-4　科尔沁沙地风水交互作用与沙丘变形模型

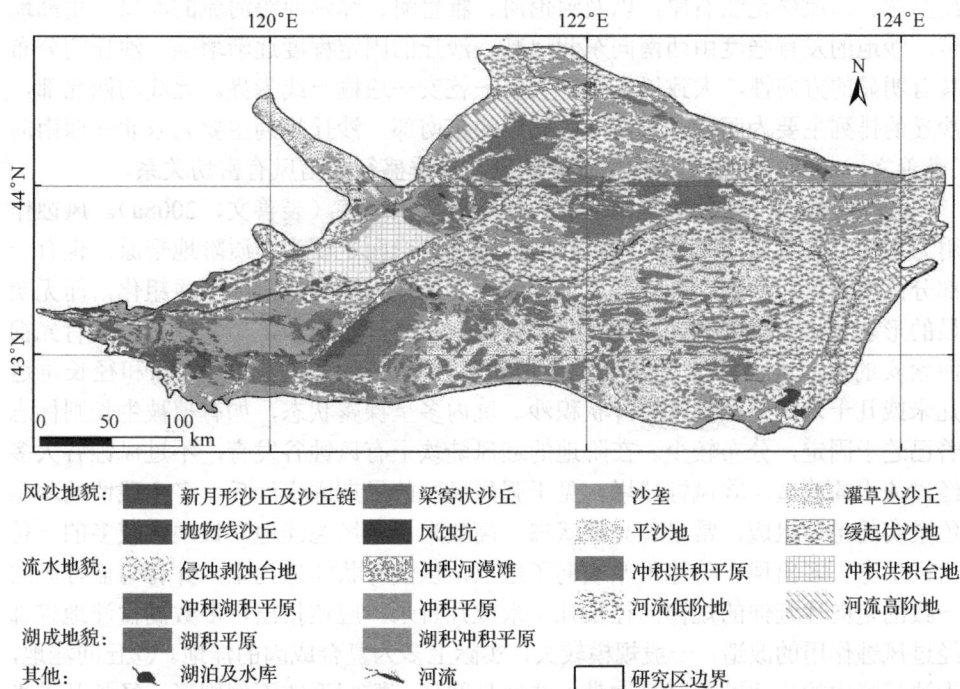

风沙地貌：　■新月形沙丘及沙丘链　　■梁窝状沙丘　　　沙垄　　　灌草丛沙堆

　　　　　　　■抛物线沙丘　　　　　　■风蚀坑　　　　　平沙地　　　缓起伏沙地

流水地貌：　侵蚀剥蚀台地　　　冲积河漫滩　　　冲积洪积平原　　　冲积洪积台地

　　　　　　冲积湖积平原　　　冲积平原　　　河流低阶地　　　河流高阶地

湖成地貌：　湖积平原　　　湖积冲积平原

其他：　　　湖泊及水库　　　河流　　　研究区边界

图 6-5　科尔沁沙地影像解译图（扫封底二维码查看彩图）

通过对解译数据的统计分析,科尔沁沙地缓起伏沙地面积最大,为 15790km$^2$,占覆沙覆盖面积的 42.24%;梁窝状沙丘面积次之,为 8897km$^2$,占覆沙覆盖面积的 23.80%;灌草丛沙丘面积 7260km$^2$;其余沙丘类型面积大小排序为,沙垄(2892km$^2$)>新月形沙丘及沙丘链(1465km$^2$)>平沙地(948km$^2$)>抛物线沙丘(82km$^2$)>风蚀坑(47km$^2$)。

## 6.2.2 松嫩沙地

松嫩沙地面积约占松嫩平原总面积的 6.51%,分布在松嫩平原的中西部。沙地平面轮廓南宽北窄,略呈倒楔形。沙地主要分布在吉林省的扶余、大安、通榆、洮南、长岭、镇赉等县(市),以及黑龙江省的齐齐哈尔、杜尔伯特、大庆、肇源、泰来、龙江、甘南、富裕、讷河等 13 个县(市)(裘善文,2008b)。

在嫩江和乌裕尔河下游及吉林省西流松花江的河漫滩和阶地上,以半固定、固定沙丘为主,流动沙丘较少,但在不同的地区仍有差异。在嫩江及乌裕河沿岸,沙丘常与湖沼相间分布。流动的新月形沙丘及沙丘链大都分布在嫩江沿岸带,一般高 3~5m。半固定、固定沙丘主要分布在一级阶地上,以沙垄为主,高 5~15m 不等,植被覆盖度较好,一般为 40%~60%。沙地在泰赉、泰康、大安等地比较集中且连片分布,其他各地零星分布。受盛行风的影响,沙地主要集中分布在嫩江左岸、西流松花江右岸,以及阿伦河、雅鲁河、绰尔河等河流的河口三角洲地带。沙地的发育强度由西南向东北递减,沙丘的固定程度逐渐增强。沙丘的分布具有明显的方向性,大致以安达—大安—乾安—通榆一线为界。此线的西北部,沙丘的排列主要为西北—东南向;此线的东南部,沙丘排列主要为东北—西南向(裘善文,2008a)。这与冬季盛行西北风、春季盛行西南风有密切关系。

松嫩沙地风沙地貌类型包括风蚀地貌和风积地貌(裘善文,2008a)。风蚀作用为主的形态包括:①风蚀平缓沙地,基础地形面主要为沙质阶地平原,也有一部分高河漫滩和冲积扇。轻度风蚀沙地主要表现为地面物质的沙质粗化,而无明显的形态变化;重度风蚀沙地可有风蚀破口和小片状覆沙,个别地方出露有光裸而紧实的板状地面。②风蚀坑,见于强风蚀沙地的风口部位,坑深和径长可达几米或几十米,下风侧常有片状积沙。坑内多呈裸露状态,如有植被生长则标志着已趋于固定,分布较少。在阶地的迎风陡坎上有风蚀谷发育,不过风蚀谷大多经过流水的改造。③风蚀残墩,见于强烈风蚀的早期固定沙丘,多由残留的灰黑色紧实的土体组成,常呈现光裸状态,高数米。④风蚀洼地,该地区较多的一种风蚀形态,多出现在阶地平原或甸子地上,以浅碟状洼地为主,并有与盛行风向一致的定向性延伸的规律,径长几十米或几百米。应该指出,多数湖盆洼地也都经过风蚀作用的改造,一般规模较大,实际上多为复合成因的洼地。⑤丘间洼地,为沙丘群中的丘间蚀积过渡地带,洼地呈圆形、椭圆形或不规则形,径长几千米或几百米,多为沙质甸子。而风积作用为主的形态包括:①覆沙型平缓沙地,多见于半固定沙地的下风侧，基础地形为泛滥平原或阶地平原，地表覆盖有粉细沙或细沙，厚几十厘米，以沉降堆积为主，厚度均匀。地面多平坦或有平缓的起伏。②灌丛沙堆与草丛沙堆，灌丛沙堆规模大多较小，高 1～2m 或几十厘米，以圆丘形或短垄形为主。多见于早期缓起伏沙地的表面，或零散分布，或集中成片，沙堆顶部多灌丛状榆树。组成物质以粉细沙为主，颗粒偏细。目前多为荒地，发育有半固定风沙土或生草风沙土。草丛沙堆多呈饼状，高几十厘米，径长几米或几十米，多于不均匀风蚀草地。③不规则形生草沙丘，多为长时间固定或固定沙丘群，沙丘或沙垄经过风力夷平，形成波状起伏或纵横交错的垄丘复合体，包括长期固定并经过风力夷平的复合沙垄。另外，在地面植被不均匀和具有一定沙源的情况下，由粉沙、粉细沙等细粒物质的不均匀堆积（包括沉降堆积和遇阻堆积）也可形成缓起伏的不规则形状沙丘群，使沙地呈对称的缓波状起伏，起伏度多在5m 以下，地面坡度多在 5°以下。沙丘群的边缘可有较大的高差。④纵向沙垄，是本区主要的沙丘形态，常组合成沙垄群，单元形态规模大小不一，以长几十米或几百米的短垄为主，高几米或十几米，两坡近于对称。⑤横向沙垄，见于湖岸或大河阶地迎风坡坎的上部。湖岸坡坎上的沙垄多呈半圆形环湖分布，可称环湖横向沙垄，是这里"湖沙相伴"的一种十分普遍的现象。阶地坡坎上的沙垄大多沿阶地前缘伸展，绵延达数十千米。⑥抛物线沙丘，偶见于半固定沙丘群中，规模较小。多为固定沙丘趋于活动的标志。⑦新月形沙丘，偶见于大河滨河床地带，规模较小，高数米。多为流动沙丘或半流动沙丘。⑧饼状古沙丘，见于嫩江两侧的泛滥平原或阶地平原，多孤立存在，径长数百米，顶平坡缓，坡度多在 5°以下。组成物质以粉细沙为主，颗粒偏细，是经多年固定已向顶极方向演化的古沙丘（裘善文，2008b）。

## 6.2.3　呼伦贝尔沙地

呼伦贝尔沙地面积约占呼伦贝尔高平原土地总面积的 8.54%，主要是沙质高平原，有些地区，由于风力作用强烈，形成风沙地貌景观（裘善文，2008a）。沙丘分布在呼伦湖以东的冲积湖积平原上，都为固定、半固定的梁窝状及蜂窝状沙丘。植被覆盖度一般在 30%以上，个别可达 50%左右。沙丘高度多在 5～15m，丘间普遍有广阔的低平地。风蚀洼地多分布在丘间低平地上，风蚀残丘散布在风蚀洼地之中。沙丘的分布大致可以分成两个区。北部沙区，除嵯岗以北有一部分沙丘分布在海拉尔河北岸外，大部分在海拉河南岸，沿满洲里—海拉尔铁路两侧，东西延展约 80km，东部宽 3～5km，西部赫尔洪得一带宽 35km，沙丘除西南坡大部为裸露外，其他各坡都已被植被所固定。丘间地平坦开旷，并有樟子松分布其间，地下水位一般不超过 5m，沿沙丘带南侧尚分布有一系列面积不大的咸水湖。南部沙区，东起伊敏河上游，西到甘珠尔庙，为一宽阔的沙丘起伏的波状沙地，大致以呼和诺尔为界。西段以咸水湖泊和风蚀洼地为主；东段以沙丘为主，主要分布在辉河两岸，向东延伸到大兴安岭山前丘陵地带，沙丘上普遍生长有樟子松。此外，在呼伦湖东岸尚有南北延伸的湖滨沙丘带，伊敏河沿岸的冲积平原上也可见流动沙丘及半固定沙丘带。

　　海拉尔区与呼伦湖之间的风沙地貌，集中分布为三条沙带，按其分布位置可以分别称为北部沙带、中部沙带和南部沙带，基本上都是由固定和半固定的梁窝状沙丘组成（裘善文，2008a）。沙丘的高度多在 5～15m，密集程度不大，沙丘之间普遍有广阔的低平地，宽几十米到几百米，甚至可以间隔 1km 以上，风蚀洼地和风蚀坑多发育在这种低平地上，风蚀残丘常常是附加在风蚀洼地和风蚀坑之中，有时也出现在地面波折的地方。无论是沙丘或者是风蚀形态，目前多被植物固定，其覆盖度一般在 30%以上，个别地点可高达 50%，主要的植物有榆、黄柳、稠李子、樟子松、蒿和丛生禾草。北部沙带东西延展约 80m，东部宽 3～5km。该带沙丘的西南坡大多裸露，其他各坡为植物固定，丘间地平坦开阔，地下水位一般不超过 5m，水质优良，可供人畜饮用。沙带的南侧有一连串面积不大的咸水湖泊顺沙带延伸方向分布。中部沙带从东端的鄂龙诺尔到西部的英吉苏木，长约 30km，宽 5～10km。东端多咸水湖泊，西部有一小河从沙带中流出，沿河有湿地。地下水位不超过 5m。南部沙带分布范围最广。东起伊敏河上游的头道桥，西到甘珠尔庙附近的广阔沼泽湿地东缘，北面的界限大致在新宝力格西苏木以北，南到五一牧场一带，是一个宽阔的沙丘起伏的波状沙地。其形态特征大致以呼和湖为界，分为东西两部分。西部多咸水湖泊和风蚀洼地、风蚀坑，有盐碱地，风蚀坑的最大深度为 21m；东部的湖泊和风蚀形态较少，沙丘多集中分布在辉河两岸的二级阶地前缘，一级阶地上没有沙丘发育，它顺着辉河河道向东延伸，在红花尔基一带直接覆盖在大兴安岭山前丘陵的山坡上。呼和湖以东的沙丘上普遍生长高大的樟子松树，其中树龄在百年以上的大树很多，并有 300 年以上的老树。

　　除以上三条大沙带以外，海拉尔河和伊敏河中下游沿岸还有半固定或流动沙丘分布，但仅出现在二级阶地前缘。海拉尔河南岸的沙丘从海拉尔区西山起，向西到都伦车站附近和北部沙带汇合，北岸的沙丘在东乌珠尔以东就逐渐消失了（裘善文，2008b）。

　　呼伦湖东侧的沙丘有两条：一条在现今达赉湖的东岸，沿湖岸线呈南北向分布，为湖滨沙垅；另一条在乌尔逊河以东，阿穆古朗、甘珠尔庙以北，沿广阔的沼泽湿地东缘大体呈南北向发展。前者海拔在 570m 左右，后者在 590m 左右。呼伦湖以南有零星沙丘发育在砾质的克鲁伦河古河口三角洲上（裘善文，2008a）。

## 6.3　中国东北沙地地貌分区

东北沙地地貌特征具有复杂性，根据沙地地貌类型、土地沙漠化程度和发展趋势，可将东北沙地中的科尔沁沙地、松嫩沙地和呼伦贝尔沙地再分成若干个亚区，以深入揭示其生态环境的地域分异规律（石元亮等，2004）。即科尔沁沙地分为乌丹沙地、甘旗卡沙地、大板沙地、开鲁沙地、向乌沙地；松嫩沙地分为扶余沙地、舍力沙地、杜蒙沙地、泰来沙地、齐齐哈尔沙地；呼伦贝尔沙地作为一个亚区。

### 6.3.1　科尔沁沙地

科尔沁沙地中最具规模的沙地尚属向海—乌兰图嘎沙带（石元亮等，2004）。向海—乌兰图嘎沙带西起吉林省通榆县的向海乡，东至前郭县的乌兰图嘎镇，简称向—乌沙带。向—乌沙带位于科尔沁沙地东北部，大部分在松辽分水岭及其北侧，整个沙带东西横跨内蒙古东部的扎赉特旗，以及吉林省的通榆、长岭、前郭等四个旗县。向—乌沙带东西长 255km，南北最宽处达 170km，是一条东西延伸、向南突出的弧形沙带。该弧形沙带自北向南大致分为三条，近于平行排列，形成复合沙垄与垄间洼地相间排列的空间格局。沙带主要由复合型横向沙和沙垄间的子地组合而成，沙顶部起伏较和缓，垄间地洼亦多呈东西向延伸（石元亮等，2004）。向—乌沙带西部的通榆、瞻榆及长岭一带，沙丘高大密集，形成的沙一般宽 2～6km，长 30～60km，相对高差达 20～30m。该沙带前郭一带的沙丘呈现零散状，多孤立丘或小型沙，个别为新月形沙丘。根据向—乌沙带内在的差异性，将其划分为两个亚区：向海—瞻榆亚区和长岭—乌兰图嘎亚区（石元亮等，2004）。

（1）向海—瞻榆亚区。向海—瞻榆亚区是向—乌沙带的西段，为长岭县太平川以西的部分。该区的沙带走向为西北—东南向，由五条大型沙带组成，沙垄规模大，连续性与起伏性均较大。这些沙垄顶部多为复合型沙丘，垄间多为沙平地。

（2）长岭—乌兰图嘎亚区。长岭—乌兰图嘎亚区位于向—乌沙带的东部，长岭县太平川以东。该区的沙垄为西南—东北走向，由三条大型沙垄组成。该区的沙垄多由不甚连续的沙丘或小型沙垄组合而成，沙顶部较和缓。在该区东端，三条沙垄逐渐靠拢，于乌兰图嘎一带合并一处并呈现出零散沙丘或小型沙形态。该亚区的垄间低洼地较为开阔，有较多的沙平地和草甸草原，并与盐碱化草地相组合。沙丘上的自然植被为榆树-山杏群落，这在长岭县与前郭县南部仍有残存，而大部分自然植被已被人工林或耕地取代（石元亮等，2004）。

### 6.3.2　松嫩沙地

松嫩沙地南宽北窄,其平面轮廓呈向北伸出的楔形,沙地的发育由南向北明显减弱。根据沙地的区域连续性、与江河湖泊的关系及沙地的形态特征,可将松嫩沙地划为 5 个亚区,即扶余沙地、舍力沙地、杜蒙沙地、泰来沙地和齐齐哈尔沙地(石元亮等,2004)。

1. 扶余沙地

(1)漫滩上的沙地。该沙带自陶赖昭向西,一直延伸到伯都、新华一带。在增盛的南英山至善友一段,河流为东南—西北流向,几乎与盛行风向垂直。沙丘群在右岸格外发育,其中付康泡南侧的沙带宽达 4km,多为密集的沙丘群,以纵向沙垄为主,其间有抛物线沙丘和不规则形沙丘,沙丘高多在 20～30m,沙垄的走向多为南偏西 35°～40°(石元亮等,2004)。陶赖昭至增盛间河段,沙丘呈零星或片状分布。沙丘规模稍小,沙源为西流松花江的全新统冲积沙(石元亮等,2004)。河漫滩上的沙带主要发育在西流松花江的北岸,这与盛行风对下风侧滨河床沙地的吹蚀与堆积有关,相反,南岸沿河则很少有大片沙地。北岸沙带的发育甚至控制了河床的移动,北岸的风沙堆积使河道南移而难以向北(石元亮等,2004)。河漫滩上的沙地目前以林地为主,植被覆盖度多在 20%～30%,有些地方可达 40%以上,稀疏处则几乎全部裸露。裸露的流沙多集中在沙带的迎风侧和风口处。前些年过度樵采,植被破坏,许多地方沙丘活动十分严重。20 世纪 80 年代后期以来,人工造林和封育取得较好效果,流动和半流动沙丘面积明显减小。目前,社里、风华等乡的沿江一带仍有较多的流动沙丘段(石元亮等,2004)。

(2)阶地平原上的沙地。该沙地以西南侧靠近阶地前缘的部位最为集中,包括阶地迎风坡坎上的横向沙垄及下风侧的一系列纵向沙带(石元亮等,2004)。阶地坡坎上的横向沙垄沿阶地前缘延伸,高大绵长。沙垄的沙源除阶地表层的晚更新统冲积沙外,还有大量为阶地斜坡下部的中更新统积沙。由于盛行风向与坡坎近于垂直,强劲的气流可将坡麓的细沙大量携往坡顶,遂形成高大的沙垄,高出阶地 20m 以上。沙垄的顶部迎风坡坡度在 10°左右,背风坡在 15°左右,但向下风侧逐渐过渡为一个缓长的坡麓,坡度一般在 5°以下(石元亮等,2004)。阶地前缘沙垄的发育为下风侧众多沙垄的发育提供了沙源,以致在阶地前缘地带常形成宽 1～2km 的沙带,只是在下风侧发育起来的多属纵向沙垄。扶余县境内的最高点——南英山,海拔 261.8m,实际上是一座邻近阶地前缘沙垄的高大沙山,它高出阶地约 70m,高出漫滩地面达 120m(石元亮等,2004)。离开阶地前缘还有一系列向东北方向延伸的沙带,如善友、社里—三井子、增盛—万发、新站沙带等。这些沙带主要由缓起伏沙地或沙丘群构成,沙带之间地势相对低缓,并形成过水洼地。沙丘群多由不同高度的短沙垄构成，以增盛、乡兴、旺村一带最为集中高大，沙垄高度在 20m 以上，由西南向东北逐渐变低，至边缘地带常有大面积平缓沙地。地面呈缓起伏状态，或有少量沙堆发育，是典型的沙漠化边缘景观（石元亮等，2004）。这里以潜在沙漠化沙地为主，但也有一些正在发展的沙漠化地段，其发展趋势主要取决于防护林和片林的建设，目前林网和片林都有待进一步完善和发展。沙地生态显得十分脆弱，林地一经破坏便很快被强风翻起，沙带也就进一步向东北方向延伸（石元亮等，2004）。

### 2. 舍力沙地

舍力沙地即洮儿河下游两岸沙地，主要集中在洮儿河岸的大安市西部（石元亮等，2004）。地形部位主要属洮儿河下游冲积平原，包括河流阶地与河漫滩。洮儿河沿冲积洪积扇的前缘折向东北，在大安市北部又转向东，经月亮泡入嫩江。舍力沙地主要集中在洮儿河下游东北向河段的右岸，即位于下风侧的东南岸，形成一系列由西北向东南方向延伸的沙带。基础地形由西向东渐渐高起，由泛滥平原逐渐过渡到阶地平原（石元亮等，2004）。沙带的延伸方向约为南偏东 60°，宽窄长短不一，窄的仅 1km 左右，宽的达 10km，长度多在 20~30km。由北向南大致划分出 6 个沙带：哈拉巴打—富田林场—丛家窝堡沙带；东木亚—四吊五—新立屯沙带；庆生—民众—长新沙带；庆丰—九合堂—大安马场沙带；谢家围子—五圣堂沙带；二龙—侯家屯沙带（石元亮等，2004）。目前，舍力附近的沙带多为片状人工林覆盖，但林地间也常有大片耕地、草地，特别是在沙带边缘的平缓沙地，耕地面积更大。大部分沙地处于固定或半固定状态，潜在沙漠化土地和正在发展的沙漠化土地几乎各占一半。舍力沙地向东逐渐过渡为大安市东部的阶地平原或残留阶地。地面物质多为黄土状亚沙土，个别地方地面风蚀和覆沙现象明显（石元亮等，2004）。舍力沙地在洮儿河左岸的面积较小。在套保镇附近有零散分布的短沙垄或缓起伏沙地，沙垄高多在 10m 以下。另外，在白城市和镇赉镇附近也有少量沙地，多属洮儿河冲积洪积扇上的小片沙地，沙丘规模也小，目前多有片状林覆盖，形成大平原中的森林岛景观。

### 3. 杜蒙沙地

杜蒙沙地大致位于滨洲铁路以南、嫩江以东、通让铁路以西、嫩江口以北，平面轮廓呈北宽南窄的三角形，行政区以杜尔伯特蒙古族自治县为主，西北部包括泰来县的汤池、大兴，东部包括大庆市的西部边缘，南段包括肇源县的西部（石元亮等，2004）。基本地形面为嫩江左岸的阶地平原，西部有乌裕尔河盲尾区洼地，并形成规模较大的连环湖湖泊群。杜蒙沙地可大体上划分为南、北、中三段。北段和南段沙丘较为稀疏低矮，中段则较密集高大。在东西断面上，一般西部的沙丘密集高大，向东则逐渐稀疏矮小（石元亮等，2004）。

（1）沙地的北段。大致沿滨洲铁路展开，包括杜尔伯特蒙古族自治县的烟筒、泰康、克尔台、一心、靠山以及大庆市的喇嘛甸子等乡（镇）。西半部地面比较低缓，海拔 140m 左右，最西面有乌裕尔河盲尾区洼地。该段沙丘多呈零散分布，并多孤立低缓的饼状沙丘，相对高度多在 5~10m，地面坡度小于 5°。饼状沙丘是固定较久的风沙堆积形态，上面有黑钙土发育。在喇嘛甸子一带，地势略微高起，有低缓的沙丘和平缓沙地，相对高度多在 5m 以下，地面坡度较小，目前以耕地和牧草地为主，多属固定或半固定沙地（石元亮等，2004）。

（2）沙地的中段。北界大致沿汤池—白音诺勒—新店一线，南界沿大山—胡吉吐莫—敖林西伯一线，呈西北—东南延伸的宽大条带，由西向东沙地景观逐渐变化。西部主要为阶地迎风坡坎上高大的横向沙垄，沙垄的下风侧有密集的沙丘群。迎风坡坎上的沙垄以马场大山规模最大，其西侧的嫩江泛滥平原海拔在 135m 左右，阶地前缘沙垄高度多在 170m 以上，最高达 197m。沙丘比高 50m 左右，沙垄长达 20~60km，呈南北向延伸。沙垄背后的沙丘群规模也较大，其中时雨泡与马场大山之间的沙丘最为集中，阶地面海拔 140~150m，沙丘比高多在 10~20m，以西北—东南向延伸的沙垄和复合沙垄为主。该段的中部主要是杜蒙自治县境内连环湖湖群周围及其下风侧沙丘群。这些大湖包括北琴泡子、二股泡子、西葫芦泡子、牙布气泡子、火烧黑泡子、哈布塔诺尔泡子和大龙泡等，南部巴彦查干附近的向阳湖规模也比较大。应特别指出，这些湖泡的水面轮廓几乎均呈西北—东南向延伸，方位约为南偏东 50°，即与盛行风向一致。该段的东部实际上是沙地向东逐渐减缓和消失的过渡部分，主要在杜尔伯特蒙古族自治县与大庆市的边界带，向东至通让铁路线附近，以缓起伏沙地和低矮沙丘为主，也常形成西北向延伸的沙带（石元亮等，2004）。

（3）沙地的南段。该段主要处于杜尔伯特蒙古族自治县南部的他拉哈、腰新以及肇源县西部的富强、古龙新站、茂兴等乡（镇）。该段南北狭长，远没有中段那样宽大。该段沙地多呈片状或零星分布，以他拉哈、腰新、茂兴等乡的面积较大。西侧，在阶地前缘陡坎上也发育有横向沙垄，坎上有较厚的黄土堆积，形成土质岗阜。尤以新站镇的靠山最为典型，靠山土质岗阜海拔 167m，相对高度 40m 左右，迎风坡陡峻，达 20°左右，背风坡则逐渐低缓。这种土质岗阜是在残留阶地的基础上发育起来的，在风和流水合力的复合作用下，形成了具有明显风水两相沉积的岗阜（石元亮等，2004）。茂兴一带的沙地多为低缓沙丘，大多也集中在湖泊洼地的下风侧。茂兴大泡子目前已经干涸，湖盆就成为下风侧坡坎上堆积的重要沙源地。在环湖沙垄的下风侧也有纵向沙垄发育，一般规模较小，走向以北略偏西为主，相对高度多在 10m 以下，沙垄周围也有大片平缓沙地。目前，这一段除少量片林外，多为耕地或撂荒地，防护林网很少，因此，多数地方风蚀十分明显,虽以固定沙地为主,但其间有明显的半固定沙地(石元亮等,2004)。在肇源县东部的裕民乡有较大面积的片状沙地。位于松花江左岸的阶地平原上,前些年,其土地沙漠化出现发展势头,对生态环境造成了严重威胁。经过近年的治理,林地几乎占了三分之一的面积,沙地得到了有效控制,生产也步步提高。这一片沙地在辽阔的阶地上呈孤立分布,具有沙漠化与风沙化过渡的环境和景观特征,地面以沙与粉沙质的微丘和微起伏沙地为主,风沙物质明显偏细,兼有遇阻堆积和沉降堆积,也兼有跃移质堆积和悬移质堆积。在地面植被不均匀的情况下,有草被和林木覆盖的部分,可形成不断增高的饼状沙堆和沙质缓丘,丘高达几米,但地面坡度则很少超过 5°,使地面呈大波浪状起伏,成为沙漠化东部边缘与风沙化过渡地区特有的景观(石元亮等,2004)。

### 4. 泰来沙地

泰来沙地位于嫩江下游右岸,约占松嫩沙地面积的 12%。行政区包括泰来县中部、南部和镇赉县的北部(石元亮等,2004)。地处大兴安岭山前的嫩江及其支流下游平原,西部有山前小型冲积洪积扇发育。沙地主要发育在低缓的阶地平原和一部分孤立的残留阶地面上,沿江泛滥平原上也有零星沙丘发育,并形成沙丘与沼泽湿地相伴的景观(石元亮等,2004)。泰来沙地呈明显的条带状分布,首先是沿平齐铁路线的沙带,自北向南包括江桥、平洋、克利、泰来、街基、坦途、东屏等乡(镇);此外,还有若干条由西北向东南延伸的沙带,自北向南主要为江桥—哈木台—大新屯沙带、平洋—三家子—泰来种畜沙带、克里—查干—小五九沙带、泰来—好新—四家子沙带、坦途—莫莫格沙带,方位为南偏东 45°左右(石元亮等,2004)。地发育在阶地平原或残留的阶地上,主要由晚更新统顾乡屯组的冲积沙供给沙源,以低矮和中等起伏的沙丘群及平缓沙地为主,泰来和克利一带沙地最为密集。这些向东南延伸的沙带主要由短沙垄和不规则形沙丘群组成。沙带间的长条形洼地为冲积平原地面,构成东南方向的过水洼地,海拔多在 130～135m,沙丘比高多在 10m 以下,属低矮或中等起伏的沙地。其中,克利—小五九沙带规模较大,长达 20km,其末端宁姜乡的小五九附近,前几年还是一片流沙,近年经治理已取得显著效果,在片林的保护下,已成为脆弱状态的固定沙丘。县马场一带,植被破坏严重,耕地几乎无林网保护,风蚀明显,许多地方已出现大片流沙,并形成半流动沙丘,目前仍有进一步发展的趋势。泰来—好新沙带大部分在好新乡境内,这里除低矮的沙丘群外,还有大片覆沙型平缓沙地,覆沙厚度多在 0.5m 以上,地面平缓,目前多为耕地,春季风蚀和小片流沙均较明显,沙漠化呈发展趋势。坦途—莫莫格沙带接近嫩江,泛滥平原宽阔,沙地主要由稀疏而较高的沙垄构成,沙垄又多在孤立的残留阶地上发育起来,垄宽常达数百米,高

10～20m，走向不一，目前多为林地保护下的固定沙地，沙垄间常有湿地或沼泽地（石元亮等，2004）。

### 5. 齐齐哈尔沙地

该沙地位于滨洲铁路以北的嫩江两侧，占嫩江沙地面积的 11% 左右，行政区包括齐齐哈尔市郊及富裕讷河、龙江、甘南等市（县）。地形部位处于嫩江两岸的冲积平原，包括河漫滩、自然堤高地和局部残留低阶地，山前冲积洪积扇上也有少量沙地（石元亮等，2004）。嫩江两岸的冲积平原海拔由北部的 150m 左右，向南降至 140m 左右，漫滩比高多在 5m 以下。嫩江左岸的冲积平原同时成为嫩江与乌裕尔河的河间高地，其间也是沙地比较集中的部位。嫩江右岸的冲积平原成为雅鲁河、音河和阿伦河等冲洪积扇与嫩江漫滩之间的高地，其间也有沙地发育。嫩江左岸沙地以齐北铁路沿线最为集中，从南向北包括榆树屯建华、塔哈、富裕和拉哈等乡（镇）。榆树屯是滨洲线和平齐线铁路的交叉点，沙地分布在高漫滩，少部分残留阶地上，以大兴屯一带面积最大。沙地周围多为湿地沼泽，相对高差在 10m 以下。漫滩上偶见低缓的饼状古沙丘，多由灰黑色粉细沙构成，发育有黑钙土型土壤。丘顶多有居民点和耕地，开垦历史较久（石元亮等，2004）。富裕镇西部的南北向延伸的狭长形沙带，是在嫩江及其古河道之间的分水高地上发育起来的沙地，相对高度多在 5m 以下，目前以人工林和耕地为主，多为固定或半固定状态。富裕镇附近则为平缓沙地，是在沙质阶地面上形成的历史较晚的沙地，目前多为耕地，风蚀作用明显。由铁路线向东沙地逐渐稀疏，并过渡到乌裕尔河泛滥平原，在乌裕尔河以东（包括林甸县西部），沙地仅有零星分布（石元亮等，2004）。

## 6.3.3　呼伦贝尔沙地

呼伦贝尔高原曾是我国最优良的天然牧场和重要的畜牧业基地之一。该区为第四纪沉积物较厚的高原，地面基本上为细沙覆盖（石元亮等，2004）。由于气候干燥，风力强盛，所以不少地方有风沙活动。因风力作用而造成的地貌形态有风积形态和风蚀形态两种。风积形态以风成沙丘为主，如大兴安岭西坡有薄层风成黄土堆积，但因后期已被其他外力作用破坏，现已失去了风力堆积地貌的特点。风蚀形态主要表现为风蚀洼地、风蚀坑，局部有风蚀残丘（石元亮等，2004）。风力吹蚀使地面沙粒化或土壤风蚀的现象在该区的西部和东部十分普遍，但并不表现为特定的地貌形态。该区的风沙地貌形态主要分布在海拉尔至达来湖之间的广大地区（石元亮等，2004）。

海拉尔—达来湖的风沙地貌以三条大沙带最为突出，按其位置由北而南分别称为北部沙带、中部沙带和南部沙带（石元亮等，2004）。这三条沙带主要由固定、半固定的新月形沙丘和蜂窝状沙丘组成，很少有流动沙丘。该区沙丘高度 5～15m，迎风坡指向西南，沙丘与沙丘之间普遍有广阔的低平地，宽几十米到几百米，个别地方可宽达 1km 以上。风蚀坑和风蚀残丘主要发育在丘间低平地上，以南部沙带地区最多，一般深 10～20m，长轴顺西南—东北方向伸展，坑壁东北侧陡于西南侧，许多风蚀坑的覆盖度都在 30%以上（石元亮等，2004）。

### 1. 北部沙带

北部沙带东起霍吉诺尔（鄂旗）、西止岗（东旗）附近，东西延展 80km，其宽度以东段最小，仅 3～5km，西段赫尔洪得一带最宽，达到 35km 左右。根据历史记载，过去沙丘上子松生长良好，后来为沙皇俄国所破坏，目前还能见到胸径 1.28m 的樟子松孤树生长在沙窝之中，并且可以看见直径 20～30cm 的榆、松的朽根。无论是单个的新月形沙丘还是集合的蜂窝状沙丘，其西南坡多裸露，丘间的低平地十分宽阔，杂草丛生，地下水位不超过 5m（石元亮等，2004）。

### 2. 中部沙带

中部沙带由东南向西北延伸，从东端的鄂龙诺尔到西部的英吉苏木，长 30km，宽 5～10km。该沙带东端有许多湖泊，西部有一小河从沙带中流出，沿河沼泽湿地发育该沙带地下水埋深一般不超过 5m（石元亮等，2004）。

### 3. 南部沙带

南部沙带分布范围最广，东起伊敏河上游的头道桥西到甘珠尔庙附近的广阔沼泽湿地东缘，北面的界限大致在新宝力格苏木以北，南到五一牧场一带，为一个广阔的沙丘起伏的波状沙地。该沙带以呼和诺尔为界分为东西两部分，西部多新月形沙丘和沙堆，多被草灌丛固定。地下水位 3～7m，多风蚀坑，最大深度 21m。呼和诺尔以东的沙地主要沿辉河河岸发育，许多沙地集中在辉河第二级阶地前缘。辉河的第一级阶地虽然是沙质堆积阶地，但没有沙丘发育。此段多蜂窝状沙丘，迎风坡指向西南（石元亮等，2004）。

此外，在达来湖东侧有两条沙丘带：一条在达来湖的东岸，沿湖岸线呈南北向分布，为滨沙丘；另一条在乌尔逊河以东，阿木古郎、甘珠尔庙以北，沿广阔的沼泽湿地东缘大体呈南北向发育（石元亮等，2004）。

# 6.4　中国东北沙地沙漠化发展变化

科尔沁沙地土地沙漠化主要集中分布在科尔沁草原，属沙化草原。翁牛特旗和奈曼旗是科尔沁沙地中沙漠化较严重的旗。20 世纪 50 年代初至 80 年代末，沙丘每年以 1.5%～3.7%的递增速度向前推移。赵哈林（2003）对科尔沁沙地的土地沙漠化的动态分析显示，20 世纪 50 年代初至 70 年代中期是科尔沁沙地的沙漠化土地扩展速度最快的一个时期，增加率达 21.5%。这一时期科尔沁沙地人口增长最快，开垦草原面积最大。从 20 世纪 70 年代中期到 80 年代后期，沙漠化土地继续呈现快速增长趋势，总增长率为 18.72%，这主要是沙漠化面积基数增大的结果。进入 20 世纪 90 年代以后，科尔沁地区沙漠化过程呈现出部分逆转、部分仍在发展的趋势（裘善文，2008a）。人们对 20 世纪 90 年代以前的沙漠化发展都有共识，但对 20 世纪 90 年代至今的沙漠化现状认识不一。有学者根据遥感数据监测认为，科尔沁沙地的沙漠化目前已整体逆转；但有学者也认为，科尔沁沙地南部地区沙漠化得到控制，呈现出逆转趋势，而科尔沁沙地北部仍然呈发展趋势（裘善文，2008a）。

以松嫩沙地典型区大安市为例，20 世纪 60～80 年代沙漠化迅速发展，20 世纪 80 年代该区沙漠化面积达到最大。1989 年至 2004 年，关于大安市三次土地沙漠化的调查表明，大安市土地沙漠化面积减少了 101.32km$^2$，2004 年比 20 世纪 90 年代增加了 48.20km$^2$（裘善文，2008b）。黑龙江省林业厅 1994～1999 年对松嫩沙地土地沙漠化的监测结果也显示，1999 年沙漠化土地面积与 1994 年相比增加了 781.05km$^2$，沙化面积增加了 21.6%（韩连生等，2004）。作者对松嫩沙地 40 年间（1980～2020 年）中等分辨率卫星影像分析表明：1980～2000 年沙地面积持续增加，净增了 475.26km$^2$，该时期松嫩沙地荒漠化现象加重；而 2000～2020 年沙地面积持续缩减，变幅-5.64%，荒漠化程度减缓明显。

作者以呼伦贝尔沙质草地风蚀坑扩展典型区 1959～2009 年四期高分辨率影像数据为基础，通过解译与分析表明，流动风蚀坑和流动积沙区面积先增加后减少。流动风蚀坑由 1959 年的 50060m$^2$ 增至 2004 年的最大值 224790m$^2$，后减少到 2009 年的 153449m$^2$；流动积沙区由 1959 年的 395932m$^2$ 增至 2004 年的最大值 2036245m$^2$，后减少到 2009 年的 1168467m$^2$。特别是 2004～2009 年，在该区种植人工林和人工铺设草方格固沙，使流动风蚀坑和流动积沙区面积分别减少了 71341m$^2$、867778m$^2$，固定风蚀坑和固定积沙区面积呈增加趋势，2004～2009 年分别增加 58459m$^2$ 和 58475m$^2$。通过 CA-Markov 模型对该区预测表明：未来流动风蚀坑和流动积沙区增幅分别为 27.10%和 10.13%，较目前发展速度有所减缓；固定风蚀坑和固定积沙区面积持续增加，增幅分别为 59.04%、41.44%。若按目前影响因素不变的情况下，风蚀坑的发展将得到有效的控制。

# 第三篇

## 中国东北沙地景观格局时空演变

# 第7章　中国东北沙地景观演变

## 7.1　数据源与预处理及研究方法

### 7.1.1　数据源与预处理

#### 1. 数据源

科尔沁沙地研究所用的遥感数据为 1975 年、1980 年 Landsat 多光谱扫描仪 （multispectral scanner, MSS）影像（空间分辨率 80m），1990 年、2000 年、2010 年 Landsat 专题制图仪（thematic mapper, TM）影像（空间分辨率 30m），2015 年 Landsat 陆地成像仪（operational land imager, OLI）影像（空间分辨率 30m），影像皆为晴 空资料，研究范围见图 6-1。松嫩沙地研究选取 1980 年、1990 年、2000 年、 2010 年和 2015 年 Landsat MSS、TM 和 OLI 晴空影像，获取时间为植被生长旺季 的 8 月中旬至 9 月中旬，研究范围见图 6-2。呼伦贝尔沙地典型区研究所用遥感 数据为 1959 年航片，2002 年 8 月、2004 年 5 月、2009 年 4 月 QuickBird 影像， 该典型区内主要风沙地貌景观为风蚀坑（图 7-1）。

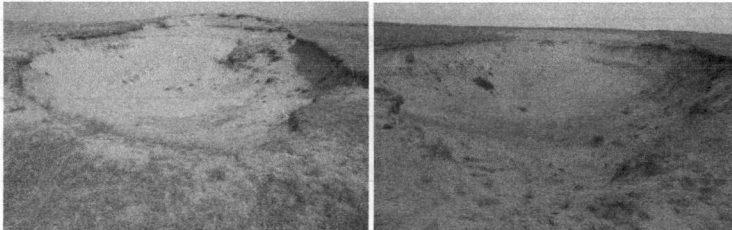

(a) 呈蝶型　　　　　　　　　(b) 呈槽型

图 7-1　典型风蚀坑

#### 2. 数据预处理

由于科尔沁沙地、松嫩沙地研究区范围较大，需要多幅图像拼接生成，且时 间上包含多个年代，故需对影像做如下处理：①对各幅多光谱单波段数据进行 波段合成，MSS 合成波段为 2、3、4，TM 合成波段为 2、3、4，OLI 合成波段 为 3、4、5；②参照地形图、RTK 全球定位系统（GPS）实测典型地物坐标，对 各合成波段数据进行几何精校正，要求控制点均匀分布全区，校正误差小于 1 个 像元；③对各幅数据进行直方图匹配（histogram matching）处理，以使相邻两幅 图像的色调和反差趋于相同；④对同期数据进行图像拼接；⑤按研究区范围对影像进行裁剪。呼伦贝尔典型区数据预处理：对 QuickBird 多光谱数据进行波段合成，用徕卡 1230 RTK GPS 实测选定的地面控制点（包括建筑物拐点、典型乔木等），利用该区地形图及实测控制点对 2009 年全色波段影像进行几何精校正，误差小于 2 个像元，以校正后的全色波段为基础，对其他数据进行几何精校正；对航片进行拼接；对多光谱和全色波段进行融合。

3. 图像信息提取

（1）解译标志的建立。影像解译是将影像所有像元按其特征分为若干集群，解译前需要对研究区有所了解，结合野外实地调查，建立不同地物的判读解译标志。解译标志包括形态、色调、纹理和分布特征等直接解译标志（表 7-1），也可以根据具体情况，如位置、布局、变化特征等建立表示其他相关要素的间接解译标志。

表 7-1　主要风沙地貌类型遥感影像解译标志（TM 432）

| 类型 | 形态特征 | 色调特征 | 纹理特征 |
|---|---|---|---|
| 新月形沙丘及沙丘链 | 呈新月形，顺风向有两翼，或多个沙丘翼相连，丘体中部宽厚两翼尖小 | 灰白色，白色 | 新月形或多个新月形相连，呈横向排列 |
| 抛物线沙丘 | U 形或 V 形，两翼指向上风向 | 灰白色 | 沙丘前缘边界呈 U 形或 V 形纹理 |
| 灌草丛沙丘 | 由灌草丛等植被生长所形成的圆形或椭圆形沙丘 | 蓝灰色，深绿色 | 圆形或椭圆形，不规则排列 |
| 梁窝状沙丘 | 由纵横交叉的沙丘链组成，平面形态呈蜂窝状 | 青色，灰白色 | 网格状纹理 |
| 沙垄 | 顺风向长条形分布 | 灰白色 | 多顺风向长条形平行排列 |
| 平沙地 | 较宽广平坦或少有起伏的沙地 | 青灰色，灰白色 | 纹理不明显或无纹理 |
| 缓起伏沙地 | 地势较为平坦，植被和沙斑分布均匀 | 浅灰色，浅红色斑点 | 纹理不明显或无纹理 |
| 风蚀坑 | 可见长条形坑体负地貌，其后有积沙区 | 青灰色，灰白色 | 长条形纹理特征 |

（2）图像解译。为提高解译精度，参照《中华人民共和国地貌图集 1∶1000000》（中华人民共和国地貌集编辑委员会，2009）及 Google Earth 影像，采用面向对象解译方法提取各类别信息，对解译类别尚不明确的区域，进行实地调研。基于面向对象方法提取沙地信息，为确保多期影像中沙地的光谱信息、几何形状、纹理特征与其他对象的关系能够被充分利用（Thomas et al.，2003），选用 200 的分割

尺度对各期影像数据进行多尺度分割（multi-resolution segmentation）。由于 Landsat 系列影像大部分是混合像元，地物的形状较模糊，与光谱特征相比，形状特征对影像分割的影响程度较小，故将形状异质性 $h_{shape}$ 和光谱异质性 $h_{color}$ 的权重参数分别设置为 0.1 和 0.5。各波段都参与沙地信息提取，重要性相同，将各波段权重值设置为 1。基于 eCognition9.0 软件平台，完成沙地信息分割。在研究区随机布设检验点，根据交通可达性，进行实地验证，比较所分类别与实际地类误差。经随机点法检验，分类结果精度在 90% 以上，满足研究的需要。

## 7.1.2　研究方法

### 1. 植被覆盖度计算

植被覆盖度遥感反演采用混合像元分解法，直接利用原始数据经归一化处理后得到的植被指数来反演植被覆盖信息，模型（Gutman et al.，1998）为

$$F=[(NDVI - NDVI_{soil}) / (NDVI_{veg} - NDVI_{soil})]^2 \tag{7-1}$$

式中，$F$ 为植被覆盖度；$NDVI_{soil}$ 为完全是裸土或无植被覆盖区域的归一化植被指数（normalized difference vegetation index, NDVI）值；$NDVI_{veg}$ 为完全被植被覆盖的像元的 NDVI，即纯植被像元的 NDVI（Carlson et al.，1997）。

对于大部分裸地，$NDVI_{soil}$ 理论上应该接近于 0；植被达到全覆盖状态时，$NDVI_{veg}$ 接近于 1。受时间、地域等各种自然条件差异影响，需采用 NDVI 来确定不同影像的 $NDVI_{soil}$ 和 $NDVI_{veg}$，通过分析 Landsat 系列影像的 NDVI 数据，结合松嫩沙地的现实状况和 NDVI 的累积概率分布表，确定置信度为 0.5% 来计算植被覆盖度。考虑农田是特殊植被区，解译时将其剔除。

根据已有文献（白淑英等，2015；杜灵通等，2012）对植被覆盖度的划分标准，以及松嫩沙地立地条件，将研究区植被覆盖度划分为三个等级：低覆盖度（$F \leq 30\%$）、中覆盖度（$30\% < F \leq 60\%$）和高覆盖度（$F > 60\%$）。

### 2. 景观格局指数

本章选取景观尺度水平指数，指数计算借助 Fragstats 4.2 软件实现，各指数公式与地学意义如下。

（1）斑块密度 PD。斑块密度反映景观斑块的空间异质性程度。斑块密度越大，说明破碎化程度越高。

$$PD = n_i / A \tag{7-2}$$

式中，PD 表示某类斑块密度（1/100hm²）；$n_i$ 表示景观中某斑块数量；$A$ 表示景观总面积。

（2）破碎度 FI。景观被分割的破碎程度。斑块破碎程度与自然资源保护密切相关，斑块破碎度越大，空间异质性程度也越大，同时斑块抗干扰能力越弱、恢复能力越弱，景观稳定性降低。

$$FI = N_i / A_i \qquad (7\text{-}3)$$

式中，FI 为破碎度；$N_i$ 为景观斑块总数；$A_i$ 为斑块总面积。$F$ 值越大，说明景观破碎性越强，即斑块较小，数量较多。

（3）景观分离度。景观分离度指某一景观类型中不同斑块个体分布的分离程度，反映斑块间连接程度和隔离程度。对景观类型自身而言，单一景观类型连接越密切，物质能量流通越通畅，抗干扰能力越强，景观类型稳定程度越强。

$$F_i = D_i / S_i \qquad (7\text{-}4)$$

$$S_i = A_i / A \qquad (7\text{-}5)$$

$$D_i = 1 / 2(n / A)^{1/2} \qquad (7\text{-}6)$$

式中，$F_i$ 为第 $i$ 类景观分离度；$D_i$ 为景观类型的距离指数；$n$ 为景观类型 $i$ 中的元素个数；$A_i$ 为第 $i$ 类景观面积；$A$ 为研究区景观总面积。

（4）斑块分形维数 FD。斑块分形维数是描述斑块复杂性的指数，其理论范围为 1.0～2.0，1.0 代表形状最简单的正方形斑块，2.0 表示等面积下周边最复杂的斑块（杜会石等，2017）。

$$FD = 2\ln(P / 4) / \ln A \qquad (7\text{-}7)$$

式中，FD 为斑块分形维数；$P$ 为斑块周长；$A$ 为斑块面积。FD 值越大，说明斑块形状越复杂。

（5）景观斑块稳定性指数 SK。在沙漠或沙地系统中，各类风沙地貌交错分布，并结合在一起形成一个复杂的系统，这种特殊的系统具有分形（fractal）结构特征（徐建华，2002）：

$$\left[P(r)\right]^{1/D} = kr^{(1-D)/D}\left[A(r)\right]^{1/2} \qquad (7\text{-}8)$$

式中，$D$ 为景观斑块结构分维值；$P(r)$ 为景观斑块周长；$A(r)$ 为面积；$k$ 为常数；$r$ 为尺度参数。$D$ 表示某景观斑块结构的稳定性，$D$ 越大，说明该要素斑块结构越复杂。因此，可用景观斑块稳定性指数来衡量：

$$SK = \left|1.50 - D\right| \qquad (7\text{-}9)$$

式中，SK 为景观斑块稳定性指数。

（6）景观多样性指数 $H$。多样性指数用来度量系统结构组成的复杂程度，其大小反映景观要素的多少和各景观要素所占比例的变化。各景观类型所占比例差异增大，则景观多样性下降。本书采用 Shannon-Wiener 多样性指数。

$$H = -\sum_{i=1}^{n} P_i \times \ln P_i \tag{7-10}$$

式中，$n$ 为景观元素数目；$P_i$ 为第 $i$ 类景观所占的面积比例。

（7）景观蔓延度 CONTAG。景观蔓延度描述的是景观里不同斑块类型的团聚程度或延展趋势。该指标包含空间信息：高蔓延度说明景观中的某种优势斑块类型形成了良好的连接性；反之则表明景观是具有多种要素的密集格局，景观破碎化程度高（杜会石等，2017）。

$$\text{CONTAG} = 1 + \sum_{i=1}^{m} \sum_{k=1}^{m} \left[ P_i \left( \frac{g_{ik}}{\sum_{k=1}^{m} g_{ik}} \right) \right] \left[ \ln P_i \left( \frac{g_{ik}}{\sum_{k=1}^{m} g_{ik}} \right) \right] / 2 \ln m \tag{7-11}$$

式中，$P_i$ 为第 $i$ 类景观所占的面积比例；$g_{ik}$ 为第 $i$ 类和第 $k$ 类景观间相邻格网单元数目；$m$ 为景观类型总数。

（8）景观优势度 DO。景观优势度通过计算最大可能多样性指数的离差来表达，景观优势度越大，组成景观各类型所占比例差异越大，反之，景观各类型所占比例大致相当（杜会石等，2013）。

$$\text{DO} = \ln m + \sum_{i=1}^{m} (P_i \ln P_i) \tag{7-12}$$

式中，DO 表示景观优势度；$P_i$ 表示景观类型 $i$ 所占面积比例；$m$ 表示景观类型总数。

### 3. 湖泊群质心迁移

质心迁移模型可用湖泊分布质心变化情况来反映（张华等，2012）。

$$X_t = \sum_{i=1}^{N} (C_{ti} \times X_i) / \sum_{i=1}^{N} C_{ti} \tag{7-13}$$

$$Y_t = \sum_{i=1}^{N} (C_{ti} \times Y_i) / \sum_{i=1}^{N} C_{ti} \tag{7-14}$$

式中，$X_t$、$Y_t$ 表示第 $t$ 年该湖泊分布质心坐标；$C_{ti}$ 表示第 $t$ 年第 $i$ 个湖泊斑块面积；$X_i$、$Y_i$ 表示第 $i$ 个湖泊斑块坐标。

### 4. 灰色关联度

本章利用灰色系统理论来综合分析气候变化与社会经济因素的影响（王毅等，2018）。灰色关联度公式为

$$r\left(X_0, X_i\right) = \frac{1}{n}\sum_{k=1}^{n} r\left(x_0(k), x_i(k)\right) \tag{7-15}$$

$$r\left(x_0(k), x_i(k)\right) = \frac{\min\limits_{i}\min\limits_{k}\left|x_0(k) - x_i(k)\right| + \rho \max\limits_{i}\max\limits_{k}\left|x_0(k) - x_i(k)\right|}{\left|x_0(k) - x_i(k)\right| + \rho \max\limits_{i}\max\limits_{k}\left|x_0(k) - x_i(k)\right|}$$

$$\tag{7-16}$$

式中，$X_0 = \{x_0(1), x_0(2), \cdots, x_0(N)\}$，为参考序列（面积）；$X_i = \{x_i(1), x_i(2), \cdots, x_i(N)\}$，为比较序列（气象因子、社会经济因子）；$\rho$ 为灰色分辨率系数，取 $\rho = 0.5$。

# 7.2　风沙地貌面积变化

## 7.2.1　科尔沁沙地

### 1. 风沙地貌面积变化

科尔沁沙地风沙地貌分布具有明显的规律性，该区风沙地貌景观主要分布在西辽河干流、支流沿岸的冲积平原上，其中，西辽河干流以南、教来河以西为流沙集中分布区，占整个沙地覆沙覆盖面积的 50%以上。科尔沁沙地沙丘类型自西向东、自南向北趋于简单：其中，通辽市—奈曼旗一线以西地区，沙丘类型自西向东逐渐由西北偏西—东南偏东走向连续分布的起伏状流动沙丘带转变为固定、半固定沙丘；通辽市—奈曼旗公路以东至余粮堡—瓦房一线之间地区，主要发育半固定沙丘，并以流动沙丘斑点状点缀；而余粮堡—瓦房一线以东地区则以固定、半固定沙丘为主，仅小面积流沙零星分布。

1975～2015 年，科尔沁沙地风沙地貌类型面积变化如图 7-2 和表 7-2 所示。新月形沙丘及沙丘链面积总体呈增加趋势，净增加 165.51km²，其中 1975 年至 2000 年增速较快，年均增长率为 1.47%，2000 年至 2015 年呈减少趋势，年均减少率为 1.17%。灌草丛沙丘面积波动增加，总体净增加 331.53km²，其中 2000～2015 年以 0.37%的年均增长率增加。梁窝状沙丘面积呈持续减少趋势，净减少

5194.43km²。平沙地面积总体呈增加趋势，净增 565.50km²，但 2010～2015 年呈快速减少趋势。抛物线沙丘面积持续呈波动增加趋势，并以 2000～2015 年增速最快。缓起伏沙地、沙垄、风蚀坑面积变化不显著。综上所述，1975～2015 年科尔沁沙地总体上以梁窝状沙丘等流动型沙丘面积减少，而灌草丛沙丘、抛物线沙丘等固定、半固定型沙丘面积增加，表明科尔沁沙地流动性减弱，呈现由沙漠向绿洲化方向发展态势。

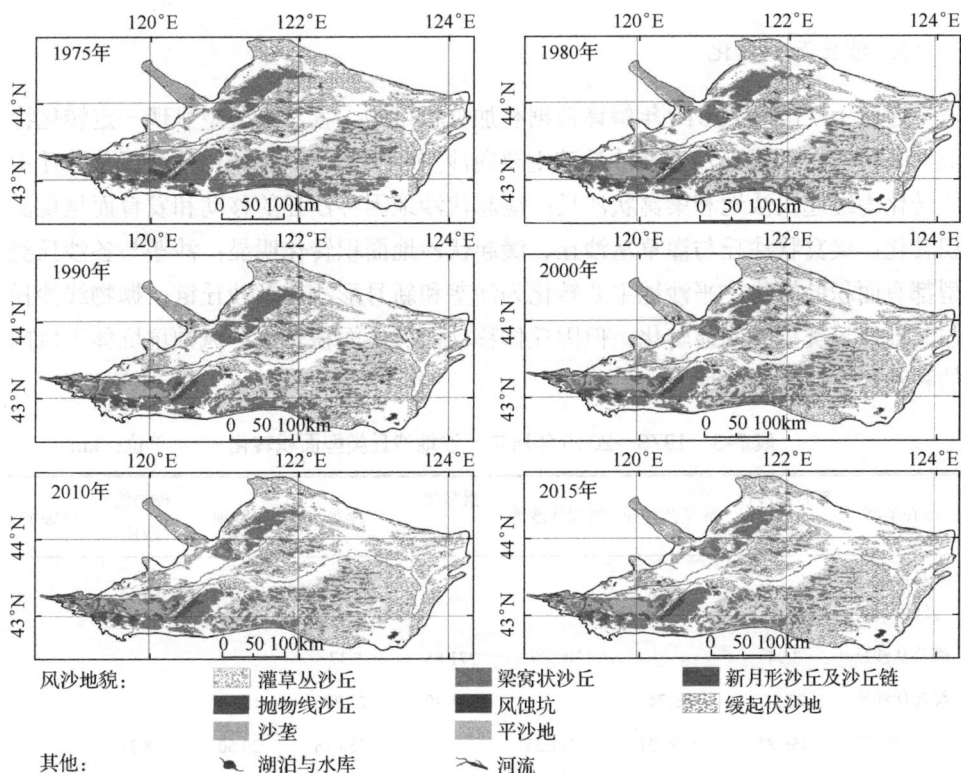

图 7-2　科尔沁沙地地貌演化图谱（扫封底二维码查看彩图）

表 7-2　科尔沁沙地主要沙丘类型面积变化　　　　　　　　　单位：km²

| 沙丘类型 | 1975 年 | 1980 年 | 1990 年 | 2000 年 | 2010 年 | 2015 年 |
|---|---|---|---|---|---|---|
| 新月形沙丘及沙丘链 | 1310.26 | 1435.68 | 1676.20 | 1792.35 | 1581.62 | 1475.77 |
| 灌草丛沙丘 | 6614.98 | 7615.56 | 7389.17 | 6879.09 | 7245.96 | 7259.94 |
| 缓起伏沙地 | 16810.71 | 16258.74 | 16015.15 | 16814.00 | 15970.94 | 15743.54 |
| 梁窝状沙丘 | 14092.24 | 10414.82 | 10505.19 | 9262.60 | 9191.75 | 8897.59 |
| 沙垄 | 3259.79 | 4336.37 | 3870.78 | 3388.83 | 2851.66 | 2892.15 |

续表

| 沙丘类型 | 1975 年 | 1980 年 | 1990 年 | 2000 年 | 2010 年 | 2015 年 |
|---|---|---|---|---|---|---|
| 平沙地 | 382.07 | 402.74 | 294.96 | 820.43 | 1181.12 | 947.57 |
| 抛物线沙丘 | 27.15 | 15.67 | 15.99 | 31.73 | 51.18 | 82.80 |
| 风蚀坑 | 43.28 | 45.67 | 36.58 | 27.86 | 46.96 | 46.79 |
| 合计 | 42540.48 | 40525.25 | 39804.02 | 39016.89 | 38121.19 | 37346.15 |

2. 沙丘面积转化

通过 1975 年与 2015 年解译数据叠加分析可知，各沙丘类型呈现一定转化特征（表 7-3）。新月形沙丘及沙丘链主要向沙垄和梁窝状沙丘转化；灌草丛沙丘主要转化为缓起伏沙地和梁窝状沙丘；缓起伏沙地因各沙丘的移动和发育而呈现面积转化；梁窝状沙丘与灌草丛沙丘、缓起伏沙地面积转化明显；沙垄与各沙丘类型都有面积的转化；平沙地主要转化为沙垄和新月形沙丘及沙丘链；抛物线沙丘与其他沙丘类型无明显转化，但因丘体移动而产生面积转化；风蚀坑坑体下风向的积沙区转化为平沙地。

表 7-3　1975～2015 年科尔沁沙地沙丘类型面积转化　　　单位：km²

| 沙丘类型 | 新月形沙丘及沙丘链 | 灌草丛沙丘 | 缓起伏沙地 | 梁窝状沙丘 | 沙垄 | 平沙地 | 抛物线沙丘 | 风蚀坑 |
|---|---|---|---|---|---|---|---|---|
| 新月形沙丘及沙丘链 | | 3.49 | | 160.19 | 333.22 | | 19.99 | |
| 灌草丛沙丘 | 3.94 | | 709.29 | 771.85 | 5.37 | | | |
| 缓起伏沙地 | 23.31 | 85.74 | | 101.49 | 25.74 | 15.58 | | |
| 梁窝状沙丘 | 456.83 | 2169.21 | 1721.25 | | 1253.18 | 20.50 | 28.21 | |
| 沙垄 | 141.53 | 52.42 | 520.91 | 466.03 | | 596.18 | 16.78 | 16.58 |
| 平沙地 | 13.26 | | | | 32.56 | | 8.94 | 2.06 |
| 抛物线沙丘 | 3.02 | | 2.62 | 4.43 | 7.90 | | | |
| 风蚀坑 | | | | | | 15.09 | | |

## 7.2.2　松嫩沙地

1. 风沙地貌面积变化

松嫩沙地风沙地貌主要分布于研究区中西部（图 7-3），1980～2015 年面积呈波动增加趋势，由 1980 年的 1655.79km² 增至 2015 年的 2010.79km²，变化幅度为

21.43%。1980 年该区沙地面积较小，主要分布在研究区中西部和东北部；1990 年东北部沙地因开垦成农田而锐减，沙地重心整体向西南迁移；2000 年南部沙地面积持续增加且分布较为集中，风沙地貌面积达最大值，为 2132.05km$^2$；2010 年研究区中部沙地面积有所减小；而到 2015 年，南部沙地面积也持续减少，沙地重心向东北部迁移。总体来看，1980~2000 年沙地面积持续增加，净增了 475.26km$^2$，该时期松嫩沙地荒漠化现象加重；而 2000~2015 年沙地面积持续缩减，变幅为 -5.64%，荒漠化程度减缓明显。

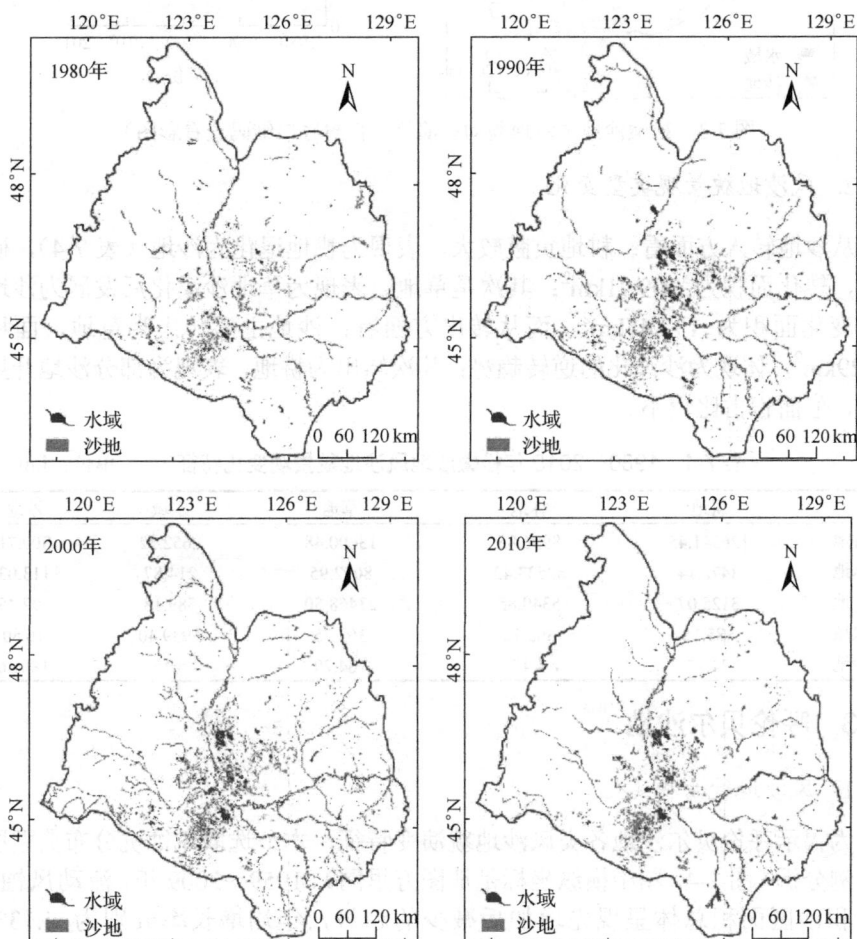

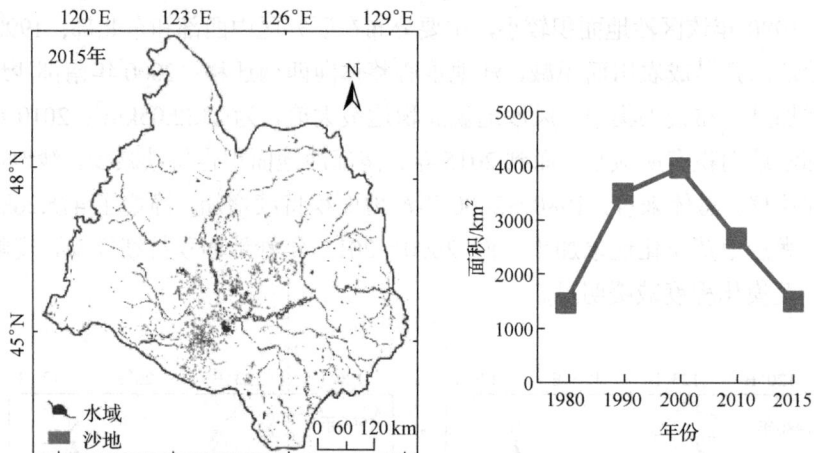

图 7-3　松嫩沙地风沙地貌动态演化（扫封底二维码查看彩图）

### 2. 风沙地貌景观类型变化

从沙地转入方面看：耕地贡献较大，表现为耕地退化为沙地（表 7-4），研究期内，转化面积为 309.71km²；其次是草地，表现为草地沙漠化后发展为沙地，总体变化面积为 197.45km²。而从转出方面看：沙地主要转出为草地，面积为164.29km²，体现为沙漠化的逆转趋势；其次转出为耕地，表现为部分沙地开垦成农田，但面积占比较小。

表 7-4　1980～2015 年松嫩沙地风沙地貌景观变化特征　　　　　单位：km²

|  | 耕地 | 林地 | 草地 | 水域 | 沙地 |
|---|---|---|---|---|---|
| 耕地 | 126541.45 | 8996.85 | 13600.48 | 2652.52 | 309.71 |
| 林地 | 3472.14 | 82533.42 | 8092.95 | 214.87 | 113.03 |
| 草地 | 3125.07 | 5349.85 | 23468.50 | 589.18 | 197.45 |
| 水域 | 685.15 | 365.12 | 368.75 | 5939.40 | 16.50 |
| 沙地 | 24.85 | 4.47 | 164.29 | 5.15 | 186.36 |

## 7.2.3　呼伦贝尔沙地

### 1. 风沙地貌面积变化

为揭示呼伦贝尔沙地各类风沙地貌演变特征，本节选取风蚀坑分布典型区进行案例分析（图 7-4，图中横纵坐标是地图方里网）。1959～2009 年，流动风蚀坑、流动积沙区面积总体呈现先增加后减少的趋势，年均增长率分别为 4.13%、3.92%，1959～2004 年，二者面积分别相对增加 174730m²、1640313m²，而 2004～2009 年，二者面积分别相对减少 71341m²、867778m²；固定风蚀坑、固定积沙区面积持续增加，年均增长率分别为 5.06%、0.84%；平沙地面积年均增长率为 7.59%（表 7-5）。

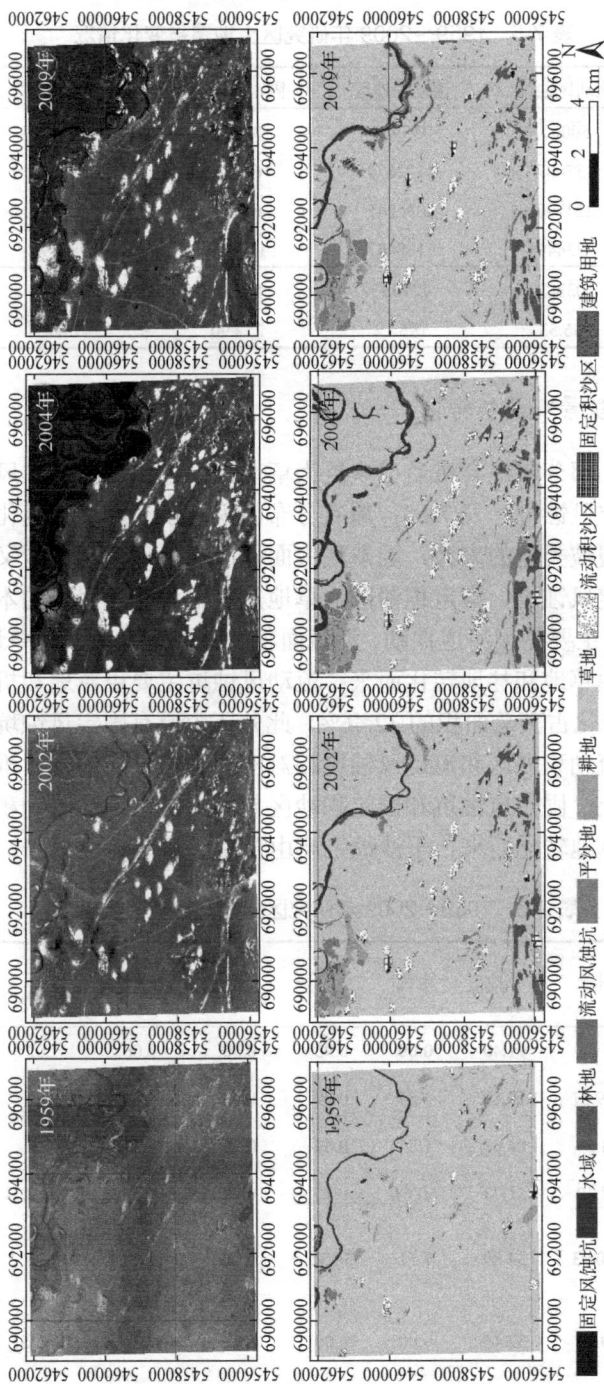

图 7-4　研究区航片、QuickBird 假彩色影像与对应解译图（扫封底二维码查看彩图）

表 7-5　1959~2009 年研究区土地覆被变化情况　　　　单位：$m^2$

|  | 流动风蚀坑 | 流动积沙区 | 固定风蚀坑 | 固定积沙区 | 平沙地 |
|---|---|---|---|---|---|
| 1959 年 | 50060 | 395932 | 35030 | 196445 | 380389 |
| 2002 年 | 157607 | 1172670 | 64825 | 217154 | 966231 |
| 2004 年 | 224790 | 2036245 | 65161 | 220174 | 1145292 |
| 2009 年 | 153449 | 1168467 | 123620 | 278649 | 1819923 |
| 变化面积 | 103389 | 772535 | 88590 | 82204 | 1439534 |
| 变化幅度 | 206.53 | 195.12 | 252.90 | 41.85 | 378.44 |

### 2. 风沙地貌景观类型转化

研究期内，部分耕地弃耕后已恢复为草地，部分耕地因发生风蚀后被固定，形成林地和固定风蚀坑（表 7-6）；原有分布面积较小的林地，退化成草地；草地是其他各土地覆被类型的来源，因发生大面积风蚀，部分风蚀区又被人为作用，形成林地、固定风蚀坑、固定积沙区，草地是耕地和建筑用地的本底来源；水域与草地的转化，主要是因河道摆动、河流面积增加及河水对两岸草地的侵蚀所致；建筑用地主要由草地和林地转化而来；流动风蚀坑主要由草地和机动车道的风蚀而形成，草地转化占其总面积的 32.46%，此外还由原有固定风蚀坑和固定积沙区活化而形成；流动积沙区和流动风蚀坑相对应，是风蚀的沙物质堆积在坑后，覆盖在原有草地上；固定风蚀坑和固定积沙区是流动风蚀坑和流动积沙区经固定而成，本底是由草地转化而来；平沙地主要由草地和耕地转化而来。

表 7-6　1959~2009 年研究区土地覆被转移概率　　　　单位：%

|  | 耕地 | 林地 | 草地 | 水域 | 建筑用地 | 流动风蚀坑 | 流动积沙区 | 固定风蚀坑 | 固定积沙区 | 平沙地 |
|---|---|---|---|---|---|---|---|---|---|---|
| 耕地 | 2.93 | 3.53 | 91.40 | 0.00 | 0.95 | 0.00 | 0.00 | 1.02 | 0.00 | 0.18 |
| 林地 | 0.00 | 79.67 | 10.19 | 4.84 | 0.00 | 0.00 | 0.00 | 0.00 | 0.00 | 5.30 |
| 草地 | 2.87 | 4.24 | 84.63 | 1.34 | 0.49 | 0.00 | 2.37 | 0.09 | 0.31 | 3.40 |
| 水域 | 0.00 | 8.49 | 31.73 | 50.67 | 0.75 | 0.00 | 0.00 | 0.00 | 0.00 | 8.37 |
| 建筑用地 | 0.00 | 10.93 | 34.89 | 7.51 | 36.35 | 0.00 | 0.00 | 0.00 | 0.00 | 10.33 |
| 流动风蚀坑 | 0.00 | 0.18 | 32.46 | 0.00 | 0.00 | 6.72 | 7.76 | 26.55 | 11.80 | 14.53 |
| 流动积沙区 | 0.43 | 0.35 | 36.49 | 0.00 | 0.00 | 1.45 | 6.49 | 12.93 | 27.60 | 14.25 |

续表

| | 耕地 | 林地 | 草地 | 水域 | 建筑用地 | 流动风蚀坑 | 流动积沙区 | 固定风蚀坑 | 固定积沙区 | 平沙地 |
|---|---|---|---|---|---|---|---|---|---|---|
| 固定风蚀坑 | 0.00 | 6.43 | 59.49 | 34.08 | 0.00 | 0.00 | 0.00 | 0.00 | 0.00 | 0.00 |
| 固定积沙区 | 0.00 | 6.34 | 92.89 | 0.00 | 0.71 | 0.00 | 0.06 | 0.00 | 0.00 | 0.00 |
| 平沙地 | 2.99 | 0.63 | 58.24 | 2.04 | 0.06 | 1.96 | 2.27 | 2.82 | 3.92 | 25.07 |

# 7.3　中国东北沙地典型区景观指数演变

## 7.3.1　科尔沁沙地

### 1. 景观蔓延度和景观优势度变化

科尔沁沙地景观蔓延度总体呈波动下降趋势（图 7-5），研究期内，由 66.14 降至 64.00，变化率为 3.24%。其中，1975～1980 年下降速率较快，降幅为 2.40%；1980～1990 年呈略上升趋势；而 1990～2010 年则呈下降趋势，年均变化率为 −0.06%；2010～2015 年呈平缓增加趋势。景观优势度与蔓延度呈相反变化趋势，总体呈波动增加趋势。其中，1975～1980 年增长率为 13.00%；1980～1990 年呈下降趋势，降幅为 3.97%；而 1990～2015 年则呈持续上升趋势。研究期内，随着该区风沙景观发育演变，沙丘间连接性和延展性降低，多种斑块密集排列，各类沙地景观面积所占比例相对稳定，空间分布也处于相对平衡态中，故景观蔓延度下降而景观优势度上升。

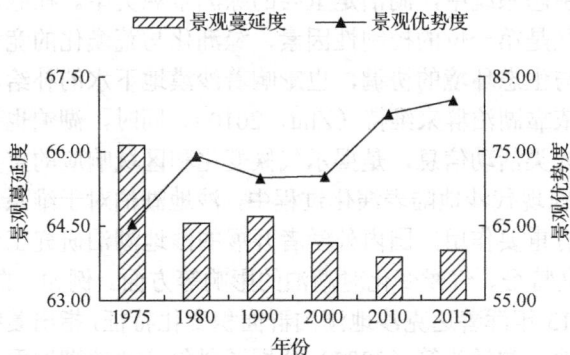

图 7-5　科尔沁沙地景观蔓延度和优势度

### 2. 分形维数特征

科尔沁沙地新月形沙丘及沙丘链、缓起伏沙地、梁窝状沙丘、沙垄、平沙地在斑块类别尺度上的分形维数均呈波动下降趋势（图7-6），其中，缓起伏沙地分形维数下降最显著，由1.08减至1.06，其斑块形状趋于简单；而灌草丛沙丘、抛物线沙丘、风蚀坑分形维数总体呈波动增加趋势。但各类沙丘在景观尺度上的分形维数总体相对变化不大，均处于1.0532～1.0740，表明沙地处于相对稳定演化过程中。

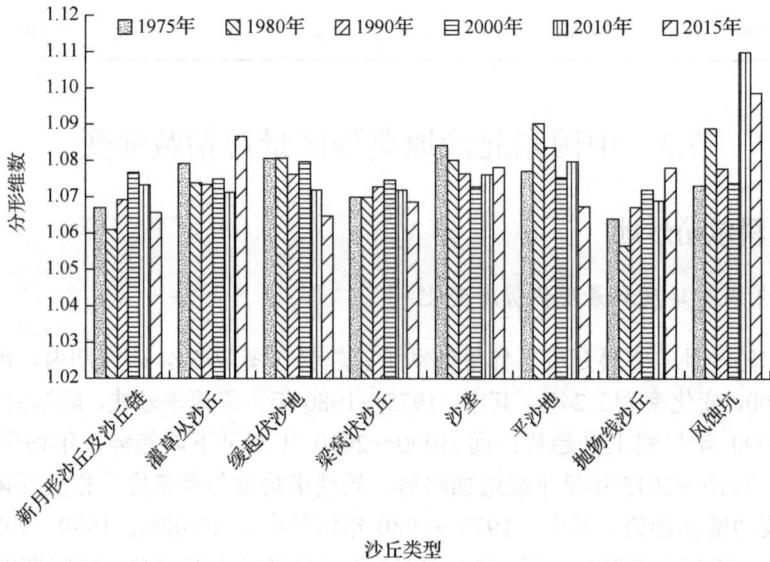

图 7-6　1975～2015 年科尔沁沙地各类沙丘分形维数

### 3. 湖泊群景观演变

在沙地景观生态系统中，湖泊是重要的绿洲景观类型。在绿洲景观的形成与演化过程中，水又是第一位的控制性因素，绿洲化与荒漠化的竞争与平衡，取决于水资源的分配与生态环境的协调，也影响着沙漠地下水的补给，而沙地中脆弱的湿地生态更是依靠湖泊群来维持（Zhu，2010）。同时，湖泊也记录了不同时空尺度气候变化和人类活动信息，是揭示气候变化和区域响应的重要信息载体（裴善文等，2012）。在现代沙地陆表演化过程中，沙地湖泊对于维系风水交互平衡和湿地景观生态具有重要作用，国内外学者开展的沙地湖泊研究工作，多集中于湖泊面积动态、水文特征、气候变化对湖泊的影响等方面。例如，白雪梅等（2016）研究了1969～2013年浑善达克沙地湖泊群面积变化特征，指出萎缩与干涸的湖泊多集中于沙地腹地。常学礼等（2005）分析了科尔沁沙地湖泊面积变化的气候驱动机制。但目前学者还较少关注风沙地貌与湖泊群景观演化与相互作用关系问题，因此，亟须开展相关研究工作，以深入了解沙地风、水交互侵蚀过程。

4. 湖泊群斑块面积变化

1975~2015 年，科尔沁沙地湖泊群面积整体呈波动减少趋势。其中，1975~1990 年面积增加了 239.87km²，年变化率为 3.91%；从 1990 年面积开始减少，至 2000 年减少了 6.78km²；2000~2010 年面积净减 247.99km²，年变化率为-3.8%；2010~2015 年减速放缓，年变化率为-2.90%。湖泊群斑块数量在 1975~2000 年呈持续增加趋势，共增加了 314 个，其中 1980~1990 年增加趋势最为显著，年变化率为 6.62%，至 2000 年达研究期最大值（623 个），但与面积变化不同步，说明该时段湖泊景观存在破碎化程度加剧；2000~2015 年，湖泊数量与面积变化趋势一致，呈快速下降趋势，年变化率为 4.60%。

5. 科尔沁沙地湖泊群景观分形维数与分离度变化

湖泊群景观分离度呈波动减少趋势，2000 年达最高值（0.98），2015 年出现最小值（0.9422），图 7-7 表明科尔沁沙地河湖连通工程促使湖泊斑块聚集度有所增加，景观类型的连接程度增大、稳定程度有所提升。斑块分形维数总体呈波动增加趋势，2015 年分形维数最大（1.0731），说明近期人为活动对湖泊的改造力度较大，而各期分形维数在 1.0688±0.0041 变化，表示湖泊群演化过程趋于稳定。

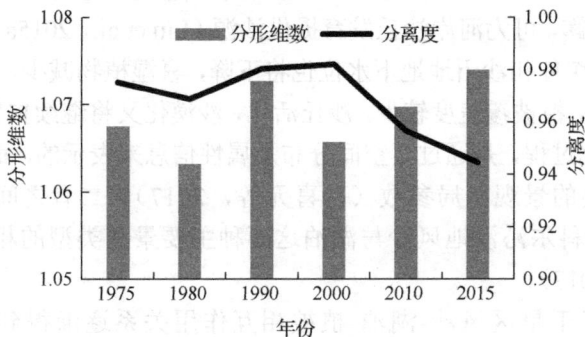

图 7-7　1975~2015 年科尔沁沙地湖泊群分形维数与分离度

6. 科尔沁沙地湖泊群质心迁移

1975~2015 年，湖泊群质心朝东南偏东方向迁移了 35.76km。其中，1975~1980 年湖泊群质心朝东北偏东移动了 16.24km；1980~1990 年向东北偏北移动了 7.95km；1990~2000 年向西北偏西移动了 28.18km，主要是 20 世纪 90 年代，大范围围田造湖、湿地农田化过程加剧了湖泊面积萎缩与破碎化程度，使湖泊群质心空间分布发生变化，也说明景观变化受人类活动影响较大；2000~2010 年、2010~2015 年分别向东南偏南方向移动了 39.65km、11.19km，说明西北向湖泊面积呈现相对减少趋势。

## 7. 讨论

沙地演化过程，表现为陆表景观格局的改变（李健英等，2008），即可用景观指数来表征（王牧兰等，2007）。李健英等（2008）提出流动型沙丘斑块面积与沙漠化程度正相关。我们研究发现，科尔沁沙地以风沙地貌景观总面积减少，而灌草丛沙丘等固定、半固定型沙丘增加为特点，呈现沙漠向绿洲化方向发展，这与岳喜元等（2017）研究结果一致。沙地中的湖泊群是沙漠生态系统重要组成部分，对维持生态稳定与发展具有重要作用（Ma et al.，2016），但其自身稳定性差，在年际与季节尺度上，受气候与人类活动的影响（段翰晨等，2012），其面积与数量变化较大，并体现在景观格局指数的变化上。

科尔沁沙地景观在风水交互侵蚀作用下，处于动态平衡状态，并维持其发育的稳定性。水分是制约植物生长和生存的第一主导因素，湖泊群周围水分条件较好，植被生长茂盛，对区域沙气流场结构与风沙输移具有重要影响（Smith et al.，2017），进而决定湖泊群周围一定缓冲区内沙地景观演化过程（白雪梅等，2016）。但这类地区也多被围湖造田，使得湖泊面积萎缩。此外，在河流上游修建水库（如老哈河上游的红山水库），教来河中下游修建的山湾子水库、干沟子水库、乌兰勿苏水库等，必然影响其下游径流量、改变河道水沙状况，若流量减少、河床干涸，宽阔的河漫滩裸露，可为河岸沙丘发育提供沙源（Liu et al.，2015a）；地表水减少、地下水位下降，坨甸和沙沼地地下水位也将下降，喜湿植物减少、耐旱植物定植，乔木甚至会枯死，植被覆盖度较少，沙丘活化，沙漠化又将继续扩展（Telfer et al.，2017）。地表演化过程，是通过其空间分布及属性信息来表示的，而对于同样是以空间属性来描述的景观格局参数（岳喜元等，2017），二者之间必然存在内在联系，即表现为科尔沁沙地风沙与湖泊这两种主要景观类型的相互作用与反馈（Telfer et al.，2017）。

干旱区和半干旱区风沙-湖泊-植被相互作用关系逐渐得到了学者的关注（Grant et al.，2015），学者对其展开相关研究的科学假设是：在干旱半干旱沙区，植被通过改变近地表气流中的风动量、风速和截留部分沙物质来改造、控制近地面风沙活动；风沙流则通过侵蚀或掩埋等方式影响植被定植（Amuti et al.，2014）；而沙地湖泊则通过维系风、水交互平衡和土壤水分等生态功能对风沙、植被起着重要的作用（Lancaster，2015）。其中，有关风沙活动与植被条件的耦合关系，学者已获得一定认识（El-Wahab et al.，2018），如植被覆盖度在一定程度上改变了沙粒的运动方式、风蚀速率，以及风速廓线高度（张萍，2012），且随植被覆盖度的增加，地面粗糙度不断增大（马士龙，2006），而不同植被覆盖度对风速流场的阻碍和改变作用不同（杨文斌等，2017），进而导致输沙率及侵蚀堆积格局的空间差异（Lancaster，2015）；有关湖泊与风沙景观相互作用研究方面，湖泊通过改变区域水文条件、生物地球化学过程、植物群落及其生态功能等方面，影响着风沙地表的演化过程（Gates et al.，2008）。

### 7.3.2 松嫩沙地

#### 1. 松嫩沙地植被覆盖变化

1980～2015 年松嫩沙地植被覆盖面积总体呈减少趋势，净减 812.29km²。其中，低植被覆盖面积和高植被覆盖面积波动减少，而中植被覆盖面积波动增加（图 7-8）。低植被覆盖面积经历了先快速减少后略微增加的变化过程，总体上，由 1980 年的 57550.78km² 缩减至 2015 年的 42069.94km²，变幅为-26.90%；中植被覆盖面积则呈现增加—减少—增加规律，1980～2015 年面积增幅为 49.10%；而高植被覆盖面积呈先增加后减少趋势，2000 年面积达最大值 112317.64km²，1980～2015 年总体变化了 7.14%。

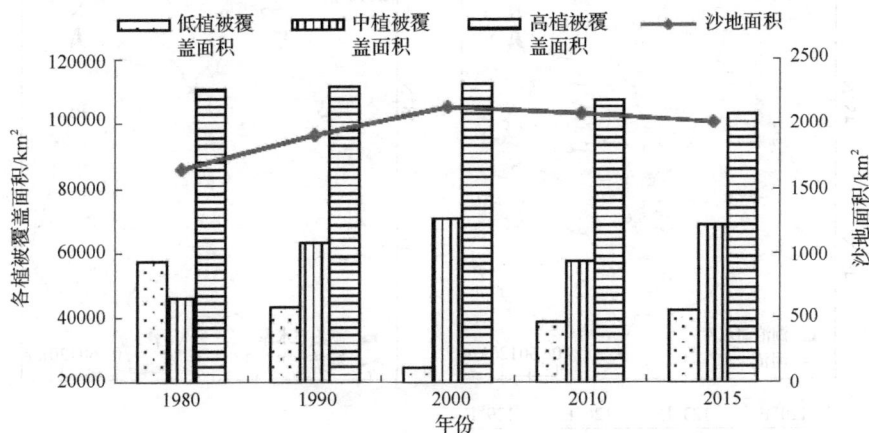

图 7-8　松嫩沙地植被覆盖面积和沙地面积变化

#### 2. 松嫩沙地湖泊群面积动态变化

松嫩沙地湖泊群主要分布于松原、大庆地区。1980～2015 年湖泊群面积呈波动增加趋势（图 7-9），总体变化了 35.30km²，年均增幅为 0.07%。1980～1990 年，湖泊群面积由 1470.22km² 增至 3493.64km²，其增幅为 13.8%，面积增加主要表现为查干湖、龙虎泡、敖包泡等大型湖泊面积的增加；1990～2000 年，湖泊群面积增加了 470km²，增幅为 13.44%，其中 2000 年湖泊群面积出现最大值，为 3963.17km²；2000 年后，湖泊群面积开始减少，到 2010 年缩小至 2671.17km²，年均变幅为-3.3%；2010～2015 年湖泊群面积持续减少，增幅达-8.73%，主要表现为大庆、齐齐哈尔等地区湖泊湿地面积的锐减，典型地区如西葫芦泡子、调洪泡等。

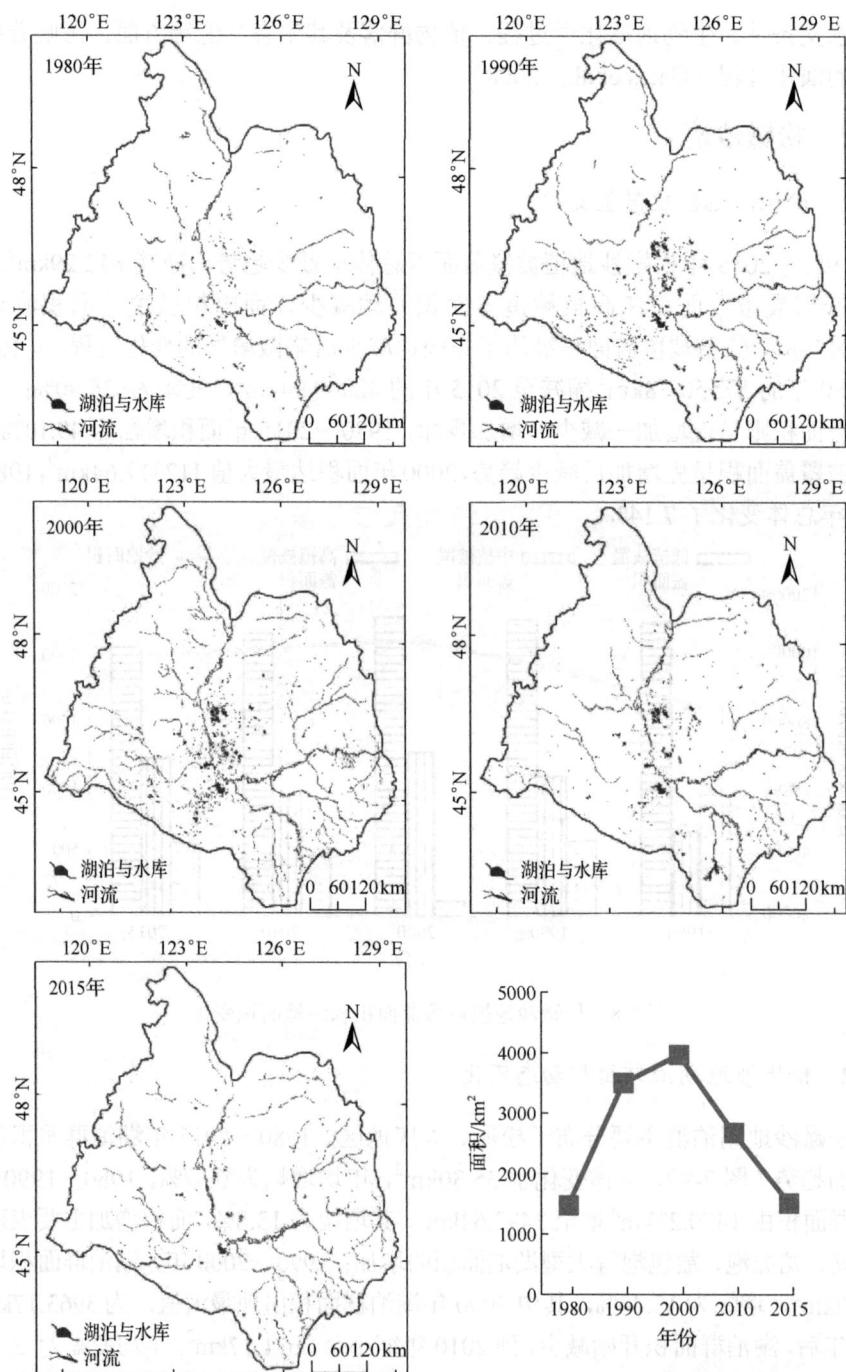

图 7-9　1980～2015 年松嫩沙地湖泊群分布格局与面积变化（扫封底二维码查看彩图）

### 3. 松嫩沙地湖泊群质心偏移

1980~2015 年，湖泊群质心朝东北偏东方向迁移了 46.28km。其中，1980~
1990 年湖泊群质心向东北偏北移动了 19.58km，1990~2000 年向东北偏北移动了
0.44km，2000~2010 年向东北偏东移动了 26.9km，而 2010~2015 年又向东南偏
南偏移了 16.23km。研究期内，湖泊群质心总体朝东北方向偏移，说明研究区内
西南方向湖泊面积呈相对减少态势。在相同气候变化背景下，随着白城、松原等
地的经济发展及人口比重的增加，农业生产和生活的需水量随之增加，加之围湖
造田现象的存在，造成湖泊面积的萎缩和水域斑块的破碎化，致使湖泊群质心空
间分布发生较大变化。

### 4. 松嫩沙地湖泊群景观特征

1980~2015 年，松嫩沙地湖泊群斑块密度呈波动增加趋势，其中，1990 年斑
块密度最小（0.1672），2000 年达到极大值（0.6097），而 2015 年斑块密度较大
（0.5792）。研究期内，湖泊群破碎度呈波动上升趋势，变化规律与斑块密度一致，
1980 年破碎度为 0.3136，2015 年增至 0.4576，这说明松嫩沙地湖泊群湿地农田化
过程致使斑块破碎化程度加剧，湖泊景观空间异质性加大。湖泊群景观分离度呈
波动下降趋势，2000 年达最大值（0.9856），2015 年出现最小值（0.9701），表明
松嫩沙地河湖连通工程促使湖泊湿地斑块聚集度有所增加，景观类型的连接程度
增大、稳定程度有所提升，湖泊湿地生态保护与修复初见成效。斑块分形维数呈
先减小后增大趋势，各期分形维数皆接近 1.0，表示湖泊群演化过程趋于稳定，
1980 年分形维数最大（1.0738），1990 年最小（1.0512），说明 20 世纪 80 年代人
为活动对湖泊的改造力度较大，而 1990 年后松嫩沙地湖泊群受人为干扰程度逐步
下降，并趋于稳定。

### 5. 松嫩沙地风沙-植被相互作用关系

1980~2015 年松嫩沙地植被覆盖面积呈波动减少趋势，风沙面积呈波动增加
趋势，这与王涛等（2011）的研究结果一致。风沙地貌演变与植被覆盖变化是半
干旱区重要地表过程（李振山等，2009），风沙活动和植被覆盖间存在着一定的竞
争和动态平衡关系（张萍等，2011）。学者在库布齐沙漠等地开展的沙丘和植被研
究表明，植被通过控制近地表面气流的强度和方向，影响输沙能力和沉积物的搬
运方向，进而影响侵蚀堆积格局特征，并最终引起沙丘空间位置和形态的变化；
而随着植被覆盖度的减小，输沙量和沙表面风速逐渐增大、地表侵蚀力度不断加
强，风沙活动速率加强（Yang et al.，2017）。风洞实验也表明，植被覆盖可影响
近地表风沙流粒度、结构和风蚀量（俞祥祥等，2017）；此外，植物的根茎对沙表
面有一定的固结作用，可以使截获的沙物质堆积下来，促进沙丘系统中植物的生

长发育，控制沙丘形态及其发育演化，而风沙流通过风蚀或堆积也改变了沙丘植被的空间分布及群落演替（Telfer et al.，2017）。

通过对风沙地貌与植被覆盖面积进行 Pearson 相关分析发现（表 7-7），不同级别植被覆盖面积与风沙地貌面积都具有负关联，这与董治宝等（1996）的研究结果一致，但只有低植被覆盖达到了较显著的水平（双尾检验在 0.05 水平以上），这主要与风蚀作用强弱有关，沙地风蚀率随植被覆盖度的降低而增加，植被覆盖度较低时，地表粗糙度下降，沙面一定高度的风速逐渐增强，沙粒不易沉积，风蚀作用更为强烈（钟卫等，2009）。杨文斌等（2017）提出的低覆盖度治沙理论，也证明了植被覆盖度降低时可形成独特的风速流场结构。

表 7-7　沙地面积与不同植被覆盖级别的关联分析

| | 植被总面积 | 低植被覆盖 | 中植被覆盖 | 高植被覆盖 |
| | | $F \leqslant 30\%$ | $30\% < F \leqslant 60\%$ | $F \geqslant 60\%$ |
|---|---|---|---|---|
| 沙地面积 | -0.612 | -0.929[*] | -0.421 | -0.222 |

*代表显著性小于 0.05。

## 6. 讨论

为探讨松嫩沙地湖泊群景观动态与形成机制，需从地质构造运动角度进行分析。松嫩沙地湖泊群位于松辽平原西部构造沉降带，是以继承性下降运动为主的新构造运动区，其周围则是以断块差异性上升运动为主的地区。松嫩沙地湖泊群的形成受北雅玛图—西尔根—瞻榆—太平川—长岭—怀德镇—陶家屯—草市一线的松辽分水岭隆起的影响（裘善文等，2014）。早更新世时期，古嫩江、西流松花江、古东辽河、古西辽河、古洮儿河等都汇入松辽古大湖。中更新世末期，松辽分水岭开始隆起，使统一的松辽水系分为松花江水系和辽河水系，古嫩江自北向南流至吉林省大安市，后以近 90° 的急转弯向东至肇源县汇入松花江（刘祥等，1993）；西辽河自西向东至吉林双辽因遇双辽断裂带而被迫调头呈 90° 向南流出（刘祥等，1993）；而东辽河则经很短流程向西调头至双辽，在福德店与西辽河汇合，汇入下辽河（刘祥等，2002）。晚更新世，松辽分水岭继续缓慢抬升，松嫩平原的沉降中心不断缩小，并且向西迁移，致使古水文网发生重大变迁。晚更新世以来，河道经多次迂回游荡与变迁，遗留下来众多古河床、河曲带，因积水而形成内陆湖泊（裘善文，2008a），在地质构造运动与气候干冷变化下，松辽古大湖面积不断缩小，并破碎成星罗棋布的湖泊群（裘善文等，2012）。

湖泊群在现代演化过程中，主要受控于气候变化与人类活动（Magnuson，2006）。年代际尺度上，松嫩沙地湖泊群面积呈波动增加趋势，这与研究区年均气温、年均降水量和年均风速等气象因素显著相关，湖泊群景观格局的变化，亦是对气候波动的局地响应（Wu et al.，2017）。松嫩沙地作为受降水波动和气温升高直接影响的流域自然地理单元，1980～2015 年暖干化趋势明显，这与孙凤华等（2005）、贺伟等（2013）对东北地区气候变化研究的结果一致，气温升高、降水减少、潜在蒸发量增加，可导致湖泊群水量减少、水位下降、面积消减。湖泊作为淡水资源的重要载体，是湿地生态系统重要组成部分，也是经济社会发展重要支撑（Zaharescu et al.，2016）。年际尺度上，短期高强度的人类活动可加速或延缓湖泊群景观的演化过程（Haara et al.，2017；孙贤斌等，2010），20 世纪 80 年代退田还湖政策在一定程度上扩增了湖泊面积，但随着区域人口的增长，人们对粮食需求增加，许多湖泊湿地被改造成耕地，直接导致湖泊面积骤减与斑块的破碎化（Adade et al.，2017）。伴随着经济的发展，工农业用水不断增加，致使湖泊水位下降与水体污染（Ma et al.，2016）。而 2011 年的河湖水系连通工程的实施，以及扩湖增湿、退耕还湿、生态护湿等政策的落实，都有效地减缓了湖泊面积的萎缩。

风沙地貌、湖泊、植被对气候波动与人类活动响应敏感，是揭示全球气候变化与区域响应的重要信息载体（刘畅等，2017；Kang et al.，2010）。在风沙-湖泊-植被景观变化驱动力方面，学者多关注气候变化对区域景观的影响（辛未冬，2011），或是区域景观变化对气候波动的响应（Du et al.，2012），尤其近年来气候的暖干化过程（杜会石等，2011），无疑影响着半干旱区景观的演化过程。但在快速发展中的中国，社会经济因素与国家政策对区域景观演变同样具有重要作用（裘善文等，2014），如 20 世纪 90 年代，大范围的围湖造田造成了湖泊景观斑块的破碎化，而 2000 年后国家颁布实施的退耕还湿、河湖连通工程，又短期高强度地改变着湿地的格局特征。

### 7.3.3　呼伦贝尔沙地

#### 1. 景观格局指数变化

本节对风蚀坑（包括流动风蚀坑和固定风蚀坑，固定风蚀坑可代表其固定前的形态）斑块计算斑块数、平均斑块面积、分形维数；对研究区景观计算多样性指数、破碎度和蔓延度。研究期内，风蚀坑数量增加 155 个（表 7-8）；平均斑块面积呈波动减少趋势，1959～2004 年，由 1890.89m$^2$ 持续升至 2051.63m$^2$，而 2004～2009 年，又由 2051.63m$^2$ 降至 1385.35m$^2$；分形维数持续增大；多样性指数增大，并于 2004 年出现峰值；破碎度由 4.11 持续增大到 14.18；蔓延度减小。

**表 7-8　1959～2009 年研究区风蚀坑景观格局指数变化**

| 年份 | 斑块数 | 平均斑块面积/m² | 分形维数 | 多样性指数 | 破碎度 | 蔓延度 |
|------|--------|------------------|----------|------------|--------|--------|
| 1959 | 45 | 1890.89 | 1.0363 | 0.2671 | 4.11 | 91.5490 |
| 2002 | 110 | 2022.11 | 1.0423 | 0.6344 | 8.39 | 80.9874 |
| 2004 | 154 | 2051.63 | 1.0427 | 0.8141 | 11.21 | 78.6868 |
| 2009 | 200 | 1385.35 | 1.0444 | 0.7534 | 14.18 | 77.2126 |

2. 讨论

草地风蚀坑的发展是该区风沙活动的主要类型和表现形式（朱震达等，1994），再塑了区域侵蚀地貌景观，导致植被演替向沙漠化方向发展，是该区主要地表过程之一。流动风蚀坑和流动积沙区面积先增加后减少，主要是 2005 年开始在该区大范围人工铺设草方格固沙所致，固定风蚀坑和固定积沙区面积持续增加，由机动车道受吹蚀或废弃建筑用地形成的平沙地面积持续增加，草地是该区主要景观类型，其他土地覆被类型面积的增加都由草地转化。

沙漠化过程是典型的景观变化过程，将景观格局研究方法应用于风沙地貌学中，能定量反演一个地区景观的总体特征和变化趋势（康相武等，2007；李锋等，2001）。该方法能弥补现有区域沙漠化程度评价中存在的缺陷。从该区景观格局特征来看，到 2004 年，在斑块数增加的同时，平均斑块面积持续增加，说明发育的风蚀坑面积在不断扩大，由于近年加大人工固沙力度，风蚀坑扩展速度较缓慢，平均斑块面积有所下降；分形维数持续增大，说明风蚀坑结构变得复杂，主要是由于在大型风蚀坑和积沙区又发育有小型风蚀坑，或多个风蚀坑相连，形成复合型风蚀坑；多样性指数增大，2004 年多样性达到峰值，主要是该年流动风蚀坑、流动积沙区和水域面积较大，与优势景观草地比例减少所致；破碎度增大，是原有草地景观遭到风蚀破坏，风蚀坑和积沙区面积增加所致；蔓延度减小，说明分散分布的大型风蚀坑及道路吹蚀形成的平沙地等改变原有草地的连通性，致使草地被分割破碎。

# 第8章 中国东北沙地NDVI时空演变

## 8.1 NDVI研究进展

全球气候变化对环境、生态和社会经济系统具有深远的影响，已成为人类社会在生存与发展问题上面临的重大挑战，也是21世纪各国可持续发展中的重大课题（王让会，2018）。自18世纪工业革命以来，人类经历了全球气候变暖为主要特征的显著变化，进入21世纪，全球变暖的趋势还在进一步加剧（张存厚，2013），并且人类活动的影响已达到前所未有的水平（韩会庆等，2018）。自20世纪80年代起，全球变化成为人们关注的热点，并开展了一系列全球环境变化研究计划来减缓和应对其产生的影响（颜凤芹，2017）。学者已然达成共识，换言之，其各圈层之间的内在相互作用，需更加深入理解与研究，进而在不同的时空尺度下，定量分析生态系统碳、氮和水循环等的内在作用机理，明确气候、生态、人类社会经济系统之间的相互作用和反馈机制（颜凤芹，2017）。在世界研究范围内，当前研究的重点以陆地生态系统碳循环为主，全球气候变暖变化与其关系较为密切（徐小锋等，2007）。一方面，二氧化碳浓度的升高是全球气候变暖的主要原因之一；另一方面，陆地生态系统碳循环主要受气候变暖的影响，使得原有的碳平衡状态被打破，故而产生一系列的环境问题（刘树伟等，2019）。而连接土壤、大气和水分的自然纽带以植被为代表，既是气候变化的敏感指示器，也通过与大气之间的能量、水分和物质交换反作用于气候（刘宪锋等，2015）。

近年来，分析陆地生态系统碳循环的重要手段之一，是将植被与气候变化、人类活动之间的关系，进行深入研究与分析（钞振华等，2012）。而植被覆盖状况的重要指标之一——植被指数在众多方面具有明显的优势，例如，生物量的估算、植被专题制图、土地覆盖类型推测、植被覆盖密度估算等，并在植被的时空动态监测研究中已经取得广泛应用（郑亚云，2015）。NDVI可表征植被生长状况，为计算植被净初级生产力（net primary productivity, NPP）提供基础参数（翟雅倩等，2018）。

中国东北沙地位于中高纬区域，气候变化强烈，且影响较为显著。长期人类活动造成的资源不合理利用，以及长时间的过度开发，使得土地覆盖变化明显，生态环境严重被破坏。近年来，我国东部沙地出现干旱化趋势，会导致植被生长不良和沙漠化的发生，给人类社会的生存和发展造成严重威胁。因此，本章选取中国东北沙地为研究对象，利用长时间序列遥感数据，分析该区NDVI时空演变特征与规律。

# 8.2 研 究 方 法

## 8.2.1 数据获取

　　NDVI 数据是搭载在美国国家海洋和大气管理局（National Oceanic and Atmospheric Administration, NOAA）卫星的先进超高分辨率辐射计（advanced very high resolution radiometer, AVHRR）传感器获取的植被产品，数据来源于地理空间数据云，空间分辨率为 8km×8km，时间跨度为 1982~2006 年，选取年生长季（4~10 月）数据；月最大合成中分辨率成像光谱仪（moderate resolution imaging spectroradiometer, MODIS）NDVI 数据，空间分辨率为 1km×1km，时间跨度为 2000~2018 年，选取年生长季（4~10 月）数据。处理过程大致为，利用 MODIS Reprojection Tools（MRT）软件，对数据进行预处理，主要为格式与投影转换、数据拼接和裁剪等。由于 MODIS NDVI 与全球库存建模与绘图研究（global inventory modeling and mapping studies, GIMMS）NDVI 数据格式不一致，故将 MODIS NDVI 数据重采样为 8km×8km 分辨率的影像。由于传感器的不同，两种 NDVI 数据存在一定的差异性，因此，在数据融合之前需对两种数据进行一致性检验（周伟等，2014）。以 2000~2006 年的重叠数据为基础，分析了年最大的 NDVI 数据的关联性，在 0.05 的置信水平上取得明显的相关性，进而说明两种数据在全区域范围内具有明显的一致性；采取同样的方法对两者的月尺度数据进行一致性检验（陈盼盼，2019）。利用 2007~2017 年 MODIS NDVI 数据，与 2007~2018 年度和月度 GIMMS NDVI 数据进行数据插补，将本章研究时间延伸为 1982~2018 年。

　　中国气象局为本章提供基础的气象数据，时间为 1982~2018 年，数据包括：月降水量、月平均气温、月总太阳辐射，以及各气象站的经度、纬度和海拔高度等。栅格化的气象数据是模拟最大光能利用率的必备要素之一，并在空间上与遥感数据相匹配。利用 GIS 的插值工具，根据各气象站点的经纬度信息，对气象数据进行克里金（Kriging）插值，以获得相同空间分辨率的气象栅格数据（陈盼盼，2019）。大地坐标系（WGS84）为所有空间数据投影采用的统一标准，空间分辨率重采样为 0.5°×0.5°。

　　植被类型数据来源于中国科学院中国植被图编辑委员会 2000 年编制的《1∶1000000 中国植被图集》，其将中国东北沙地区域划分为 14 种植被类型：落叶针叶林、常绿针叶林、落叶阔叶林、灌丛、坡面草地、平原草地、荒漠草地、草甸、城市、河流、湖泊、沼泽、荒漠和耕地。

　　研究区在行政上包括辽宁、吉林、黑龙江三省的地区和内蒙古东部三盟一市，由于自然地理范围与行政区界限不重合，部分地区数据难以获取，故本章采取面积占比最大原则。本节获取了该区 1982~2018 年气象和社会经济数据，数据分别来源于国家气象信息中心-中国气象数据网和中国知网（http://kns.cnki.net），所选站点均经过了严格的质量检查和控制。

## 8.2.2　数据预处理

### 1. 最大值合成法

最大值合成（maximum value composition, MVC）法能够反映出在某时段内植被指数的最佳状态，使噪声和误差等降到最低，进而使植被指数的精度和质量有所提高（郑亚云，2015）。利用 ArcGIS 自带工具 Cell Statistics 可实现多个栅格图层最大值合成的计算，其公式为

$$\text{MNDVI}_i = \text{Max}\left(\text{NDVI}_{i,j}\right) \tag{8-1}$$

式中，$\text{MNDVI}_i$ 代表第 $i$ 年的 NDVI 最大合成值；$\text{NDVI}_{i,j}$ 为第 $i$ 年第 $j$ 天的 NDVI 值。

### 2. 均值法

均值处理作为统计学的一种基础方法，计算研究区内某一时段的 NDVI 平均值（郑亚云，2015）。它可以减轻太阳高度角、极端气候条件造成的植被指数异常值的干扰，从而使植被指数的精度得到提高。其公式为

$$\text{NDVI}_i = \frac{1}{n}\sum_{j=1}^{n}\text{NDVI}(i,j) \tag{8-2}$$

式中，$\text{NDVI}_i$ 表示第 $i$ 年的 NDVI 值；$\text{NDVI}(i,j)$ 表示第 $i$ 年第 $j$ 月的 NDVI 值。

# 8.3　中国东北沙地 NDVI 时间变化特征

通过提取 1982～2018 年各季节的 NDVI 均值，得到中国东北沙地总体 NDVI 变化趋势 [图 8-1 (a)]。NDVI 均值在 0.20～0.80 范围波动，平均值约为 0.64，东北沙地植被覆盖状况良好。

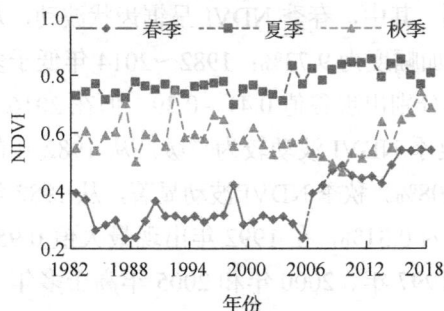

（a）中国东北沙地　　　　　　　　　（b）科尔沁沙地

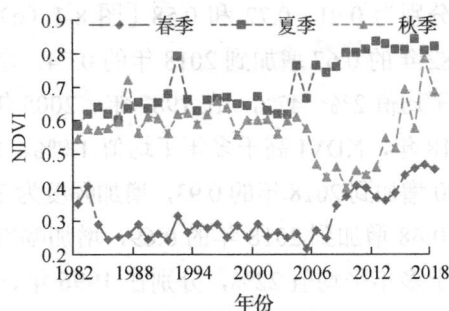

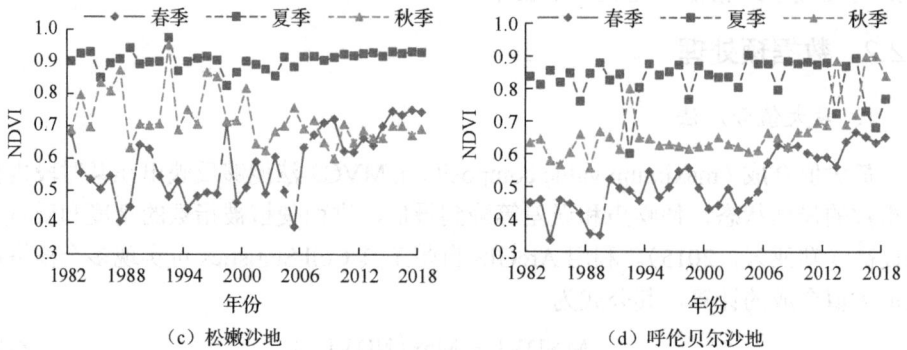

（c）松嫩沙地　　　　　　　　　　　　（d）呼伦贝尔沙地

图 8-1　沙地 NDVI 变化趋势

## 8.3.1　科尔沁沙地

科尔沁沙地的 NDVI 多年平均值为 0.53，夏季>秋季>春季，各季节 NDVI 平均值分别为 0.70、0.57 和 0.31 [图 8-1（b）]。其中，春季 NDVI 从 1982 年的 0.35 增加到 2018 年的 0.45，增加幅度为 29.02%，在 2005 年出现最低值 0.22，低于多年平均值 58.9%；夏季 NDVI 从 1982 年的 0.58 增加到 2018 年的 0.82，增加幅度为 40.86%，在 1982 年出现最低值 0.58，低于多年平均值 9%；秋季 NDVI 波动较大，秋季 NDVI 从 1982 年的 0.55 增加到 2018 年的 0.68，增加幅度为 25.44%。

NDVI 年际波动值在 0.47~0.69。NDVI 变化分为三个阶段：1982~2004 年 NDVI 呈波动式增加，1992 年、2004 年达到峰值，NDVI 分别为 0.58、0.55；2004~2007 年呈下降趋势，在 2007 年出现最低值 0.47；2007~2017 年呈持续增长趋势，在 2017 年达到最大值 0.69，变化幅度为 2.14%/10a。

## 8.3.2　松嫩沙地

松嫩沙地的 NDVI 多年平均值约为 0.74，夏季>秋季>春季，各季节 NDVI 均值分别为 0.91、0.72 和 0.58 [图 8-1（c）]。其中，春季 NDVI 呈锯齿状波动，从 1982 年的 0.67 增加到 2018 年的 0.74，增加幅度为 9.73%；1982~2014 年低于多年平均值 2%~47%，在 1987 年、2005 年分别出现谷值 0.41、0.39，但在 2016~2018 年，NDVI 高于多年平均值 1.8%。夏季 NDVI 波动较为平缓，从 1982 年的 0.90 增加到 2018 年的 0.93，增加幅度为 3.08%。秋季 NDVI 波动显著，从 1982 年的 0.68 增加到 2018 年的 0.69，增加幅度为 0.31%，在 1992 年出现最大值 0.95，高于多年平均值 22%，分别在 1996 年、1997 年、2000 年和 2005 年高于多年平均值。

NDVI 年际波动值在 0.67~0.81。NDVI 变化分为四个阶段：1982~1988 年出现大幅度下降；1988~1992 年呈上升趋势，1992 年达到最大值 0.81；1992~2002 年呈现波动下降趋势，2002 年出现最小值 0.67；2002~2018 年植被 NDVI 呈现回升，表现出增加趋势，其间伴随有小幅波动。

### 8.3.3　呼伦贝尔沙地

呼伦贝尔沙地的 NDVI 多年平均值约为 0.67，夏季>秋季>春季，NDVI 均值分别为 0.83、0.66 和 0.51 [图 8-1（d）]。其中，春季 NDVI 呈稳步上升趋势，从 1982 年的 0.45 增加到 2018 年的 0.65，增加幅度为 44.11%，但整体低于多年平均值 25.41%；夏季 NDVI 从 1982 年的 0.83 减少到 2018 年的 0.76，减少幅度为 8.12%，在 1992 年出现最低值 0.60，低于多年平均值 10%；秋季 NDVI 从 1982 年的 0.63 增加到 2018 年的 0.83，增加幅度为 31.99%，在 1992 年、2011~2018 年分别高于多年平均值 16%、3%~25%。

NDVI 年际波动值在 0.59~0.76，呈锯齿状增加趋势。NDVI 变化分为三个阶段：1982~1988 年 NDVI 呈下降趋势，1988 年为 NDVI 最低值 0.59；1988~2003 年植被覆盖虽有小幅波动，但整体上呈小幅持续增加的趋势；2003~2018 年 NDVI 持续增加，在 2016 年达到最大值 0.76。

### 8.3.4　区域对比

在季节尺度上，研究区三个沙地的多年 NDVI 均值皆是夏季>秋季>春季，并且多年 NDVI 均值为松嫩沙地>呼伦贝尔沙地>科尔沁沙地。春季是生长季开始的季节，科尔沁沙地 NDVI 在 2007 年前波动较为平稳，在 2007 年后增加迅速；松嫩沙地 NDVI 呈 W 状波动，分别在 1998 年、2009 年和 2015 年出现峰值；呼伦贝尔沙地 NDVI 呈锯齿状增加趋势，1988 年出现最低值后，整体呈小幅度增长趋势。夏季松嫩沙地和呼伦贝尔沙地均表现为波动平缓，而科尔沁沙地有小幅度的变化，但科尔沁沙地在 1992 年出现极值，这与该年的降水量有关，其余年份较为稳定；秋季三个区域 NDVI 在 1982~2005 年均是波动式增加，但在 2005 年以后，科尔沁沙地呈波动降低，松嫩沙地呈 M 状小幅度下降，呼伦贝尔沙地呈波动上升。

在年际尺度上，NDVI 波动较大，整体变化趋势是人类活动与气象变化综合作用的结果。1999 年国家退耕还林还草工程开始试点，该工程于 2002 年全面启动，东北沙地植被 NDVI 也呈增加趋势，国家政策对植被覆盖的短期变化具有重要影响。

## 8.4　中国东北沙地 NDVI 空间演化特征

在空间上，从 1982～2018 年平均状况来看，东北沙地植被覆盖整体呈上升趋势，植被覆盖 $NDVI_{max}$ 的范围在 0.04～0.97，平均值约为 0.64，NDVI 范围在 0.40～0.60，平均值约为 0.55。依据 NDVI 年际变化特征，将 1982～2018 年分为时期 1（1982～1990 年）、时期 2（1990～2000 年）、时期 3（2000～2010 年）和时期 4（2010～2018 年）四个时间段，研究 NDVI 年均值空间演化。

### 8.4.1　科尔沁沙地

科尔沁沙地植被覆盖呈现东南高、西北低的空间格局（图 8-2），NDVI 高值区主要分布在东部的双辽市、科尔沁左翼后旗和康平县。由于双辽市是东、西辽河的交汇处，水分充沛，植被茂盛，故 NDVI 大于 0.60，植被覆盖在 40%～55%。科尔沁沙地 NDVI 中值区主要分布在该区的中部，NDVI 介于 0.30～0.50，主要包括开鲁县、通辽市等区域，植被覆盖类型为草甸草原，并逐渐开垦成农田。翁牛特旗、奈曼旗和库伦旗为科尔沁沙地 NDVI 低值区，NDVI 介于 0.10～0.30，植被覆盖在 10%～20%。

不同时期的 NDVI 在空间变化上差异性较小，时期 2 相对时期 1，显著减少的区域集中在西拉木伦河附近，减少不显著的区域分布在东辽河部分区域。时期 3 相对时期 2，极显著增加的区域主要集中在东、西辽河交汇处，招苏台河大部分区域；显著增加的区域分布在西辽河中部地区附近。时期 4 相对时期 3，显著增加的区域零星分布在新开河和西辽河地区。时期 4 相对时期 1，极显著的区域集中在新开河和西辽河附近；显著增加的区域在老哈河和教来河附近。

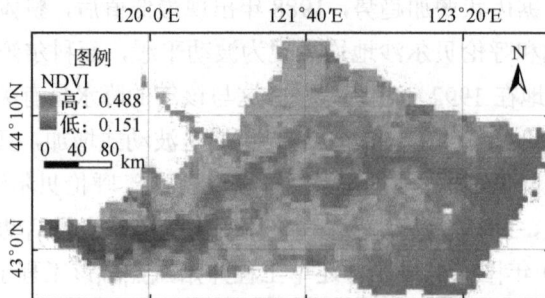

(a) 1982～1990 年

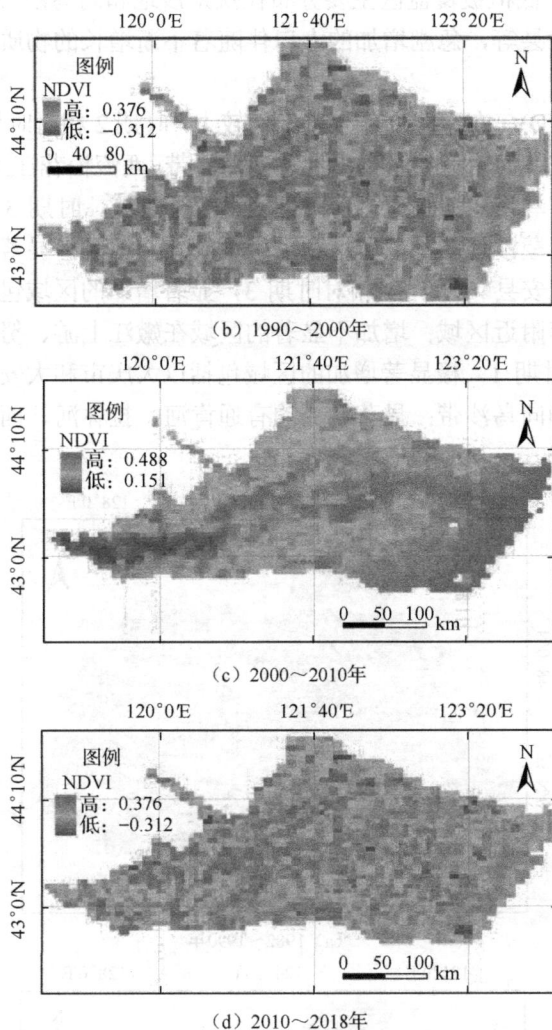

（b）1990～2000 年

（c）2000～2010 年

（d）2010～2018 年

图 8-2　科尔沁沙地 NDVI 时空变化图（扫封底二维码查看彩图）

## 8.4.2　松嫩沙地

松嫩沙地年均植被覆盖空间变化较为明显，NDVI 由西南逐渐向东北递增（图 8-3）。NDVI 高于 0.60 的高植被覆盖区主要分布在内蒙古的鄂伦春自治旗、阿荣旗及东部呈西南走向的五大连池市、铁力市、方正县等，植被覆盖度为 40%～60%。中植被覆盖区主要分布在杜蒙沙地和泰来沙地，主要包括泰来县、镇赉县、呼和浩特市和白城市等，受盛行风和人为因素的共同影响，NDVI 年均值介于

0.30～0.50。NDVI 低植被覆盖区主要分布在扶余沙地和向乌沙带，主要包括松原市、乾安县和通榆县等，急剧增加的人口伴随着不断增长的物质需求，使得该区域不断被开垦。

　　不同时期的 NDVI 在空间变化上差异性较大，时期 2 相对时期 1，NDVI 极显著增加的区域有霍林河附近的舍力沙地和向乌沙带、西流松花江上游的部分区域；显著增加的区域有乌裕尔河和通肯河附近的大部分区域。时期 3 相对时期 2，显著增加的区域有杜蒙沙地的部分区域和大庆市的北部地区；显著减少的区域分布在伊通河附近的农安县。时期 4 相对时期 3，显著增加的区域包括洮儿河、雅鲁河下游和松花江等附近区域；增加不显著的区域在嫩江上游、努敏河和呼兰河附近。时期 4 相对时期 1，极显著增加的区域包括以大庆市和大安市为中心的松花江一带、霍林河和向乌沙带；显著增加的有通肯河、拉林河、西流松花江下游和饮马河附近的区域。

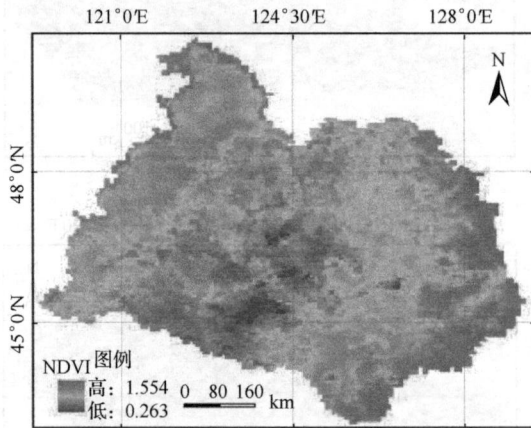

（a）1982～1990年

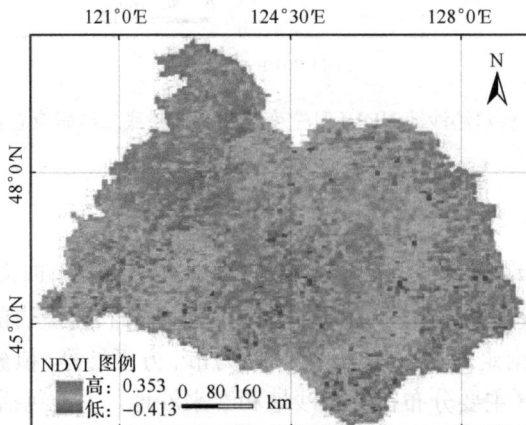

（b）1990～2000年

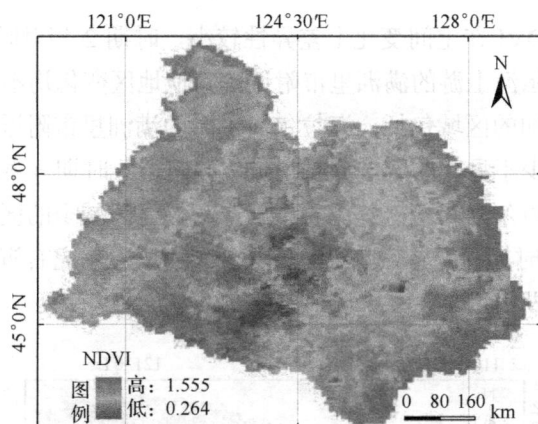

（c）2000～2010年

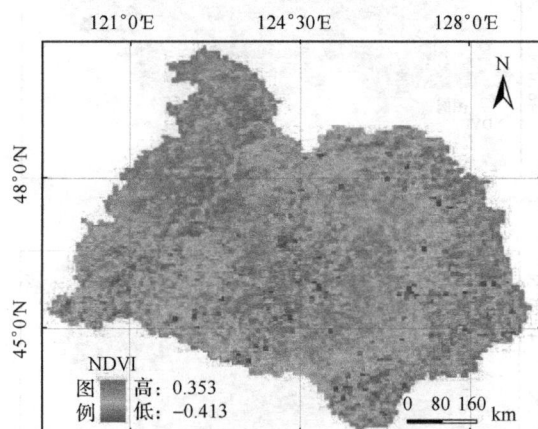

（d）2010～2018年

图 8-3　松嫩沙地 NDVI 时空变化图（扫封底二维码查看彩图）

## 8.4.3　呼伦贝尔沙地

呼伦贝尔沙地 NDVI 增长速率较为明显，且波动性较大，整体上为东高西低（图 8-4）。NDVI 高于 0.60 的高值区包括牙克石市、鄂温克族自治旗，其原因是该地区主要植被类型为针阔混交林，植被覆盖度在 40%～60%。中植被覆盖区主要分布在陈巴尔虎旗、满洲里市和海拉尔区，NDVI 年均值在 0.30～0.50，植被覆盖度在 40%～50%。低植被覆盖区包括新巴尔虎右旗、新巴尔虎左旗，呼伦湖附近的植被覆盖度在 30%左右，一方面是固定、半固定的梁窝状、蜂窝状沙丘，分布在呼伦湖以东的冲积湖积平原上，另一方面呼伦湖是过水性湖泊，水量受周围环境变化影响较大，年际来水的不均使得水域覆盖范围发生较大变动。

不同时期的 NDVI 在空间变化上差异性较小，时期 2 相对时期 1，显著减少的区域集中在海拉尔河上游的满洲里市附近，其他地区变化均不显著。时期 3 相对时期 2，显著增加的区域包括，海拉尔河上游的满洲里市附近、海拉尔河与伊敏河的交汇处；减少不显著的区域分布在贝尔湖附近。时期 4 相对时期 3，显著增加的区域集中在贝尔湖和新巴尔虎右旗南部；极显著减少的区域集中在呼伦湖附近。时期 4 相对时期 1，显著增加的区域分布在新巴尔虎右旗南部，显著减少的区域分布在呼伦湖附近。

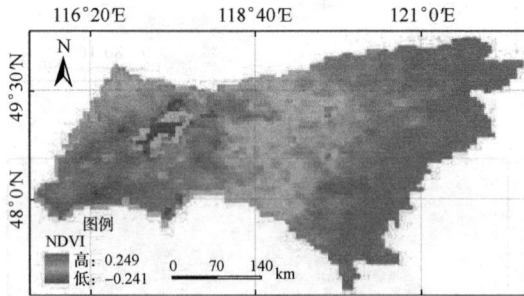

（a）1982～1990 年

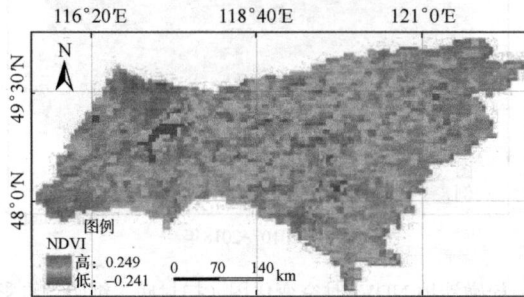

（b）1990～2000 年

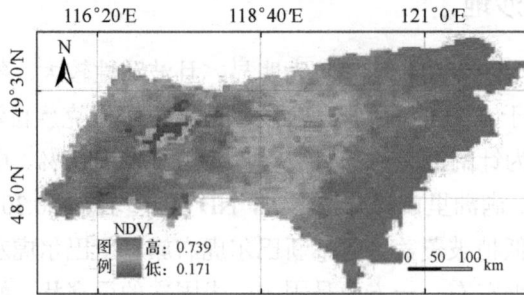

（c）2000～2010 年

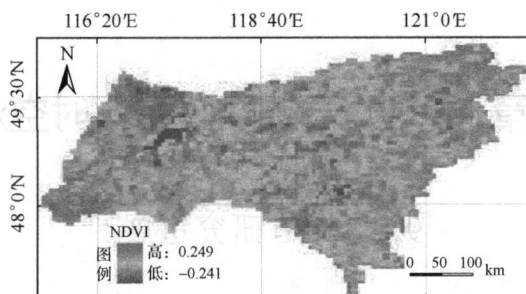

（d）2010～2018年

图 8-4　呼伦贝尔沙地 NDVI 时空变化图（扫封底二维码查看彩图）

## 8.4.4　区域对比

综合来看，研究区三个沙地植被覆盖均呈上升趋势。在空间格局上，科尔沁沙地呈东南高、西北低，松嫩沙地从西南逐渐向东北递增，呼伦贝尔沙地呈东高西低。整体表明，研究区各个沙地内东部均为 NDVI 高值区，原因可能为，河流分布集中，水分条件较好且降水量较大。NDVI 大于 0.60 的植被区占比分别为：松嫩沙地（18%）>呼伦贝尔沙地（15%）>科尔沁沙地（13%）。由于呼伦湖是过水性湖泊，加之人类活动（对呼伦湖采沙）造成的水质变化等因素的影响，使得该区域中 NDVI 在 0.10～0.40 的区域占比最多。

不同时期的 NDVI 在空间变化上差异性最大的是松嫩沙地，其次为呼伦贝尔沙地。时期 3（2000～2010 年）为三个沙地空间变化最显著的时间节点，科尔沁沙地在东、西辽河交汇处呈极显著增加；松嫩沙地在杜蒙沙地的部分区域和大庆市的北部地区变化显著，显著减少的区域分布在伊通河附近的农安县；呼伦贝尔沙地在海拉尔河附近呈显著增加，减少不显著的区域分布在贝尔湖附近。除了自然因素对空间变化的影响，国家政策对植被覆盖变化也产生了较大影响，防沙固沙效果显著。

# 第9章　中国东北沙地 NPP 时空演变

## 9.1　NPP 研究进展

NPP 是单位时间、单位面积上，地球表面绿色植物所积累的有机物数量，即扣除植被用于自身呼吸作用消耗后，剩余的植被生长与繁殖的有机物总量（赵婷等，2018）。植被 NPP 作为评估生态系统的重要参量，不仅可以表征生态系统质量和生产能力，也是判定生态系统功能与价值的主要因子和重要指标，在生态系统碳源/汇功能和调节方面具有科学意义（李妍妍，2018）。

### 9.1.1　NPP 国外研究

19 世纪初，国内外开始植被生产力的研究，森林生物量的测定成为该阶段研究的重点。对于植被生产力的明确定义，在 20 世纪才开始提出，并以实测数据为基础，提出了一系列的相关计算公式。自 20 世纪 60 年代各项计划开展以来，主要以国际生物圈计划（International Biosphere Program, IBP）、1987 年建立的 IGBP 为主要代表，全球以及区域范围内的 NPP 研究取得了很大的进展。特别是 IBP，大量 NPP 的测定在此期间内完成，并以测定资料为基础，与环境因子建立估算模型，进行计算和评价 NPP 的地域分布研究与评估，对全球变化研究起到了极大的促进作用。20 世纪 70 年代初，Lieth（1973）采用 NPP 实测数据，以世界五大洲约 50 个样点为例，首次模拟获得全球 NPP 及其地理分布规律。自开展研究以来，已经建立估算 NPP 的模型共有 20 多种（李新，2011）。Lieth（1975）提出的基于 Thomthwaite 模型的 Thomthwaite Memorial 模型，对 Miami 模型进行了改造，模拟精度相较于 Miami 模型显著提高。20 世纪 80 年代，日本学者内岛对植被水分利用率的计算，取得了明显的进展，依托 IBP 期间测定的世界不同地区的生物量及气象数据，建立了统计模型。该模型能够表达植被气候生产力与净辐射关系，即 Chikugo 模型（Uchijima et al.，1985）。Chikugo 模型是一种以植物生理生态学和统计学为理论基础的半理论半经验模型，该模型以土壤水分充分供给和植物生长状态良好为前提，所得结果实际上是潜在或最大植被 NPP，相较于实际植被 NPP 而言，存在一定的差距。上述模型统称为气候生产力模型或统计模型，这些模型仅能模拟出单一的生态系统，如林地、草地等，无法适用于复合生态系统的植被 NPP 的模拟。在 20 世纪 80 年代中后期，碳循环的研究受到一定重视。作为碳循环的重要组成部分之一，植被 NPP 的估算及其生态效应，受到了学者的广泛关注，推动了植被 NPP 模型研究进入了一个新的历史时期。机理模型应运而生，该类模型参数较为复杂，植物光合作用、水分蒸散发、氮的吸收和释放及物候变化等均在其内。除气象数据外，模型还需输入土壤和植被特征参数、二氧化碳浓度、风速等。NPP 计算以 CARAIB（Mc Guire et al.，1995）、KGBM（Kaduk et al.，1996）、TEM（Running et al.，1998）、SILVAN（Hunt et al.，1996）等模型为代表。

　　随着遥感卫星技术的快速发展，目前主要研究手段是通过遥感技术所获取的数据来实现 NPP 估算，其中以光能利用率模型应用最为广泛，典型代表是卡内基-艾姆斯-斯坦福方法（Carnegie-Ames-Stanford approach, CASA）。该模型不仅参数易获取，而且区域尺度的转换也较为简单，可以反映植被 NPP 的季节及年际变化。Potter 等（1993）构建了 CASA 模型，以降水量、土壤特征、温度等因子为基础，并对全球陆地生态系统植被 NPP 进行估算。Ruimy 等（1996）在植被 NPP 估算模型中，考虑到各种生态系统中光能利用率的差异性，在不同的生态系统中，光能利用率的取值也不同，这使其分析更加精确。光能利用率模型是以资源平衡的观点为基础，该模型虽然发展迅速，但仍存在一些需要解决的问题，有必要进一步深化光合有效辐射与植物吸收的光合有效辐射等关系的机理研究。此外，由于无法从遥感数据中获取未来植物生长信息，光能利用率无法对未来植被的变化进行预测，这些问题使得光能利用率模型的进一步发展面临着巨大的挑战。

## 9.1.2　NPP 国内研究

　　在 20 世纪 70 年代，我国才开始对陆地生态系统生产力进行研究，主要从植被 NPP 估算模型和全球气候变化背景下的我国自然植被 NPP 时空格局两个方面开展研究。20 世纪 70 年代末，我国陆地生产力的测量与研究工作才初步完成。1988 年，中国科学院建立了中国生态系统研究网络（Chinese Ecosystem Research Network, CERN），在不同的生态系统内采用定位站点网络，包括农田、森林、草地、沙漠、湖泊和海洋等，并进行长期定位观测。在 20 世纪 80 年代中期，利用 NPP 模型估算我国植被 NPP 的分布状况，才开始受到国内学者重视。在研究之初，使用的 NPP 统计模型几乎是引进或改进于国外。侯光良等（1990）利用 Mimai 模型、Thomthwaite Memorial 模型和 Chikugo 模型对中国自然植被 NPP 进行统计分析。20 世纪 90 年代以后，张新时（1993）开展了对我国陆地自然植被 NPP 及其对全球变化的响应研究，采用 Holdridge 生命地带系统与 Chikugo 模型，对全球变化后的中国陆地生态系统植被地理分布及 NPP 进行估算预测。周广胜等（1995）利用其改进的综合自然植被净第一性生产力模型，不仅分析了中国自然植被 NPP 现状，而且对全球变化后中国的自然植被 NPP 进行精准分析。方精云等（1996）在中国森林、陆地生态系统的生物量、生产力及其对气候变化的响应方面，也进行了深度的研究。

　　近年来，NPP 模型研究基本以光能利用率模型与卫星遥感技术相结合的方式进行（陈波，2001）。刘喜云等（2007）将过程模型（Forest-BGPG）引入国内，并以黑、吉、辽三省作为研究区，以 2003 年为研究时段，采用 1km 分辨率的 MODIS 影像为基础数据模拟植被 NPP 的分布变化。朴世龙等（2004）基于 CASA 模型估算了 1982～1999 年中国植被 NPP 及空间变化，报道了我国植被年 NPP 总量呈增加趋势。朱文泉等（2007）综合分析现有的光能利用率模型，构建了 NPP 遥感估算模型，将植被覆盖分类引入模型中，估算了 1983～1999 年中国陆地植被 NPP，并与其他模型及结果进行了比较。

## 9.1.3　估算模型研究

　　站点实测是早期 NPP 估算的主要方法，虽然精度较高，但耗费大量的人力物力，并且难以进行大尺度的估算。因此，模型估算成为 NPP 研究的重要手段。常用的模型有统计模型、过程模型、光能利用模型和生态遥感耦合模型。

　　（1）统计模型，也称气候相关模型。在 20 世纪 70 年代，由于缺乏观测资料，并且在技术落后的情况下，只能利用气象因子（如温度、降水、太阳辐射等）与植物干物质等基础数据，建立其估算植被 NPP 的一种较为简单的统计方法（商令杰，2018）。该模型以植被第一净生产力为基础，结合相对应的气象资料，并分析其二者的相关关系，模型过程简单且在不同区域内检验效果较为准确。但由于缺乏植物内在的生物机理，其复杂过程大都被忽略，导致现势性较低，大部分结果只显示植被的现实生产力，并未将植物与环境产生的相互作用列为其重要的变量参数，在大范围的气候变化和全球范围内的气候变化研究中，受到明显的限制，逐渐被更先进的模型所取代。

　　（2）过程模型，是指通过模拟植被光合作用、呼吸作用与一系列植被生态机理过程，建立相对应的能量、物质交换模型。该模型模拟精度高、应用范围广，可进行植被净初级生产力估算、作物生长模拟趋势与生态环境变化预测。不仅如此，气候的现势性变化显著，该模型能准确地描述生态系统对其变化的瞬时反应，以及土地利用类型变化与气候的相互作用等，在全球范围内得到广泛应用及推广，可以更好地揭示出内在的工作机理（孙力炜，2013）。但过程模型内在机理错综复杂，在全球或区域范围内，不仅参数较多，有些参数很难获取，并且在很大程度上难以实现参数空间上的量化，故无法模拟预测出气候与植被之间的空间分布特征，在大区域内推广缺乏一定的实用性。

　　（3）光能利用率模型，即遥感参数模型。首先利用 GPS 技术对其精准定位，在海量数据中，利用 RS 技术获取详尽的遥感信息，进而利用 GIS 技术进行数据处理，并对其进行反演，获得相关生物参数（商令杰，2018）。该模型既简单又实用，且应用范围较广泛，既可通过地表反演获取植被干物质重量，又可通过遥感数据获取模型重要参数，因此，模型优点最为显著。

（4）生态遥感耦合模型。主要通过叶面积指数（leaf area index, LAI）将模型连接到生理生态模型上，将遥感数据与生理生态过程模型结合（朱文泉，2005）。但在计算过程中，过分依赖 LAI，使输出结果在很大程度上取决于 LAI 的估算精度；模型的机理过程复杂，因子多且不易获取，不同生态系统，估算结果存有差异。

## 9.2　研　究　方　法

### 9.2.1　APAR 的估算

CASA 模型是以光能利用率原理为基础的过程模型，该模型较为精准，在全球 1900 多个实测站点进行反复试验校准。NPP 估算主要由植被吸收的光合有效辐射（absorbed photosynthetically active radiation, APAR）和光能利用率（$\varepsilon$）确定（沈贝贝，2019），即

$$NPP(x,t) = APAR(x,t) \times \varepsilon(x,t) \tag{9-1}$$

式中，$APAR(x,t)$ 表示像元 $x$ 在 $t$ 月份吸收的光合有效辐射（MJ/m$^2$）；$\varepsilon(x,t)$ 表示像元 $x$ 在 $t$ 月份的实际光能利用率（gC/MJ）。

APAR 是光合有效辐射（photosynthetically active radiation, PAR）中被植物叶子吸收的部分，可以利用遥感数据获得，具体是根据植被对红外和近红外波段的反射特征实现。光合有效辐射（PAR）作为植物光合作用的驱动因素之一，与生物量具有较强的相关性。太阳总辐射和植物本身的特征，在某种程度上决定了植物吸收的光合有效辐射，可由以下公式进行计算（元志辉，2017）：

$$APAR(x,t) = SOL(x,t) \times FPAR(x,t) \times 0.5 \tag{9-2}$$

式中，$SOL(x,t)$ 表示 $t$ 月在像元 $x$ 处的太阳总辐射量[MJ/(m$^2$·月)]；$FPAR(x,t)$ 表示植被层对入射光合有效辐射的吸收比例，常数 0.5 表示植被所能利用的太阳有效辐射占太阳总辐射的比例。

植被覆盖状况可通过 NDVI 准确地反映出来，NDVI 的变化与 FPAR 及植被类型关系密切，存在着一定的线性关系，这一关系可以通过 NDVI 的最大值和最小值来确定。

### 9.2.2　植被光能利用率的估算

光能利用率是在一定时期内单位面积上生产的干物质中所包含的化学潜能与同一时间投射到该面积上的光合有效辐射能之比。在遥感模型中的数据因子，

NPP 的调控可通过对最大光能利用率的调节而实现，而温度和水分是最大光能利用率的主要影响因素（董丹等，2011），公式如下：

$$\varepsilon(x,t) = T_{\varepsilon 1}(x,t) \times T_{\varepsilon 2}(x,t) \times W_{\varepsilon}(x,t) \times \varepsilon_{max} \tag{9-3}$$

式中，$T_{\varepsilon 1}(x,t)$ 和 $T_{\varepsilon 2}(x,t)$ 分别表示低温和高温对光能利用率的胁迫作用；$W_{\varepsilon}(x,t)$ 为水分胁迫影响系数，反映水分条件的影响；$\varepsilon_{max}$ 是理想条件下的最大光能利用率（gC/MJ）。

### 9.2.3　CASA 模型的改进

最大光能利用率，作为植被净初级生产力遥感估算的一个关键参数，目前主要对其取值的大小具有一定的争议。Potter 等（1993）认为，采取 0.389gC/MJ 为植被最大光能利用率的定值；Thompson 等（1999）将取值增加到 0.489gC/MJ；彭少麟等（2000）将广东植被最大光能利用率取值为 1.25gC/MJ，并认为在 CASA 模型中所使用的全球植被最大利用率（0.389gC/MJ）对广东植被来讲偏低；朱文泉等（2005）基于 NPP 遥感估算的建模思路，采用最小二乘法，模拟了中国典型植被的最大光能利用率，结果介于光能利用率模型和生理生态过程模型的模拟结果之间，具有一定的可靠性和稳定性。本书采用朱文泉等（2005）研究确定的中国典型植被类型的最大光能利用率 $\varepsilon_{max}$。

## 9.3　中国东北沙地 NPP 时间序列分析

通过提取 1982～2018 年每年各季节的 NPP 均值，得到该区 NPP 变化趋势[图 9-1（a）]。NPP 均值在 72.16～102.27gC/(m²·a)范围内波动，平均值约为 87.56gC/(m²·a)，东北沙地净初级生产力状况良好。

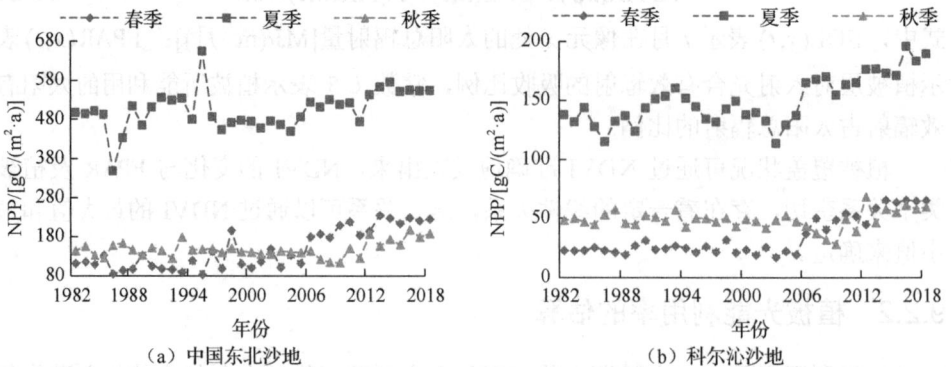

（a）中国东北沙地　　　　　　　　（b）科尔沁沙地

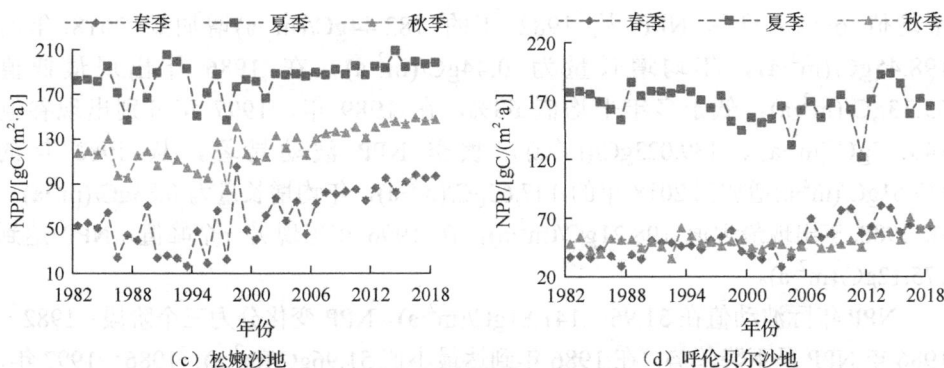

（c）松嫩沙地　　　　　　　　　　　（d）呼伦贝尔沙地

图 9-1　沙地 NPP 变化趋势

## 9.3.1　科尔沁沙地

NPP 平均值约为 72.16gC/(m²·a)，夏季>秋季>春季 [图 9-1（b）]，各季节 NPP 值的范围分别为 110.73～191.61gC/(m²·a)、26.27～62.64gC/(m²·a)、16.82～58.47gC/(m²·a)，各季节的年平均值分别为 139.35gC/(m²·a)、45.84gC/(m²·a)、31.29gC/(m²·a)。春季 NPP 从 1982 年的 22.80gC/(m²·a)增加到 2018 年的 65.32gC/(m²·a)，年均增长量为 1.18gC/(m²·a)，在 2003 年出现最低值 16.82gC/(m²·a)，低于多年平均值 46%；夏季 NPP 从 1982 年的 137.91gC/(m²·a)增加到 2018 年的 189.79gC/(m²·a)，年均增长量为 1.44gC/(m²·a)，在 2003 年出现最低值 108.35gC/(m²·a)，低于多年平均值 22%，在 2016 年达到最大值 191.61gC/(m²·a)，高于多年平均值 37%；秋季 NPP 从 1982 年的 48.45gC/(m²·a)增加到 2018 年的 59.63gC/(m²·a)，年均增长量为 0.31gC/(m²·a)，在 2009 年出现最低值 26.27gC/(m²·a)，低于多年平均值 41%，其余各年份 NPP 均在多年平均值 30% 左右波动。

NPP 年际波动值在 57.52～99.95gC/(m²·a)。NPP 变化分为两个阶段：1982～2003 年呈先增加后下降的趋势，在 1991 年达到峰值 72.62gC/(m²·a)；2003～2018 年 NPP 呈指数增长，在 2016 年到达最大值 99.95gC/(m²·a)。

## 9.3.2　松嫩沙地

NPP 平均值约为 102.27gC/(m²·a)，夏季>秋季>春季，各季节 NPP 值的范围分别为 65.13～206.15gC/(m²·a)、48.86～198.21gC/(m²·a)、16.63～94.74gC/(m²·a)，各季节的年平均值分别为 176.83gC/(m²·a)、75.68gC/(m²·a)、54.31gC/(m²·a) [图 9-1（c）]。春季 NPP 从 1982 年的 52.58gC/(m²·a)增加到 2018 年的 96.84gC/(m²·a)，年均增长量为 1.22gC/(m²·a)，在 1993 年出现最低值 16.63gC/(m²·a)，低于多年

平均值 69%。夏季 NPP 从 1982 年的 182.44gC/(m²·a)增加到 2018 年的 198.45gC/(m²·a)，年均增长量为 0.44gC/(m²·a)，在 1986 年出现最低值 65.13gC/(m²·a)，低于多年平均值 63%，在 1989 年、1997 年分别出现谷值 149.17gC/(m²·a)、139.023gC/(m²·a)。秋季 NPP 波动显著，从 1982 年的 117.51gC/(m²·a)增加到 2018 年的 147.65gC/(m²·a)，年均增长量为 0.83gC/(m²·a)，在 1988 年出现最大值 198.21gC/(m²·a)，在 1996 年出现另一个峰值，NPP 达到 175.12gC/(m²·a)。

NPP 年际波动值在 51.96～141.81gC/(m²·a)。NPP 变化分为三个阶段：1982～ 1986 年 NPP 呈下降趋势，在 1986 年到达最小值 51.96gC/(m²·a)；1986～1997 年，分别在 1988 年、1996 年出现峰值，其余年平稳波动；1997～2018 年呈稳步上升趋势。

### 9.3.3　呼伦贝尔沙地

NPP 平均值约为 88.26gC/(m²·a)，夏季>秋季>春季，各季节 NPP 值的范围分别为 119.32～192.21gC/(m²·a)、34.99～182.77gC/(m²·a)、28.05～78.09gC/(m²·a)，各季节的年平均值分别为 160.36gC/(m²·a)、56.33gC/(m²·a)、48.09gC/(m²·a) [图 9-1 (d)]。春季 NPP 从 1982 年的 36.72gC/(m²·a)增加到 2018 年的 65.85gC/(m²·a)，波动较为显著，年均增长量为 0.81gC/(m²·a)，在 2003 年出现最低值 28.05gC/(m²·a)，低于多年平均值 41%，2010 年出现最大值 79.09gC/(m²·a)，高于多年平均值 64%。夏季 NPP 从 1982 年的 178.38gC/(m²·a)增加到 2018 年的 165.67gC/(m²·a)，年均减少量为 0.35gC/(m²·a)，在 2011 年出现最低值 119.32gC/(m²·a)，低于多年平均值 25%；在 2013 年出现最大值 192.21gC/(m²·a)，高于多年平均值 19%。秋季 NPP 从 1982 年的 47.88gC/(m²·a)增加到 2018 年的 65.86gC/(m²·a)，年均增长量为 0.50gC/(m²·a)，在 2008 年出现峰值。

NPP 年际波动值在 73.52～277.33gC/(m²·a)。NPP 变化分为三个阶段：1982～ 2001 年 NPP 呈下降趋势，在 2001 年达到最小值 73.52gC/(m²·a)；2001～2005 年达到最大值 277.33gC/(m²·a)；2005～2018 年增加趋势平缓且稳定。

## 9.4　中国东北沙地 NPP 空间演化特征

植被类型、气象、地形等因素，综合影响植被 NPP 的分布，具有较强的空间分异性规律，并且在研究时段内，气象因素相对稳定，人为因素对植被的影响就显得更明显，但东北沙地整体 NPP 呈上升趋势，变化范围在 1.03～271.25gC/(m²·a)，这表明东北沙地植被固碳能力总体水平提高。依据 NPP 年际变化特征，将 1982～ 2018 年分为时期 1（1982～1990 年）、时期 2（1990～2000 年）、时期 3（2000～

2010 年）和时期 4（2010～2018 年）四个时间段，研究 NPP 年均值空间演化。

## 9.4.1 科尔沁沙地

科尔沁沙地植被 NPP 空间分布特征为东南较高、西北较低、中部过渡带较为明显，多年平均值介于 5.12～275.50gC/(m²·a)（图 9-2）。西北地区有大面积的荒漠，植被生长力较低，故为 NPP 低值区，其中翁牛特旗表现最为显著，NPP 年均值约为 100.18gC/(m²·a)。在东南地区分布着大面积的草地、耕地，其水分以及土壤养分条件比较适宜植物生长，故而该区域 NPP 较高，其中双辽市、科尔沁左翼后旗、康平县变化呈极显著增加，加之受西拉木伦河的影响，使东南地区整体趋于绿洲化。中部地区在空间上具有明显的过渡性，NPP 在 50.20～200.35gC/(m²·a)，开鲁县、通辽市受人为活动影响较大，随着国家退耕还林等政策实施，NPP 明显增加，生态治理工程初见成效。

不同时期的 NPP 在空间变化上差异性较小，时期 2 相对时期 1，显著增加的区域集中在养畜牧河和教来河交汇处附近，显著减少的区域分布在东辽河上游处。时期 3 相对时期 2，显著增加的区域集中在新开河与西辽河的交汇处，增加不显著的区域在老哈河和西拉木伦河附近。时期 4 相对时期 3，显著减少的区域包括东、西辽河与新开河部分地区。时期 4 相对时期 1，极显著增加的区域集中在养畜牧河与教来河交汇处，显著增加的区域分布在新开河和西辽河附近，减少不显著的区域分布在招苏台河下游处。

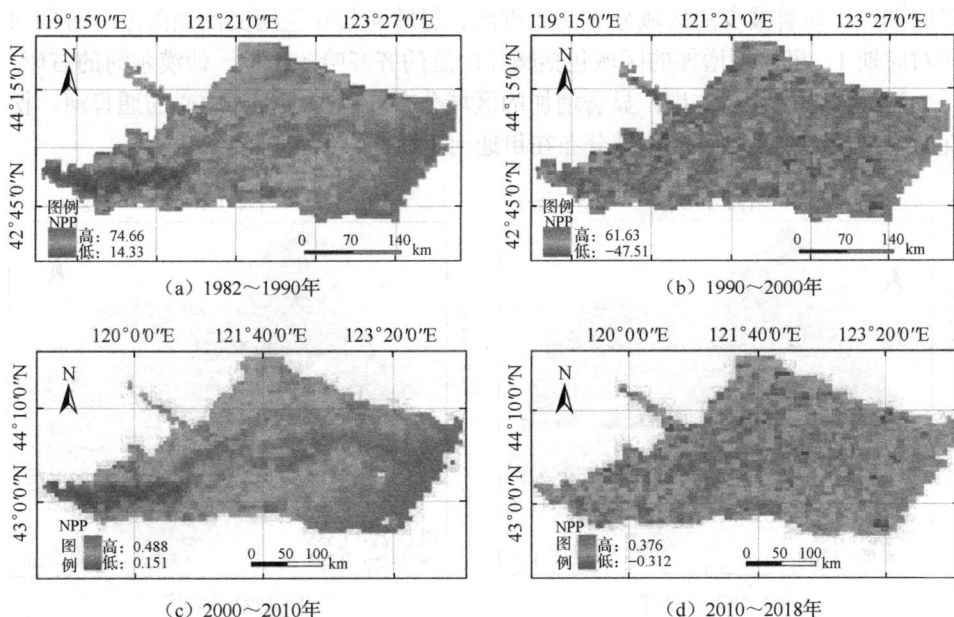

（a）1982～1990 年

（b）1990～2000 年

（c）2000～2010 年

（d）2010～2018 年

图 9-2 科尔沁沙地 NPP 时空变化图（扫封底二维码查看彩图）

### 9.4.2　松嫩沙地

松嫩沙地 NPP 多年平均空间分布整体表现为由中心向外围呈环状逐步增加，多年平均值介于 1.52～271.80gC/(m²·a)（图 9-3）。具体表现为：NPP 低值区主要分布在白城市、松原市、大庆市一带，气候较干旱，降水较少，并有草原荒漠化、盐碱化现象存在，加之人为活动影响较大，长期过度放牧和开垦，故 NPP 较低，多年平均值为 1.50～123.35gC/(m²·a)。东部地区 NPP 呈环状带逐年递增，齐齐哈尔市、通河县、方正县、铁力市、吉林市等 NPP 增长较为显著。可以明显看出，松嫩沙地植被 NPP 正逐步在提高，气象与人类活动的综合原因是其变化的主要原因，松嫩地区气温升高，植被发芽期提前，落叶期推后，导致植被生长期增长；国家政策的积极影响、人们对植被保护意识的增强、退耕还林还草的实施与推广等都导致松嫩沙地 NPP 稳步增强。

不同时期的 NPP 在空间变化上差异性较大，时期 2 相对时期 1，极显著增加的区域包括雅鲁河下游、洮儿河附近的舍力沙地、霍林河附近的向乌沙带和松花江右岸的松原市、哈尔滨市一带；显著减少的区域集中在拉林河、西流松花江的右岸。时期 3 相对时期 2，极显著增加的区域包括嫩江和讷河的交汇处、讷漠尔河的右岸、呼兰河上游、松花江右岸；显著增加的区域分布在乌裕尔河与通肯河附近；极显著减少的区域包括洮儿河、松花江与西流松花江的交汇处。时期 4 相对时期 3，显著减少的区域分布在通肯河、努敏河与呼兰河交汇处附近。时期 4 相对时期 1，极显著增加的区域包括嫩江附近的齐齐哈尔沙地、讷漠尔河的右岸、呼兰河上游、松花江右岸；显著增加的区域分布在以大庆市为中心的通肯河、松花江一带；减少不显著的区域分布在伊通河下游。

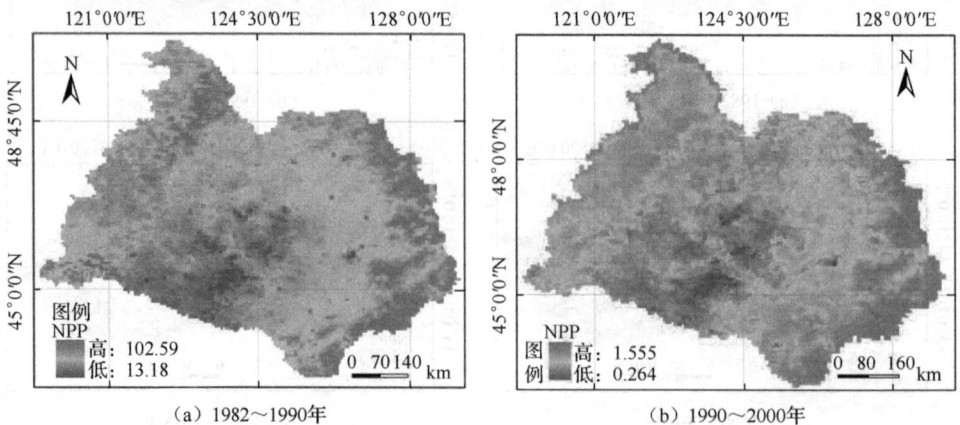

(a) 1982～1990年　　　　　　　　　　　(b) 1990～2000年

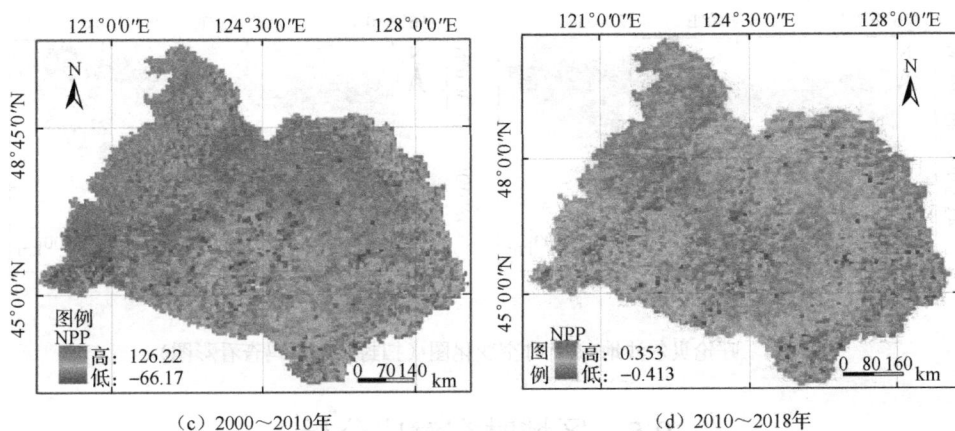

（c）2000～2010年　　　　　　　　　（d）2010～2018年

图 9-3　松嫩沙地 NPP 时空变化图（扫封底二维码查看彩图）

## 9.4.3　呼伦贝尔沙地

呼伦贝尔沙地 NPP 增长速率较为明显，且波动性较大，整体上为东高西低的空间格局，多年平均值介于 1.20～198.00gC/($m^2$·a)（图 9-4）。新巴尔虎左旗、新巴尔虎右旗为呼伦贝尔沙地低值区，NPP 年均值为 1.03～100.35gC/($m^2$·a)，由于森林乱砍滥伐、草地过度放牧等人类活动影响严重，加之呼伦湖是过水性湖泊，水量受周围环境变化影响较大。海拉尔区、牙克石市、陈巴尔虎旗为 NPP 高值区，NPP 年均值为 120.15～198.10gC/($m^2$·a)，土地利用类型的转变，可能成为部分像元 NPP 呈现上升趋势的原因之一，农田植被由部分草地转化而来。草地保护、合理放牧等措施，促使部分地区草地恢复，NPP 呈增加趋势。

不同时期的 NPP 在空间变化上差异性较小，时期 2 相对时期 1，显著减少的区域分布在呼伦湖北部、海拉尔河与伊敏河交汇处附近。时期 3 相对时期 2，显著减少的区域分布在克鲁伦河右岸和乌尔逊河附近，减少不显著的区域分布在伊敏河附近。时期 4 相对时期 3，极显著增加的区域集中在呼伦湖与乌尔逊河附近，显著增加的区域分布在伊敏河附近。时期 4 相对时期 1，显著减少的区域集中在海拉尔河附近。

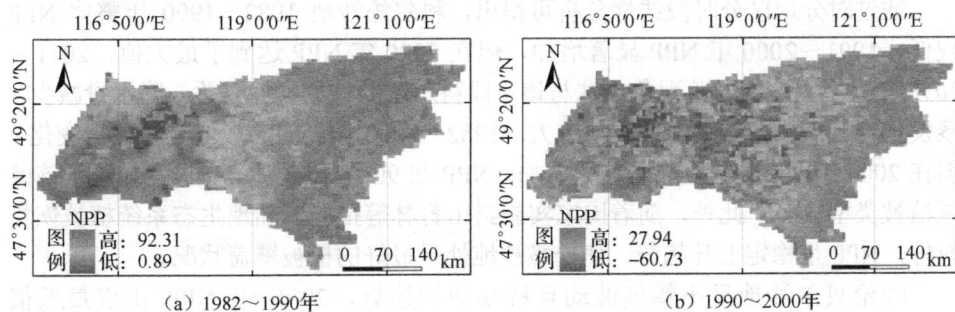

（a）1982～1990年　　　　　　　　　（b）1990～2000年

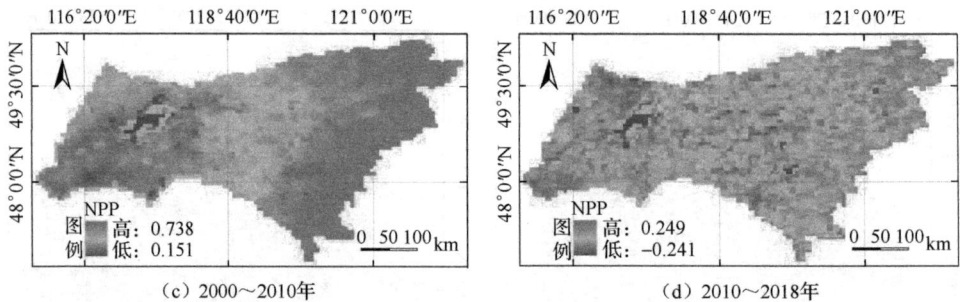

（c）2000～2010年　　　　　　　　　　（d）2010～2018年

图 9-4　呼伦贝尔沙地 NPP 时空变化图（扫封底二维码查看彩图）

# 9.5　区域时空对比分析

## 9.5.1　时序区域对比分析

通过对东北沙地植被 NPP 进行季节划分，得到该地区植被 NPP 各季节的多年平均 NPP 的时间分布情况，夏季远高于其他季节，其次为秋季和春季。春季，气温回升，植被受到地表水分的补充，开始逐渐复苏，NPP 较冬季有所回升，NPP 介于 35.8～65.2gC/(m²·a)。夏季，水热组合状况较好，为植被生长提供了良好的环境条件，区域整体 NPP 达到了一年的峰值，全区域的 NPP 为 342.3～434.9gC/(m²·a)。秋季，气温下降显著，NPP 积累量明显减少，产生大幅度的回落，NPP 介于 71.1～144.7gC/(m²·a)。NPP 年际变化与季节尺度变化趋势相似，夏季波动较大，NPP 在 108～206gC/(m²·a)波动，其次为秋季和春季，NPP 分别在 26.3～198.2gC/(m²·a)、18.6～104.8gC/(m²·a)波动，研究表明，东北沙地植被生长具有明显的季节差异。

1982～2018 年东北沙地 NPP 变化特征明显，呈增长趋势，但松嫩沙地 NPP 远大于科尔沁沙地、呼伦贝尔沙地。由于东北沙地属于半干旱、半湿润向半干旱过渡区，降水量由东南向西北递减，降水量大且集中，故而变率大，干旱程度向西北方向递增，因此松嫩沙地 NPP 波动更为显著。

通过对分地区分时段线性分析可得出，科尔沁沙地 1982～1990 年整体 NPP 较低，1991～2000 年 NPP 显著增加，但在 2000 年 NPP 达到了最大值，2011～2018 年有小幅度的回落现象，这与该年段科尔沁的气象条件有关，降水量减少，蒸发量却在增加。松嫩沙地波动较大，1982～2000 年，NPP 较低且无显著变化，但在 2000 年以后，呈极显著趋势增加，NPP 在 90～118gC/(m²·a)波动，由于该区域植被类型较多，此外，随着国家实施封山育林等措施，陆地生态系统植被恢复较好，NPP 呈稳定上升趋势，使松嫩沙地处于最好的植被覆盖状况。

呼伦贝尔沙地呈小幅度波动且持续增加趋势，2001 年 NPP 出现最低值

73.52gC/(m$^2$·a)，最大值出现在 2005 年，NPP 达到了 277.33gC/(m$^2$·a)。随着纬度的增大，所受到的太阳辐射能逐渐降低，水热组合条件状况受到一定的限制，故 NPP 相对较低。但在 1995 年以后，随着一系列政策、管理措施等的实施，农业生态系统 NPP 增幅明显，NPP 呈稳步上升趋势。

### 9.5.2　空间区域对比分析

综合来看，研究区三个沙地 NPP 均值呈上升趋势。在空间格局上，科尔沁沙地呈东南高、西北低、中间过渡带较为明显，松嫩沙地由中心向外围呈环状逐步增加，呼伦贝尔沙地整体上为东高西低。整体表明，研究区各个沙地内东部 NPP 大于西部，原因可能为：降水量条件东部较好，进而水热条件组合对植被的影响较为明显。NPP 大于 200.00gC/(m$^2$·a)的区域占比排序为：科尔沁沙地>呼伦贝尔沙地>松嫩沙地。松嫩沙地中部 NPP 偏低，气候较干旱，降水较少，存在草原荒漠化、盐碱化现象，并且人为活动影响较大，长期过度开垦放牧，使得该区域 NPP 较低。

不同时期的 NPP 空间变化差异性最大的是呼伦贝尔沙地，其次为松嫩沙地。科尔沁沙地在新开河和西辽河附近显著增加，松嫩沙地显著增加的地区分布在通肯河与松花江一带，呼伦贝尔沙地显著减少的区域集中在海拉尔河附近。

## 9.6　NDVI 与 NPP 关系

在自然条件下，植被生长稳定，年际变化不大，NDVI 与 NPP 较大，且 NDVI 与 NPP 的相关系数较高，当人类活动干扰强烈时，植被的生长环境受到直接影响，导致 NDVI 与 NPP 的相关系数不稳定。

研究区域内，松嫩沙地 NDVI 最大，其次为呼伦贝尔沙地，而 NPP 却相反，呼伦贝尔沙地 NPP 远大于松嫩沙地，整体来看科尔沁沙地最为稳定。科尔沁沙地 NDVI 在 2007 年出现最低值，在 2000 年达到最大值；松嫩沙地 NDVI 在 2002 年出现最低值，NPP 在 2000 年后处于急剧增速阶段；呼伦贝尔沙地 NDVI 在 1988 年达到最低，NPP 波动较小，呈平稳增长。研究区内出现高低值的变化，很大程度上，在人类的农业生产中，土壤肥力得到了极大提高，从而提高农作物的生产力，致使 NPP 与 NDVI 的相关性呈负相关。

以遥感影像为数据源或者影响因子参与计算的研究区域，其估算结果的精度检验是许多模型研究的难点。相较实验结果而言，对模型的检验与分析比较，是验证模型必不可少的步骤之一。但是，由于缺乏对东北地区大规模生物量的检测数据，因此，很难实现精准的模型验证。对于模型检验的方法可分为两种：一种是根据以往学者的研究结果进行比较；另一种是将模拟数据与实测数据进行模拟验证，可根据二者模拟结果的相关性来判断模拟结果的可行性。

由于本书中数据量较大，且实测数据相对太少，故而将利用第一种方法对模型进行验证，以大量文献为基础，对比历年在相似研究区内 NPP 的研究结果。1982~2018 年，中国东北沙地植被生长季 NPP 总体呈波动上升趋势，与中国以及中国东部地区等不同尺度上关于 NPP 变化趋势的研究结果相一致（周伟等，2014；刘刚等，2008）。研究期内，NPP 总体在空间分布上呈现东高西低、南高北低的空间格局，不同地区年内 NPP 变化值，5 月份开始增大，7 月份达到最高值，9 月份开始有大范围的回落，NPP 在空间尺度上呈大面积波动增加趋势，与刘刚等（2008）利用逐像元的分析结果基本一致。

第四篇

中国东北沙地生态服务与沙漠化风险评价

# 第10章　中国东北沙地土地利用变化

土地利用是指人类有目的地开发利用土地资源的一切活动，而土地覆被则是指地表自然形成的或者人为引起的覆被状况（陈佑启等，2001）。土地利用变化是指人类改变土地利用和管理方式，导致土地覆被的变化。20世纪90年代中期国际全球环境变化人文因素计划（International Human Dimensions Programme on Global Environmental Change, IHDP）和IGBP联合提出了"土地利用与土地覆被变化"研究计划，并确定了两个主要研究方向：一是通过实例研究揭示不同状态下覆被动态的特征与原因；二是建立全球或区域土地利用/覆被变化模型，通过模型揭示土地利用/覆被与驱动力的相关关系，预测全球或区域土地利用/覆被的未来趋势。土地利用/覆被已经成为各个国家学者研究的核心领域和热点问题之一。从研究方法来看，我国学者主要从数量和空间两个方面来进行土地利用变化研究。在数量变化这一方面，学者主要采用单一土地利用动态变化度、转移矩阵及各地类的转入/转出贡献率等方法来分析研究区域土地利用变化的速率和幅度以及各个土地利用类型的流转方向。在空间变化方面，学者主要以3S技术为研究手段，通过解译遥感影像来获取相关土地利用变化的信息，并且运用GIS强大的空间分析功能从土地利用转移类型、空间格局动态变化等方面做定量分析（卢周扬帆，2019）。从研究内容来看，土地利用/覆被变化研究的核心问题主要是驱动力分析，且多以驱动力模型的方法对其进行研究。杜军等（2021）以豫西黄土丘陵区为研究对象，基于2000年、2010年和2015年的土地利用数据，通过土地利用面积空间变化、转移矩阵和土地利用动态变化度等指标分析了2000～2015年豫西黄土丘陵区的土地利用动态变化特征。杨佳佳等（2020）基于1985年、2000年、2017年3期土地利用遥感监测数据，利用土地利用转移矩阵、重心模型、生态环境质量指数等方法，对松嫩平原东部30年间土地利用转型时空变化特征及生态环境效应进行分析。

## 10.1　数据源与研究方法

### 10.1.1　数据源

本章所用遥感影像数据为覆盖中国东北沙地的1990年、2000年、2010年、2020年四个基年的Landsat TM、OLI多光谱影像（空间分辨率为30m），影像拍摄时间为 6～9 月份，云量均小于 5%。数据来源于地理空间数据云和美国地质调查局（United States Geological Survey, USGS），所用数据行列号和时间见表 10-1。基于 ERDAS 软件对 Landsat 系列影像进行多波段合成、几何精校正（误差控制在一个像元内）、图像拼接和按研究区范围裁剪等预处理。

表 10-1　本章所用遥感影像数据信息

| 研究区 | 遥感影像行列号 | 采集时间 | 云量 | 传感器 | 来源 |
|---|---|---|---|---|---|
| 科尔沁沙地 | 119-30、120-30、121-30、122-30、123-30、121-29、122-29 | | | | |
| 松嫩沙地 | 116-29、117-27、117-28、117-29、117-30、118-26、118-27、118-28、118-29、118-30、119-26、119-27、119-28、120-26、120-27、120-28、120-29、121-25、121-26、121-27、121-28、122-27、122-28 | 6～9 月 | 小于 5% | Landsat-5TM、Land-8OLI | 地理空间数据云、USGS |
| 呼伦贝尔沙地 | 122-25、122-26、123-25、123-26、124-26、124-27、125-26、125-27 | | | | |

根据土地利用/覆盖变化（land use/cover change, LUCC）分类标准与中国东北沙地立地条件，将研究区土地利用划分为 7 个大类：耕地、林地、草地、水域、城乡工矿居民用地、沙地和其他未利用土地（表 10-2）。为提高解译精度，基于 eCognition9.0 软件平台，采用面向对象分割方法进行遥感影像的解译。对不明确的点位，采用实地调研，获取野外地面验证点，并采用地图代数方式，将解译结果与中国科学院资源环境科学与数据中心的土地利用数据进行精度验证，正确率达 94.56%，研究结果可信。经裁剪后得到 1990 年、2000 年、2010 年和 2020 年四期科尔沁沙地、松嫩沙地、呼伦贝尔沙地土地利用类型数据。

表 10-2　中国东北沙地土地利用类型分类表

| 地类代码 | 地类 | 原代码 | 原二级地类 |
|---|---|---|---|
| 1 | 耕地 | 11、12 | 水田、旱地 |
| 2 | 林地 | 21、22、23、24 | 有林地、灌木林、疏林地、其他林地 |
| 3 | 草地 | 31、32、33 | 高覆盖度草地、中覆盖度草地、低覆盖度草地 |
| 4 | 水域 | 41、42、43、44、45、46 | 河渠、湖泊、水库坑塘、永久性冰川雪地、滩涂、滩地 |
| 5 | 城乡工矿居民用地 | 51、52、53 | 城镇用地、农村居民点、其他建设用地 |
| 6 | 沙地 | 61 | 沙地 |
| 7 | 其他未利用土地 | 62、63、64、65、66、67 | 戈壁、盐碱地、沼泽地、裸土地、裸岩石砾地、其他 |

## 10.1.2　研究方法

### 1. 单一土地利用动态变化度

单一土地利用动态变化度可以反映一定时间内各类土地类型的数量变化情况（李生永等，2020），其公式为

$$K = \frac{U_b - U_a}{U_a} \times \frac{1}{t} \times 100\%$$　　　　　　（10-1）

式中，$K$ 为单一土地利用动态变化度；$U_a$、$U_b$ 分别为研究期始、研究期末某一地类的面积；$t$ 为研究时间。

### 2. 土地利用转移矩阵

土地利用转移矩阵可以描述区域土地利用变化的结构特征与各用地类型变化的方向（马海云等，2021），其公式为

$$S_{ij} = \begin{bmatrix} S_{11} & \cdots & S_{1n} \\ \vdots & \ddots & \vdots \\ S_{n1} & \cdots & S_{nn} \end{bmatrix}$$　　　　　　（10-2）

式中：$S_{ij}$ 为研究期内第 $i$ 类土地利用类型向第 $j$ 类土地利用类型转化矩阵；$n$ 为土地利用类型总数；$i$、$j$ 分别为研究期始、研究期末的土地利用类型。

# 10.2　中国东北沙地土地利用变化遥感监测

## 10.2.1　中国东北沙地土地利用总体变化

根据土地利用分类结果，统计各年土地利用类型面积，得到中国东北沙地土地利用类型面积信息（表 10-3）。各土地利用类型面积由大到小依次为耕地、草地、林地、其他未利用土地、水域、城乡工矿居民用地和沙地。1990~2020 年，各类用地都发生了不同程度的变化。耕地面积增幅最大，共增加了 25905.92km²，1990~2000 年增长最快，增加了 14433.60km²；林地面积处于减少的趋势，共减少了 1568.35km²；草地面积减幅最大，共减少了 34332.95km²，2000~2010 年减少最快，减少了 20800.97km²；水域面积也在不断减少，共减少了 4979.38km²；城乡工矿居民用地面积呈现稳定的增长趋势，共增加了 3040.79km²；沙地面积呈现先下降再增长的趋势，1990~2000 年减少了 908.75km²，后又增加到 10835.65km²；其他未利用土地呈现增长趋势，共增加了 10295.79km²。

表 10-3　1990～2020 年中国东北沙地土地利用面积表

| 土地利用类型 | 1990 年 | | 2000 年 | | 2010 年 | | 2020 年 | | 变化值 |
|---|---|---|---|---|---|---|---|---|---|
| | 面积/km² | 占比/% | 面积/km² | 占比/% | 面积/km² | 占比/% | 面积/km² | 占比/% | 面积/km² |
| 耕地 | 163516.91 | 31.65 | 177950.51 | 34.45 | 182503.33 | 35.33 | 189422.83 | 36.67 | 25905.92 |
| 林地 | 123497.61 | 23.91 | 118916.63 | 23.02 | 123390.53 | 23.88 | 121929.26 | 23.60 | -1568.35 |
| 草地 | 147062.64 | 28.47 | 140150.79 | 27.13 | 119349.82 | 23.10 | 112729.69 | 21.82 | -34332.95 |
| 水域 | 17731.31 | 3.43 | 16773.44 | 3.25 | 14355.57 | 2.78 | 12751.92 | 2.47 | -4979.38 |
| 城乡工矿居民用地 | 12750.64 | 2.47 | 13058.09 | 2.53 | 13862.84 | 2.68 | 15791.43 | 3.06 | 3040.79 |
| 沙地 | 9201.93 | 1.78 | 8293.18 | 1.61 | 10785.23 | 2.09 | 10835.65 | 2.10 | 1633.72 |
| 其他未利用土地 | 42852.40 | 8.29 | 41471.11 | 8.03 | 52372.08 | 10.14 | 53148.19 | 10.29 | 10295.79 |

## 10.2.2　各沙地土地利用变化特征

### 1. 科尔沁沙地土地利用变化分析

通过对科尔沁沙地 1990 年、2000 年、2010 年、2020 年各土地利用数据分析可得科尔沁沙地土地利用呈现以下特点（图 10-1 和表 10-4）。1990～2020 年，各类用地都发生了不同程度的变化。耕地面积增幅最大，共增加了 3808.02km²，1990～2000 年增长最快，增加了 2107.64km²；林地面积增加较多，2010～2020 年增长缓慢，2000～2010 年增幅较大，共增加了 1773.25km²；草地面积减幅最大，共减少了 5798.39km²，2000～2010 年减少最快，减少了 3517.89km²；水域面积也在不断减少，共减少了 505.48km²；城乡工矿居民用地面积呈现稳定的增长趋势，共增加了 297.06km²；沙地面积呈现先下降再增长的趋势，1990～2000 年减少了533.70km²，后又增加到 8343.36km²；其他未利用土地呈"下降—增长—下降"波动变化，共增加了 109.37km²。

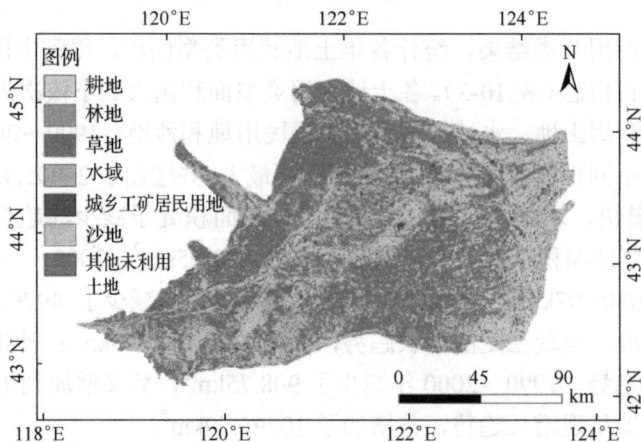

（a）1990年

（b）2000年

（c）2010年

（d）2020年

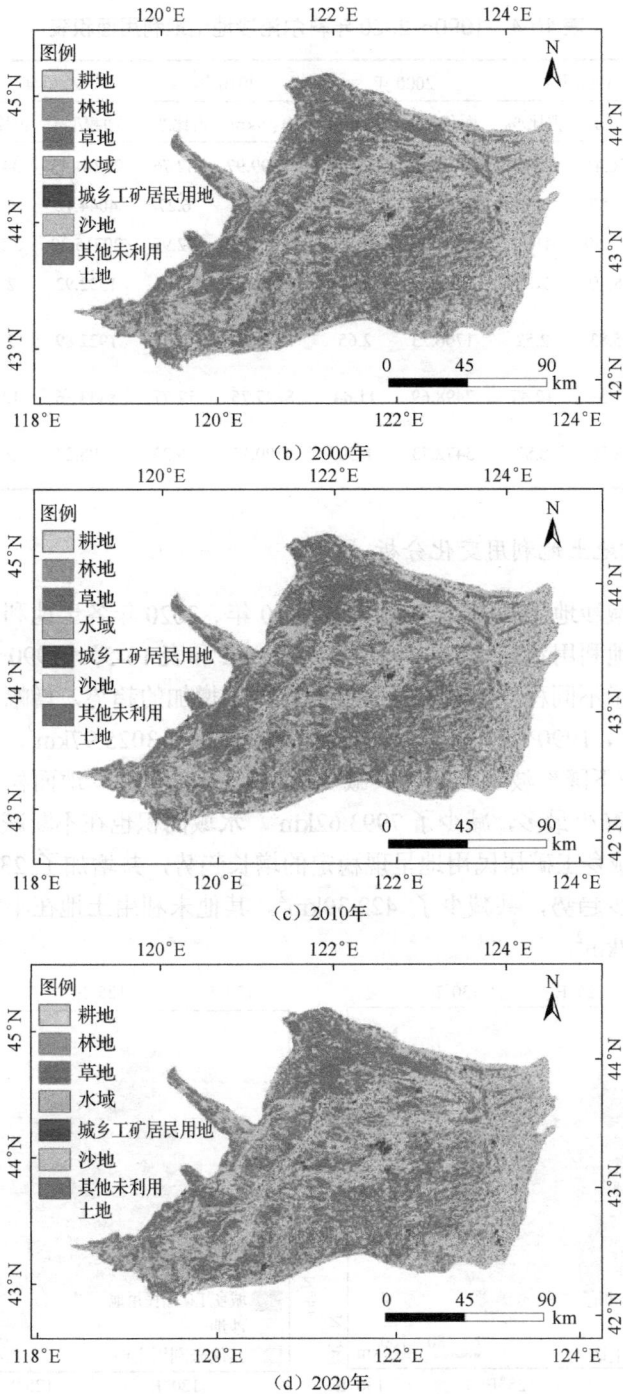

图 10-1　科尔沁沙地四期土地利用类型图（扫封底二维码查看彩图）

表 10-4　1990～2020 年科尔沁沙地土地利用面积表

| 土地利用类型 | 1990 年 | | 2000 年 | | 2010 年 | | 2020 年 | | 变化值 |
|---|---|---|---|---|---|---|---|---|---|
| | 面积/km² | 占比/% | 面积/km² | 占比/% | 面积/km² | 占比/% | 面积/km² | 占比/% | 面积/km² |
| 耕地 | 18436.41 | 28.63 | 20544.05 | 31.90 | 21099.97 | 32.76 | 22244.43 | 34.54 | 3808.02 |
| 林地 | 2270.87 | 3.53 | 2688.57 | 4.17 | 4036.05 | 6.27 | 4044.12 | 6.28 | 1773.25 |
| 草地 | 26513.69 | 41.17 | 24742.21 | 38.42 | 21224.32 | 32.95 | 20715.30 | 32.17 | -5798.39 |
| 水域 | 1838.40 | 2.85 | 1754.12 | 2.72 | 1492.49 | 2.32 | 1332.92 | 2.07 | -505.48 |
| 城乡工矿居民用地 | 1625.83 | 2.52 | 1706.23 | 2.65 | 1736.19 | 2.70 | 1922.89 | 2.99 | 297.06 |
| 沙地 | 8032.39 | 12.47 | 7498.69 | 11.64 | 8227.75 | 12.77 | 8343.36 | 12.96 | 310.97 |
| 其他未利用土地 | 5688.86 | 8.83 | 5472.73 | 8.50 | 6590.17 | 10.23 | 5798.23 | 9.00 | 109.37 |

## 2. 松嫩沙地土地利用变化分析

通过对松嫩沙地 1990 年、2000 年、2010 年、2020 年各土地利用数据分析可得松嫩沙地土地利用状况呈现以下特点（图 10-2 和表 10-5）。1990～2020 年，各类用地都发生了不同程度的改变。耕地面积处于增加的趋势，增幅最大，共增加了 21817.72km²，1990～2000 年增长最快，共增加了 13025.97km²。林地面积呈现"下降－增长－下降"波动变化，共减少了 4323.10km²。草地面积在不断减少，2000～2010 年减少最多，减少了 7993.62km²。水域面积也在不断减少，共减少了 4573.55km²。城乡工矿居民用地呈现稳定的增长趋势，共增加了 2337.43km²。沙地面积呈现减少趋势，共减少了 422.30km²。其他未利用土地在不断增加，共计增加了 4155.97km²。

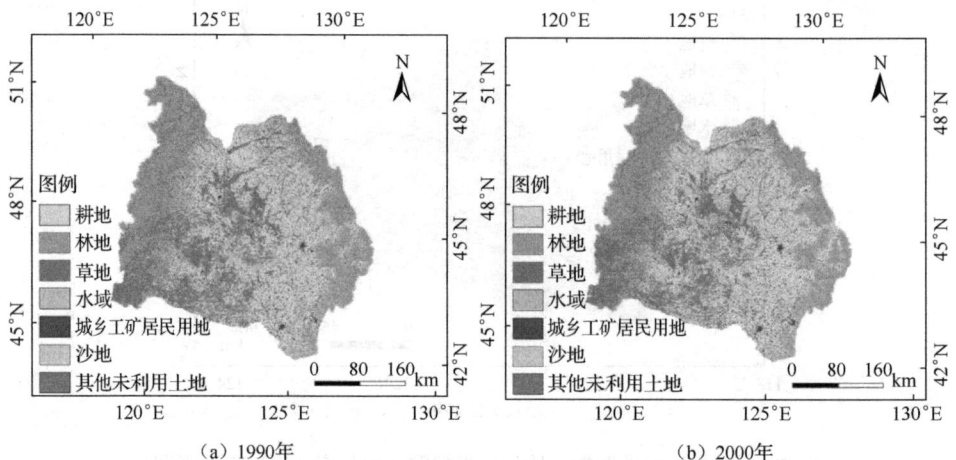

(a) 1990年　　　　　　　　　　　　(b) 2000年

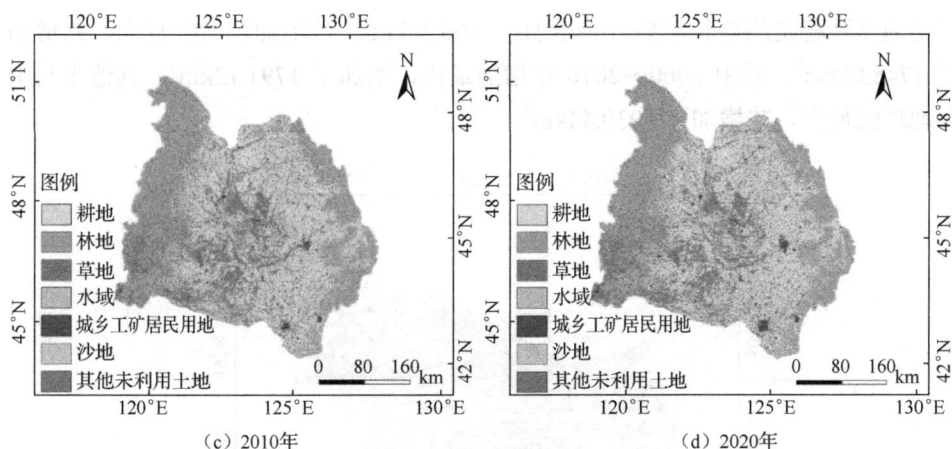

(c) 2010 年　　　　　　　　　　　(d) 2020 年

图 10-2　松嫩沙地四期土地利用图（扫封底二维码查看彩图）

表 10-5　1990～2020 年松嫩沙地土地利用面积表

| 土地利用 类型 | 1990 年 | | 2000 年 | | 2010 年 | | 2020 年 | | 变化值 |
|---|---|---|---|---|---|---|---|---|---|
| | 面积/km² | 占比/% | 面积/km² | 占比/% | 面积/km² | 占比/% | 面积/km² | 占比/% | 面积/km² |
| 耕地 | 140491.59 | 39.85 | 153517.56 | 43.54 | 156334.78 | 44.34 | 162309.32 | 46.04 | 21817.72 |
| 林地 | 100754.86 | 28.58 | 95836.94 | 27.18 | 97867.12 | 27.76 | 96431.76 | 27.35 | −4323.10 |
| 草地 | 54974.61 | 15.59 | 49084.12 | 13.92 | 41090.50 | 11.66 | 35977.37 | 10.21 | −18997.24 |
| 水域 | 13001.09 | 3.69 | 12034.16 | 3.41 | 10080.38 | 2.86 | 8427.54 | 2.39 | −4573.55 |
| 城乡工矿 居民用地 | 10812.99 | 3.07 | 11027.31 | 3.13 | 11662.07 | 3.31 | 13150.42 | 3.73 | 2337.43 |
| 沙地 | 823.10 | 0.23 | 448.06 | 0.13 | 419.93 | 0.12 | 400.80 | 0.11 | −422.30 |
| 其他未利用 土地 | 31692.86 | 8.99 | 30603.24 | 8.68 | 35099.58 | 9.96 | 35848.83 | 10.17 | 4155.97 |

### 3. 呼伦贝尔沙地土地利用变化分析

通过对呼伦贝尔沙地 1990 年、2000 年、2010 年、2020 年各土地利用数据分析可得呼伦贝尔沙地土地利用呈现以下特点（图 10-3 和表 10-6）。1990～2020 年，各类用地都发生了不同程度的变化。草地面积减幅最大，共减少了 9537.32km²，2000～2010 年减少最快，减少了 9289.46km²。耕地面积呈现"下降－增长－下降"波动变化，1990～2020 年共增加了 280.17km²。林地面积呈现增加趋势，共增加 981.49km²。水域面积变化不大，1990～2020 年共增加了 99.65km²。城乡工矿居民用地呈现稳定的增长趋势,共增加了 406.30km²。沙地面积增幅较大,共增加了 1745.05km²,其中 2000～2010 年增加最快,增加了 1791.12km²。其他未利用土地增幅最大,共增加了 6030.44km²。

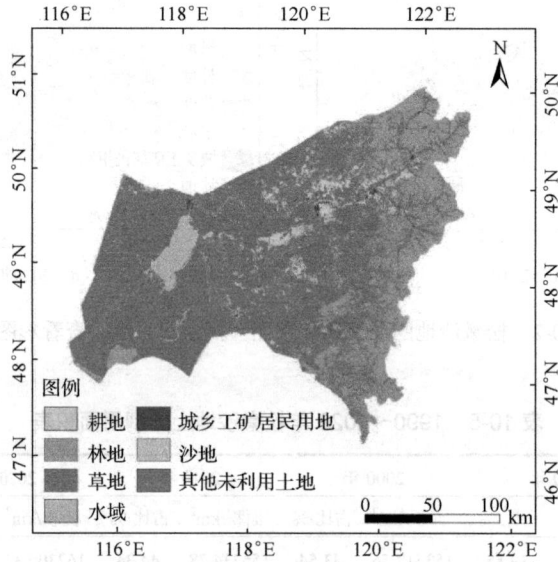

（a）1990年

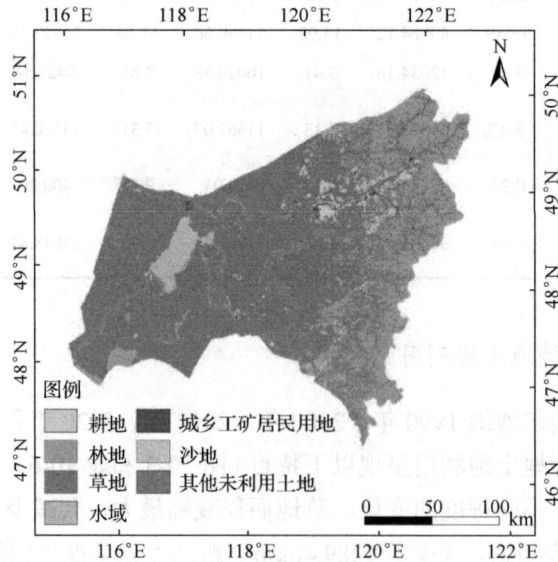

（b）2000年

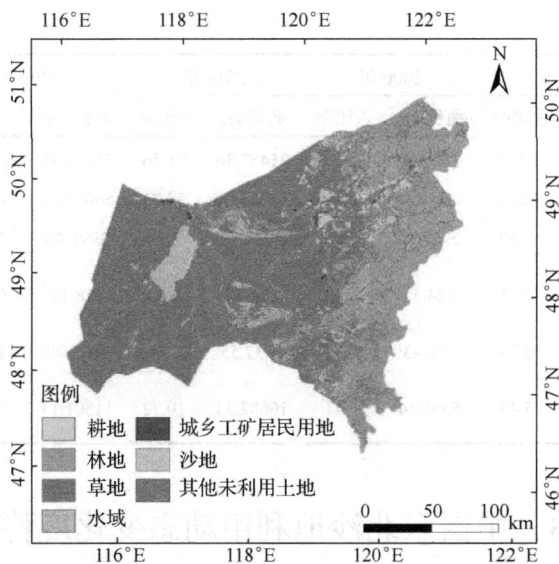

（c）2010年

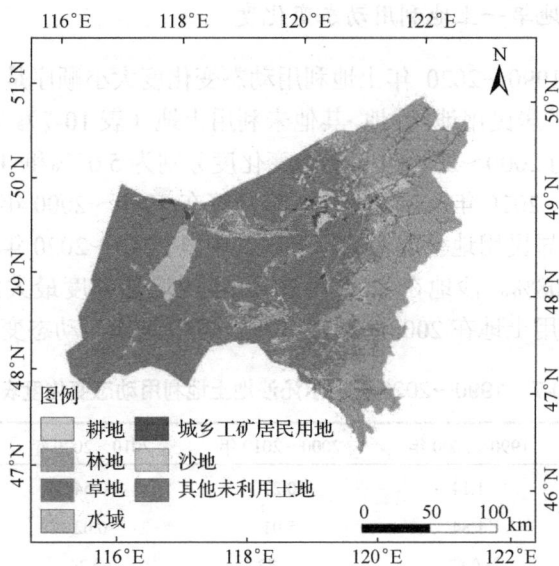

（d）2020年

图 10-3　呼伦贝尔沙地四期土地利用类型图（扫封底二维码查看彩图）

表 10-6　1990～2020 年呼伦贝尔沙地土地利用面积表

| 土地利用类型 | 1990 年 | | 2000 年 | | 2010 年 | | 2020 年 | | 变化值 |
| --- | --- | --- | --- | --- | --- | --- | --- | --- | --- |
| | 面积/km² | 占比/% | 面积/km² | 占比/% | 面积/km² | 占比/% | 面积/km² | 占比/% | 面积/km² |
| 耕地 | 4588.91 | 4.60 | 3888.90 | 3.90 | 5068.58 | 5.09 | 4869.08 | 4.89 | 280.17 |

续表

| 土地利用类型 | 1990 年 | | 2000 年 | | 2010 年 | | 2020 年 | | 变化值 |
|---|---|---|---|---|---|---|---|---|---|
| | 面积/km² | 占比/% | 面积/km² | 占比/% | 面积/km² | 占比/% | 面积/km² | 占比/% | 面积/km² |
| 林地 | 20471.89 | 20.54 | 20391.11 | 20.46 | 21487.36 | 21.56 | 21453.37 | 21.53 | 981.49 |
| 草地 | 65574.35 | 65.80 | 66324.46 | 66.55 | 57035.00 | 57.23 | 56037.03 | 56.23 | −9537.32 |
| 水域 | 2891.81 | 2.90 | 2985.16 | 3.00 | 2782.70 | 2.79 | 2991.46 | 3.00 | 99.65 |
| 城乡工矿居民用地 | 311.82 | 0.31 | 324.55 | 0.33 | 464.58 | 0.47 | 718.12 | 0.72 | 406.30 |
| 沙地 | 346.44 | 0.35 | 346.43 | 0.35 | 2137.55 | 2.14 | 2091.49 | 2.10 | 1745.05 |
| 其他未利用土地 | 5470.68 | 5.49 | 5395.14 | 5.41 | 10682.34 | 10.72 | 11501.13 | 11.54 | 6030.44 |

# 10.3　中国东北沙地利用动态变化度特征

**1. 科尔沁沙地单一土地利用动态变化度**

科尔沁沙地 1990～2020 年土地利用动态变化度大小顺序是：林地>水域>草地>耕地>城乡工矿居民用地>沙地>其他未利用土地（表 10-7）。林地和水域面积主要变化时段均为 2000～2010 年，动态变化度分别为 5.01% 和−1.49%。草地变化幅度高峰在 2000～2010 年。耕地变化幅度高峰在 1990～2000 年，动态变化度为 1.14%。城乡工矿居民用地呈现增加趋势，其中以 2010～2020 年增加幅度最大，动态变化度为 1.08%。沙地在 2000～2010 年内增加幅度最大，动态变化度为 0.97%。其他未利用土地在 2000～2010 年变化幅度最大，动态变化度为 2.04%。

表 10-7　1990～2020 年科尔沁沙地土地利用动态变化度表　　单位：%

| 土地利用类型 | 1990～2000 年 | 2000～2010 年 | 2010～2020 年 | 1990～2020 年 |
|---|---|---|---|---|
| 耕地 | 1.14 | 0.27 | 0.54 | 0.69 |
| 林地 | 1.84 | 5.01 | 0.02 | 2.60 |
| 草地 | −0.67 | −1.42 | −0.24 | −0.73 |
| 水域 | −0.46 | −1.49 | −1.07 | −0.92 |
| 城乡工矿居民用地 | 0.49 | 0.18 | 1.08 | 0.61 |
| 沙地 | −0.66 | 0.97 | 0.14 | 0.13 |
| 其他未利用土地 | −0.38 | 2.04 | −1.20 | 0.06 |

**2. 松嫩沙地单一土地利用动态变化度**

松嫩沙地 1990～2020 年土地利用动态变化大小顺序是：沙地>水域>草地>城

乡工矿居民用地>耕地>其他未利用土地>林地（表 10-8）。沙地主要变化时段为
1990～2000 年，动态变化度为-4.56%。水域变化幅度高峰在 2010～2020 年，动
态变化度为-1.64%。草地呈现减少趋势，其中以 2000～2010 年减少幅度最大，动
态变化度为-1.63%。城乡工矿居民用地呈现增加趋势，其中以 2010～2020 年增加
幅度最大，动态变化度为 1.28%。耕地在 1990～2000 年内增加幅度最大，动态变
化度为 0.93%。其他未利用土地呈现先减少再增加的趋势，在 2000～2010 年增加
幅度最大，动态变化度为 1.47%。林地在 1990～2000 年减少幅度最大，动态变化
度为-0.49%。

表 10-8　1990～2020 年松嫩沙地土地利用动态变化表　　　　　单位：%

| 土地利用类型 | 1990～2000 年 | 2000～2010 年 | 2010～2020 年 | 1990～2020 年 |
| --- | --- | --- | --- | --- |
| 耕地 | 0.93 | 0.18 | 0.38 | 0.52 |
| 林地 | -0.49 | 0.21 | -0.15 | -0.14 |
| 草地 | -1.07 | -1.63 | -1.24 | -1.15 |
| 水域 | -0.74 | -1.62 | -1.64 | -1.17 |
| 城乡工矿居民用地 | 0.20 | 0.58 | 1.28 | 0.72 |
| 沙地 | -4.56 | -0.63 | -0.46 | -1.71 |
| 其他未利用土地 | -0.34 | 1.47 | 0.21 | 0.44 |

### 3. 呼伦贝尔沙地单一土地利用动态变化度

呼伦贝尔沙地 1990～2020 年土地利用动态变化大小顺序是：沙地>城乡工矿
居民用地>其他未利用土地>草地>耕地>林地>水域（表 10-9）。沙地主要变化时段
为 2000～2010 年，动态变化度为 51.70%。城乡工矿居民用地变化幅度高峰在
2010～2020 年，动态变化度为 5.46%。其他未利用土地呈现先减少再增加的趋势，
在 2000～2010 年增加幅度最大，动态变化度为 9.80%。草地呈现先增加再减少的趋
势，在 2000～2010 年减少幅度最大，动态变化度为-1.40%。耕地在 2000～2010 年
变化最大，动态变化度为 3.03%。林地呈现先减少再增加最后再减少的趋势，在
2000～2010 年变化幅度最大，动态变化度为 0.54%；水域呈现先增加再减少最后
再增加的趋势，在 2010～2020 年变化幅度最大，动态变化度为 0.75%。

表 10-9　1990～2020 年呼伦贝尔沙地土地利用动态变化表　　　　　单位：%

| 土地利用类型 | 1990～2000 年 | 2000～2010 年 | 2010～2020 年 | 1990～2020 年 |
| --- | --- | --- | --- | --- |
| 耕地 | -1.53 | 3.03 | -0.39 | 0.20 |
| 林地 | -0.04 | 0.54 | -0.02 | 0.16 |

续表

| 土地利用类型 | 1990~2000 年 | 2000~2010 年 | 2010~2020 年 | 1990~2020 年 |
|---|---|---|---|---|
| 草地 | 0.11 | -1.40 | -0.17 | -0.48 |
| 水域 | 0.32 | -0.68 | 0.75 | 0.11 |
| 城乡工矿居民用地 | 0.41 | 4.31 | 5.46 | 4.34 |
| 沙地 | 0.00 | 51.70 | -0.22 | 16.79 |
| 其他未利用土地 | -0.14 | 9.80 | 0.77 | 3.67 |

# 10.4　中国东北沙地利用转移特征

### 1. 科尔沁沙地土地利用转移矩阵分析

1990~2020 年土地利用转变的总面积为 23685.22km$^2$，其中耕地、林地、城乡工矿居民用地、沙地、其他未利用土地的面积处于增加的趋势，草地和水域面积均有所减少。耕地增加的面积最大，达到 3808.02km$^2$；草地减少的面积最大，达到 5798.39km$^2$（表 10-10）。

从转出面积看，草地转出面积最大，为 11476.60km$^2$，主要转变为耕地，转出面积为 5298.03km$^2$，占草地转出面积的 46.16%，其次为沙地，转出为沙地的面积为 2794.39km$^2$，占草地转出面积的 24.35%。耕地转出面积排在第二，为 4072.28km$^2$，主要转变为草地，转出面积为 1827.67km$^2$，占耕地转出面积的 44.88%，耕地转林地的面积为 1190.00km$^2$，占转出面积的 29.23%。沙地的转出面积为 2825.81km$^2$，主要转变为草地，转出面积为 2076.19km$^2$，占沙地转出面积的 73.47%，其次是耕地，转出面积为 320.67km$^2$，占沙地转出面积的 11.35%。其他未利用土地转出面积为 2624.99km$^2$，主要转出为草地和耕地，转出面积分别为 1139.22km$^2$、991.63km$^2$。林地的转出面积为 1182.73km$^2$，主要转出为耕地，转出面积为 599.52km$^2$，占林地转出面积的 50.69%。水域的转出面积为 971.79km$^2$，主要转出为耕地，转出面积为 400.61km$^2$，占水域转出面积的 41.22%。城乡工矿居民用地的转出面积最小，为 531.02km$^2$，主要转出为耕地，转出面积为 269.67km$^2$，占城乡工矿居民用地转出面积的 50.78%。

表 10-10　1990~2020 年科尔沁沙地土地利用转移矩阵　　　单位：km$^2$

| | 耕地 | 林地 | 草地 | 水域 | 城乡工矿居民用地 | 沙地 | 其他未利用土地 | 2020年面积 | 转入面积 |
|---|---|---|---|---|---|---|---|---|---|
| 耕地 | 14364.13 | 599.52 | 5298.03 | 400.61 | 269.67 | 320.67 | 991.63 | 22244.43 | 7880.30 |
| 林地 | 1190.00 | 1088.14 | 1387.75 | 41.65 | 87.73 | 126.77 | 122.03 | 4044.12 | 2955.98 |
| 草地 | 1827.67 | 380.95 | 15037.09 | 139.58 | 114.48 | 2076.19 | 1139.22 | 20715.30 | 5678.21 |

| | 耕地 | 林地 | 草地 | 水域 | 城乡工矿居民用地 | 沙地 | 其他未利用土地 | 2020 年面积 | 转入面积 |
|---|---|---|---|---|---|---|---|---|---|
| 水域 | 172.71 | 22.49 | 147.95 | 866.61 | 2.71 | 31.82 | 88.61 | 1332.92 | 466.31 |
| 城乡工矿居民用地 | 406.43 | 30.12 | 240.06 | 9.51 | 1094.81 | 46.37 | 95.54 | 1922.89 | 828.08 |
| 沙地 | 94.15 | 22.44 | 2794.39 | 26.68 | 12.00 | 5206.58 | 187.10 | 8343.36 | 3136.78 |
| 其他未利用土地 | 379.16 | 126.95 | 1606.84 | 353.14 | 44.34 | 223.86 | 3063.87 | 5798.23 | 2734.36 |
| 1990 年面积 | 18436.41 | 2270.87 | 26513.69 | 1838.40 | 1625.83 | 8032.39 | 5688.86 | — | — |
| 转出面积 | 4072.28 | 1182.73 | 11476.60 | 971.79 | 531.02 | 2825.81 | 2624.99 | | |

从转入面积看，耕地转入面积最大，为 7880.30km$^2$，主要由草地转入，转入面积为 5298.03km$^2$，占耕地转入面积的 67.23%。草地的转入面积排在第二，为 5678.21km$^2$，主要由沙地转入，转入面积达 2076.19km$^2$，占草地转入面积的 36.56%，其次是耕地和其他未利用土地，转入面积分别为 1827.67km$^2$、1139.22km$^2$，分别占草地转入面积的 32.21%、20.06%。沙地的转入面积为 3136.78km$^2$，排在第三，主要由草地转入而来，转入面积为 2794.39km$^2$，占沙地转入面积的 89.08%，其他未利用土地转入沙地的面积为 187.10km$^2$，占沙地转入面积的 5.96%。林地的转入面积为 2955.98km$^2$，主要由草地和耕地转变而来，转入面积分别为 1387.75km$^2$ 和 1190.00km$^2$，占林地转入面积的 46.95% 和 40.26%。其他未利用土地转入面积达 2734.36km$^2$，主要由草地转入而来，转入面积为 1606.84km$^2$，占其他未利用土地转入面积的 58.76%。城乡工矿居民用地的转入面积为 828.08km$^2$，主要由耕地转入，转入面积为 406.43km$^2$，占城乡工矿居民用地转入面积的 49.08%。水域转入面积最小，为 466.31km$^2$，主要由耕地和草地转入。

2. 松嫩沙地土地利用转移矩阵分析

1990～2020 年土地利用转变的总面积为 87108.27km$^2$，其中耕地、城乡工矿居民用地、其他未利用土地的面积处于增加的趋势，林地、草地、沙地和水域面积均有所减少（表 10-11）。耕地增加的面积最大，达到 21817.73km$^2$；草地减少的面积最大，达到 18997.24km$^2$。

表 10-11　1990～2020 年松嫩沙地土地利用转移矩阵　　　　单位：km$^2$

| | 耕地 | 林地 | 草地 | 水域 | 城乡工矿居民用地 | 沙地 | 其他未利用土地 | 2020 年面积 | 转入面积 |
|---|---|---|---|---|---|---|---|---|---|
| 耕地 | 126894.43 | 8931.12 | 13710.41 | 2645.13 | 2520.84 | 309.37 | 7342.93 | 162309.32 | 35414.89 |
| 林地 | 3841.62 | 82693.64 | 8032.46 | 213.71 | 110.52 | 103.85 | 1420.59 | 96431.76 | 13738.12 |
| 草地 | 3232.20 | 5301.12 | 23455.01 | 569.88 | 241.75 | 193.95 | 2981.42 | 35977.37 | 12522.36 |

| | 耕地 | 林地 | 草地 | 水域 | 城乡工矿居民用地 | 沙地 | 其他未利用土地 | 2020年面积 | 转入面积 |
|---|---|---|---|---|---|---|---|---|---|
| 水域 | 679.05 | 366.51 | 363.48 | 5949.30 | 36.27 | 16.05 | 1015.72 | 8427.54 | 2478.24 |
| 城乡工矿居民用地 | 4124.99 | 187.58 | 581.77 | 96.61 | 7759.20 | 7.38 | 356.69 | 13150.42 | 5391.22 |
| 沙地 | 23.71 | 4.86 | 169.21 | 5.91 | 3.55 | 152.73 | 40.87 | 400.80 | 248.07 |
| 其他未利用土地 | 1742.54 | 3253.95 | 8662.87 | 3517.65 | 100.69 | 39.75 | 18538.52 | 35848.83 | 17310.31 |
| 1990年面积 | 140491.59 | 100754.86 | 54974.61 | 13001.09 | 10812.99 | 823.10 | 31692.86 | — | — |
| 转出面积 | 13597.16 | 18061.22 | 31519.60 | 7051.79 | 3053.79 | 670.37 | 13154.34 | — | — |

从转出面积看，草地转出面积最大，为 31519.60km$^2$，主要转变为耕地，转出面积为 13710.41km$^2$，占草地转出面积的 43.50%，其次为其他未利用土地，转出面积为 8662.87km$^2$，占草地转出面积的 27.48%。林地转出面积排在第二，为 18061.22km$^2$，主要转变为耕地，转出面积为 8931.12km$^2$，占林地转出面积的 49.55%，其次为草地，转出面积为 5301.12km$^2$，占林地转出面积的 29.35%。耕地转出面积为 13597.16km$^2$，主要转变为城乡工矿居民用地，转出面积为 4124.99km$^2$，占耕地转出面积的 30.34%，其次为林地和草地，转出面积分别为 3841.62km$^2$ 和 3232.20km$^2$，分别占耕地转出面积的 28.25%和23.77%。其他未利用土地的转出面积为 13154.34km$^2$，主要转变为耕地，转出面积为 7342.93km$^2$，占转出面积的 55.82%，其次是草地，转出面积为 2981.42km$^2$，占其他未利用土地转出面积的 22.66%。水域转出面积为 7051.79km$^2$，主要转出为其他未利用土地和耕地，转出面积分别为 3517.65km$^2$、2645.13km$^2$，分别占水域转出面积的 49.88%和37.51%。城乡工矿居民用地的转出面积为 3053.79km$^2$，主要转出为耕地，转出面积为 2520.84km$^2$，占城乡工矿居民用地转出面积的 83.53%。沙地的转出面积为 670.37km$^2$，主要转出为耕地，转出面积为 309.37km$^2$，占沙地转出面积的 46.15%。

从转入面积看，耕地转入面积最大，为 35414.89km$^2$，主要由草地转入，转入面积为 13710.41km$^2$，占耕地转入面积的 38.71%，其次由林地和其他未利用土地转入，转入面积分别为 8931.12km$^2$ 和 7342.93km$^2$，分别占耕地转入的面积的 25.22%和20.73%。其他未利用土地的转入面积排在第二，为 17310.31km$^2$，主要由草地转入，转入面积达 8662.87km$^2$，占其他未利用土地转入面积的 50.04%，其次是水域和林地，转入面积分别为 3517.65km$^2$、3253.95km$^2$，分别占转入面积的 20.32%、18.80%。林地的转入面积为 13738.12km$^2$，排在第三，主要由草地转入而来，转入面积为 8032.46km$^2$，占林地转入面积的 58.47%，耕地转林地的面积为 3841.62km$^2$，占林地转入面积的 27.96%。草地的转入面积为 12522.36km$^2$，主要由林地转变而来，转入面积为 5301.12km²，占草地转入面积的 42.33%，其次由耕地和其他未利用土地转入，转入面积分别为 3232.20km² 和 2981.42km²，占草地转入面积的 25.81% 和 23.81%。城乡工矿居民用地转入面积达 5391.22km²，主要由耕地转入而来，转入面积为 4124.99km²，占转入面积的 76.51%。水域的转入面积为 2478.24km²，主要由其他未利用土地转入，转入面积为 1015.72km²，占转入面积的 40.99%。沙地转入面积最小，为 248.07km²，主要由草地转入。

**3. 呼伦贝尔沙地土地利用转移矩阵分析**

1990～2020 年土地利用转变的总面积为 24933.89km²，其中耕地、林地、水域、城乡工矿居民用地、沙地、其他未利用土地的面积处于增加的趋势，草地面积有所减少（表 10-12）。其他未利用土地增加的面积最大，达到 7823.04km²；草地减少的面积达到 15770.37km²。

表 10-12  1990～2020 年呼伦贝尔沙地土地利用转移矩阵  单位：km²

| | 耕地 | 林地 | 草地 | 水域 | 城乡工矿居民用地 | 沙地 | 其他未利用土地 | 2020年面积 | 转入面积 |
|---|---|---|---|---|---|---|---|---|---|
| 耕地 | 1783.57 | 389.93 | 2580.89 | 8.86 | 20.91 | 0.05 | 84.86 | 4869.08 | 3085.51 |
| 林地 | 70.76 | 16585.26 | 4652.95 | 1.91 | 3.31 | 0.67 | 137.90 | 21453.37 | 4868.11 |
| 草地 | 2579.39 | 2224.00 | 49803.98 | 69.18 | 39.65 | 43.16 | 1273.09 | 56037.03 | 6233.05 |
| 水域 | 2.77 | 7.76 | 327.88 | 2418.77 | 1.02 | 12.37 | 220.77 | 2991.46 | 572.69 |
| 城乡工矿居民用地 | 64.96 | 6.88 | 358.48 | 11.46 | 232.99 | 6.11 | 37.24 | 718.12 | 485.13 |
| 沙地 | 0.63 | 12.15 | 1813.36 | 5.45 | 2.03 | 219.35 | 38.53 | 2091.49 | 1872.19 |
| 其他未利用土地 | 86.82 | 1245.66 | 6036.39 | 376.15 | 11.92 | 64.73 | 3678.09 | 11501.13 | 7823.04 |
| 1990年面积 | 4588.91 | 20471.89 | 65574.35 | 2891.81 | 311.82 | 346.44 | 5470.68 | — | — |
| 转出面积 | 2805.34 | 3886.63 | 15770.37 | 473.04 | 78.83 | 127.09 | 1792.59 | — | — |

从转出面积看，草地转出面积最大，为 15770.37km²，主要转变为其他未利用土地，转出面积为 6036.39km²，占草地转出面积的 38.28%，其次为林地，转出面积为 4652.95km²，占草地转出面积的 29.50%。林地转出面积排在第二，为 3886.63km²，主要转变为草地，转出面积为 2224.00km²，占林地转出面积的 57.22%，其次为其他未利用土地，转出面积为 1245.66km²，占林地转出面积的 32.05%。耕地的转出面积为 2805.34km²，主要转变为草地，转出面积为 2579.39km²，占耕地转出面积的 91.95%。其他未利用土地转出面积为 1792.59km²，主要转出为草地，

转出面积为 1273.09km²，占其他未利用土地转出面积的 71.02%。水域转出面积为 473.04km²，主要转出为其他未利用土地，转出面积为 376.15km²，占水域转出面积的 79.52%。沙地转出面积为 127.09km²，主要转出为其他未利用土地，转出面积为 64.73km²，占沙地转出面积的 50.93%。城乡工矿居民用地的转出面积最小，为 78.83km²，主要转出为草地和耕地，面积分别为 39.65km² 和 20.91km²，分别占城乡工矿居民用地转出面积的 50.30% 和 26.53%。

从转入面积看，其他未利用土地转入面积最大，为 7823.04km²，主要由草地转入，转入面积为 6036.39km²，占其他未利用土地转入面积的 77.16%，其次是由林地转入，转入面积为 1245.66km²，占其他未利用土地转入面积的 15.92%。草地的转入面积排在第二，为 6233.05km²，主要由耕地和林地转入，转入面积分别为 2579.39km² 和 2224.00km²，分别占草地转入面积的 41.38% 和 35.68%。林地的转入面积为 4868.11km²，排在第三，主要由草地转入而来，转入面积为 4652.95km²，占林地转入面积的 95.58%。耕地的转入面积为 3085.51km²，主要由草地和林地转变而来，转入面积分别为 2580.89km² 和 389.93km²，分别占耕地转入面积的 83.65% 和 12.64%。沙地转入面积达 1872.19km²，主要由草地转入而来，转入面积为 1813.36km²，占沙地转入面积的 96.86%。水域的转入面积为 572.69km²，主要由草地和其他未利用土地转入，转入面积分别为 327.88km² 和 220.77km²，分别占水域转入面积的 57.25% 和 38.55%。城乡工矿居民用地转入面积最小，为 485.13km²，主要由草地转入，转入面积为 358.45km²，占城乡工矿居民用地转入面积的 73.89%。

# 10.5 讨　　论

科尔沁沙地、松嫩沙地和呼伦贝尔沙地位于内蒙古高原和东北平原的过渡地带，中国农牧交错带东段，是中国北方沙漠化典型地区（岳祥飞等，2016；沈亚萍等，2016）。三个沙地气候、降水大致相似，位于东亚夏季风边缘，属于温带半干旱大陆性气候，降水季节分布不均，约 70% 集中在夏季。该区域冬季受蒙古-西伯利亚高压控制，盛行西北风和偏北风，风力强劲；夏季受大陆低气压和副热带高压控制，盛行偏南和西南风（赵艳芳，2018；赵爽等，2013）。因此，科尔沁沙地、松嫩沙地和呼伦贝尔沙地可作为一个整体来进行研究，体现地域的综合特征。同时，三个沙地发育条件、形成环境、沙物质来源又存有差异，体现出空间分异的特征。

中国东北沙地土地利用类型主要为耕地、草地和林地，其占比均超过 20%，1990～2020 年耕地、城乡工矿居民用地、沙地和其他未利用土地呈现增加趋势，林地、草地和水域呈现减少趋势。其中，科尔沁沙地土地利用类型主要为耕地、草地和沙地，30 年间耕地、林地、城乡工矿居民用地、沙地和其他未利用土地呈现增加的趋势，草地和水域处于减少的趋势，与中国东北沙地总体特征略有差异。松嫩沙地土地利用类型主要为耕地、林地和草地，30 年间耕地、城乡工矿居民用地和其他未利用土地呈现增加的趋势，林地、草地、沙地和水域处于减少的趋势，与中国东北沙地总体特征一致。呼伦贝尔沙地土地利用类型主要为林地和草地，草地占比达到 50% 以上，30 年间只有草地面积处于减少趋势而其余土地利用类型均处于增加的趋势，与中国东北沙地总体特征相差较大。

# 第 11 章　中国东北沙地生态系统服务功能评估

在人地系统耦合研究中，生态系统服务作为连接自然生态系统与社会经济系统的纽带与桥梁（Lewison et al.，1997），也为推动形成"格局-过程-服务-可持续性"的人地系统耦合研究框架提供了重要支撑（Fu et al.，2018）。生态系统服务（ecosystem services, ES）是指生态系统与生态过程所维持及所满足的人类赖以生存的各种环境条件与效用（Costanza et al.，2017），它包含有形的物质产品供给和无形的服务提供（傅伯杰等，2016），从某种意义上来说，人类的生存环境因生态系统的服务功能而得以维持和稳定。因此，维护和发展生态系统服务已成为当前世界生态学与可持续发展科学的研究热点之一。Costanza 等（1997）制定了全球区域的生态系统服务价值评价量表，并将生态系统服务定义为人类直接或间接从生态系统或自然环境中获得的各种收益；董全（1999）认为生态系统服务功能是指自然过程所产生和维持的有关环境资源的各种条件和服务；欧阳志云等（1999）归纳和梳理了生态系统服务功能的内涵，并对中国陆地生态系统服务功能及其生态经济价值进行研究；谢高地等（2008）在 Constanza 等提出的定义的基础上，认为生态系统服务是通过生态系统的结构、过程、功能直接或间接得到的生命支持产品和服务。对生态系统经济价值的构成和分类研究是生态系统服务功能评估的前提，在生态系统服务功能分类方面，国内外有很多的研究（表 11-1）。

表 11-1　生态系统服务功能评价分类

| 作者 | 功能类别 | 参考文献 |
| --- | --- | --- |
| Daily | 提供生活与生产物质基础，维持生命系统、提供生活享受 | Daily，1997 |
| Costanza | 气候调节、气体调节、扰动调节、水调节、废物处理、水供给、食物生产、原材料、基因资源、侵蚀控制和沉积物保持、土壤形成、养分循环、传粉、生物控制、避难所、休闲、文化 | Costanza，1999 |
| De Groot | 生境提供、调节、生产和信息传递 | De Groot et al.，2002 |
| 谢高地等 | 气候调节、气体调节、水源涵养、土壤形成与保护、废物处理、生物多样性保护、食物生产、原材料、娱乐文化 | 谢高地等，2001 |

续表

| 作者 | 功能类别 | 参考文献 |
|---|---|---|
| 李琰等 | 福祉的构建、维护和提升 | 李琰等，2013 |
| 欧阳志云等 | 调节气候、土壤的生态服务功能、生物多样性的产生和维持、有机质生产与生态系统产品、传粉与种子扩散、减轻洪涝与干旱、环境净化 | 欧阳志云等，1999 |
| 张彪等 | 安全保障、供给、文化 | 张彪等，2010 |
| 董全 | 气候调节、水循环调节、保持和改善土壤、自然生产、净化环境、控制病虫害 | 董全，1999 |
| 李丽锋等 | 供给服务、调节服务、文化服务 | 李丽锋等，2013 |
| 崔丽娟等 | 最终服务、中间服务 | 崔丽娟等，2016 |
| 冯继广等 | 涵养水源、保育土壤、固碳释氧、积累营养物质、净化大气环境、森林防护、生物多样性保护、森林游憩 | 冯继广等，2017 |
| 赵苗苗等 | 供给功能、调节功能、支持功能、文化功能和生物多样性功能 | 赵苗苗等，2017 |

目前，国内外对生态系统服务研究的方法主要包括三种：一是物质量评估法，主要是对生态系统提供服务的多少进行评价（Brown et al.，2007），其经典模型方法是生态系统服务能力综合估价和权衡得失评估（integrated valuation of ecosystem services and tradeoffs, InVEST）模型；二是价值量评估法，主要采用各种直接或间接的办法对生态系统提供服务的经济价值进行评价（Pagiola，2008）；三是能值分析法，主要是将无法货币化的自然资本、不同种类的能量统一转换为太阳能量来评估生态系统服务价值的方法（Porter et al.，2009）。InVEST 模型是由美国自然资本项目组开发的、用于评估生态系统服务功能量及其经济价值、支持生态系统管理和决策的一套模型系统（陈昳，2020）。本章将选择 InVEST 模型中土壤保持、水源涵养、碳储存和生境质量四个模块对中国东北沙地生态系统服务功能进行评估，这些模块已在国内外得到广泛应用，方法比较成熟（Kareiva et al.，2011）。

# 11.1　数　据　来　源

## 11.1.1　土地利用数据

土地利用数据来源于中国科学院资源环境科学与数据中心通过遥感影像解译的 1990 年、2000 年、2010 年和 2020 年的土地利用数据，分辨率为 30m×30m，包括 6 个一级地类和 26 个二级地类。基于 ArcGIS 平台，经过重分类后，土地利用类型分为耕地、林地、草地、水域、城乡工矿居民用地、沙地以及其他未利用土地 7 类（见表 10-2）。经裁剪后得到 1990 年、2000 年、2010 年和 2020 年四期科尔沁沙地、松嫩沙地、呼伦贝尔沙地土地利用类型数据。

## 11.1.2　土壤保持数据

InVEST 模型土壤保持模块运行所需数据如表 11-2 所示。

表 11-2　土壤保持模块运行所需数据

| 输入数据 | 需要数据 | 数据来源 | 数据格式 |
| --- | --- | --- | --- |
| 土地利用类型图 | — | 中国科学院资源环境科学与数据中心 | 栅格 |
| DEM | — | 地理空间数据云 | 栅格 |
| 降雨侵蚀因子（$R$） | 降水量 | 国家地球系统科学数据中心 | 栅格 |
| 土壤可侵蚀性因子（$K$） | 沙粒、粉粒、黏粒、有机质含量 | HarmonizedWorld 土壤数据库 | 栅格 |
| 生物物理参数表 | 植被覆盖管理因子（$C$）、水土保持措施因子（$P$） | InVEST 指南手册与前人研究结果 | 常数 |
| 栅格最大泥沙输移比（$SDR_{max}$） | — | 0.8 | 常数 |

注：DEM 为数字高程模型（digital elevation model）。

（1）数字高程模型（DEM）。高程数据来源于地理空间数据云，根据研究区范围进行镶嵌和裁剪，得到研究区域高程图（图 11-1）。

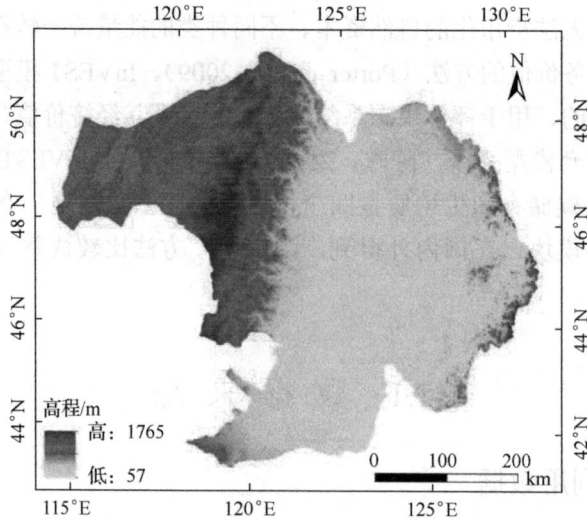

图 11-1　中国东北沙地 DEM 图（扫封底二维码查看彩图）

（2）降雨侵蚀因子（$R$）。降雨侵蚀因子反映降雨对土壤侵蚀的潜在能力，该变量取决于研究区降雨强度和历时，单次降雨强度和历时越大，降雨侵蚀力越大。

降雨侵蚀因子（$R$）参照 Zhang 等（2015）的研究计算，公式如下：

$$R = 17.02 \times \sum_{i=1}^{12} 1.735 \times 10^{\left(1.5 \times \lg \frac{Y_i^2}{Y} - 0.8188\right)} Y \tag{11-1}$$

式中，$R$ 为降雨侵蚀因子 $[\text{MJ·mm}/(\text{hm}^2·\text{a})]$；$Y$ 为年平均降雨量（mm）；$Y_i$ 为月平均降雨量（mm）（图 11-2）。

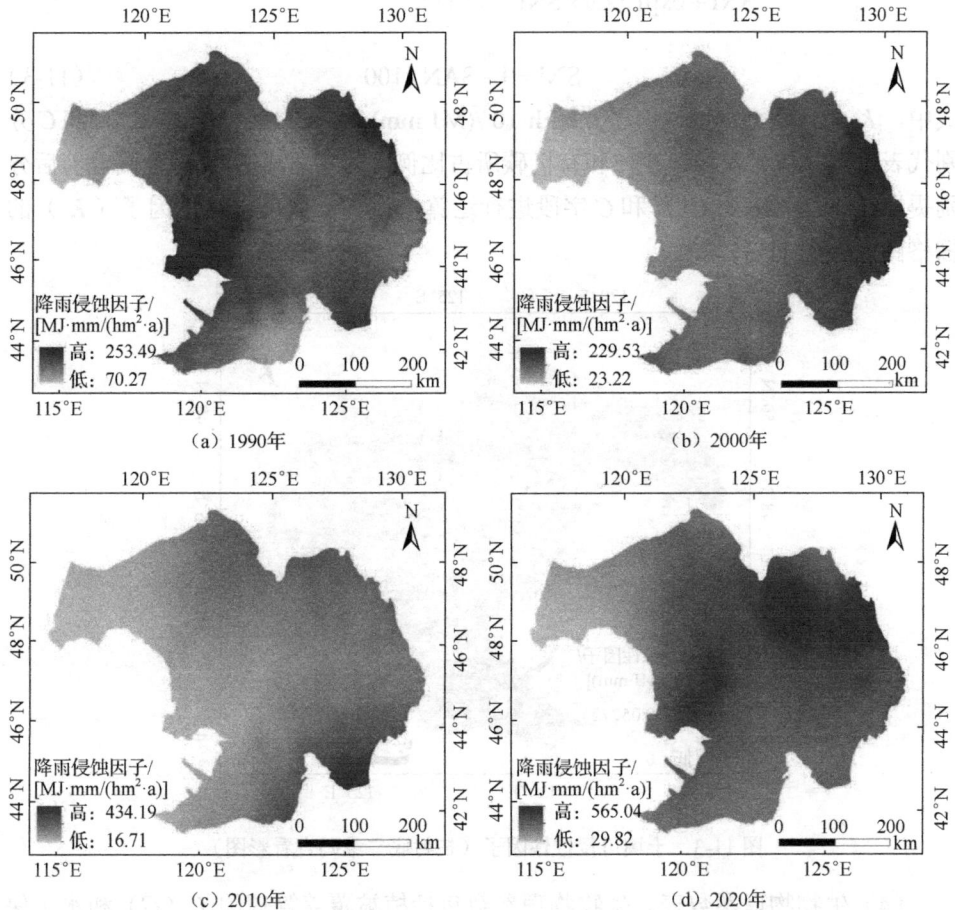

图 11-2　中国东北沙地各年份降雨侵蚀因子（扫封底二维码查看彩图）

（3）土壤可侵蚀性因子（$K$）。土壤可侵蚀性因子是衡量土壤颗粒对降雨和径流侵蚀和搬运作用敏感性的指标。$K$ 值越大，说明土壤越容易受到侵蚀。土壤可侵蚀性因子（$K$）参照王蓓等（2018）的研究计算，公式如下：

$$K = \left\{ 0.2 + 0.3 \times \exp\left[ -0.0256 \times SAN \times (1 - SIL/100) \right] \right\} \times \left( \frac{SIL}{SIL + CLA} \right)^{0.3}$$

$$\times \left[ 1 - 0.25 \times \frac{C}{C + \exp(3.72 - 2.95 \times C)} \right] \qquad (11-2)$$

$$\times \left[ 1 - 0.7 \times \frac{SNI}{SNI + \exp\left( 22.9 \times SNI - 5.51 \right)} \right] \times 0.1317$$

$$SNI = 1 - SAN/100 \qquad (11-3)$$

式中，$K$ 为土壤可侵蚀性因子 $\left[ kg \cdot h \cdot 10^3/(MJ \cdot mm) \right]$；CLA、SIL、SAN 和 $C$ 分别代表土壤黏粒、粉粒、沙粒和有机碳所占比例（%），根据研究区范围裁剪后分别提取 SAN、SIL、CLA 和 $C$ 字段进行运算，得到土壤可侵蚀性因子（$K$）的栅格图像（图 11-3）。

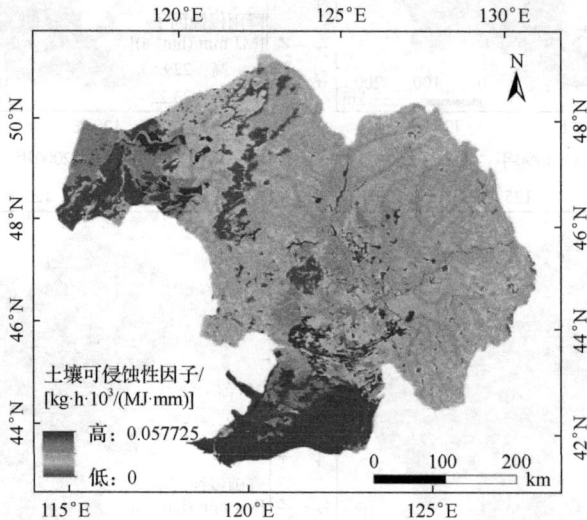

图 11-3　土壤可侵蚀性因子（扫封底二维码查看彩图）

（4）生物物理参数表。生物物理参数包括植被覆盖管理因子（$G$）和水土保持措施因子（$P$），通过参考模型指南和相关文献（吴一帆等，2020）获得（表 11-3）。

表 11-3　土壤保持模块生物物理参数表

| 土地利用类型 | 植被覆盖管理因子（$G$） | 水土保持措施因子（$P$） |
|---|---|---|
| 耕地 | 0.5 | 0.4 |
| 林地 | 0.003 | 0.2 |
| 草地 | 0.01 | 0.2 |

续表

| 土地利用类型 | 植被覆盖管理因子（$G$） | 水土保持措施因子（$P$） |
|---|---|---|
| 水域 | 0.001 | 0.001 |
| 城乡工矿居民用地 | 0.001 | 0.001 |
| 沙地 | 0.25 | 0.01 |
| 其他未利用土地 | 0.25 | 0.01 |

（5）栅格最大泥沙输移比（$\text{SDR}_{\max}$）。栅格最大泥沙输移比由土壤质地决定，是指小于粗沙的表土土壤颗粒粒径含量百分数（1000μm）（Vigiak et al.，2012）。该参数用于模型校准，默认值设为 0.8。

## 11.1.3　水源涵养数据

InVEST 模型水源涵养模块运行所需数据如表 11-4 所示。

**表 11-4　水源涵养模块运行所需数据**

| 输入数据 | 所需数据 | 数据来源 | 数据格式 |
|---|---|---|---|
| 土地利用类型 | — | 中国科学院资源环境科学与数据中心 | 栅格 |
| 年降水量（pre） | 降水量 | 国家地球系统科学数据中心 | 栅格 |
| 年均潜在蒸散量（$\text{ET}_0$） | 潜在蒸散发数据 | Terra Climate | 栅格 |
| 土壤最大根深度（max-depth） | — | 世界和谐土壤数据库（Harmonized World Soil Database, HWSD） | 栅格 |
| 植物可利用水含量（PAWC） | 土壤质地、有机质数据 | HWSD | 栅格 |
| 生物物理参数表 | LULC-veg、root-depth、$K_c$ | InVEST 指南手册、HWSD | 常数 |
| $Z$ 系数 | — | 5.06 | 常数 |
| 子流域 | DEM | 中国科学院资源环境科学与数据中心 | 矢量 |

（1）年降水量（pre）。本章选择国家地球系统科学数据中心提供的降水量数据，分别对各期的月降水量数据进行提取，得到各期年降水量，单位为毫米（mm）（图 11-4）。

（2）年均潜在蒸散量（$\text{ET}_0$）。潜在蒸散量是指大面积均匀的自然表面在足够湿润条件下水体保持充分供应时的蒸散量，单位为毫米（mm）。研究区域内各年潜在蒸散量的计算采用 Modified-Hargreaves 法（图 11-5），其计算公式如下：

$$\text{ET}_0 = 0.0013 \times 0.408 \times \text{RA} \times (T_{\text{avg}} + 17) \times (\text{TD} - 0.0123P)^{0.76} \qquad (11\text{-}4)$$

式中，RA 是太阳大气顶层辐射（MJ·m²/d）；$T_{\text{avg}}$ 为日均最高温和日均最低温的均值（℃）；TD 为日均最高温和日均最低温的差（℃）；$P$ 为月均降水量（mm）。

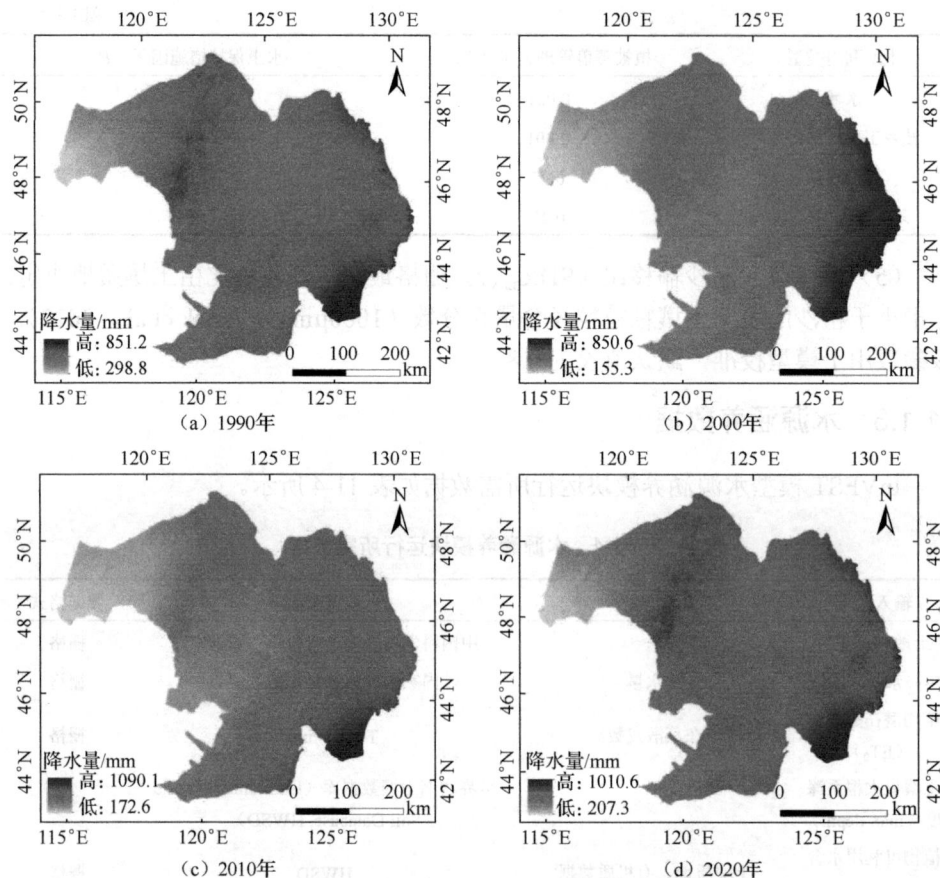

图 11-4　中国东北沙地各年份降水量（扫封底二维码查看彩图）

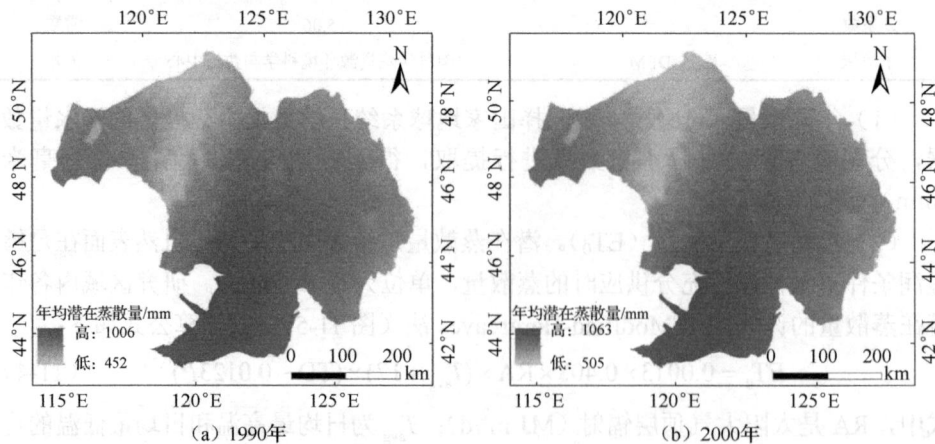

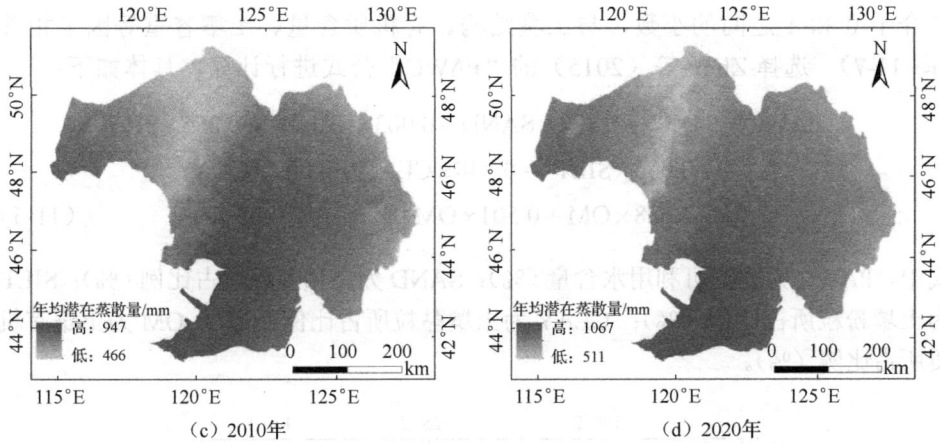

（c）2010年　　　　　　　　　　（d）2020年

图 11-5　中国东北沙地各年份年均潜在蒸散量（扫封底二维码查看彩图）

（3）土壤最大根系深度（root-depth）。数据来源于联合国粮食及农业组织（Food and Agriculture Organization of the United Nation, FAO）和维也纳国际应用系统分析研究所（International Institute for Applied Systems Analysis, IIASA）所构建的世界和谐土壤数据库（HWSD），选取研究区域边界后，利用 ArcGIS 得到研究区域土壤最大根系深度栅格图像（图 11-6）。

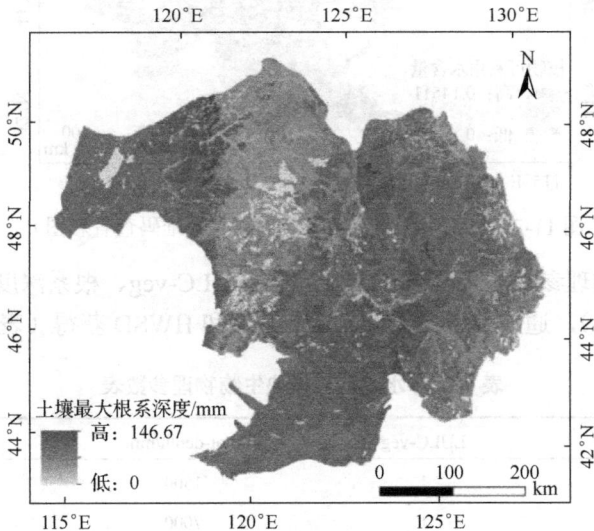

图 11-6　土壤最大根系深度（扫封底二维码查看彩图）

（4）植物可利用水含量（PAWC）指土壤层中为植物生长提供的水量。PAWC是介于 0 和 1 之间的小数，与土壤结构、有机质含量、土壤容重等因子相关（图 11-7）。选择 Zhou 等（2015）的"PAWC"公式进行计算，具体如下：

$$PAWC = 54.509 - 0.132 \times SAND - 0.003 \times SAND^2 - 0.055 \times SILT$$
$$- 0.006 \times SILT^2 - 0.738 \times CLAY + 0.007 \times CLAY^2$$
$$- 2.688 \times OM + 0.501 \times OM^2 \tag{11-5}$$

式中，PAWC 为植物可利用水含量（%）；SAND 为土壤沙粒所占比例（%）；SILT为土壤粉粒所占比例（%）；CLAY 为土壤黏粒所占比例（%）；OM 为土壤有机质所占比例（%）。

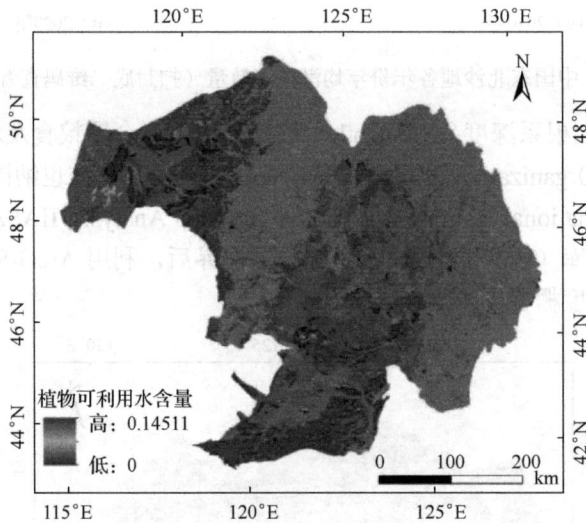

图 11-7 植物可利用水含量（扫封底二维码查看彩图）

（5）生物物理参数表（bio-table）。包括 LULC-veg、根系深度（root-depth）和蒸散系数（$K_c$），通过参考指南 InVEST 模型和 HWSD 获得（表 11-5）。

表 11-5 水源涵养模块生物物理参数表

| 土地利用类型 | LULC-veg | root-depth/mm | $K_c$ |
|---|---|---|---|
| 耕地 | 1 | 1500 | 0.68 |
| 林地 | 1 | 7000 | 1 |
| 草地 | 1 | 2600 | 0.6 |

续表

| 土地利用类型 | LULC-veg | root-depth/mm | $K_c$ |
|---|---|---|---|
| 水域 | 0 | 1 | 1 |
| 城乡工矿居民用地 | 0 | 1 | 0.3 |
| 沙地 | 0 | 1 | 0.2 |
| 其他未利用土地 | 0 | 1 | 0.2 |

（6）$Z$ 系数。$Z$ 为 zhang 系数，又称季节常数，能够代表区域降水分布及其他水文地质特征。通过多次模拟与校正，$Z$ 值定为 5.06 时，模型评估结果最优。

（7）子流域。子流域数据来源于中国科学院资源环境科学与数据中心。

## 11.1.4　碳储存数据

InVEST 模型碳储存模块运行所需数据见表 11-6。

表 11-6　碳储存模块运行所需数据

| 输入数据 | 所需数据 | 数据来源 | 数据格式 |
|---|---|---|---|
| 土地利用类型 | — | 中国科学院资源环境科学与数据中心 | 栅格 |
| 碳库 | 地上生物碳密度<br>地下生物碳密度<br>死亡有机物碳密度<br>土壤碳密度 | 相关文献 | .csv |

本章碳密度表数据来源于前人研究（Zheng et al.，2013；刘纪远等，2004），通过单位换算获得（表 11-7）。

表 11-7　土地利用覆盖碳密度　　　　　　　单位：t/hm²

| 土地利用类型 | $C_{above}$ | $C_{below}$ | $C_{soil}$ | $C_{dead}$ |
|---|---|---|---|---|
| 耕地 | 46.5 | 80.7 | 108.4 | 1 |
| 林地 | 58.73 | 166.35 | 239.85 | 3.94 |
| 草地 | 35.3 | 86.5 | 99.9 | 1.9 |
| 水域 | 0 | 0 | 119 | 1.23 |
| 城乡工矿居民用地 | 2.1 | 45.1 | 115.3 | 0.27 |
| 沙地 | 9.1 | 34.4 | 59.5 | 1.18 |
| 其他未利用土地 | 22.6 | 90.3 | 146.6 | 2.94 |

## 11.1.5　生境质量数据

InVEST 模型生境质量模块运行所需数据见表 11-8。

**表 11-8　生境质量模块运行所需数据**

| 输入数据 | 所需数据 | 数据来源 | 数据格式 |
|---|---|---|---|
| 土地利用类型 | — | 中国科学院资源环境科学与数据中心 | 栅格 |
| 威胁源数据 | 土地利用类型图 | 中国科学院资源环境科学与数据中心 | 栅格 |
| 生境敏感型数据 | — | InVEST 指南手册 | .csv |
| 威胁因子参数 | THREAT<br>MAX_DIST<br>WEIGHT DECAY | InVEST 指南手册 | .csv |
| 半饱和常数 | — | InVEST 指南手册 | 常数 0.5 |

（1）威胁源数据。表述每种威胁的空间分布和强度的栅格数据。本章选取
4 种地类作为威胁源数据，即耕地、城乡工矿居民用地、沙地和其他未利用土地
（梁晓瑶等，2020）。在 ArcGIS 平台上利用重分类将每一种威胁源地类赋值为 1，
其他地类赋值为 0 后导出。

（2）生境敏感型数据。一个生境类型对外界胁迫的敏感度是基于景观生态学
生物多样性保护的一般性原则而定的。输入数据为表格，包括以下内容：①LULC，
每种 LULC 类型对应数值代码；②HABITAT，每种 LULC 所赋予的生境得分
值，数值范围为 0～1；③L_THREAT，每种生境类型对于每种威胁的相对敏感性
（表 11-9），通过模型手册和其他学者研究获得（张学儒等，2020；林栋等，2016）。

**表 11-9　生境敏感性参数表**

| 地类 | HABITAT | L-Far | L-Con | L-San | L-Unu |
|---|---|---|---|---|---|
| 耕地 | 0.5 | 0 | 0.5 | 0.2 | 0.2 |
| 林地 | 1 | 0.6 | 0.85 | 0.2 | 0.2 |
| 草地 | 0.8 | 0.8 | 0.6 | 0.3 | 0.3 |
| 水域 | 0.7 | 0.5 | 0.4 | 0.15 | 0.15 |
| 城乡工矿居民用地 | 0 | 0 | 0 | 0 | 0 |
| 沙地 | 0 | 0 | 0 | 0 | 0 |
| 其他未利用土地 | 0 | 0 | 0 | 0 | 0 |

注：L-Far、L-Con、L-San、L-Unu 分别为耕地、农村居民点、城镇用地、主要交通干道。

（3）威胁因子参数。模型中需要考虑的威胁因子包括以下四个方面：①THREAT，
威胁因子的名称；②MAX_DIST，每一种威胁对生境完整性的影响距离（km）；
③WEIGHT，每一种威胁对生境完整性影响的权重，权重范围从 0 到 1，数值 1
表示权重最高，0 为最低（表 11-10）；④DECAY，威胁所带来退化的类型，影响
随距离增加而呈线性或指数变化，通过模型手册和其他学者研究获得（梁晓瑶等，

2020；张学儒等，2020）。

表 11-10　威胁因子参数表

| 威胁因子名称 | 威胁因子对生境的影响距离 | 权重 |
| --- | --- | --- |
| 耕地 | 4 | 0.6 |
| 城乡工矿居民用地 | 10 | 0.8 |
| 沙地 | 8 | 0.5 |
| 其他未利用土地 | 6 | 0.4 |

（4）半饱和常数。半饱和常数设置为 0.5。

# 11.2　研　究　方　法

## 11.2.1　土壤保持模型

土壤保持服务是土壤形成、植被固着和水源涵养等服务功能的重要基础，对区域水土保持和生态安全等具有重要意义（柳冬青等，2018）。InVEST 模型的土壤保持模块是基于修正的通用土壤流失方程，通过潜在土壤流失量（RKLS）减去实际土壤流失量（USLE）来评估不同土地利用/覆被类型的土壤保持服务（Schirpke et al.，2017），计算公式如下：

$$SC_x = RKLS_x - USLE_x \tag{11-6}$$

$$RKLS_x = R_x \times K_x \times LS_x \tag{11-7}$$

$$USLE_x = R_x \times LS_x \times C_x \times G_x \tag{11-8}$$

式中，$SC_x$ 为栅格 $x$ 的土壤保持量；$RKLS_x$ 为栅格 $x$ 的潜在土壤流失量；$USLE_x$ 为栅格 $x$ 的实际土壤流失量；$R_x$ 为降雨侵蚀因子；$K_x$ 为土壤可侵蚀性因子；$LS_x$ 为坡长坡度因子；$C_x$ 和 $G_x$ 分别为植被覆盖因子和管理实践因子。

## 11.2.2　水源涵养模型

水源涵养功能是生态系统的重要功能（周彬等，2010），主要指森林生态系统通过土壤层、枯落物层和林冠层拦截滞蓄降水，从而有效涵养土壤水分和调节河流流量（图 11-8）。本章利用 InVEST 模型中的水源涵养模块来量化水源供给量，该模块基于水平衡原理，根据年平均降水量与年实际蒸散量之差来计算土地利用类型 $x$ 上每个像素的年水源供给量 $Y_x$（Haunreiter et al.，2001），模型的主要算法如下：

$$Y_x = (1 - AET_x / P_x) \times P_x \tag{11-9}$$

式中，$Y_x$ 为栅格单元 $x$ 上的年水源供给量（mm）；$AET_x$ 表示栅格单元 $x$ 的实际蒸散量（mm）；$P_x$ 为栅格单元 $x$ 的年均降水量（mm）。

$$\frac{AET(x)}{P(x)} = 1 + \frac{PET(x)}{P(x)} - \left[1 + \left(\frac{PET(x)}{P(x)}\right)^w\right]^{1/w} \tag{11-10}$$

$$PET(x) = K_c(x) \times ET_0(x) \tag{11-11}$$

$$w(x) = \frac{AWC(x) \times Z}{P(x)} + 1.25 \tag{11-12}$$

$$AWC(x) = \min(MaxSoilDepth_x, RootDepth_x) \times PAWC_x \tag{11-13}$$

式中，$PET(x)$ 为栅格单元 $x$ 的潜在蒸散量；$ET_0(x)$ 表示栅格单元 $x$ 的参考作物蒸散量；$K_c(x)$ 表示栅格单元 $x$ 中特定土地利用/覆被类型的植被蒸散系数；$AWC(x)$ 为植物有效利用水含量；$w(x)$ 为自然气候-土壤性质的非物理参数；$Z$ 为 Zhang 系数；$MaxSoilDepth_x$ 为最大的土壤深度；$RootDepth_x$ 为根系深度。

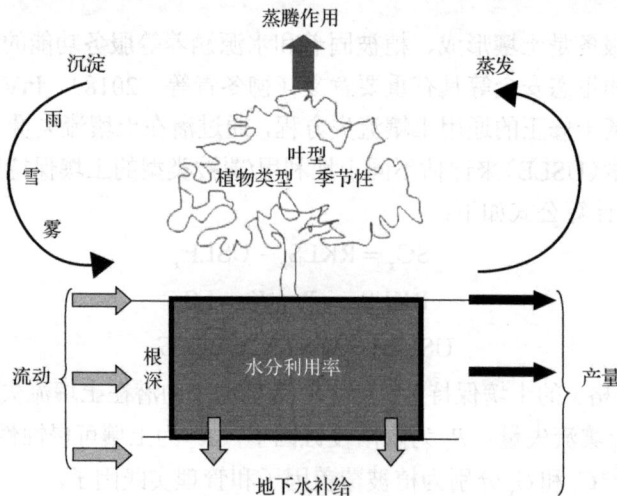

图 11-8　水源涵养量计算图

## 11.2.3　碳储存模型

陆地生态系统固碳作用能影响区域气候并对缓解全球气候变暖具有重要作用，研究生态系统碳储量服务功能对区域生态环境保护和经济社会发展具有重要意义。InVEST 模型中的碳储量模块将生态系统的碳储量划分为四个基本碳库：地上生物碳库、地下生物碳库、土壤碳库、死亡有机碳库（图 11-9）。根据土地利用分类情况，对不同地类地上生物碳库、地下生物碳库、土壤碳库和死亡有机碳库的平均碳密度进行统计，然后用各个地类的面积乘以其碳密度并求和，得出研究区的总碳储量。其计算公式如下：

$$C_{\text{total}} = C_{\text{above}} + C_{\text{below}} + C_{\text{dead}} + C_{\text{soil}}　　　　　　（11-14）$$

式中，$C_{\text{total}}$ 为总碳储量；$C_{\text{above}}$ 为地上碳储量；$C_{\text{below}}$ 为地下碳储量；$C_{\text{dead}}$ 为死亡有机质碳储量；$C_{\text{soil}}$ 为土壤碳储量。各碳储量由碳密度与面积相乘所得。

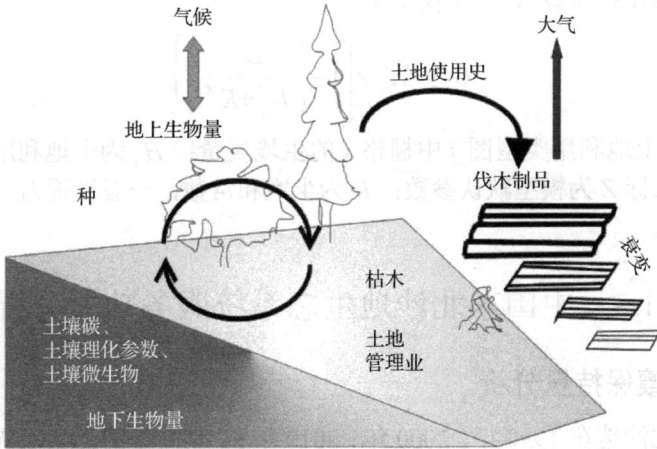

图 11-9　碳存储和碳固持的概念模型

## 11.2.4　生境质量模型

生境质量是指生态系统提供适宜个体与种群持续发展生存条件的能力，是衡量区域生态环境优劣的重要指标，与区域内的土地利用变化有密切关系（刘洋，2020）。生境质量得分值域为 0～1，分值越大，生境适宜度越高。InVEST 模型生境质量模块假设生境质量与生物多样性正相关（Schirpke et al.，2017），影响生境质量水平的主要因素有四个方面：①每一种威胁的相对影响；②每一种生境类型对每一种威胁的相对敏感性；③栅格单元与威胁源之间的距离；④栅格单元受到的合法保护水平。为得到生境质量，需先计算生境退化程度，计算公式为

$$D_{xj} = \sum_{r=1}^{R}\sum_{y=1}^{Y_r}\left(\frac{w_r}{\sum\limits_{r=1}^{R} w_r}\right) \times r_y \times i_{rxy} \times \beta_x \times S_{jr}　　　　（11-15）$$

$$i_{rxy} = 1 - \left(\frac{d_{xy}}{d_{r\max}}\right)　　　　　　（11-16）$$

$$i_{rxy} = \exp\left[-\left(\frac{2.99}{d_{r\max}}\right)d_{xy}\right]　　　　（11-17）$$

式中，$D_{xj}$ 为生境退化程度；$R$ 为胁迫因子个数；$Y_r$ 为胁迫因子层在土地利用类型图中的栅格个数；$w_r$ 为胁迫因子 $r$ 的权重；$r_y$ 为土地利用类型图中每个栅格上

胁迫因子的个数；$i_{rxy}$ 为栅格 $y$ 中的胁迫因子 $r$ 对栅格 $x$ 的影响；$\beta_x$ 为法律保护程度，本章不考虑法律保护程度因子，将 $\beta_x$ 设为 1，$S_{jr}$ 为 $j$ 类型土地覆被对胁迫因子 $r$ 的敏感性；$d_{xy}$ 为栅格 $x$（生境）与栅格 $y$（胁迫因子）的距离；$d_{r\max}$ 为胁迫因子 $r$ 的影响范围。

用生境退化程度 $D_{xj}$ 计算生境质量：

$$Q_{xj} = H_j \times \left[ 1 - \left( \frac{D_{xj}^Z}{D_{xj}^Z + K^Z} \right) \right] \tag{11-18}$$

式中，$Q_{xj}$ 为土地利用类型图 $j$ 中栅格 $x$ 的生境质量；$H_j$ 为土地利用类型图 $j$ 的生境属性；上标 $Z$ 为模型默认参数；$K$ 为半饱和常数，一般设置为生境退化程度最大值的 1/2。

# 11.3 中国东北沙地生态系统服务功能分析

## 11.3.1 土壤保持量分析

中国东北沙地在 1990 年、2000 年、2010 年和 2020 年的土壤保持量表现出明显的差异（图 11-10）。1990 年、2000 年、2010 年和 2020 年土壤保持量分别为 1143.47×10⁶t、645.26×10⁶t、734.20×10⁶t 和 1737.48×10⁶t，其中土壤保持量在 2020 年达到最大，整体呈现先减少后增加的变化趋势，1990 年到 2020 年总共增加了 594.01×10⁶t，1990~2000 年土壤保持量呈下降趋势，下降了 498.21×10⁶t，2000~2020 年土壤保持量呈现不断增长的趋势，总共增加了 1092.22×10⁶t。

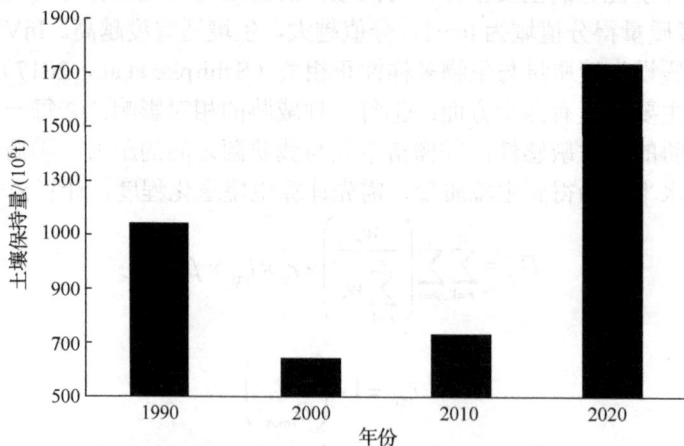

图 11-10　1990~2020 年中国东北沙地土壤保持量

1990~2020 年，从空间分布特征来看，中国东北沙地的土壤保持量空间分布特征非常清晰，土壤保持量高值区主要位于科尔沁沙地的西南地区、松嫩沙地的

东部和西部以及呼伦贝尔沙地的东部，除此之外，其他地区的土壤保持量均较低
（图 11-11）。

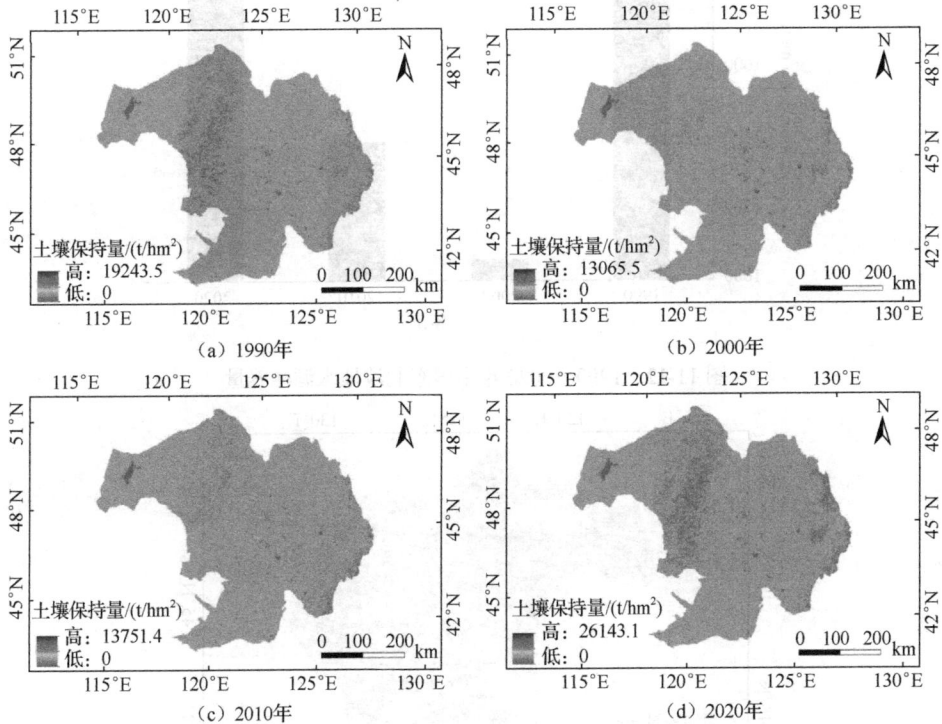

(a) 1990年　　　　　　　　　　　　　　(b) 2000年

(c) 2010年　　　　　　　　　　　　　　(d) 2020年

图 11-11　1990～2020 年中国东北沙地土壤保持量空间分布（扫封底二维码查看彩图）

## 11.3.2　水源涵养量分析

中国东北沙地在 1990 年、2000 年、2010 年和 2020 年的水源涵养量表现出明显的差异（图 11-12）。通过模型水源涵养模块（Water Conservation Module）运算可得，中国东北沙地 1990 年、2000 年、2010 年和 2020 年的水源涵养量分别为 $1830.35 \times 10^7$ mm、$1061.29 \times 10^7$ mm、$1385.31 \times 10^7$ mm 和 $1916.79 \times 10^7$ mm，总体呈增加趋势。1990～2000 年水源涵养量呈下降趋势，下降了 $769.06 \times 10^7$ mm，从 2000 年起水源涵养量不断增加，至 2020 年总共增加了 $855.50 \times 10^7$ mm。

1990～2020 年，水源涵养量空间分布变化明显（图 11-13）。1990 年水源涵养量高值区域主要集中于科尔沁沙地东南部、松嫩沙地东北部和西部部分地区以及呼伦贝尔沙地的东部，低值区域集中于松嫩沙地中部以及呼伦贝尔沙地西部地区。2000 年水源涵养量高值区域主要集中于松嫩沙地东部和呼伦贝尔沙地的东部。2010 年水源涵养量高值区域集中于科尔沁沙地东南部和松嫩沙地的东北部，其余地区水源涵养量均较低。2020 年除呼伦贝尔沙地西部以及科尔沁沙地西部以外，其余地区水源涵养量均处于中高水平。

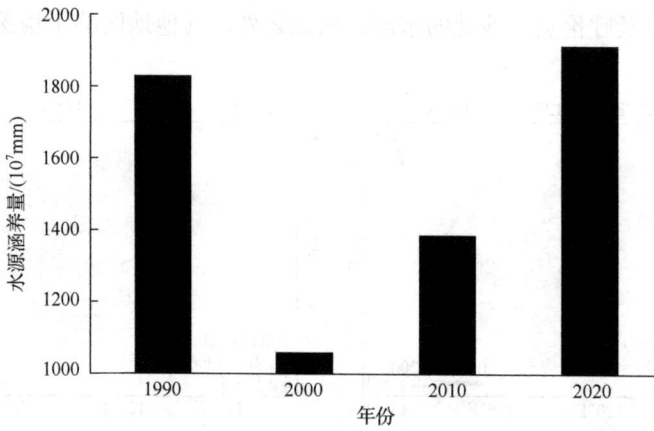

图 11-12 1990~2020 年中国东北沙地水源涵养量

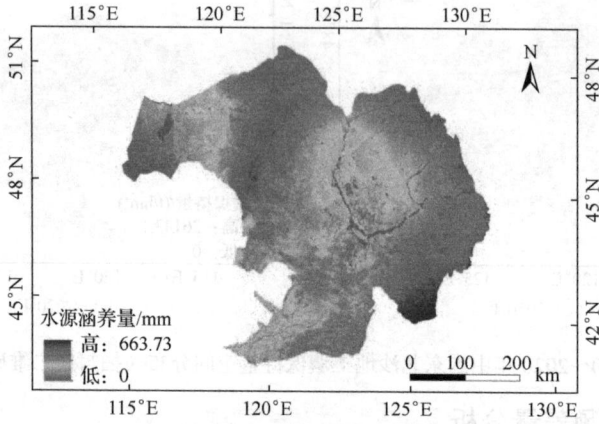

（a）1990年

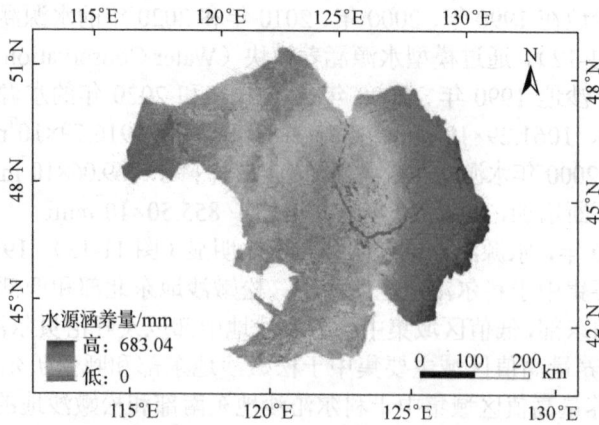

（b）2000年

（c）2010年

（d）2020年

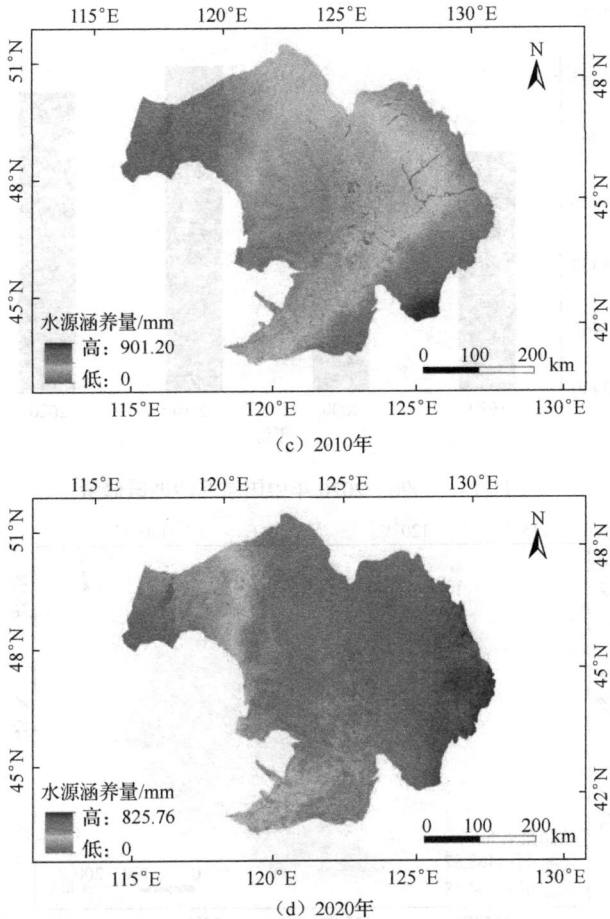

图 11-13　1990～2020 年中国东北沙地水源涵养量空间分布（扫封底二维码查看彩图）

## 11.3.3　碳储量分析

中国东北沙地在 1990 年、2000 年、2010 年和 2020 年的碳储量表现出明显的差异。中国东北沙地 1990 年、2000 年、2010 年和 2020 年的碳储量分别为 $1459.06 \times 10^7 t$、$1451.07 \times 10^7 t$、$1465.89 \times 10^7 t$ 和 $1463.92 \times 10^7 t$。总体上 1990～2020 年总碳储量水平呈波动增加的趋势，总共增加了 $4.86 \times 10^7 t$（图 11-14）。

1990～2020 年，碳储量空间分布变化较为明显（图 11-15）。中国东北沙地主要以中高水平碳储量分布为主，碳储量高值区主要分布于科尔沁沙地东北部、松嫩沙地的东部和西部以及呼伦贝尔沙地东部。中等水平的碳储量主要集中于松嫩沙地中部和呼伦贝尔沙地西部；碳储量低值区主要集中于科尔沁沙地西南部，松嫩沙地和呼伦贝尔沙地少量区域，碳储量中低水平地区应加强生态保护观念，通过土地利用变化带动碳储量的增加。

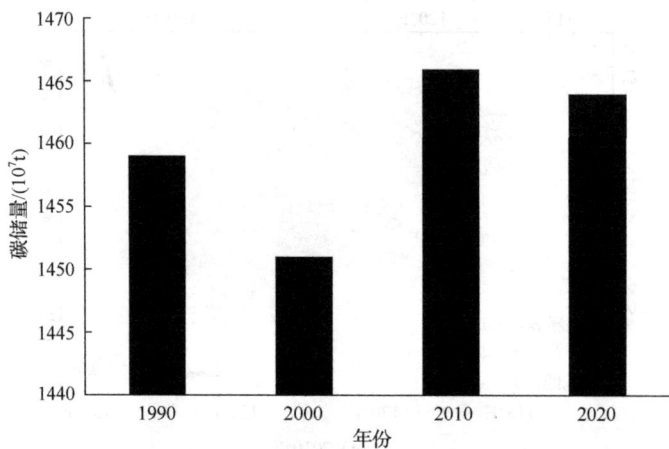

图 11-14　1990～2020 年中国东北沙地碳储量

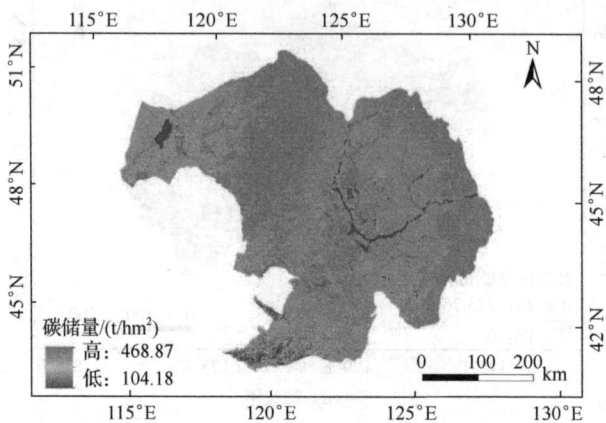

（a）1990年

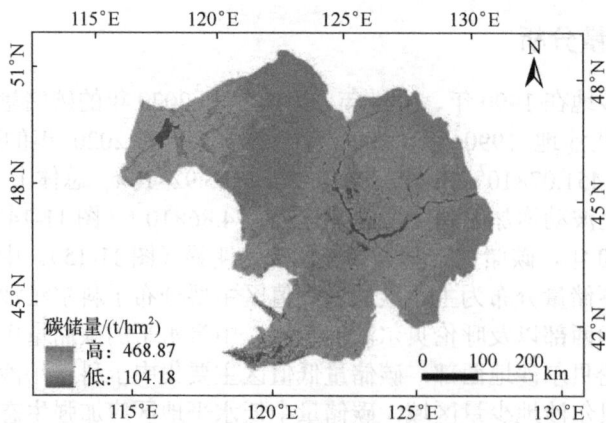

（b）2000年

（c）2010年

（d）2020年

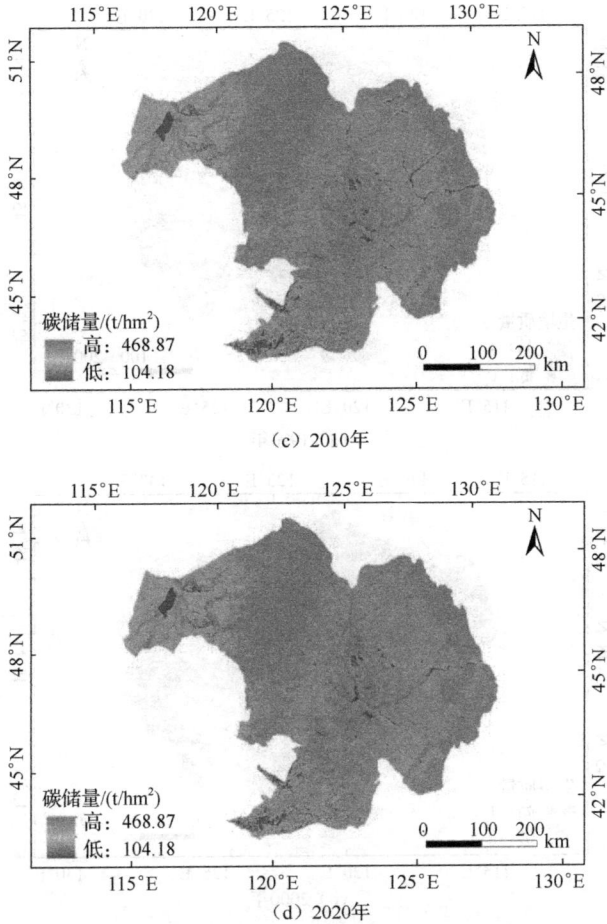

图 11-15　1990～2020 年中国东北沙地碳储量空间分布（扫封底二维码查看彩图）

## 11.3.4　生境质量分析

中国东北沙地在 1990～2020 年的平均生境质量变化不大，呈现先上升后下降的变化趋势（图 11-16）。就各土地利用类型的生境质量而言，林地的生境质量最高，其次是草地、水域和耕地。1990～2020 年，中国东北沙地生境质量空间分布格局基本一致，整体上分布状态没有发生太大变动，中国东北沙地生境质量高值区域主要分布于松嫩沙地东部和西部、呼伦贝尔沙地东部。中值区域主要集中于科尔沁沙地、呼伦贝尔沙地西部以及松嫩沙地中部的部分区域。低值区域主要集中于松嫩沙地中部。

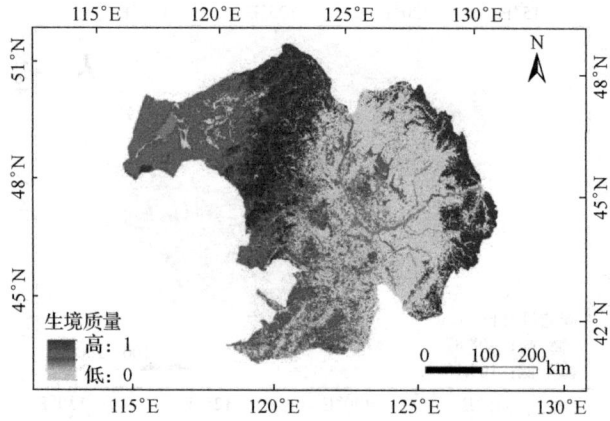

（a）1990年

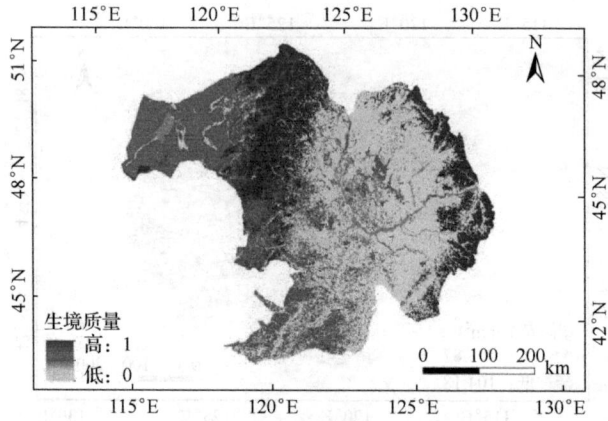

（b）2000年

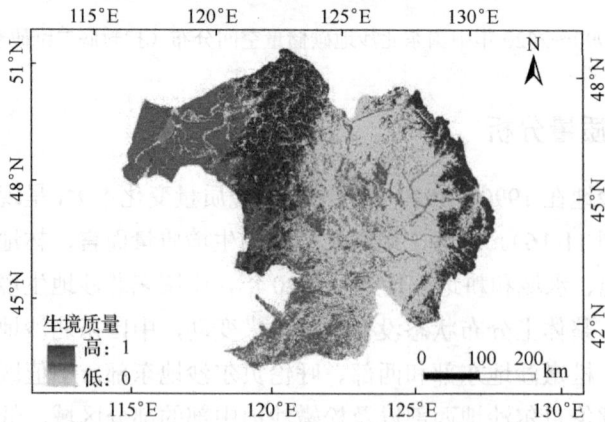

（c）2010年

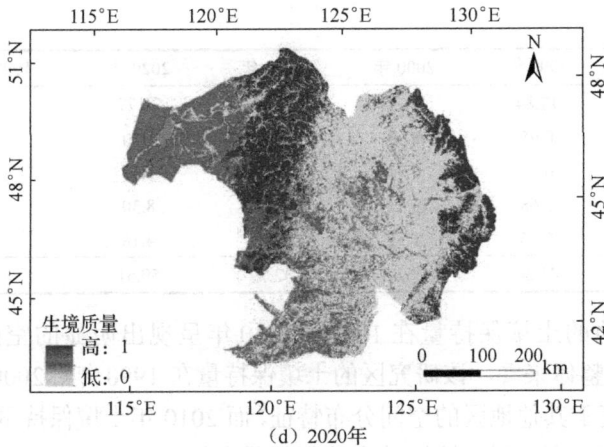

（d）2020年

图 11-16　1990～2020 年中国东北沙地生境质量空间分布（扫封底二维码查看彩图）

## 11.4　科尔沁沙地生态系统服务功能分析

### 11.4.1　土壤保持量分析

科尔沁沙地在 1990 年、2000 年、2010 年和 2020 年的土壤保持量表现出明显的差异（表 11-11）。1990 年、2000 年、2010 年和 2020 年的科尔沁沙地土壤保持量分别为 $41.34\times10^6$t、$26.98\times10^6$t、$32.79\times10^6$t 和 $59.51\times10^6$t，其中土壤保持量在 2020 年达到最大。土壤保持量呈现先减少后增加的变化趋势，1990～2020 年总共增加了 $18.17\times10^6$t。1990～2000 年土壤保持量呈下降趋势，下降了 $14.36\times10^6$t，2000～2020 年土壤保持量呈现不断增长的趋势，总共增加了 $32.53\times10^6$t。

利用 ArcGIS 得到 1990 年、2000 年、2010 年和 2020 年各土地利用类型的土壤保持量。1990 年、2000 年和 2020 年草地具有最大的土壤保持量，分别为 $17.84\times10^6$t、$10.32\times10^6$t 和 $20.77\times10^6$t，而 2010 年耕地具有最大的土壤保持量，为 $13.41\times10^6$t，分别占各期土壤保持总量的 43.15%、38.25%、34.90%、40.90%。研究期四个时期，耕地土壤保持量分别为 $10.52\times10^6$t、$8.49\times10^6$t、$13.41\times10^6$t 和 $18.90\times10^6$t，分别占各期土壤保持总量的 25.45%、31.47%、34.90% 和 31.76%。其他土地利用类型土壤保持总量占比均比较小。就土壤保持量在 1990～2020 年的变化而言，2020 年较 1990 年增长了 $18.17\times10^6$t，其中耕地的土壤保持量增长最大，为 $8.37\times10^6$t，其次为草地和林地，分别为 $2.94\times10^6$t 和 $2.93\times10^6$t。

表 11-11　1990～2020 年科尔沁沙地各土地利用类型的土壤保持量及其变化　　单位：$10^6$t

| 土地利用类型 | 1990 年 | 2000 年 | 2010 年 | 2020 年 | 1990～2020 年变化 |
|---|---|---|---|---|---|
| 耕地 | 10.52 | 8.49 | 13.41 | 18.90 | 8.37 |
| 林地 | 1.69 | 1.45 | 3.25 | 4.62 | 2.93 |

续表

| 土地利用类型 | 1990 年 | 2000 年 | 2010 年 | 2020 年 | 1990~2020 年变化 |
|---|---|---|---|---|---|
| 草地 | 17.84 | 10.32 | 8.84 | 20.77 | 2.94 |
| 水域 | 0.95 | 0.63 | 0.65 | 1.10 | 0.15 |
| 城乡工矿居民用地 | 0.91 | 0.71 | 1.06 | 1.63 | 0.73 |
| 沙地 | 6.68 | 3.82 | 3.15 | 8.30 | 1.62 |
| 其他未利用土地 | 2.76 | 1.58 | 2.44 | 4.18 | 1.42 |
| 总计 | 41.34 | 26.98 | 32.79 | 59.51 | 18.17 |

科尔沁沙地的土壤保持量在 1990~2020 年呈现出明显的空间异质性特征（图 11-17）。从整体来看，该研究区的土壤保持量在 1990 年、2000 年和 2020 年均表现出西南高于其他地区的空间分布特征，而 2010 年土壤保持量的分布表现出较为均匀的特征。因此科尔沁沙地土壤保持量空间上呈现西南高、东部北部低的分布趋势，科尔沁沙地的西南地区为该区域土壤保持量的主要供给区。

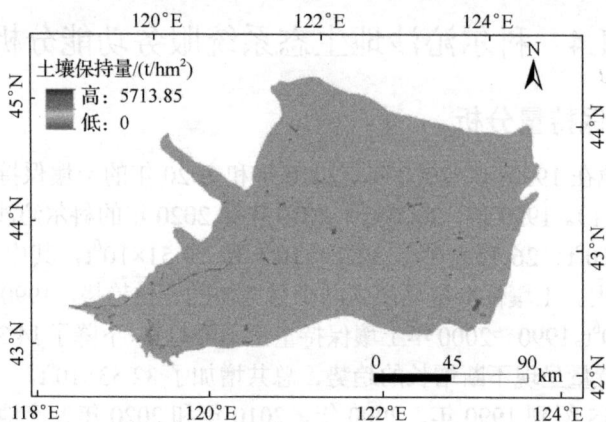

(a) 1990年

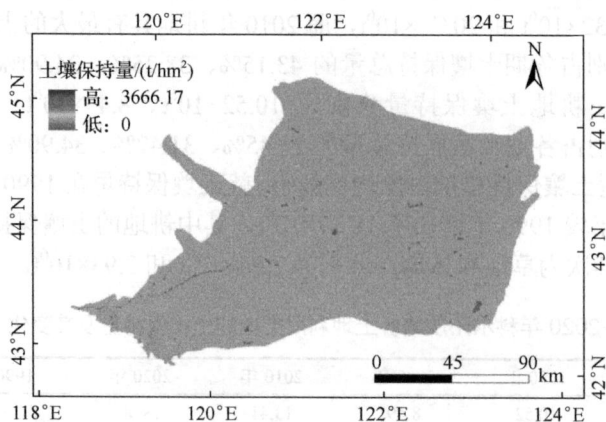

(b) 2000年

（c）2010年

（d）2020年

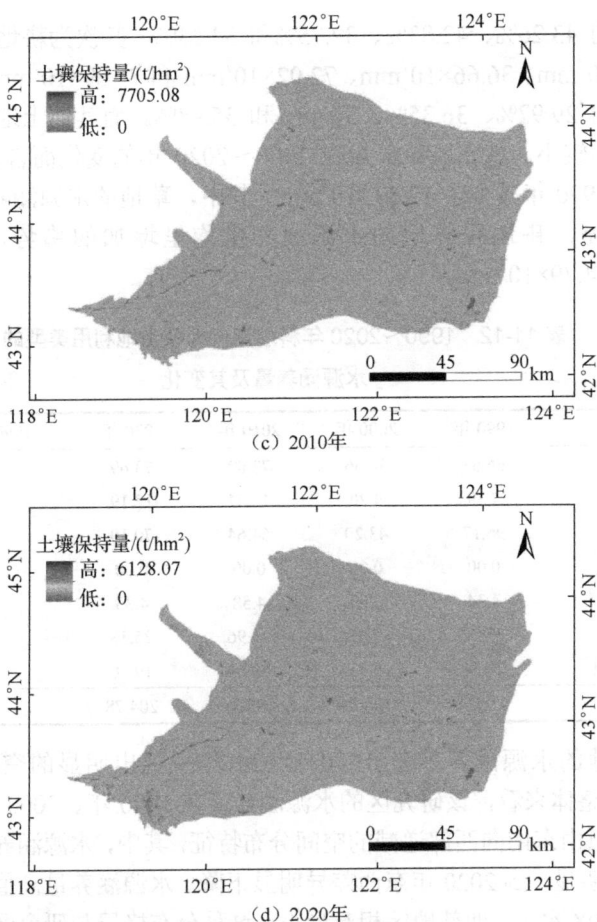

图 11-17 1990～2020 年科尔沁沙地土壤保持量空间分布（扫封底二维码查看彩图）

## 11.4.2 水源涵养量分析

科尔沁沙地在 1990 年、2000 年、2010 年和 2020 年的水源涵养量表现出明显的差异（表 11-12）。通过模型水源涵养模块运算可得，科尔沁沙地 1990 年、2000 年、2010 年和 2020 年的水源涵养量分别为 $222.31×10^7$mm、$100.86×10^7$mm、$197.39×10^7$mm 和 $204.78×10^7$mm，总体呈下降趋势。1990～2000 年水源涵养量呈下降趋势，下降了 $121.45×10^7$mm，从 2000 年起水源涵养量不断增加，至 2020 年总共增加了 $103.92×10^7$mm。总体来说，1990～2020 年科尔沁沙地水源涵养量下降了 $17.53×10^7$mm。

利用 ArcGIS 得到 1990 年、2000 年、2010 年和 2020 年各土地利用类型的水源涵养量。1990 年、2000 年、2010 年和 2020 年，草地具有最大的水源涵养量，分别为 $96.17×10^7$mm、$43.20×10^7$mm、$64.64×10^7$mm 和 $70.10×10^7$mm，分别占各期

水源涵养总量的 43.26%、42.83%、32.75%和 34.23%。其次为耕地，水源涵养量分别为 66.63×10⁷mm、36.66×10⁷mm、72.02×10⁷mm 和 73.69×10⁷mm，分别占各期水源涵养总量的 29.97%、36.35%、36.49%和 35.98%。而其他土地利用类型的水源涵养量占比均较小。就水源涵养量在 1990～2020 年的变化而言，2020 年的水源涵养总量较 1990 年减少了 17.53×10⁷mm，其中，草地的水源涵养量减少最多，为 26.07×10⁷mm，耕地和林地的水源涵养量均呈增加的趋势，分别增加了 7.05×10⁷mm 和 4.79×10⁷mm。

表 11-12　1990～2020 年科尔沁沙地各土地利用类型的
水源涵养量及其变化　　　　　单位：10⁷mm

| 土地利用类型 | 1990 年 | 2000 年 | 2010 年 | 2020 年 | 1990～2020 年变化 |
|---|---|---|---|---|---|
| 耕地 | 66.63 | 36.66 | 72.02 | 73.69 | 7.05 |
| 林地 | 7.39 | 4.20 | 12.54 | 12.19 | 4.79 |
| 草地 | 96.17 | 43.20 | 64.64 | 70.10 | -26.07 |
| 水域 | 0.00 | 0.00 | 0.00 | 0.00 | 0.00 |
| 城乡工矿居民用地 | 4.34 | 0.83 | 4.58 | 4.33 | 0.00 |
| 沙地 | 27.22 | 9.01 | 23.96 | 25.38 | -1.84 |
| 其他未利用土地 | 20.56 | 6.95 | 19.64 | 19.10 | -1.46 |
| 总计 | 222.31 | 100.86 | 197.39 | 204.78 | -17.53 |

　　科尔沁沙地的水源涵养量在 1990～2020 年呈现出明显的空间异质性特征（图 11-18）。从整体来看，该研究区的水源涵养量在 1990 年、2000 年、2010 年和 2020 年均表现出由东南向西部递减的空间分布特征，其中，水源涵养量的东西差异在 2010 年较为明显，到 2020 年东西差异明显下降。水源涵养量高值区均集中在东南部，东北部地区次之，西部地区相对最小，这种分布格局与研究区降水量和植被分布格局有直接关系，即降水量高、植被蒸散量低的区域，其水源涵养能力较强。

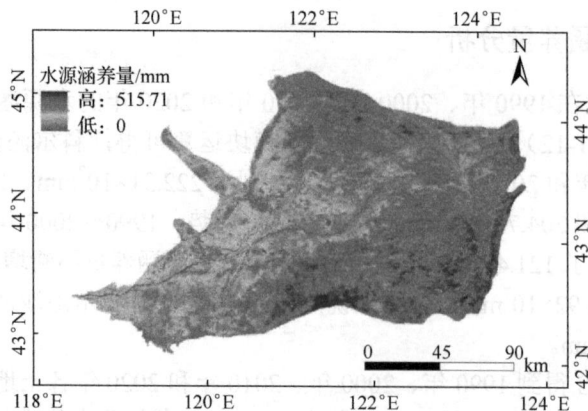

（a）1990年

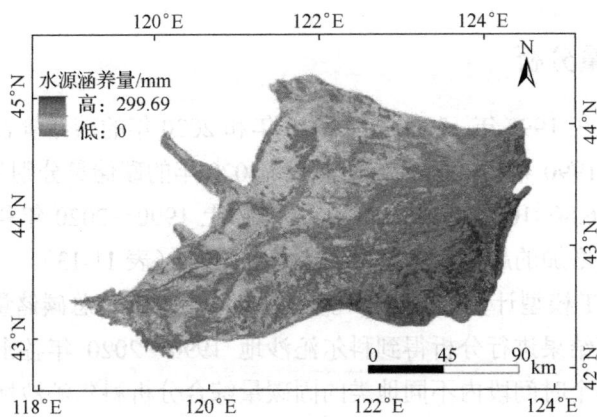

（b）2000年

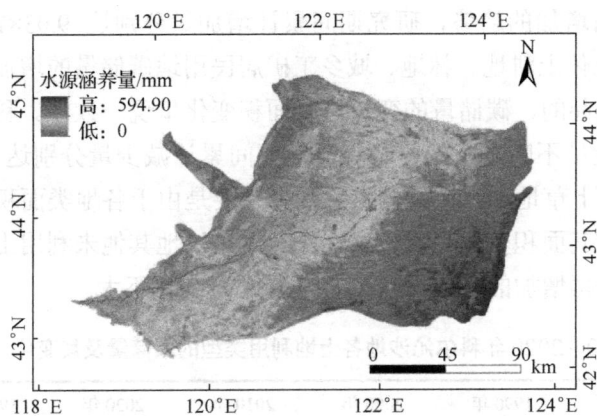

（c）2010年

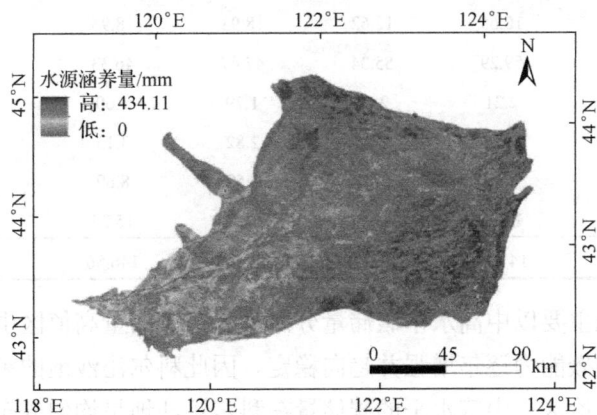

（d）2020年

图 11-18　1990～2020 年科尔沁沙地水源涵养量空间分布（扫封底二维码查看彩图）

### 11.4.3　碳储量分析

科尔沁沙地在 1990 年、2000 年、2010 年和 2020 年的碳储量表现出明显的差异。科尔沁沙地 1990 年、2000 年、2010 年和 2020 年的碳储量分别为 $141.71×10^7$t、$143.61×10^7$t、$146.80×10^7$t 和 $146.56×10^7$t。总体上 1990～2020 年科尔沁沙地总碳储量水平呈不断增加的趋势，总共增加了 $4.85×10^7$t（表 11-13）。

基于 InVEST 模型计算得到科尔沁沙地 1990～2020 年总碳储量，基于 ArcGIS 平台对模型计算结果进行分析得到科尔沁沙地 1990～2020 年各土地利用类型的碳储量。结合各个时间段内不同地类的固碳量综合分析科尔沁沙地区各地类的碳储量时间变化特征。1990～2020 年，科尔沁沙地耕地、林地、城乡工矿居民用地的碳储量呈不断增加的趋势，研究期间累计增加量分别达 $9.03×10^7$t、$8.30×10^7$t 和 $0.48×10^7$t。总体上耕地、林地、城乡工矿居民用地碳储量的增加主要是由于各地类面积增加引起的，碳储量的变化与其面积变化呈现一致性。科尔沁沙地草地和水域的碳储量呈不断下降的趋势，研究期间累计减少量分别达 $12.96×10^7$t 和 $0.61×10^7$t。总体上草地和水域碳储量的减少主要是由于各地类面积减少引起的，碳储量的变化与其面积变化呈现一致性。科尔沁沙地其他未利用土地和沙地的碳储量呈现先下降再增加的趋势，30 年碳储量总量变化不大。

表 11-13　1990～2020 年科尔沁沙地各土地利用类型的碳储量及其变化　单位：$10^7$t

| 土地利用类型 | 1990 年 | 2000 年 | 2010 年 | 2020 年 | 1990～2020 年变化 |
|---|---|---|---|---|---|
| 耕地 | 43.60 | 48.58 | 49.91 | 52.63 | 9.03 |
| 林地 | 10.65 | 12.62 | 18.93 | 18.95 | 8.30 |
| 草地 | 59.29 | 55.34 | 47.47 | 46.33 | -12.96 |
| 水域 | 2.21 | 2.11 | 1.79 | 1.60 | -0.61 |
| 城乡工矿居民用地 | 2.64 | 2.78 | 2.82 | 3.13 | 0.48 |
| 沙地 | 8.37 | 7.81 | 8.57 | 8.69 | 0.32 |
| 其他未利用土地 | 14.94 | 14.37 | 17.30 | 15.23 | 0.29 |
| 总计 | 141.71 | 143.61 | 146.80 | 146.56 | 4.85 |

科尔沁沙地主要以中高水平碳储量分布为主，碳储量高值区由南部和西部向东北部集中，固碳能力逐年增强并趋向稳定，因此科尔沁沙地的东北部为该区碳储存量的主要供给区。中等水平的碳储量在科尔沁沙地呈均匀分布状态，碳储量低值区主要集中于西南地区且逐年扩大（图 11-19）。

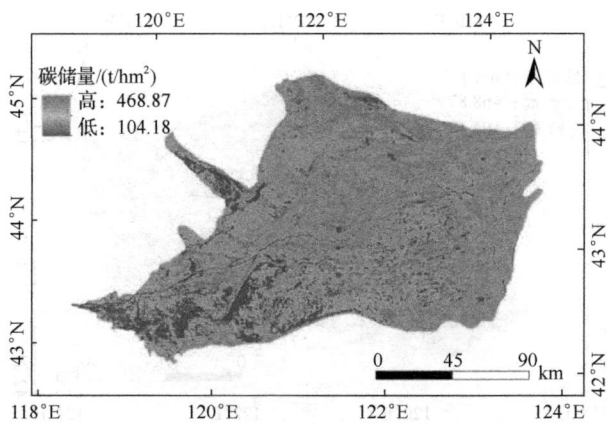

（a）1990年

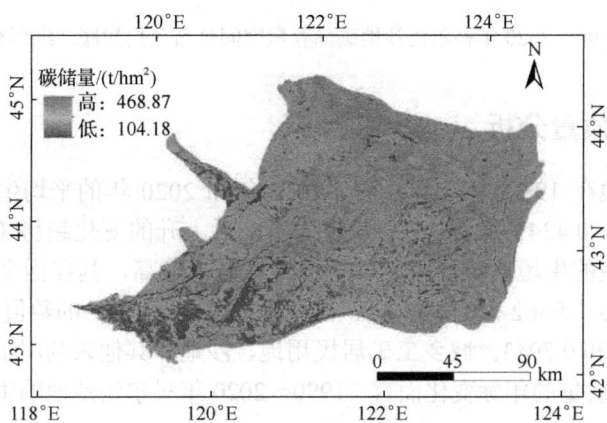

（b）2000年

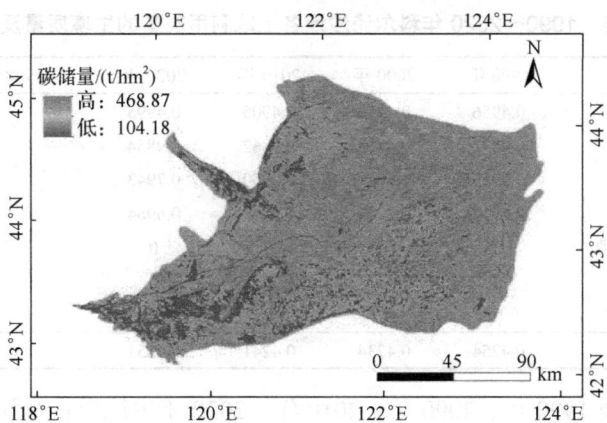

（c）2010年

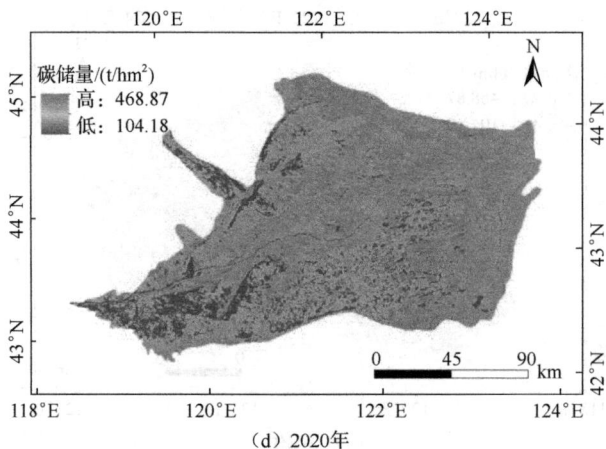

（d）2020年

图 11-19　1990～2020 年科尔沁沙地碳储存量空间分布（扫封底二维码查看彩图）

## 11.4.4　生境质量分析

科尔沁沙地在 1990 年、2000 年、2010 年和 2020 年的平均生境质量分别为 0.4254、0.4234、0.4241 和 0.4251，呈现先下降后上升的变化趋势（表 11-14）。就各土地利用类型的生境质量而言，林地的生境质量最高，其在四个年份的值分别为 0.9871、0.9863、0.9862 和 0.9854，其次是草地，其在四个年份的数值分别为 0.7953、0.7949、0.7950 和 0.7943。城乡工矿居民用地、沙地和其他未利用土地的生境质量均为 0。就生境质量的年际变化而言，1990～2020 年科尔沁沙地的生境质量呈下降趋势。

表 11-14　1990～2020 年科尔沁沙地各土地利用类型的生境质量及其变化

| 土地利用类型 | 1990 年 | 2000 年 | 2010 年 | 2020 年 | 1990～2020 年变化 |
|---|---|---|---|---|---|
| 耕地 | 0.4956 | 0.4856 | 0.4905 | 0.4995 | 0.0039 |
| 林地 | 0.9871 | 0.9863 | 0.9862 | 0.9854 | −0.0017 |
| 草地 | 0.7953 | 0.7949 | 0.7950 | 0.7943 | −0.001 |
| 水域 | 0.6972 | 0.6967 | 0.6969 | 0.6964 | −0.0008 |
| 城乡工矿居民用地 | 0 | 0 | 0 | 0 | 0 |
| 沙地 | 0 | 0 | 0 | 0 | 0 |
| 其他未利用土地 | 0 | 0 | 0 | 0 | 0 |
| 总计 | 0.4254 | 0.4234 | 0.4241 | 0.4251 | −0.0003 |

科尔沁沙地 1990 年、2000 年、2010 年、2020 年生境质量空间分布格局基本一致，整体上分布状态没有发生太大变动，科尔沁沙地生境质量空间上呈现"高低相间"的分布状态，生境质量高值区域在研究区比较分散。低值区域主要集中

于科尔沁沙地东部（图 11-20）。

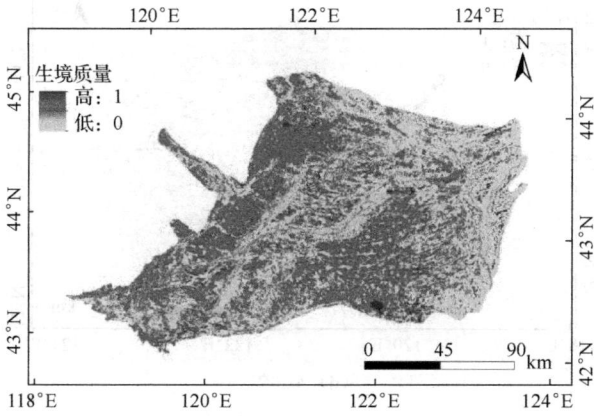

（a）1990年

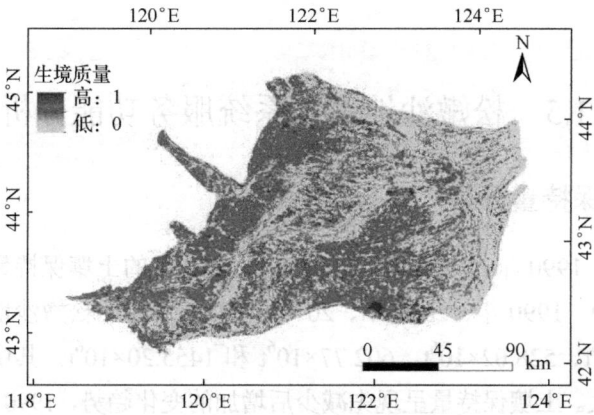

（b）2000年

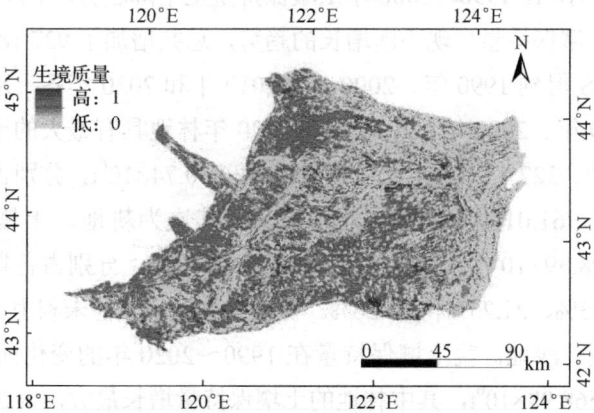

（c）2010年

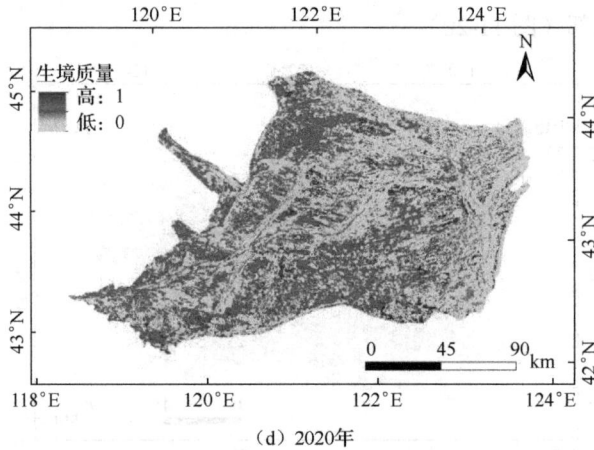

（d）2020年

图 11-20　1990～2020 年科尔沁沙地生境质量空间分布（扫封底二维码查看彩图）

# 11.5　松嫩沙地生态系统服务功能分析

## 11.5.1　土壤保持量分析

松嫩沙地在 1990 年、2000 年、2010 年和 2020 年的土壤保持量表现出明显的差异（表 11-15）。1990 年、2000 年、2010 年和 2020 年的松嫩沙地土壤保持量分别为 $886.22 \times 10^6 t$、$528.02 \times 10^6 t$、$602.77 \times 10^6 t$ 和 $1455.20 \times 10^6 t$，其中土壤保持量在 2020 年达到最大。土壤保持量呈现先减少后增加的变化趋势，1990 年到 2020 年总共增加了 $568.98 \times 10^6 t$。1990～2000 年土壤保持量呈下降趋势，下降了 $358.20 \times 10^6 t$，2000～2020 年土壤保持量呈现不断增长的趋势，总共增加了 $927.18 \times 10^6 t$。

利用 ArcGIS 得到 1990 年、2000 年、2010 年和 2020 年各土地利用类型的土壤保持量。1990 年、2000 年、2010 年和 2020 年林地具有最大的土壤保持量，分别为 $531.62 \times 10^6 t$、$322.15 \times 10^6 t$、$379.38 \times 10^6 t$ 和 $850.74 \times 10^6 t$，分别占各期土壤保持总量的 59.99%、61.01%、62.94%、58.46%。其次为耕地，土壤保持量分别为 $140.24 \times 10^6 t$、$108.39 \times 10^6 t$、$128.07 \times 10^6 t$ 和 $323.88 \times 10^6 t$，分别占各期土壤保持总量的 15.82%、20.53%、21.25% 和 22.26%。再次为草地、其他未利用土地、城乡工矿居民用地、水域、沙地。就土壤保持量在 1990～2020 年的变化而言，2020 年较 1990 年增长了 $568.98 \times 10^6 t$，其中林地的土壤保持量增长最大，为 $319.12 \times 10^6 t$，其次为耕地，为 $183.64 \times 10^6 t$，而草地、水域、城乡工矿居民用地、沙地、其他未利用

土地变化幅度特别小。

表 11-15　1990～2020 年松嫩沙地各土地利用类型的土壤保持量及其变化　　单位：$10^6$t

| 土地利用类型 | 1990 年 | 2000 年 | 2010 年 | 2020 年 | 1990～2020 年变化 |
|---|---|---|---|---|---|
| 耕地 | 140.24 | 108.39 | 128.07 | 323.88 | 183.64 |
| 林地 | 531.62 | 322.15 | 379.38 | 850.74 | 319.12 |
| 草地 | 164.93 | 67.85 | 44.05 | 162.56 | -2.37 |
| 水域 | 6.49 | 4.41 | 4.88 | 9.62 | 3.13 |
| 城乡工矿居民用地 | 9.51 | 7.02 | 10.74 | 19.93 | 10.42 |
| 沙地 | 0.85 | 0.28 | 0.17 | 0.81 | -0.04 |
| 其他未利用土地 | 32.58 | 17.92 | 35.47 | 87.66 | 55.08 |
| 总计 | 886.22 | 528.02 | 602.77 | 1455.20 | 568.98 |

松嫩沙地的土壤保持量在 1990～2020 年呈现出明显的空间异质性特征（图 11-21）。从整体来看，该研究区的土壤保持量在 1990～2020 年均表现出西部和东部高，中部低的空间分布特征，松嫩沙地的西部和东部地区为该区土壤保持量的主要供给区。

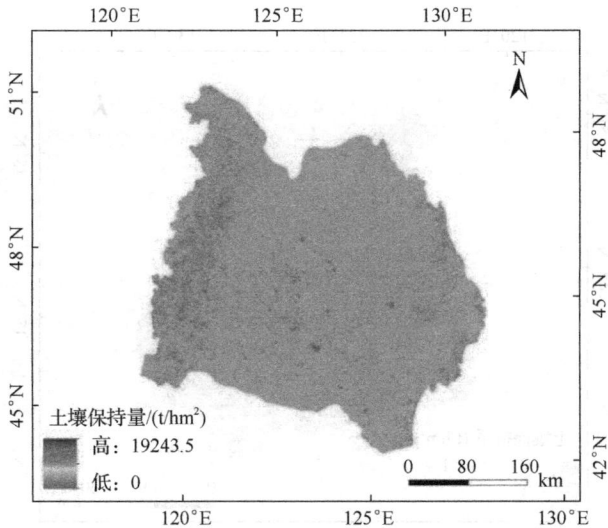

（a）1990年

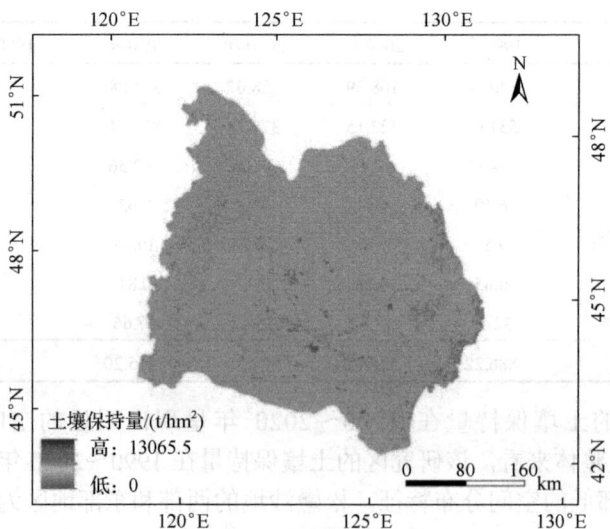

（b）2000年

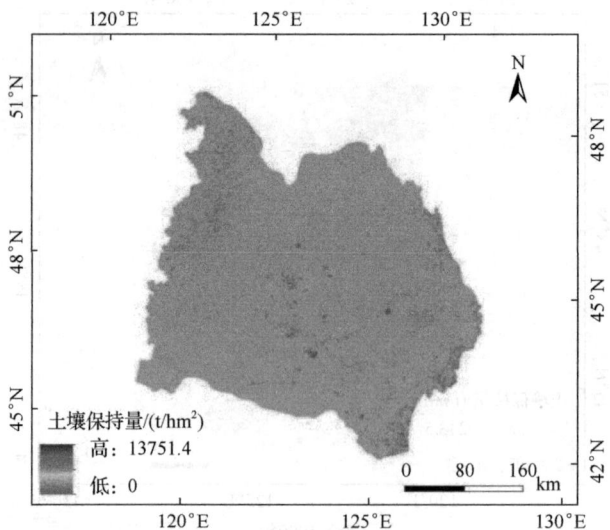

（c）2010年

土壤保持量在[插图缺失/被图表遮挡]与2020年[部分文字不可读]区是最高[插图缺失]
图 11-21），从图中发现，研究区的土壤保持量[部分文字不可读]分布比较[部分文字不可读]
到低增长，中部[部分文字不可读]

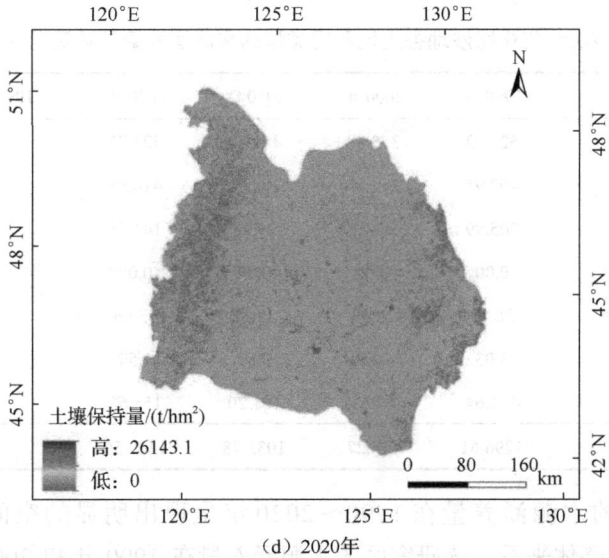

图 11-21　1990～2020 年松嫩沙地土壤保持量空间分布（扫封底二维码查看彩图）

## 11.5.2　水源涵养量分析

松嫩沙地在 1990 年、2000 年、2010 年和 2020 年的水源涵养量表现出明显的差异（表 11-16）。通过模型水源涵养模块运算可得，松嫩沙地 1990 年、2000 年、2010 年和 2020 年的水源涵养量分别为 $1296.61 \times 10^7 \text{mm}$、$814.27 \times 10^7 \text{mm}$、$1033.78 \times 10^7 \text{mm}$ 和 $1489.56 \times 10^7 \text{mm}$，总体呈增加趋势。1990～2000 年水源涵养量呈下降趋势，下降了 $482.34 \times 10^7 \text{mm}$，从 2000 年起水源涵养量不断增加，至 2020 年总共增加了 $675.29 \times 10^7 \text{mm}$。总体来说，1990～2020 年松嫩沙地水源涵养量增加了 $192.95 \times 10^7 \text{mm}$。

利用 ArcGIS 得到 1990 年、2000 年、2010 年和 2020 年各土地利用类型的水源涵养量。1990 年、2000 年、2010 年和 2020 年，耕地具有最大的水源涵养量，分别为 $520.92 \times 10^7 \text{mm}$、$375.88 \times 10^7 \text{mm}$、$489.82 \times 10^7 \text{mm}$ 和 $723.79 \times 10^7 \text{mm}$，分别占各期水源涵养总量的 40.18%、46.16%、47.38% 和 48.59%。其次为林地，水源涵养量分别为 $407.91 \times 10^7 \text{mm}$、$262.51 \times 10^7 \text{mm}$、$308.94 \times 10^7 \text{mm}$ 和 $410.85 \times 10^7 \text{mm}$，分别占各期水源涵养总量的 31.46%、32.24%、29.88% 和 27.58%。而其他土地利用类型的水源涵养量占比均较小。就水源涵养量在 1990～2020 年的变化而言，2020 年的水源涵养总量较 1990 年增加了 $192.95 \times 10^7 \text{mm}$，其中，耕地的水源涵养量增加最多，为 $202.87 \times 10^7 \text{mm}$，草地的水源涵养量下降最多，下降了 $61.35 \times 10^7 \text{mm}$。

表 11-16　1990～2020 年松嫩沙地各土地利用类型的水源涵养量及其变化　单位：$10^7$mm

| 土地利用类型 | 1990 年 | 2000 年 | 2010 年 | 2020 年 | 1990～2020 年变化 |
|---|---|---|---|---|---|
| 耕地 | 520.92 | 375.88 | 489.82 | 723.79 | 202.87 |
| 林地 | 407.91 | 262.51 | 308.94 | 410.85 | 2.94 |
| 草地 | 205.99 | 92.24 | 99.84 | 144.64 | −61.35 |
| 水域 | 0.00 | 0.00 | 0.00 | 0.00 | 0.00 |
| 城乡工矿居民用地 | 36.13 | 20.43 | 33.11 | 53.06 | 16.92 |
| 沙地 | 3.03 | 0.59 | 0.87 | 1.59 | −1.44 |
| 其他未利用土地 | 122.64 | 62.61 | 101.20 | 155.63 | 33.00 |
| 总计 | 1296.61 | 814.27 | 1033.78 | 1489.56 | 192.95 |

　　松嫩沙地的水源涵养量在 1990～2020 年呈现出明显的空间异质性特征（图 11-22）。从整体来看，该研究区的水源涵养量在 1990 年和 2000 年表现出由东部和西部向中部逐渐递减的空间分布特征，而在 2010 年和 2020 年则表现出东部向西部递减的空间特征。水源涵养量高值区均集中在东部，西部地区次之，中部地区相对最小，这种分布格局与研究区降水量和植被分布格局有直接关系，即降水量高、植被蒸散量低的区域，其水源涵养能力较强。在整个研究期间，水源涵养量最大值呈现先增加后减少的趋势。

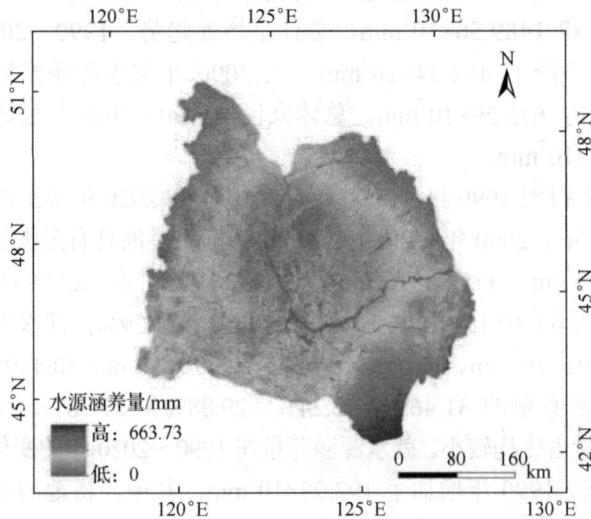

（a）1990年

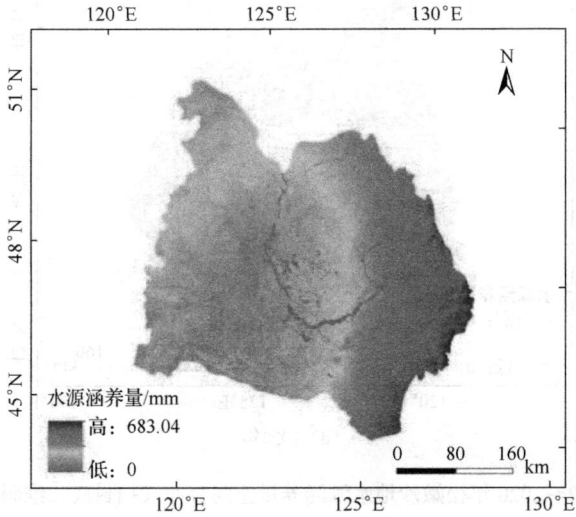

（b）2000年

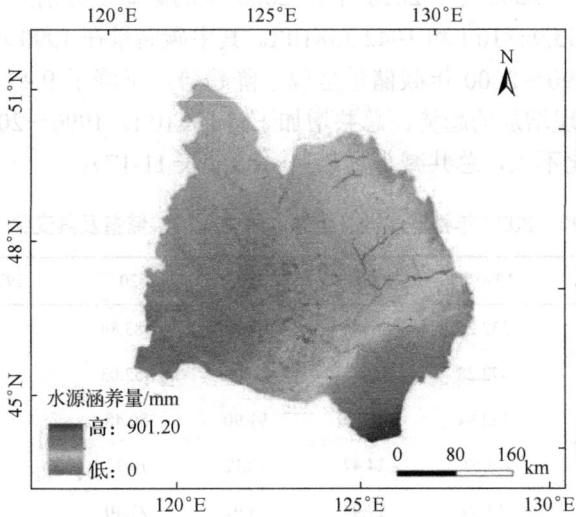

（c）2010年

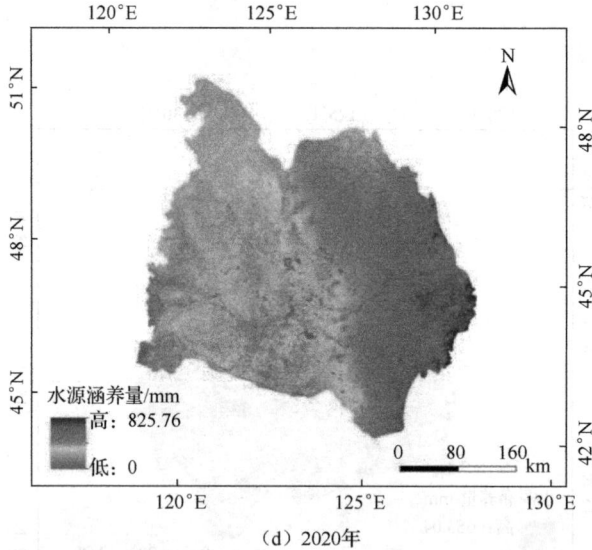

（d）2020年

图 11-22　1990～2020 年松嫩沙地水源涵养量空间分布（扫封底二维码查看彩图）

### 11.5.3　碳储量分析

松嫩沙地在 1990 年、2000 年、2010 年和 2020 年的碳储量表现出明显的差异。松嫩沙地 1990 年、2000 年、2010 年和 2020 年的碳储量分别为 $1044.68\times10^7t$、$1035.21\times10^7t$、$1043.94\times10^7t$ 和 $1042.35\times10^7t$。其中碳储量在 1990 年达到最大，为 $1044.68\times10^7t$，1990～2000 年碳储量呈现下降趋势，下降了 $9.47\times10^7t$，2000～2020 年碳储量呈现增加的趋势，总共增加了 $7.13\times10^7t$。1990～2020 年松嫩沙地总碳储量水平变化不大，总共减少了 $2.34\times10^7t$（表 11-17）。

表 11-17　1990～2020 年松嫩沙地各土地利用类型的碳储量及其变化　单位：$10^7t$

| 土地利用类型 | 1990 年 | 2000 年 | 2010 年 | 2020 年 | 1990～2020 年变化 |
|---|---|---|---|---|---|
| 耕地 | 332.25 | 363.04 | 369.70 | 383.84 | 51.59 |
| 林地 | 472.28 | 449.23 | 458.73 | 452.03 | -20.26 |
| 草地 | 122.94 | 109.78 | 91.90 | 80.48 | -42.46 |
| 水域 | 15.63 | 14.47 | 12.12 | 10.13 | -5.50 |
| 城乡工矿居民用地 | 17.59 | 17.94 | 18.97 | 21.40 | 3.81 |
| 沙地 | 0.85 | 0.47 | 0.44 | 0.42 | -0.44 |
| 其他未利用土地 | 83.14 | 80.28 | 92.08 | 94.05 | 10.91 |
| 总计 | 1044.68 | 1035.21 | 1043.94 | 1042.35 | -2.34 |

　　基于 InVEST 模型计算得到松嫩沙地 1990～2020 年总碳储量,基于 ArcGIS
平台对模型计算结果进行分析得到松嫩沙地 1990～2020 年各地类碳储量。结合各
个时间段内不同地类的固碳量综合分析松嫩沙地各地类的碳储量时间变化特征。
1990～2020 年, 松嫩沙地耕地和城乡工矿居民用地的碳储量呈不断增加的趋势,
研究期间累计增加量分别达 51.59×10$^7$t 和 3.81×10$^7$t。总体上耕地和城乡工矿居民
用地碳储量的增加主要是由于各地类面积增加引起的, 碳储量的变化与其面积变
化呈现一致性。松嫩沙地林地、草地、水域和沙地的碳储量呈不断下降的趋势,
研究期间累计减少量分别达 20.26×10$^7$t、42.46×10$^7$t、5.50×10$^7$t 和 0.44×10$^7$t。总体
上林地、草地、水域和沙地碳储量的减少主要是由于各地类面积减少引起的, 碳
储量的变化与其面积变化呈现一致性。松嫩沙地其他未利用土地的碳储量呈现先
下降再增加的趋势, 30 年间碳储总量增加了 10.91×10$^7$t。

　　总体来看,1990～2020 年,松嫩沙地碳储量分布格局变化较为明显(图11-23)。
松嫩沙地主要以中高水平碳储量分布为主, 碳储量高值区由中部向东部和西部集
中, 固碳能力逐年增强并趋向稳定,因此松嫩沙地的东部和西部为该区碳储量的
主要供给区。中等水平的碳储量在科尔沁沙地中部呈逐年缩小的趋势,碳储量低
值区零星分布在松嫩沙地的中部部分地区。

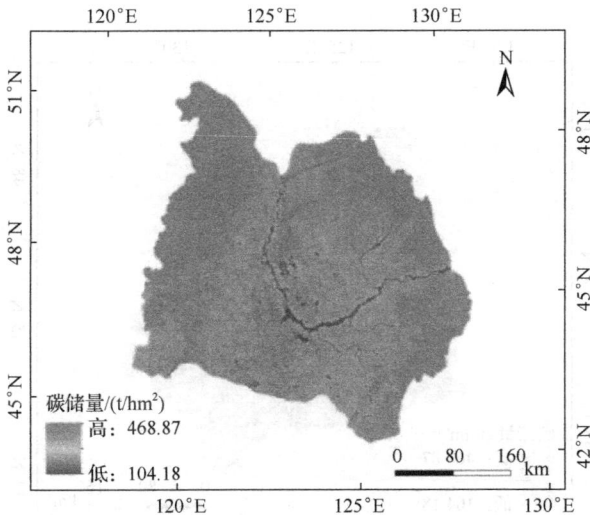

碳储量/(t/hm²)

高: 468.87

低: 104.18

(a) 1990年

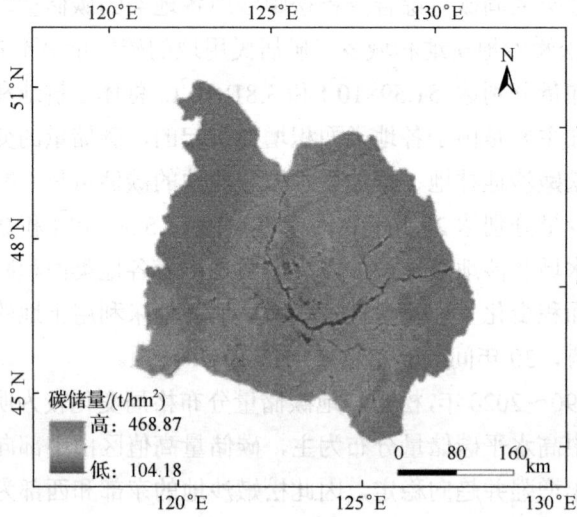

碳储量/(t/hm²)
高: 468.87
低: 104.18
0　80　160 km

（b）2000年

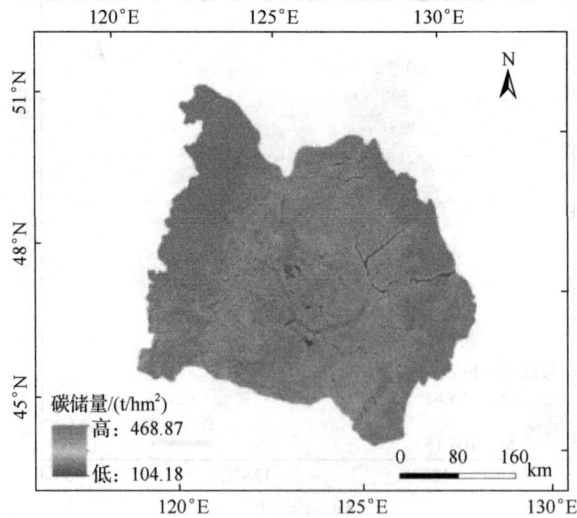

碳储量/(t/hm²)
高: 468.87
低: 104.18
0　80　160 km

（c）2010年

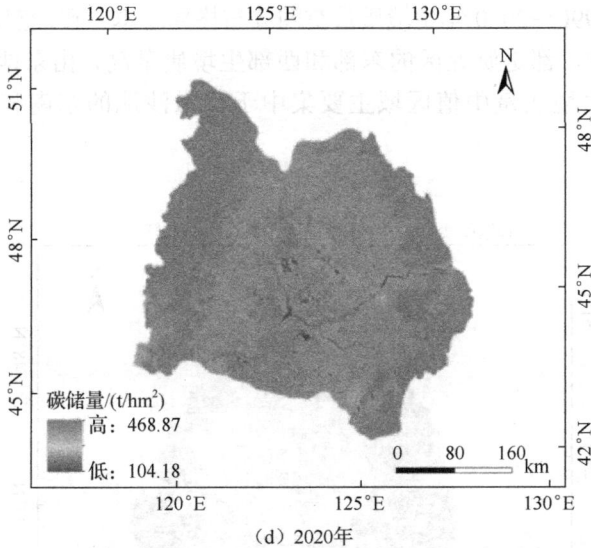

（d）2020年

图 11-23　1990～2020 年松嫩沙地碳储量空间分布（扫封底二维码查看彩图）

## 11.5.4　生境质量分析

松嫩沙地在 1990 年、2000 年、2010 年和 2020 年的平均生境质量分别为 0.4267、0.4252、0.4260 和 0.4261，呈现先下降后上升的变化趋势（表 11-18）。就各土地利用类型的生境质量而言，林地的生境质量最高，其在四个年份的值分别为 0.9975、0.9970、0.9970 和 0.9967，其次是草地，其在四个年份的数值分别为 0.7929、0.7925、0.7899 和 0.7899。城乡工矿居民用地、沙地和其他未利用土地的生境质量均为 0。就生境质量的年际变化而言，1990～2020 年松嫩沙地的生境质量呈下降趋势。

表 11-18　1990～2020 年松嫩沙地各土地利用类型的生境质量及其变化

| 土地利用类型 | 1990 年 | 2000 年 | 2010 年 | 2020 年 | 1990～2020 年变化 |
|---|---|---|---|---|---|
| 耕地 | 0.4993 | 0.4899 | 0.4991 | 0.4999 | 0.0006 |
| 林地 | 0.9975 | 0.9970 | 0.9970 | 0.9967 | −0.0008 |
| 草地 | 0.7929 | 0.7925 | 0.7899 | 0.7899 | −0.003 |
| 水域 | 0.6973 | 0.6971 | 0.6963 | 0.6959 | −0.0014 |
| 城乡工矿居民用地 | 0 | 0 | 0 | 0 | 0 |
| 沙地 | 0 | 0 | 0 | 0 | 0 |
| 其他未利用土地 | 0 | 0 | 0 | 0 | 0 |
| 总计 | 0.4267 | 0.4252 | 0.4260 | 0.4261 | −0.0006 |

　　松嫩沙地 1990～2020 年生境质量空间分布格局基本一致，整体上分布状态没有发生太大变动，都是研究区的东部和西部生境质量高，由东西向中间生境质量逐渐递减，生境质量中值区域主要集中于松嫩沙地的东南和中间部分地区（图 11-24）。

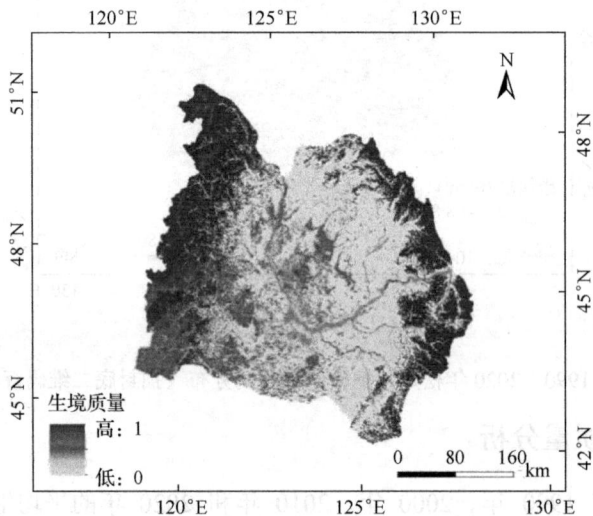

（a）1990年

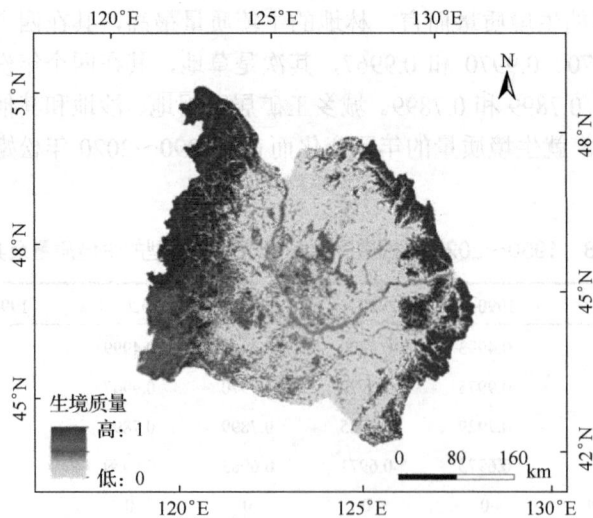

（b）2000年

（c）2010年

（d）2020年

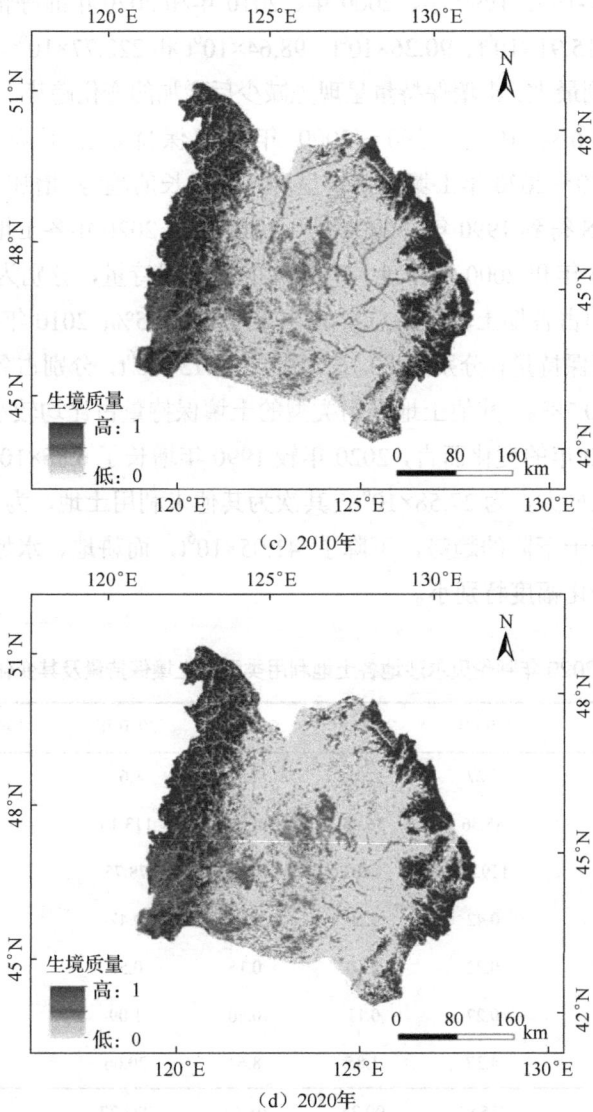

图 11-24　1990～2020 年松嫩沙地生境质量空间分布（扫封底二维码查看彩图）

# 11.6　呼伦贝尔沙地生态系统服务功能分析

## 11.6.1　土壤保持量分析

呼伦贝尔沙地在 1990 年、2000 年、2010 年和 2020 年的土壤保持量表现出明显的差异（表 11-19）。1990 年、2000 年、2010 年和 2020 年的呼伦贝尔沙地土壤保持量分别为 $215.91×10^6$t、$90.26×10^6$t、$98.64×10^6$t 和 $222.77×10^6$t，其中土壤保持量在 2020 年达到最大。土壤保持量呈现先减少后增加的变化趋势，1990 年到 2020 年总共增加了 $6.86×10^6$t。1990～2000 年土壤保持量呈下降趋势，下降了 $125.65×10^6$t，2000～2020 年土壤保持量呈现不断增长的趋势，增加了 $132.51×10^6$t。

利用 ArcGIS 得到 1990 年、2000 年、2010 年和 2020 年各土地利用类型的土壤保持量。1990 年和 2000 年草地具有最大的土壤保持量，分别为 $119.80×10^6$t、$48.97×10^6$t，分别占各期土壤保持总量的 55.49%、54.25%；2010 年和 2020 年林地具有最大的土壤保持量，分别为 $50.16×10^6$t、$113.13×10^6$t，分别占各期土壤保持总量的 50.85%、50.78%。其他土地利用类型的土壤保持量占比均较小。就土壤保持量在 1990～2020 年的变化而言，2020 年较 1990 年增长了 $6.86×10^6$t，其中林地的土壤保持量增长最大，为 $27.58×10^6$t，其次为其他未利用土地，为 $15.70×10^6$t，草地土壤保持量处于下降的趋势，下降了 $41.05×10^6$t，而耕地、水域、城乡工矿居民用地、沙地变化幅度特别小。

表 11-19　1990～2020 年呼伦贝尔沙地各土地利用类型的土壤保持量及其变化　单位：$10^6$t

| 土地利用类型 | 1990 年 | 2000 年 | 2010 年 | 2020 年 | 1990～2020 年变化 |
| --- | --- | --- | --- | --- | --- |
| 耕地 | 5.27 | 2.61 | 3.89 | 8.67 | 3.40 |
| 林地 | 85.56 | 36.43 | 50.16 | 113.13 | 27.58 |
| 草地 | 119.80 | 48.97 | 35.11 | 78.75 | −41.05 |
| 水域 | 0.42 | 0.19 | 0.19 | 0.47 | 0.05 |
| 城乡工矿居民用地 | 0.22 | 0.10 | 0.15 | 0.58 | 0.36 |
| 沙地 | 0.27 | 0.11 | 0.50 | 1.09 | 0.82 |
| 其他未利用土地 | 4.37 | 1.85 | 8.64 | 20.06 | 15.70 |
| 总计 | 215.91 | 90.26 | 98.64 | 222.77 | 6.86 |

呼伦贝尔沙地的土壤保持量在 1990～2020 年呈现出明显的空间异质性特征（图 11-25）。从整体来看，该研究区的土壤保持量在 1990～2020 年均表现出东部高于其他地区的空间分布特征，这主要是因为东部林地多。因此，呼伦贝尔沙地的东部为该区土壤保持量的主要供给区。

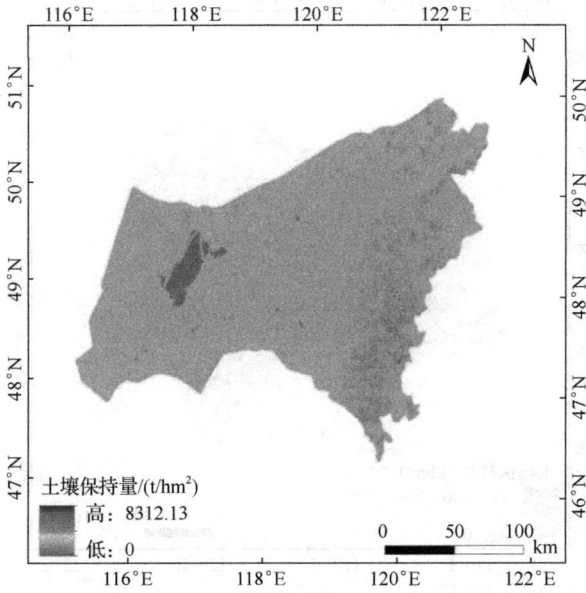

（a）1990年

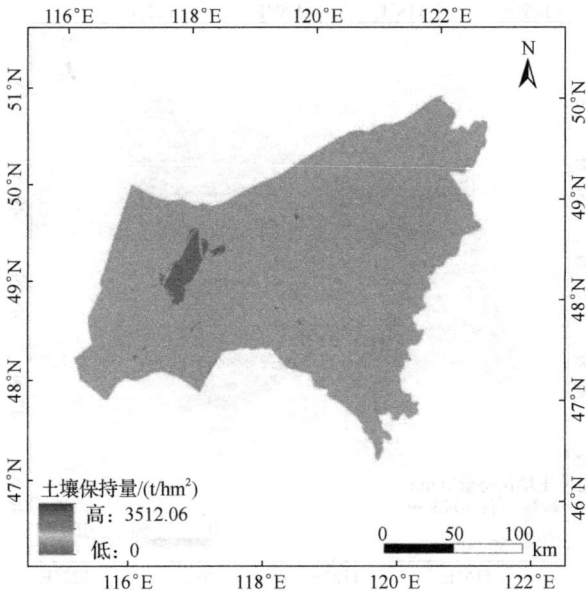

（b）2000年

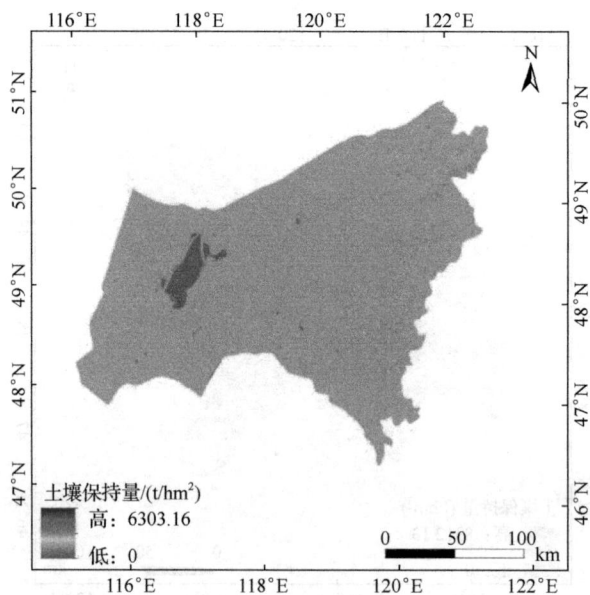

（c）2010年

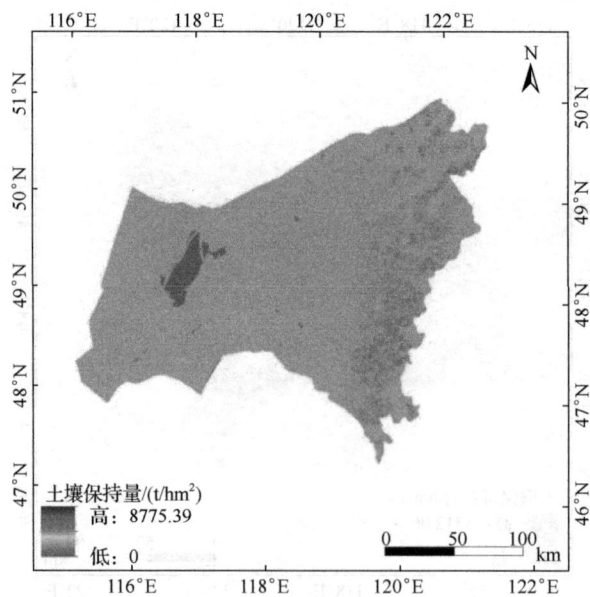

（d）2020年

图 11-25　1990～2020 年呼伦贝尔沙地土壤保持量空间分布（扫封底二维码查看彩图）

## 11.6.2　水源涵养量分析

呼伦贝尔沙地在 1990 年、2000 年、2010 年和 2020 年的水源涵养量表现出明显的差异（表 11-20）。通过模型水源涵养模块运算可得，呼伦贝尔沙地 1990 年、2000 年、2010 年和 2020 年的水源涵养量分别为 $311.43×10^7$mm、$146.16×10^7$mm、$154.14×10^7$mm 和 $222.45×10^7$mm，总体呈下降趋势。1990~2010 年水源涵养量呈下降趋势，下降了 $157.29×10^7$mm，从 2010 年起水源涵养量不断增加，至 2020 年总共增加了 $68.31×10^7$mm。

利用 ArcGIS 得到 1990 年、2000 年、2010 年和 2020 年各土地利用类型的水源涵养量。1990 年、2000 年、2010 年和 2020 年，草地具有最大的水源涵养量，分别为 $196.18×10^7$mm、$90.52×10^7$mm、$73.27×10^7$mm 和 $103.38×10^7$mm，分别占各期水源涵养总量的 62.99%、61.93%、47.53% 和 46.47%。其次为林地，水源涵养量分别为 $81.80×10^7$mm、$41.50×10^7$mm、$48.84×10^7$mm 和 $69.74×10^7$mm，分别占各期水源涵养总量的 26.27%、28.39%、31.69% 和 31.35%。而其他土地利用类型的水源涵养量占比均较小。就水源涵养量在 1990~2020 年的变化而言，2020 年的水源涵养总量较 1990 年减少了 $88.98×10^7$mm，其中，草地的水源涵养量减少最多，为 $92.80×10^7$mm，林地和耕地水源涵养量也呈下降趋势，分别下降了 $12.06×10^7$mm 和 $1.34×10^7$mm。

表 11-20　1990~2020 年呼伦贝尔沙地各土地利用类型的
水源涵养量及其变化　　　　　　　　　单位：$10^7$mm

| 土地利用类型 | 1990 年 | 2000 年 | 2010 年 | 2020 年 | 1990~2020 年变化 |
|---|---|---|---|---|---|
| 耕地 | 14.86 | 6.97 | 9.42 | 13.53 | -1.34 |
| 林地 | 81.80 | 41.50 | 48.84 | 69.74 | -12.06 |
| 草地 | 196.18 | 90.52 | 73.27 | 103.38 | -92.80 |
| 水域 | 0.00 | 0.00 | 0.00 | 0.00 | 0.00 |
| 城乡工矿居民用地 | 0.92 | 0.33 | 0.48 | 1.18 | 0.25 |
| 沙地 | 0.97 | 0.36 | 2.55 | 3.84 | 2.87 |
| 其他未利用土地 | 16.69 | 6.48 | 19.60 | 30.79 | 14.10 |
| 总计 | 311.43 | 146.16 | 154.14 | 222.45 | -88.98 |

呼伦贝尔沙地的水源涵养量在 1990~2020 年呈现出明显的空间异质性特征（图 11-26）。从整体来看，该研究区的水源涵养量在 1990 年、2000 年、2010 年和 2020 年均表现出由东部向西南递减的空间分布特征，其中，水源涵养量的东西差异在 1990 年较为明显。水源涵养量高值区均集中在东部，西部地区相对最小，这种分布格局与研究区降水量和植被分布格局有直接关系，即降水量高、植被蒸散量低的区域，其水源涵养能力较强。在整个研究期间，水源涵养量最大值呈现先减少后增加的趋势。

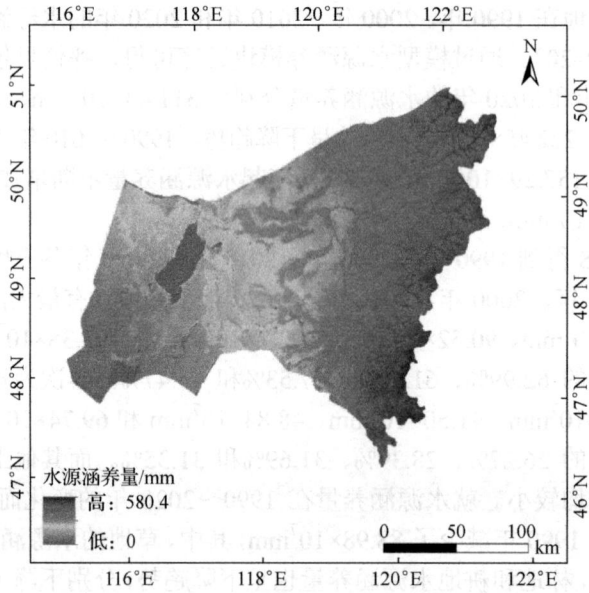

(a) 1990年

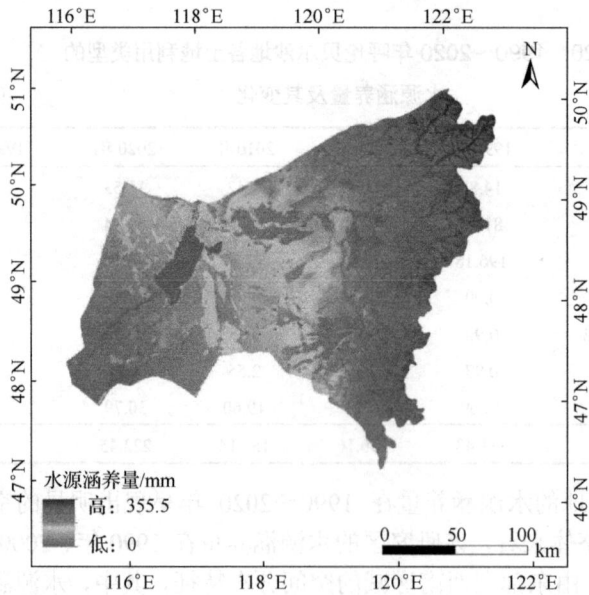

(b) 2000年

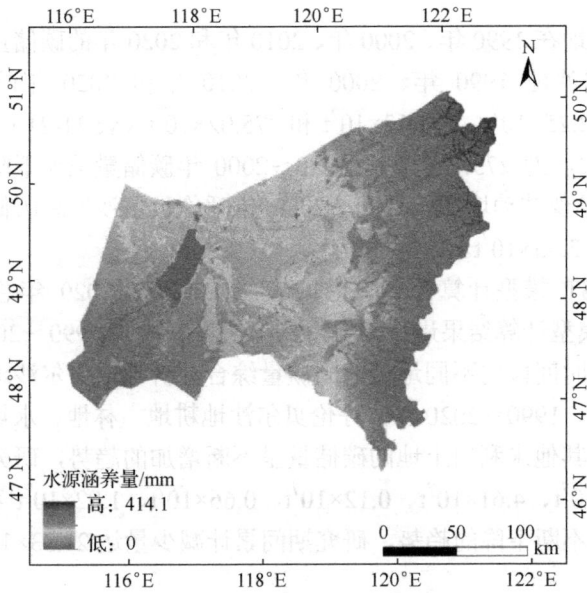

（c）2010 年

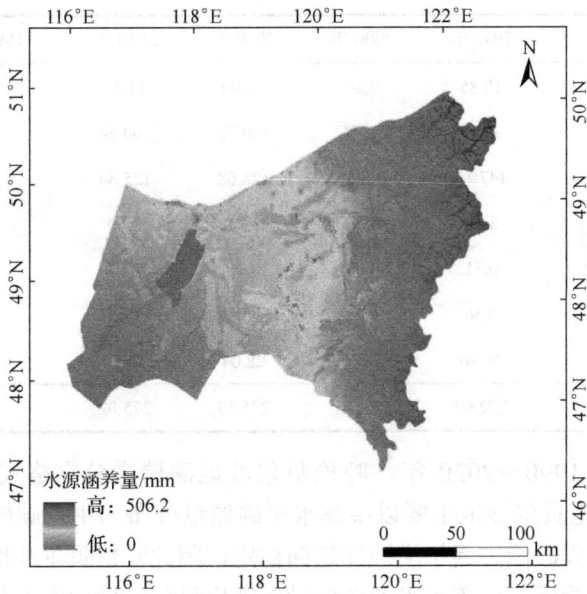

（d）2020 年

图 11-26　1990～2020 年呼伦贝尔沙地水源涵养量空间分布（扫封底二维码查看彩图）

### 11.6.3　碳储量分析

呼伦贝尔沙地在 1990 年、2000 年、2010 年和 2020 年的碳储量表现出明显的差异。呼伦贝尔沙地 1990 年、2000 年、2010 年和 2020 年的碳储量分别为 $272.67\times10^7$t、$272.25\times10^7$t、$275.13\times10^7$t 和 $275.02\times10^7$t（表 11-21）。其中碳储量在 2010 年达到最大，为 $275.13\times10^7$t，1990～2000 年碳储量呈现下降趋势，2000～2020 年碳储量呈现波动增加。1990～2020 年呼伦贝尔沙地总碳储量水平变化不大，总共增加了 $2.35\times10^7$t。

基于 InVEST 模型计算得到呼伦贝尔沙地 1990～2020 年总碳储量，基于 ArcGIS 平台对模型计算结果进行分析得到呼伦贝尔沙地 1990～2020 年各地类碳储量。结合各个时间段内不同地类的固碳量综合分析呼伦贝尔沙地各地类的碳储量时间变化特征。1990～2020 年，呼伦贝尔沙地耕地、林地、水域、城乡工矿居民用地、沙地和其他未利用土地的碳储量呈不断增加的趋势，研究期间累计增加量分别达 $0.66\times10^7$t、$4.61\times10^7$t、$0.12\times10^7$t、$0.66\times10^7$t、$1.82\times10^7$t 和 $15.82\times10^7$t。草地的碳储量呈不断下降的趋势，研究期间累计减少量达 $21.33\times10^7$t。

表 11-21　1990～2020 年呼伦贝尔沙地各土地利用类型的碳储量及其变化　单位：$10^7$t

| 土地利用类型 | 1990 年 | 2000 年 | 2010 年 | 2020 年 | 1990～2020 年变化 |
|---|---|---|---|---|---|
| 耕地 | 10.86 | 9.20 | 12.00 | 11.52 | 0.66 |
| 林地 | 95.93 | 95.56 | 100.70 | 100.54 | 4.61 |
| 草地 | 147.17 | 148.86 | 128.08 | 125.84 | −21.33 |
| 水域 | 3.48 | 3.59 | 3.34 | 3.60 | 0.12 |
| 城乡工矿居民用地 | 0.51 | 0.53 | 0.76 | 1.17 | 0.66 |
| 沙地 | 0.36 | 0.36 | 2.23 | 2.18 | 1.82 |
| 其他未利用土地 | 14.36 | 14.16 | 28.04 | 30.17 | 15.82 |
| 总计 | 272.67 | 272.25 | 275.13 | 275.02 | 2.35 |

总体来看，1990～2020 年，呼伦贝尔沙地碳储量分布格局变化较为明显（图 11-27）。呼伦贝尔沙地主要以中高水平碳储量分布为主，碳储量高值区由西部向东部集中，固碳能力逐年增强并趋向稳定，因此呼伦贝尔沙地的东部为该区碳储量的主要供给区。中等水平的碳储量在呼伦贝尔沙地中西部且呈逐年缩小的趋势，碳储量低值区主要分布在呼伦湖地区，还有零星分布在呼伦贝尔沙地的中部部分地区。

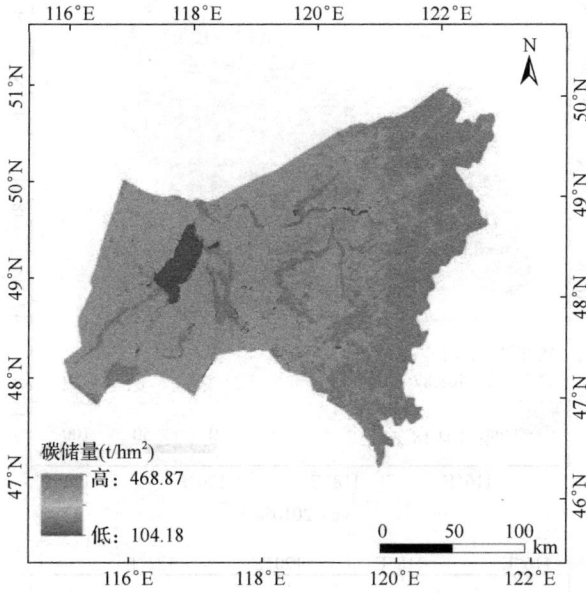

（a）1990 年

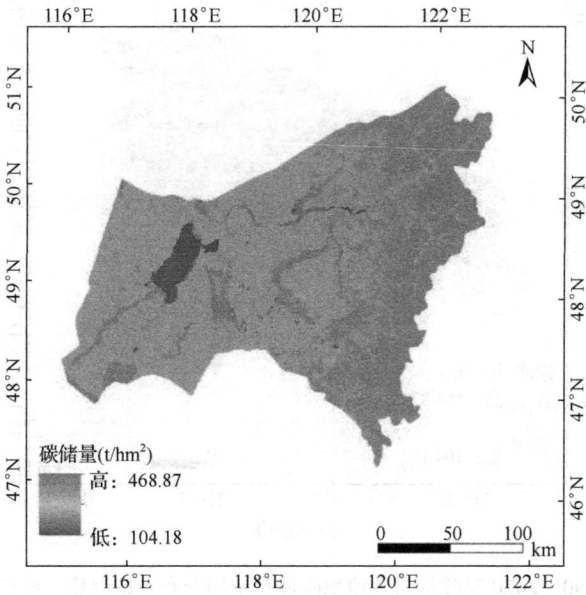

（b）2000 年

（c）2010年

（d）2020年

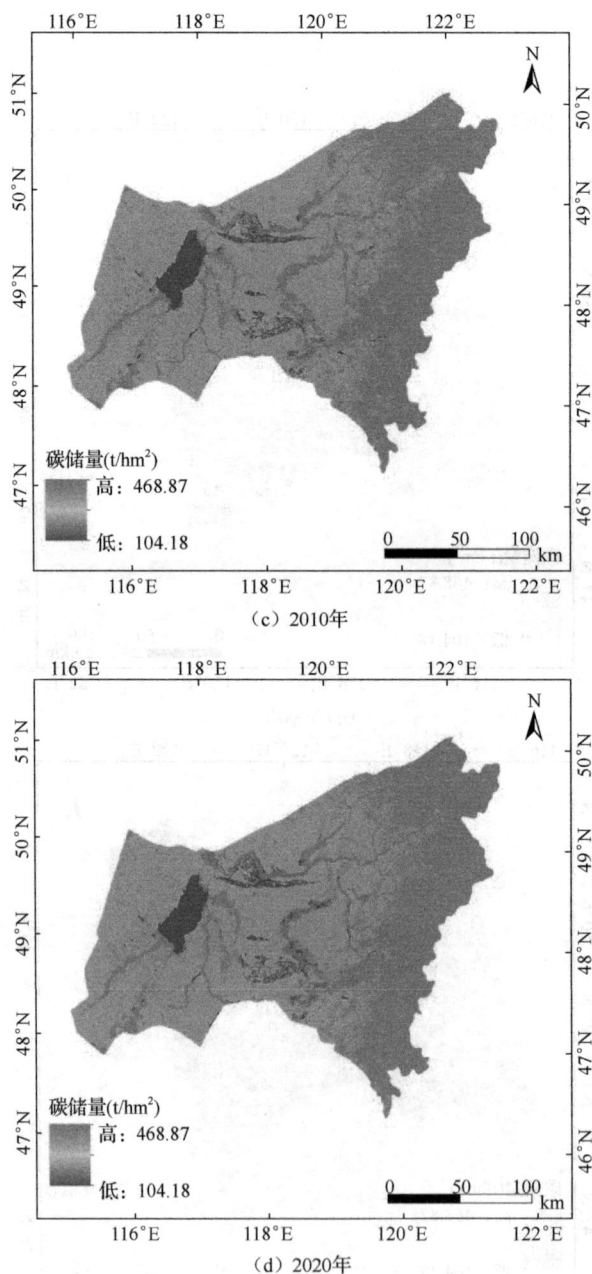

图 11-27　1990～2020 年呼伦贝尔沙地碳储量空间分布（扫封底二维码查看彩图）

## 11.6.4　生境质量分析

呼伦贝尔沙地在 1990 年、2000 年、2010 年和 2020 年的平均生境质量分别为

0.4284、0.4285、0.4284 和 0.4269，呈现先上升后下降的变化趋势（表 11-22）。就各土地利用类型的生境质量而言，林地的生境质量最高，其在四个年份的值分别为 0.9998、0.9999、0.9998 和 0.9996，其次是草地，其在四个年份的数值分别为 0.7994、0.7996、0.7994 和 0.7995。城乡工矿居民用地、沙地和其他未利用土地的生境质量均为 0。就生境质量的年际变化而言，1990～2020 年呼伦贝尔沙地的生境质量呈下降趋势。

**表 11-22　1990～2020 年呼伦贝尔沙地各土地利用类型的生境质量及其变化**

| 土地利用类型 | 1990 年 | 2000 年 | 2010 年 | 2020 年 | 1990～2020 年变化 |
|---|---|---|---|---|---|
| 耕地 | 0.5000 | 0.5000 | 0.4999 | 0.4899 | −0.0101 |
| 林地 | 0.9998 | 0.9999 | 0.9998 | 0.9996 | −0.0002 |
| 草地 | 0.7994 | 0.7996 | 0.7994 | 0.7995 | 0.0001 |
| 水域 | 0.6999 | 0.7000 | 0.6999 | 0.6992 | −0.0007 |
| 城乡工矿居民用地 | 0 | 0 | 0 | 0 | 0 |
| 沙地 | 0 | 0 | 0 | 0 | 0 |
| 其他未利用土地 | 0 | 0 | 0 | 0 | 0 |
| 总计 | 0.4284 | 0.4285 | 0.4284 | 0.4269 | −0.0015 |

呼伦贝尔沙地 1990～2020 年生境质量空间分布格局基本一致，生境质量高值区域分布面积较大（图 11-28），其中，研究区 1990 年和 2000 年的生境质量高值面积比 2010 年和 2020 年大，且随着时间的推移，生境质量的高值区域在 2020 年明显减少，低值区域逐渐增多。

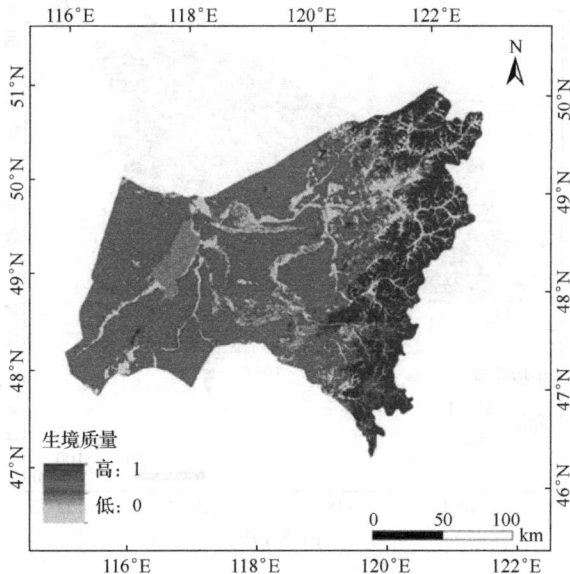

（a）1990年

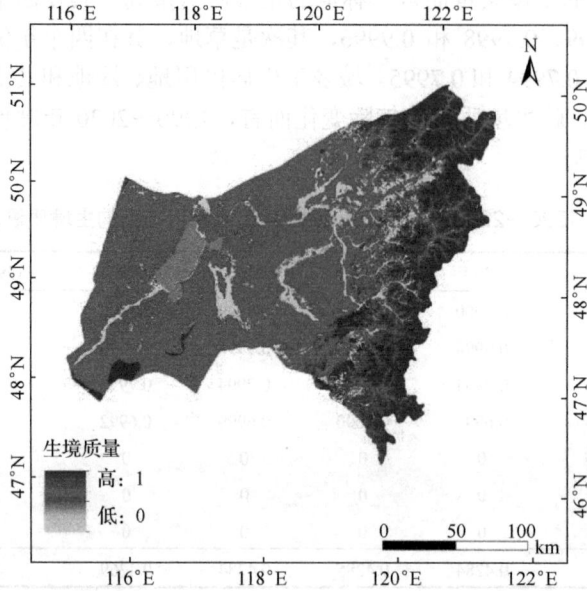

生境质量

高: 1

低: 0

0　　50　　100

km

(b) 2000年

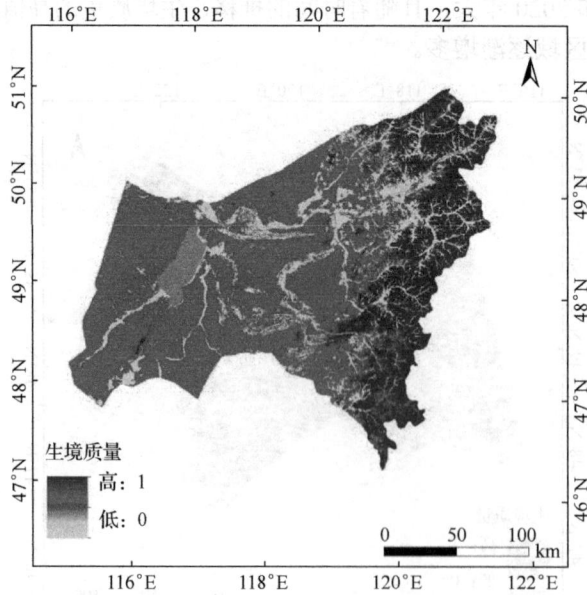

生境质量

高: 1

低: 0

0　　50　　100

km

(c) 2010年

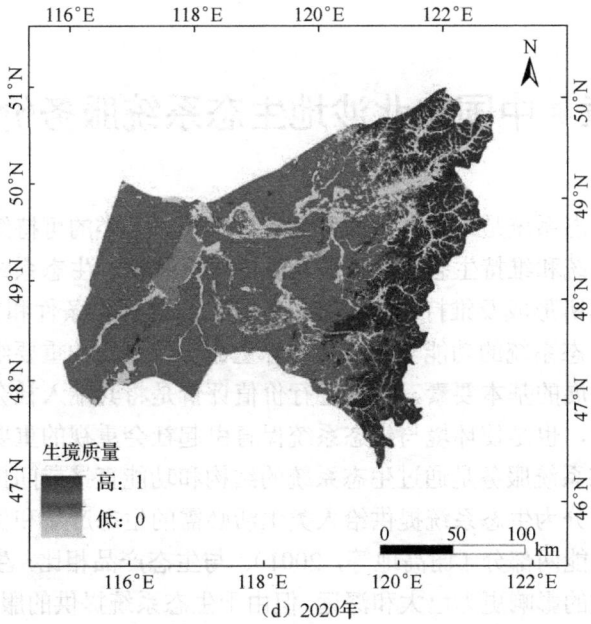

(d) 2020年

**图 11-28　1990～2020 年呼伦贝尔沙地生境质量空间分布（扫封底二维码查看彩图）**

# 第 12 章　中国东北沙地生态系统服务价值评估

地球上的生态系统是一种复杂的生命支撑系统，人类的可持续发展必须保护这种生命支撑系统和维持生态系统服务功能的可持续性。生态系统服务是指生态系统与生态过程所形成及维持的人类赖以生存的自然环境条件和效用（Costanza et al.，1997），生态系统的功能与效益是地球生命支持系统的重要组成部分和社会与环境可持续发展的基本要素，对其进行价值评价是将其纳入社会经济体系与市场化的必要条件，也是使环境与生态系统保育引起社会重视的重要措施（陈仲新等，2000）。生态系统服务是通过生态系统的结构和功能直接或间接得到生命支持产品和服务，可分为生态系统提供给人类生活必需的生态产品和保证人类生活质量的生态服务功能两部分（谢高地等，2001）。与生态产品相比，生态系统提供的服务功能对人类的影响更为巨大和深远，但由于生态系统提供的服务是公益性的，其外部性服务常因难以核算而被忽视，从而导致人类在生产和生活中发生短期经济行为，破坏了生态环境，严重影响了经济社会的可持续发展（张峰等，2003）。自从 Costanza 等（1997 年）在 *Nature* 上发表"全球生态系统服务价值和自然资本"一文以后，国内外学者对生态系统服务价值（ecosystem services value, ESV）进行了大量的研究（谢高地等，2006；欧阳志云等，1999）。在评价生态效益时，国际上的做法是综合不同区域内的研究成果，利用统计方法归纳并计算主要生态过程的功能与生态系统效益的价值。但如何准确而有效地评估 EVS，仍是当今研究的热点问题。作为全球环境变化研究的核心领域之一，土地利用/覆被变化（land use/cover change, LUCC）通过改变生态系统的结构和功能，对生态系统维持其服务功能起决定性作用（David，1997）。同时，LUCC 驱动下的 ESV 变化，也是 LUCC 环境效应的一个重要量化指标。

## 12.1　沙地生态系统服务价值研究方法

### 12.1.1　ESV 估算模型

本章参考谢高地等（2015，2005，2003）提出的"单位面积价值当量因子法"对东北沙地 ESV 进行估算，基于东北沙地 1990～2020 年相应统计资料，计算不同时期"1 个标准当量因子的生态系统服务价值量（Ea）"，并对其进行支付意愿系数修正，取四期均值作为最终 Ea 值，计算公式如下：

$$Ea = \frac{1}{4} \sum_{t=1990}^{2020} Ea_t \qquad (12\text{-}1)$$

$$Ea_t = \frac{1}{7} \cdot R_t \sum_{i=1}^{n} \frac{m_{it} q_{it} p_{it}}{M_t} \qquad (12\text{-}2)$$

式中，$Ea_t$ 为 $t$ 年 1 个标准当量因子的生态系统服务价值量；$R_t$ 为 $t$ 年支付意愿系数，计算方法参考林栋等（2016）；$i$ 为作物种类（内蒙古自治区的主要粮食作物：小麦、玉米、大豆）；$m_{it}$ 为 $t$ 年该粮食作物的种植面积（$hm^2$）；$p_{it}$ 为 $t$ 年粮食作物价格（元/kg）；$q_{it}$ 为 $t$ 年粮食作物单产（$kg/hm^2$）；$M_t$ 为 $t$ 年三种粮食作物总种植面积（$hm^2$）；1/7 为没有人力投入的自然生态系统提供的经济价值占现有单位面积耕地提供的食物生产服务经济价值的 1/7。

## 12.1.2　生态系统服务价值系数表

以研究区四期土地利用数据为基础计算 ESV，考虑研究区土地利用类型，结合谢高地等制定的单位面积生态系统服务价值的基础当量表对生态系统服务价值系数进行修正，其中本章的耕地、林地、草地、沙地、水域分别对应二级生态系统分类中的旱地、阔叶林、草甸、裸地、水系，除此之外的所有土地归为其他用地（王鹏涛等，2017），基于此获得研究区单位面积生态系统服务价值当量表（表 12-1）。计算研究区 ESV 的公式如下：

$$ESV = \sum_{j=1}^{m} A_j \sum_{r=1}^{n} B_{rj} Ea \qquad (12\text{-}3)$$

式中，$A_j$ 为第 $j$ 类土地利用类型的面积（$hm^2$）；$B_{rj}$ 为第 $j$ 类土地利用类型第 $r$ 种生态系统服务类型单位面积生态系统服务价值当量（表 12-1）。

表 12-1　东北沙地单位面积生态系统服务价值当量　　　　单位：元/$hm^2$

| 生态系统分类 | 食物生产 | 原料生产 | 水资源供给 | 气体调节 | 气候调节 | 净化环境 | 水文调节 | 土壤保持 | 维持养分循环 | 生物多样性 | 美学景观 | 总计 |
|---|---|---|---|---|---|---|---|---|---|---|---|---|
| 耕地 | 0.85 | 0.4 | 0.02 | 0.67 | 0.36 | 0.1 | 0.27 | 1.03 | 0.12 | 0.13 | 0.06 | 4.01 |
| 林地 | 0.29 | 0.66 | 0.34 | 2.17 | 6.5 | 1.93 | 4.74 | 2.65 | 0.2 | 2.41 | 1.06 | 22.95 |
| 草地 | 0.22 | 0.33 | 0.18 | 1.44 | 3.02 | 1.00 | 2.21 | 1.39 | 0.11 | 1.27 | 0.56 | 11.73 |
| 水域 | 0.8 | 0.23 | 8.29 | 0.77 | 2.29 | 5.55 | 102.24 | 0.93 | 0.07 | 2.55 | 1.89 | 125.61 |
| 沙地 | 0.11 | 0.03 | 0.02 | 0.11 | 0.01 | 0.31 | 0.21 | 0.13 | 0.01 | 0.12 | 0.05 | 1.11 |
| 其他未利用土地 | 5.10 | 0.00 | 15.37 | 0.00 | 0.00 | 0.00 | 0.00 | 10.27 | 0.00 | 174.46 | 0.00 | 205.2 |

## 12.1.3　敏感性分析

借用敏感性指数（coefficient of sensitivity, CS）以确定 ESV 随时间变化对生态价值系数（value coefficients，VC）变化的依赖程度（杜会石等，2010）。CS 的含义是指 VC 变动 1%引起 ESV 的变化情况：如果 CS>1，说明 ESV 对 VC 是富有弹性的；如果 CS<1，则说明 ESV 对 VC 是缺乏弹性的。数值越大，表明 VC 的准确性越关键。

本章通过调整 50%的 VC 来计算 CS，从而说明 ESV 对 VC 的敏感程度。敏感性指数计算公式如下（杜会石，2008）：

$$\text{CS} = \left| \frac{\left(\text{ESV}_j - \text{ESV}_i\right) / \text{ESV}_i}{\left(\text{VC}_{jk} - \text{VC}_{ik}\right) / \text{VC}_{ik}} \right| \tag{12-4}$$

式中，ESV 为生态系统服务价值（元）；VC 为生态价值系数[元/(hm$^2$·a)]；$k$ 为研究区内某土地利用类型；$i$ 和 $j$ 分别代表初始价值和生态价值系数调整以后的价值。

# 12.2　中国东北沙地生态系统服务价值变化特征

## 12.2.1　中国东北沙地生态系统服务价值总体特征

基于构建的生态系统服务价值当量表，结合中国东北沙地土地利用类型面积统计表，利用 ArcGIS 10.2 与 Excel 数据分析软件，计算了 1990 年、2000 年、2010 年和 2020 年中国东北沙地生态系统服务总价值变化特征（表 12-2）。研究时段内，生态系统服务价值存在一定的差异性。整个中国东北沙地 ESV 整体呈现增加趋势，由 1990 年的 162457.70 亿元增长至 2020 年的 173999.90 亿元，增长了 11542.12 亿元，增长幅度达 7.10%，年均增长率为 0.24%。从各个土地利用类型生态系统服务价值来看，ESV 从高到低依次为：其他未利用土地>林地>水域>草地>耕地>沙地。其他未利用土地增加的 ESV 量最大，为 21126.96 亿元，耕地次之，增加的 ESV 量为 1038.83 亿元。水域减少的 ESV 量最多，为 6254.61 亿元，草地次之，减少的 ESV 量为 4027.26 亿元。

表 12-2　1990～2020 年中国东北沙地生态系统服务总价值变化

| 土地利用类型 | 价值系数/[元/(hm²·a)] | 1990 年/亿元 | 2000 年/亿元 | 2010 年/亿元 | 2020 年/亿元 | 1990～2020 年变化值/亿元 |
|---|---|---|---|---|---|---|
| 耕地 | 4.01 | 6557.03 | 7135.82 | 7318.38 | 7595.86 | 1038.83 |
| 林地 | 22.95 | 28342.70 | 27291.37 | 28318.13 | 27982.77 | −359.94 |
| 草地 | 11.73 | 17250.45 | 16439.69 | 13999.73 | 13223.19 | −4027.26 |

续表

| 土地利用<br>类型 | 价值系数/<br>[元/(hm²·a)] | 1990 年/<br>亿元 | 2000 年/<br>亿元 | 2010 年/<br>亿元 | 2020 年/<br>亿元 | 1990~2020 年变化值/<br>亿元 |
|---|---|---|---|---|---|---|
| 水域 | 125.61 | 22272.30 | 21069.12 | 18032.03 | 16017.69 | -6254.61 |
| 沙地 | 1.11 | 102.14 | 92.05 | 119.72 | 120.28 | 18.13 |
| 其他未利<br>用土地 | 205.20 | 87933.12 | 85098.72 | 107467.50 | 109060.10 | 21126.96 |
| 总计 | — | 162457.70 | 157126.80 | 175255.50 | 173999.90 | 11542.12 |

### 1. 科尔沁沙地生态系统服务价值变化

1990~2020 年，科尔沁沙地 ESV 总体呈现减少趋势，由 1990 年的 18442.44 亿元减少到 2020 年的 17914.89 亿元，减少了 527.54 亿元，减少幅度达 2.86%，年均递减率为 0.10%（表 12-3）。从科尔沁沙地 1990~2020 年四期不同土地利用类型的 ESV 来看：耕地和林地 ESV 量逐年增加，分别增加了 152.70 亿元和 406.96 亿元；草地、水域 ESV 逐年下降，分别下降了 680.15 亿元和 634.93 亿元；沙地和其他未利用土地等呈波动增加，分别增加了 3.45 亿元和 224.43 亿元。

表 12-3　1990~2020 年科尔沁沙地生态系统服务总价值变化

| 土地利用类型 | 价值系数/<br>[元/(hm²·a)] | 1990 年/<br>亿元 | 2000 年/<br>亿元 | 2010 年/<br>亿元 | 2020 年/<br>亿元 | 1990~2020 年变化值/<br>亿元 |
|---|---|---|---|---|---|---|
| 耕地 | 4.01 | 739.30 | 823.82 | 846.11 | 892.00 | 152.70 |
| 林地 | 22.95 | 521.16 | 617.03 | 926.27 | 928.13 | 406.96 |
| 草地 | 11.73 | 3110.06 | 2902.26 | 2489.61 | 2429.91 | -680.15 |
| 水域 | 125.61 | 2309.21 | 2203.35 | 1874.72 | 1674.28 | -634.93 |
| 沙地 | 1.11 | 89.16 | 83.24 | 91.33 | 92.61 | 3.45 |
| 其他未利用土地 | 205.20 | 11673.54 | 11230.04 | 13523.03 | 11897.97 | 224.43 |
| 总计 | — | 18442.44 | 17859.73 | 19751.07 | 17914.89 | -527.54 |

### 2. 松嫩沙地生态系统服务价值变化

1990~2020 年，松嫩沙地 ESV 总体呈现增加趋势，由 1990 年的 116579.00 亿元增加到 2020 年的 117011.90 亿元，增加了 432.89 亿元，增加幅度达 0.37%，年均递增率为 0.01%（表 12-4）。从松嫩沙地 1990~2020 年四期不同土地利用类型的 ESV 来看：耕地和其他未利用土地 ESV 量总体呈现增加趋势，分别增加了 874.89 亿元和 8528.05 亿元；林地、草地、水域和沙地 ESV 量总体呈现减少的趋势，分别减少了 992.15 亿元、2228.38 亿元、5744.84 亿元和 4.69 亿元。

表 12-4　1990～2020 年松嫩沙地生态系统服务总价值变化

| 土地利用类型 | 价值系数/ [元/(hm²·a)] | 1990 年/ 亿元 | 2000 年/ 亿元 | 2010 年/ 亿元 | 2020 年/ 亿元 | 1990～2020 年变化值/ 亿元 |
|---|---|---|---|---|---|---|
| 耕地 | 4.01 | 5633.71 | 6156.05 | 6269.03 | 6508.60 | 874.89 |
| 林地 | 22.95 | 23123.24 | 21994.58 | 22460.50 | 22131.09 | -992.15 |
| 草地 | 11.73 | 6448.52 | 5757.57 | 4819.92 | 4220.15 | -2228.38 |
| 水域 | 125.61 | 16330.67 | 15116.11 | 12661.97 | 10585.83 | -5744.84 |
| 沙地 | 1.11 | 9.14 | 4.97 | 4.66 | 4.45 | -4.69 |
| 其他未利用土地 | 205.20 | 65033.75 | 62797.85 | 72024.34 | 73561.80 | 8528.05 |
| 总计 | — | 116579.00 | 111827.10 | 118240.40 | 117011.90 | 432.89 |

### 3. 呼伦贝尔沙地生态系统服务价值变化

1990～2020 年，呼伦贝尔沙地 ESV 总体呈现增加趋势，由 1990 年的 27436.27 亿元增加到 2020 年的 39073.05 亿元，增加了 11636.78 亿元，增加幅度达 42.41%，年均递增率为 1.41%（表 12-5）。从呼伦贝尔沙地 1990～2020 年四期不同土地利用类型的 ESV 来看：耕地、林地、水域、沙地和其他未利用土地 ESV 量总体呈现增加趋势，分别增加了 11.23 亿元、225.25 亿元、125.17 亿元、19.37 亿元和 12374.48 亿元；草地 ESV 总体呈现减少的趋势，减少了 1118.73 亿元。

表 12-5　1990～2020 年呼伦贝尔沙地生态系统服务总价值变化

| 土地利用类型 | 价值系数/ [元/(hm²·a)] | 1990 年/ 亿元 | 2000 年/ 亿元 | 2010 年/ 亿元 | 2020 年/ 亿元 | 1990～2020 年变化值/ 亿元 |
|---|---|---|---|---|---|---|
| 耕地 | 4.01 | 184.02 | 155.94 | 203.25 | 195.25 | 11.23 |
| 林地 | 22.95 | 4698.30 | 4679.76 | 4931.35 | 4923.55 | 225.25 |
| 草地 | 11.73 | 7691.87 | 7779.86 | 6690.21 | 6573.14 | -1118.73 |
| 水域 | 125.61 | 3632.40 | 3749.66 | 3495.35 | 3757.57 | 125.17 |
| 沙地 | 1.11 | 3.85 | 3.85 | 23.73 | 23.22 | 19.37 |
| 其他未利用土地 | 205.20 | 11225.84 | 11070.83 | 21920.16 | 23600.32 | 12374.48 |
| 总计 | — | 27436.27 | 27439.90 | 37264.04 | 39073.05 | 11636.78 |

## 12.2.2　中国东北沙地生态系统单项服务价值变化特征

### 1. 中国东北沙地生态系统单项服务价值总体变化特征

从中国东北沙地各个单项生态系统服务价值总量来看，1990～2020 年，各个单项 ESV 对生态系统服务价值总量贡献由大到小依次为生物多样性、水文调节、气候调节、土壤保持及水资源供给，生物多样性的 ESV 最高，1990～2020 年的生物多样性 ESV 分别为 80280.05 亿元、77665.31 亿元、96474.05 亿元和 97676.92 亿元，分别占各期 ESV 总量的 49.42%、49.43%、55.05%和 56.14%（表 12-6）；食物生产、原料生产、维持养分循环和美学景观的 ESV 贡献率较小。食物生产、水资源供给、土壤保持和生物多样性总体处于增加的趋势，生物多样性增加的 ESV 最多，为 17396.87 亿元，其次为水资源供给和土壤保持，增加的 ESV 分别为 1108.05 亿元和 761.23 亿元；而原料生产等其余服务项目均处于减少的趋势，水文调节减少的 ESV 最多，为 5850.65 亿元，其次为气候调节和净化环境，减少的 ESV 分别为 1159.40 亿元和 618.98 亿元。

表 12-6　1990～2020 年中国东北沙地生态系统服务价值变化表　　　单位：亿元

| 生态系统服务功能 | 1990 年 | 2000 年 | 2010 年 | 2020 年 | 1999～2020 年变化值 |
|---|---|---|---|---|---|
| 食物生产 | 4409.02 | 4424.11 | 4969.37 | 5036.19 | 627.17 |
| 原料生产 | 1998.00 | 2000.22 | 1974.50 | 1967.01 | −30.99 |
| 水资源供给 | 8775.49 | 8458.46 | 9912.68 | 9883.54 | 1108.05 |
| 气体调节 | 6039.82 | 5929.21 | 5741.39 | 5648.41 | −391.40 |
| 气候调节 | 13464.26 | 12987.70 | 12611.58 | 12304.86 | −1159.40 |
| 净化环境 | 5030.26 | 4831.18 | 4587.61 | 4411.28 | −618.98 |
| 水文调节 | 27693.18 | 26381.03 | 23678.88 | 21842.53 | −5850.65 |
| 土壤保持 | 11578.89 | 11358.13 | 12334.74 | 12340.12 | 761.23 |
| 维持养分循环 | 618.32 | 618.11 | 608.20 | 605.18 | −13.14 |
| 生物多样性 | 80280.05 | 77665.31 | 96474.05 | 97676.92 | 17396.87 |
| 美学景观 | 2570.46 | 2473.30 | 2362.51 | 2283.82 | −286.64 |
| 总计 | 162457.7 | 157126.8 | 175255.50 | 173999.90 | 11542.12 |

## 2. 科尔沁沙地单项生态系统服务价值变化特征

从科尔沁沙地各个单项生态系统服务价值总量来看，1990～2020 年，各个单项 ESV 对生态系统服务价值总量贡献由大到小依次为生物多样性、水文调节及土壤保持，其中生物多样性的 ESV 达到了 10000 亿元以上，1990～2020 年的生物多样性 ESV 分别为 10396.72 亿元、10007.18 亿元、11939.39 亿元和 10549.06 亿元，分别占各期 ESV 总量的 56.37%、56.03%、60.45%和 58.88%（表 12-7）；食物生产、原料生产、气体调节、净化环境、维持养分循环和美学景观的 ESV 贡献率较小，均不到 ESV 总量的 10%。食物生产、原料生产、土壤保持、维持养分循环和生物多样性均处于增加的趋势，生物多样性增加的 ESV 最多，为 152.34 亿元，其次为食物生产和土壤保持，增加的 ESV 分别为 26.63 亿元和 12.55 亿元；而水资源供给等其余服务项目均处于减少的趋势，水文调节减少的 ESV 最多，为 549.96 亿元，其次为气候调节和净化环境，减少的 ESV 分别为 57.69 亿元和 47.04 亿元。

表 12-7　1990～2020 年科尔沁沙地生态系统服务价值变化表　单位：亿元

| 生态系统服务功能 | 1990 年 | 2000 年 | 2010 年 | 2020 年 | 1999～2020 年变化值 |
|---|---|---|---|---|---|
| 食物生产 | 535.30 | 538.24 | 594.84 | 561.93 | 26.63 |
| 原料生产 | 182.87 | 187.85 | 186.98 | 189.60 | 6.73 |
| 水资源供给 | 1087.52 | 1045.86 | 1194.43 | 1058.84 | −28.68 |
| 气体调节 | 577.59 | 574.03 | 555.12 | 554.54 | −23.05 |
| 气候调节 | 1057.59 | 1036.85 | 1014.28 | 999.91 | −57.69 |
| 净化环境 | 454.33 | 440.46 | 419.58 | 407.29 | −47.04 |
| 水文调节 | 2639.82 | 2538.87 | 2260.54 | 2089.86 | −549.96 |
| 土壤保持 | 1230.40 | 1214.88 | 1320.69 | 1242.95 | 12.55 |
| 维持养分循环 | 57.92 | 59.22 | 58.61 | 59.34 | 1.42 |
| 生物多样性 | 10396.72 | 10007.18 | 11939.39 | 10549.06 | 152.34 |
| 美学景观 | 222.37 | 216.28 | 206.62 | 201.58 | −20.79 |
| 总计 | 18442.44 | 17859.73 | 19751.07 | 17914.89 | −527.54 |

**3. 松嫩沙地单项生态系统服务价值变化特征**

从松嫩沙地各个单项生态系统服务价值总量来看，1990～2020 年，各个单项 ESV 对生态系统服务价值总量贡献由大到小依次为生物多样性、水文调节及气候调节，其中生物多样性的 ESV 达到了 50000 亿元以上，1990～2020 年的生物多样性 ESV 分别为 58932.89 亿元、56830.43 亿元、64575.96 亿元和 65749.17 亿元，分别占各期 ESV 总量的 50.55%、50.82%、54.61% 和 56.19%（表 12-8）；原料生产、维持养分循环和美学景观的 ESV 贡献率较小，均不到 ESV 总量的 10%。食物生产、水资源供给、土壤保持和生物多样性总体处于增加的趋势，生物多样性增加的 ESV 最多，为 6816.28 亿元，其次为食物生产和土壤保持，增加的 ESV 分别为 306.02 亿元和 229.83 亿元；而原料生产等其余服务项目均处于减少的趋势，水文调节减少的 ESV 最多，为 5242.73 亿元，其次为气候调节和净化环境，减少的 ESV 分别为 880.95 亿元和 506.73 亿元。

表 12-8　1990～2020 年松嫩沙地生态系统服务价值变化表　单位：亿元

| 生态系统服务功能 | 1990 年 | 2000 年 | 2010 年 | 2020 年 | 1999～2020 年变化值 |
|---|---|---|---|---|---|
| 食物生产 | 3328.56 | 3348.34 | 3574.24 | 3634.58 | 306.02 |
| 原料生产 | 1438.51 | 1436.38 | 1430.17 | 1423.92 | −14.6 |

续表

| 生态系统服务功能 | 1990 年 | 2000 年 | 2010 年 | 2020 年 | 1999～2020 年变化值 |
|---|---|---|---|---|---|
| 水资源供给 | 6418.77 | 6146.34 | 6668.53 | 6633.78 | 215.01 |
| 气体调节 | 4020.32 | 3908.2 | 3840.94 | 3763.45 | −256.87 |
| 气候调节 | 9012.88 | 8540.03 | 8395.98 | 8131.93 | −880.95 |
| 净化环境 | 3358.92 | 3163.3 | 3016.84 | 2852.19 | −506.73 |
| 水文调节 | 19664.09 | 18346.59 | 16276.17 | 14421.36 | −5242.73 |
| 土壤保持 | 8258.05 | 8058.63 | 8473.91 | 8487.89 | 229.83 |
| 维持养分循环 | 439.75 | 438.36 | 435.63 | 433.15 | −6.61 |
| 生物多样性 | 58932.89 | 56830.43 | 64575.96 | 65749.17 | 6816.28 |
| 美学景观 | 1706.29 | 1610.52 | 1552.03 | 1480.52 | −225.77 |
| 总计 | 116579 | 111827.1 | 118240.4 | 117011.9 | 432.89 |

**4. 呼伦贝尔沙地单项生态系统服务价值变化特征**

从呼伦贝尔沙地各个单项生态系统服务价值总量来看，1990～2020 年，各个单项 ESV 对生态系统服务价值总量贡献由大到小依次为生物多样性、水文调节及气候调节，其中生物多样性的 ESV 达到了 10000 亿元以上，1990～2020 年的生物多样性 ESV 分别为 10950.44 亿元、10827.70 亿元、19958.71 亿元和 21378.69 亿元，分别占各期 ESV 总量的 39.91%、39.46%、53.56% 和 54.71%（表 12-9）；食物生产、原料生产、维持养分循环和美学景观的 ESV 贡献率较小。食物生产、水资源供给、土壤保持和生物多样性总体处于增加的趋势，生物多样性增加的 ESV 最多，为 10428.25 亿元，其次为水资源供给和土壤保持，增加的 ESV 分别为 921.72 亿元和 518.85 亿元；而原料生产等其余服务项目总体处于减少的趋势，气候调节减少的 ESV 最多，为 220.77 亿元，其次为气体调节和净化环境，减少的 ESV 分别为111.48 亿元和 65.21 亿元。

表 12-9　1990～2020 年呼伦贝尔沙地生态系统服务价值变化表　　单位：亿元

| 生态系统服务功能 | 1990 年 | 2000 年 | 2010 年 | 2020 年 | 1999～2020 年变化值 |
|---|---|---|---|---|---|
| 食物生产 | 545.16 | 537.52 | 800.29 | 839.67 | 294.52 |
| 原料生产 | 376.62 | 375.98 | 357.35 | 353.50 | −23.12 |
| 水资源供给 | 1269.20 | 1266.26 | 2049.72 | 2190.92 | 921.72 |
| 气体调节 | 1441.90 | 1446.98 | 1345.32 | 1330.43 | −111.48 |
| 气候调节 | 3393.80 | 3410.82 | 3201.32 | 3173.03 | −220.77 |
| 净化环境 | 1217.01 | 1227.43 | 1151.19 | 1151.80 | −65.21 |
| 水文调节 | 5389.26 | 5495.56 | 5142.18 | 5331.32 | −57.95 |

续表

| 生态系统服务功能 | 1990 年 | 2000 年 | 2010 年 | 2020 年 | 1999～2020 年变化值 |
|---|---|---|---|---|---|
| 土壤保持 | 2090.44 | 2084.62 | 2540.14 | 2609.29 | 518.85 |
| 维持养分循环 | 120.64 | 120.53 | 113.96 | 112.69 | -7.95 |
| 生物多样性 | 10950.44 | 10827.70 | 19958.71 | 21378.69 | 10428.25 |
| 美学景观 | 641.80 | 646.49 | 603.86 | 601.72 | -40.08 |
| 总计 | 27436.27 | 27439.9 | 37264.04 | 39073.05 | 11636.78 |

### 12.2.3　敏感性分析

根据 CS 计算公式，为分析和计算方便，将 VC 分别上下调整了 50%，计算出了研究区 1990～2020 年的生态价值系数对生态系统服务总价值影响的敏感性指数变化曲线（图 12-1）。结果表明，ESV 对 VC 的敏感性指数都小于 1，最高值为 0.81～0.90。这表明，研究区内 ESV 对 VC 是缺乏弹性的，研究结果可信度较高。

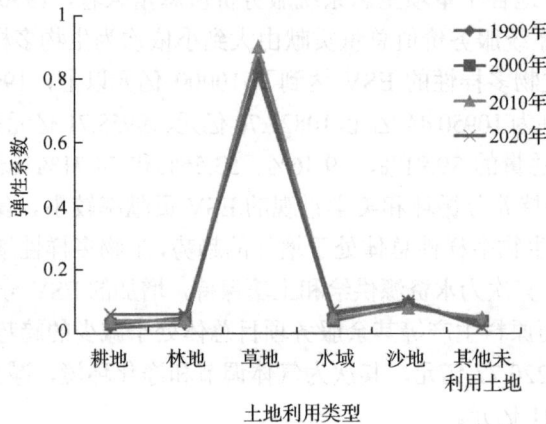

图 12-1　ESV 敏感性指数变化曲线

## 12.3　生态系统服务价值与生态系统服务功能的关系

生态系统服务研究方法中的物质量评估法与价值量评估法是相辅相成、互相补充与验证的关系。中国东北沙地生态系统服务总价值整体上呈现增加趋势，增幅 0.24%/年，这与中国东北沙地生态系统服务功能变化趋势一致，即土壤保持、水源涵养和碳储量均呈现增加趋势。其中，科尔沁沙地生态系统服务总价值总体呈现减少趋势，减幅-0.10%/年，并与科尔沁沙地水源涵养和生境质量变化趋势一致，但与土壤保持和碳储量变化趋势相反，主要是科尔沁沙地草地面积大量减少和耕地面积大幅增加所致。科尔沁沙地生态系统服务价值对整个研究区生态系统服务价值贡献较小，占比 10.30%。松嫩沙地生态系统服务总价值总体呈现增加趋势，增幅为 0.01%/年，这与松嫩沙地生态系统服务功能变化趋势一致，即土壤保持、水源涵养和碳储量都呈现增加趋势。松嫩沙地生态系统服务价值对整个研究区生态系统服务价值贡献较大，占比 67.25%，主要是由于松嫩沙地总体面积最大，且生态系统服务价值处于增加的态势。呼伦贝尔沙地生态系统服务总价值总体呈现增加趋势，增幅为 1.41%/年，与呼伦贝尔沙地土壤保持、水源涵养和碳储量等生态系统服务功能变化趋势一致，呼伦贝尔沙地生态系统服务价值增幅较大，达 0.37%，并对整个研究区生态系统服务价值贡献较大，占比为 22.46%。

中国东北沙地单项生态系统服务价值变化中的水资源供给和土壤保持都呈现增加趋势，水资源供给生态系统服务价值增加 36.94 亿元/年，土壤保持生态系统服务价值增加 25.37 亿元/年，这与中国东北沙地生态系统服务功能中的水源涵养和土壤保持变化趋势一致。

中国东北沙地生态系统服务价值以调节服务和支持服务为主，供给服务和文化服务的价值相对来说较低，这与我国其他学者在其他干旱区研究的生态系统服务价值组成结构相比呈现一致性（李佳鸣等，2019；赵敏敏等，2017）。从时间变化来看，1990～2020 年中国东北沙地生态系统服务价值总体上呈现增加的趋势，30 年增加了 11542.12 亿元，且草地和水域生态系统服务价值占比较高，这与张华等（2007）在科尔沁沙地的研究结果具有相似性。生态系统服务价值变化具有一定的空间集聚性，这与研究区土地利用变化有关，土地利用变化是导致生态系统服务价值变化的根本原因，这与宋洁等（2021）和孙兴辉等（2020）的研究结果一致。

# 第 13 章　中国东北沙地沙漠化风险评价

生态风险评价强调生态系统外部一些不确定性的风险因子对生态系统结构、功能、过程的影响，从区域尺度分析生态系统遭受的风险，对加强生态系统管理与保障区域生态安全具有重要价值（Chen et al.，2014；殷贺等，2009）。沙漠化风险评价是在生态风险管理的基础上发展而来，在内容上属于生态风险评价，方法与生态风险评价的方法相似（徐梦珍等，2017），沙漠化风险的概念是生态风险定义在沙漠化研究中的扩展，根据现存土地、社会经济与管理等特点，沙漠化风险可以概括为退化与沙漠化土地的敏感性或脆弱性（Kostmas et al.，2013）。影响沙漠化风险的自然与人为因子较多，因此识别与判断沙漠化风险主要因子对区域沙漠化防治具有重要的现实意义。

## 13.1　沙地沙漠化风险评价数据源与处理

### 13.1.1　指标选取与数据源

根据研究区的自然环境特征，同时考虑到数据的准确性与代表性，在自然因素、景观要素、人为因素三个方面选取了 9 个指标，构建沙地沙漠化风险评价指标体系，并利用层次分析法确定各指标的权重，见表 13-1（岳喜元等，2018）。

**表 13-1　沙地沙漠化风险评价指标体系与权重值**

| 目标要素 | 指标层 | 权重值 |
| --- | --- | --- |
| | 年降水量 | 0.082 |
| 自然因素 | 温暖指数 | 0.042 |
| | 年均风速 | 0.081 |
| | 植被覆盖指数 | 0.189 |
| 景观要素 | 景观斑块密度 | 0.025 |
| | 沙漠化土地面积 | 0.282 |
| | 第一产业生产总值 | 0.082 |
| 人为因素 | 农业人口密度 | 0.143 |
| | 载畜量 | 0.074 |

年降水量、温暖指数以及年均风速数据来自国家气象信息中心-中国气象数据网，第一产业生产总值、农业人口密度、载畜量（大牲畜与羊头数）数据来自相

关年份的内蒙古统计年鉴，各期土地利用类型遥感解译数据来源于中国科学院资源环境科学与数据中心。

## 13.1.2　数据处理

### 1. 气象数据

基于研究区及其周边气象站点的年降水量、温暖指数与年均风速，利用 ArcGIS 克里金插值法处理得到研究区缺损旗县气象站点的年降水量、温暖指数与年均风速数据（王永芳，2012）。温暖指数（WAI）的计算公式如下：

$$\mathrm{WAI} = \sum_{i-1}^{n}(t_i - 5) \tag{13-1}$$

式中，WAI 为温暖指数，单位为℃；$t_i$ 为平均温度大于 5℃的第 $i$ 个月的平均温度，单位为℃；$n$ 为月平均温度大于 5℃的月数。

### 2. 土地利用数据

利用各期土地利用遥感解译数据，基于 ArcGIS 的统计功能，计算得到中国东北沙地各区域土地利用类型的面积与数量。

### 3. 植被覆盖数据

植被覆盖指数能够很好地反映区域植被覆盖状况，根据研究区实际情况，确立了植被覆盖指数权重及计算方法（表 13-2）。

表 13-2　植被覆盖指数的权重

| 土地利用类型 | 二级类型 | 分权重 | 权重 |
|---|---|---|---|
| 林地 | 有林地 | 0.6 | 0.38 |
|  | 灌木林地 | 0.25 |  |
|  | 疏林地和其他林地 | 0.15 |  |
| 草地 | 高覆盖度草地 | 0.6 | 0.34 |
|  | 中覆盖度草地 | 0.3 |  |
|  | 低覆盖度草地 | 0.1 |  |
| 耕地 | 水田 | 0.7 | 0.19 |
|  | 旱田 | 0.3 |  |
| 城乡工矿居民用地 | 城镇用地 | 0.3 | 0.07 |
|  | 农村居民点 | 0.4 |  |
|  | 其他建设用地 | 0.3 |  |

续表

| 土地利用类型 | 二级类型 | 分权重 | 权重 |
|---|---|---|---|
| 未利用土地 | 沙地 | 0.2 | 0.02 |
| | 盐碱地 | 0.3 | |
| | 裸土地 | 0.3 | |
| | 裸岩石砾 | 0.2 | |

$$植被覆盖指数 = A_{veg} \times (0.38 S_{林地} + 0.34 S_{草地} + 0.19 S_{耕地} + 0.07 S_{城乡工矿居民用地}$$
$$+ 0.02 S_{未利用土地}) / S_{区域}$$

$$（13-2）$$

式中，$A_{veg}$ 为植被覆盖指数的归一化系数，$A_{veg}=100/A_{最大值}$，其中 $A_{最大值}$ 为指数归一化处理前的最大值；$S_{林地}$、$S_{草地}$、$S_{耕地}$、$S_{城乡工矿居民用地}$、$S_{未利用土地}$、$S_{区域}$ 分别为林地、草地、耕地、城乡工矿居民用地、未利用土地、区域的面积比例。

## 13.2　沙地沙漠化风险评价研究方法

### 13.2.1　层次分析法

#### 1. 层次分析法原理

层次分析法是对指标定性与定量分析的方法，能够很好地将复杂的目标结构进行量化，并且在风险评价中得到了广泛的应用。根据研究需求选取合适的指标并采用专家打分的方法确定指标的重要程度（表 13-3）。

表 13-3　两个指标相对重要程度赋值

| | 极重要 | 非常重要 | 重要 | 稍重要 | 同样重要 | 稍次要 | 次要 | 非常次要 | 极次要 |
|---|---|---|---|---|---|---|---|---|---|
| 分值 | 9 | 7 | 5 | 3 | 1 | 1/3 | 1/5 | 1/7 | 1/9 |

判断矩阵构造，根据研究需要，专家对指标 $X_1$、$X_2$、$X_3$、$\cdots$、$X_n$ 进行重要程度的比较，得到判断矩阵。判断矩阵如下：

$$C = \left[ C_{ij} \right]_{n \times n} = \begin{bmatrix} c_{11} & \cdots & c_{1n} \\ \vdots & & \vdots \\ c_{n1} & \cdots & c_{nn} \end{bmatrix}$$

$$（13-3）$$

选取 4 位专家构建判断矩阵，评价指标体系的权重值为权重平均值。

### 2. 一致性检验

一致性检验是对得到的判断矩阵进行一致性检验，以判断是否一致。一致性检验公式如下：

$$CI = \frac{\lambda_{max} - n}{n-1} \qquad (13\text{-}4)$$

式中，CI 为一致性指标；$\lambda_{max}$ 为矩阵 $C$ 计算的最大特征值；$n$ 为判断矩阵的指标个数。当一致时，CI=0；不一致时，CI>0。若 CI/CR<0.1 则接受判断矩阵，否则不接受，其中，CR 为随机一致性指标。

## 13.2.2　加权综合评价法

加权综合评价法以权重评价各因子的重要程度，可以有效反映各因子在风险评价中的地位。加权综合评价法的公式如下：

$$R = \sum_{i=1}^{n} x_i w_i \qquad (13\text{-}5)$$

式中，$R$ 为风险指数；$x_i$ 为第 $i$ 评价指标的值；$w_i$ 为第 $i$ 评价指标的权重。$R$ 值在 [0,1] 区间内，$R$ 值越大，则风险越高。

## 13.2.3　数据标准化

为了避免指标量纲不一致对评价结果产生影响，本章采用极差标准化对评价指标进行标准化处理。根据指标与因子的关系，采用正向指标与负向指标两种方法进行计算。若指标 $x_i$ 数值越大，反映的因子水平越高，则为正向指标，反之为负向指标。本章中年降水量、植被覆盖指数与第一产业生产总值为负向指标，其余指标为正向指标。极差标准化公式如下：

$$Y_i = \frac{x_i - x_{min}}{x_{max} - x_{min}} \quad （正向指标） \qquad (13\text{-}6)$$

$$Y_i = \frac{x_{max} - x_i}{x_{max} - x_{min}} \quad （负向指标） \qquad (13\text{-}7)$$

式中，$Y_i$ 为标准化值，在 [0,1] 区间内；$x_i$ 为实际指标值；$x_{max}$、$x_{min}$ 分别为实际指标中的最大值与最小值。

## 13.2.4　风险等级划分

为了反映研究区不同区域的沙漠化风险程度，根据本研究区的实际情况，将风险等级划分为 4 级（表 13-4）。

表 13-4　沙漠化风险等级划定

| | 极高度风险 | 高度风险 | 中度风险 | 低度风险 |
|---|---|---|---|---|
| 风险指数 | >0.5 | 0.4～0.5 | 0.3～0.4 | <0.3 |

# 13.3　中国东北沙地沙漠化风险特征

科尔沁沙地 1980 年沙漠化风险指数在 0～0.416，平均为 0.194，研究区沙漠化风险为低度风险等级，沙漠化风险等级排序为科尔沁沙地东部>科尔沁沙地中部>科尔沁沙地西部，科尔沁沙地东部沙漠化风险等级为高度风险，科尔沁沙地中部沙漠化风险等级为低度风险，科尔沁沙地西部沙漠化风险等级几乎为无风险（图 13-1）。高度风险区、中度风险区、低度风险区、无风险区分别占研究总面积的 17.43%、7.62%、21.99%、52.96%。1990 年科尔沁沙地沙漠化风险指数在 0～0.443，平均为 0.252，研究区沙漠化风险为低度风险等级，沙漠化风险等级排序为科尔沁沙地东部>科尔沁沙地中部>科尔沁沙地西部，科尔沁沙地东部沙漠化风险等级为高度风险，科尔沁沙地中部沙漠化风险等级为中度风险，科尔沁沙地西部沙漠化风险等级为低度风险。高度风险区、中度风险区、低度风险区、无风险区分别占研究总面积的 19.93%、11.97%、27.06%、41.04%。2000 年科尔沁沙地沙漠化风险指数在 0～0.498，平均为 0.316，研究区沙漠化风险为中度风险等级，沙漠化风险等级排序为科尔沁沙地东部>科尔沁沙地中部>科尔沁沙地西部，科尔沁沙地东部沙漠化风险等级为高度风险，科尔沁沙地中部沙漠化风险等级为中度风险，科尔沁沙地西部沙漠化风险等级为低度风险。高度风险区、中度风险区、低度风险区、无风险区分别占研究总面积的 24.36%、14.38%、32.91%、28.35%。2010 年科尔沁沙地沙漠化风险指数在 0～0.475，平均为 0.244，研究区沙漠化风险为低度风险等级，沙漠化风险等级排序为科尔沁沙地东部>科尔沁沙地中部>科尔沁沙地西部，科尔沁沙地东部沙漠化风险等级为高度风险，科尔沁沙地中部沙漠化风险等级为中度风险，科尔沁沙地西部沙漠化风险等级为低度风险。高度风险区、中度风险区、低度风险区、无风险区分别占研究总面积的 22.35%、10.18%、9.94%、57.53%。2020 年科尔沁沙地沙漠化风险指数在 0～0.438，平均为 0.181，研究区沙漠化风险为低度风险等级，沙漠化风险等级排序为科尔沁沙地东部>科尔沁沙地中部>科尔沁沙地西部，科尔沁沙地东部沙漠化风险等级为高度风险，科尔沁沙地中部沙漠化风险等级为低度风险，科尔沁沙地西部沙漠化风险等级为低度风险。高度风险区、中度风险区、低度风险区、无风险区分别占研究总面积的 18.26%、6.01%、6.68%、69.05%。

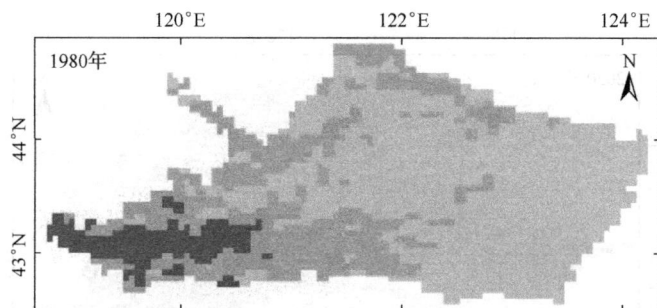

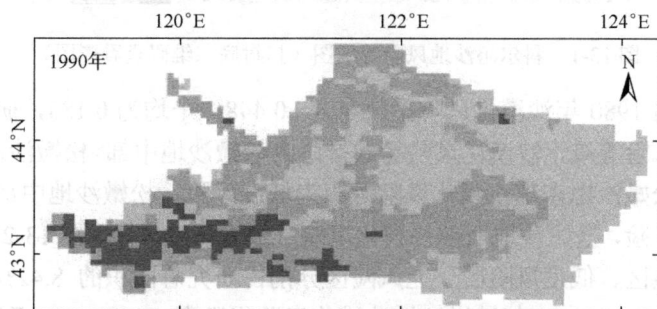

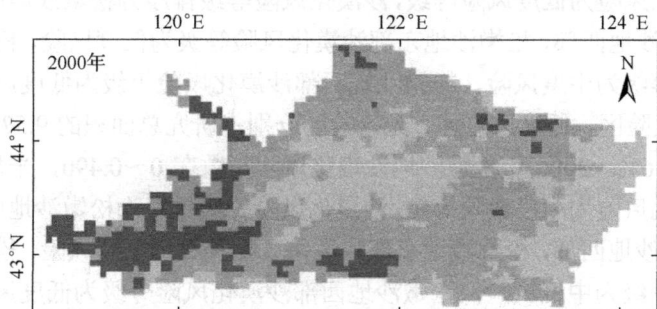

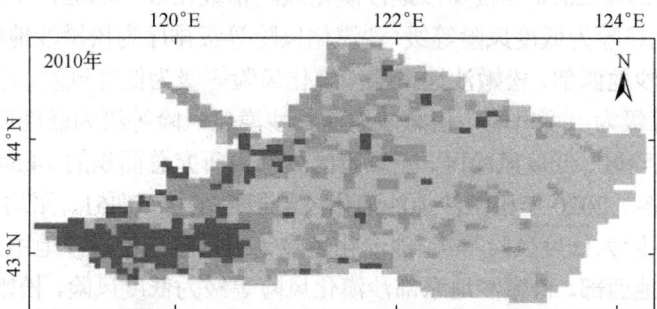

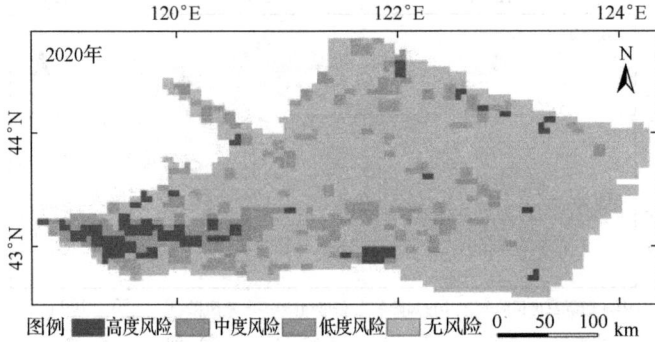

图 13-1　科尔沁沙地风险等级图（扫封底二维码查看彩图）

松嫩沙地 1980 年沙漠化风险指数在 0～0.448，平均为 0.183，研究区沙漠化风险为低度风险等级，沙漠化风险等级排序为松嫩沙地中部>松嫩沙地东部>松嫩沙地西部，松嫩沙地东部沙漠化风险等级为低度风险，松嫩沙地中部沙漠化风险等级为中度风险，松嫩沙地西部沙漠化风险等级为低度风险（图 13-2）。高度风险区、中度风险区、低度风险区、无风险区分别占研究总面积的 8.42%、11.87%、20.26%、59.45%。1990 年松嫩沙地沙漠化风险指数在 0～0.467，平均为 0.216，研究区沙漠化风险为低度风险等级，沙漠化风险等级排序为松嫩沙地中部>松嫩沙地东部>松嫩沙地西部，松嫩沙地东部沙漠化风险等级为低度风险，松嫩沙地中部沙漠化风险等级为中度风险，松嫩沙地西部沙漠化风险等级为低度风险。高度风险区、中度风险区、低度风险区、无风险区分别占研究总面积的 9.57%、12.68%、20.39%、57.36%。2000 年松嫩沙地沙漠化风险指数在 0～0.490，平均为 0.301，研究区沙漠化风险为中度风险等级，沙漠化风险等级排序为松嫩沙地中部>松嫩沙地东部>松嫩沙地西部，松嫩沙地东部沙漠化风险等级为低度风险，松嫩沙地中部沙漠化风险等级为中度风险，松嫩沙地西部沙漠化风险等级为低度风险。高度风险区、中度风险区、低度风险区、无风险区分别占研究总面积的 18.33%、14.07%、10.68%、56.92%。2010 年松嫩沙地沙漠化风险指数在 0～0.482，平均为 0.247，研究区沙漠化风险为低度风险等级，沙漠化风险等级排序为松嫩沙地中部>松嫩沙地东部>松嫩沙地西部，松嫩沙地东部沙漠化风险等级为低度风险，松嫩沙地中部沙漠化风险等级为中度风险，松嫩沙地西部沙漠化风险等级为低度风险。高度风险区、中度风险区、低度风险区、无风险区分别占研究总面积的 14.54%、10.11%、8.29%、67.06%。2020 年松嫩沙地沙漠化风险指数在 0～0.451，平均为 0.224，研究区沙漠化风险为低度风险等级，沙漠化风险等级排序为松嫩沙地中部>松嫩沙地东部>松嫩沙地西部，松嫩沙地东部沙漠化风险等级为低度风险，松嫩沙地中部沙漠化风险等级为中度风险，松嫩沙地西部沙漠化风险等级为低度风险。高度风险区、中度风险区、低度风险区、无风险区分别占研究总面积的 12.68%、11.21%、7.48%、68.63%。

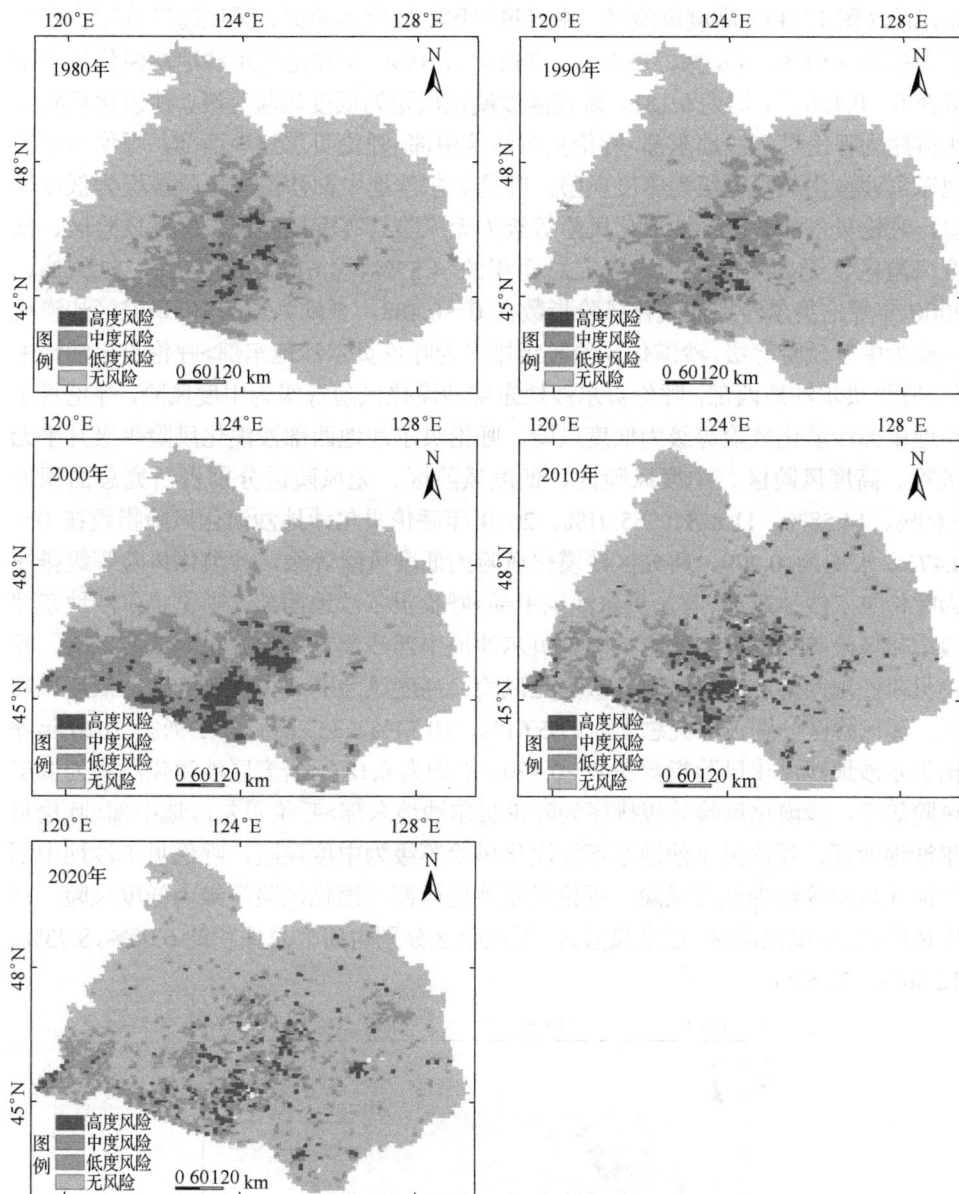

图 13-2　松嫩沙地风险等级图（扫封底二维码查看彩图）

呼伦贝尔沙地 1980 年沙漠化风险指数在 0~0.428，平均为 0.153，研究区沙漠化风险为低度风险等级，沙漠化风险等级排序为呼伦贝尔沙地东部>呼伦贝尔沙地中部>呼伦贝尔沙地西部，呼伦贝尔沙地东部沙漠化风险等级为中度风险，呼伦贝尔沙地中部沙漠化风险等级为低度风险，呼伦贝尔沙地西部沙漠化风险等级为无风险（图 13-3）。高度风险区、中度风险区、低度风险区、无风险区分别占研究总面积的 4.61%、4.83%、15.67%、74.89%。1990 年呼伦贝尔沙地沙漠化风险指数在 0～0.436，平均为 0.151，研究区沙漠化风险为低度风险等级，沙漠化风险等级排序为呼伦贝尔沙地东部>呼伦贝尔沙地中部>呼伦贝尔沙地西部，呼伦贝尔沙地东部沙漠化风险等级为中度风险，呼伦贝尔沙地中部沙漠化风险等级为低度风险，呼伦贝尔沙地西部沙漠化风险等级为无风险。高度风险区、中度风险区、低度风险区、无风险区分别占研究总面积的 4.57%、4.61%、13.46%、77.36%。2000 年呼伦贝尔沙地沙漠化风险指数在 0～0.488，平均为 0.317，研究区沙漠化风险为中度风险等级，沙漠化风险等级排序为呼伦贝尔沙地东部>呼伦贝尔沙地中部>呼伦贝尔沙地西部，呼伦贝尔沙地东部沙漠化风险等级为中度风险，呼伦贝尔沙地中部沙漠化风险等级为低度风险，呼伦贝尔沙地西部沙漠化风险等级几乎无风险。高度风险区、中度风险区、低度风险区、无风险区分别占研究总面积的 7.69%、14.58%、11.82%、65.91%。2010 年呼伦贝尔沙地沙漠化风险指数在 0～0.473，平均为 0.279，研究区沙漠化风险为低度风险等级，沙漠化风险等级排序为呼伦贝尔沙地东部>呼伦贝尔沙地中部>呼伦贝尔沙地西部，呼伦贝尔沙地东部沙漠化风险等级为中度风险，呼伦贝尔沙地中部沙漠化风险等级为低度风险，呼伦贝尔沙地西部沙漠化风险等级为无风险。高度风险区、中度风险区、低度风险区、无风险区分别占研究总面积的 5.61%、10.34%、35.26%、48.79%。2020 年呼伦贝尔沙地沙漠化风险指数在 0～0.430，平均为 0.187，研究区沙漠化风险为低度风险等级，沙漠化风险等级排序为呼伦贝尔沙地东部>呼伦贝尔沙地中部>呼伦贝尔沙地西部，呼伦贝尔沙地东部沙漠化风险等级为中度风险，呼伦贝尔沙地中部沙漠化风险等级为低度风险，呼伦贝尔沙地西部沙漠化风险等级为低度风险。高度风险区、中度风险区、低度风险区、无风险区分别占研究总面积的 6.08%、8.73%、12.66%、72.53%。

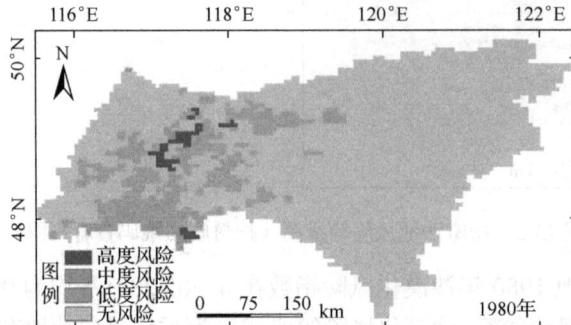

图例
高度风险
中度风险
低度风险
无风险

0  75  150 km          1980年

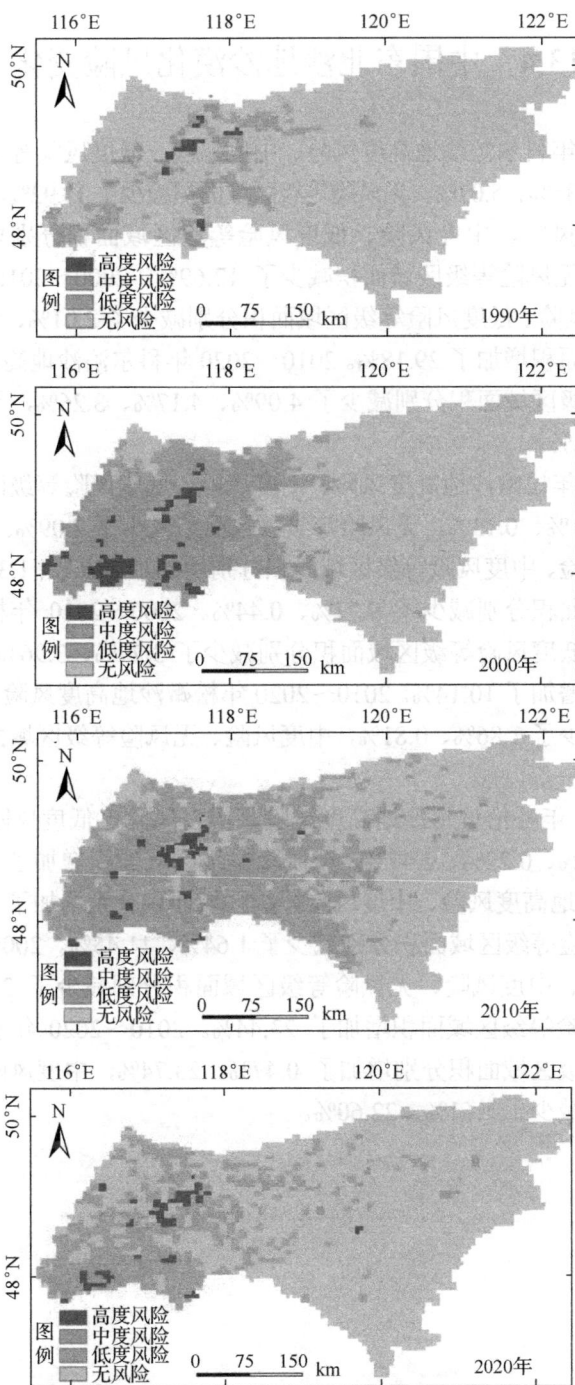

图 13-3　呼伦贝尔沙地风险等级图（扫封底二维码查看彩图）

# 13.4　中国东北沙地沙漠化风险变化

　　1980～1990 年科尔沁沙地高度风险、中度风险、低度风险等级区域面积分别增加了 2.50%、4.35%、5.07%，无风险等级区域面积减少了 11.92%。1990～2000 年科尔沁沙地高度风险、中度风险、低度风险等级区域面积分别增加了 4.43%、2.41%、5.85%，无风险等级区域面积减少了 12.69%。2000～2010 年科尔沁沙地高度风险、中度风险、低度风险等级区域面积分别减少了 2.01%、4.20%、22.97%，无风险等级区域面积增加了 29.18%。2010～2020 年科尔沁沙地高度风险、中度风险、低度风险等级区域面积分别减少了 4.09%、4.17%、3.26%，无风险等级区域面积增加了 11.52%。

　　1980～1990 年松嫩沙地高度风险、中度风险、低度风险等级区域面积分别增加了 1.15%、0.81%、0.13%，无风险等级区域面积减少了 2.09%。1990～2000 年松嫩沙地高度风险、中度风险等级区域面积分别增加了 8.76%、1.39%，低度风险、无风险等级区域面积分别减少了 9.71%、0.44%。2000～2010 年松嫩沙地高度风险、中度风险、低度风险等级区域面积分别减少了 3.79%、3.96%、2.36%，无风险等级区域面积增加了 10.14%。2010～2020 年松嫩沙地高度风险、低度风险等级区域面积分别减少了 1.86%、0.81%，中度风险、无风险等级区域面积分别增加了 1.10%、1.57%。

　　1980～1990 年呼伦贝尔沙地高度风险、中度风险、低度风险等级区域面积分别减少了 0.04%、0.22%、2.47%，无风险等级区域面积增加了 2.47%。1990～2000 年科尔沁沙地高度风险、中度风险等级区域面积分别增加了 3.12%、9.97%，低度风险、无风险等级区域面积分别减少了 1.64%、11.45%。2000～2010 年科尔沁沙地高度风险、中度风险、无风险等级区域面积分别减少了 2.08%、4.24%、17.12%，低度风险等级区域面积增加了 23.44%。2010～2020 年科尔沁沙地高度风险、无风险等级区域面积分别增加了 0.47%、23.74%，中度风险、低度风险等级区域面积分别减少了 1.61%、22.60%。

# 第五篇

# 中国东北沙地沙漠化驱动因素与生态恢复

# 第 14 章　沙漠化驱动机制与发展变化

## 14.1　沙漠化成因分类

　　制约因素对沙漠化的作用是沙漠化成因机制研究的重要内容。沙漠化成因大体上可以分为自然成因、人为成因和综合成因三种观点。

　　自然成因观点认为，沙漠化是自然过程，主要是气候干旱造成的，人活动的影响是次要的。诸如"气候干燥是沙漠化的主要原因"（Hare，1988），"沙漠化的产生和发展主要受降水变化的控制，是气候变干的结果"（方修琦，1987）等。有的学者从更长的时段来分析，认为沙漠化是一种沙漠的演变过程，发生在整个第四纪，人类历史时期只是最近的一个阶段，自然因素是沙漠化产生的主要原因（吴正，1991）。

　　人为成因观点认为，沙漠化是在自然因素的基础上，主要由人为的不合理经济活动所造成，即人是沙漠化的主要导致者（朱震达等，1989b）。沙漠化是一种"环境退化过程"，发生在人类历史时期，人为因素是引起沙漠化的主要原因（朱震达等，1994）。一般来说，人为因素对于沙漠化具有双向的作用：它既有"滥垦、滥牧、滥樵、滥采"，从而造成生态破坏，致使沙漠化发生和发展的负面效应（樊胜岳等，2015）；也有通过"退耕还林还草、森林保护、禁止过度放牧"等措施，恢复生态环境，导致沙漠化停滞和逆转的正面效果（图 14-1）。

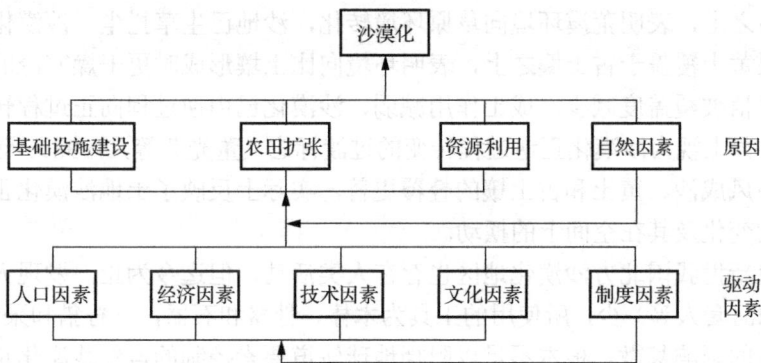

图 14-1　沙漠化原因与驱动因素（樊胜岳等，2015）

　　综合成因观点认为，沙漠化过程"实质上是在沙漠化的自然因素和人为因素的共同作用下，沙漠化自然过程和人为加速过程彼此叠加并相互反馈的结果"（王涛等，2006）。

　　沙漠化的成因用不同的时间尺度来衡量得到的结论是不同的。然而值得注意的是，在年际尺度上，特别是近几十年沙漠化的加速发展，主要是由于人为过度经济活动对资源的破坏造成的，学术界的结论是较为一致的（樊胜岳等，2015）。

## 14.2　不同时间尺度沙漠化成因

　　目前，学者普遍认可，沙漠化是气候变化和人类活动共同作用的结果，但时间和空间尺度各异导致两者的作用程度存在差异。本节根据董光荣等（1998）研究成果，凝练不同时间尺度沙漠化的成因。

### 14.2.1　更新世时期万年以上尺度沙漠化成因

　　更新世期间万年以上尺度的沙漠化正逆过程的主要原因是地球轨道要素控制的全球气候变化。依据地层的沙漠演化记录推断沙漠化正逆过程的转变。第四纪更新世既是气候冷暖和干湿变化的剧烈时期，也是人类演化的重要时期，因而也是沙漠化发展的重要时期。在中国北方半干旱和半湿润地区，特别是生态环境脆弱不稳定的沙漠—黄土边界带，第四纪地质调查结果表明，区内广泛分布着风成沙、黄土和古土壤叠覆更替的地层序列。这里的风成沙是沙质荒漠化过程的产物，其存在代表流沙出现或扩大，是沙漠化发生、扩展正过程的标志（董光荣等，1998）。古土壤无论质地如何都是生草成壤过程的产物，它的存在代表流沙缩小、固定，是沙漠化逆过程的标志。黄土是流动沙地下风向外围草地环境的粉尘堆积，反映了其沉积区具有一定覆盖度的灌草植被存在。在同一地层剖面中，如果黄土叠覆于风成沙之上，表明荒漠环境向草原环境转化，沙地已生草拦尘，沙漠化开始逆转；如果黄土覆盖于古土壤之上，表明环境向比土壤形成时更干燥寒冷的方向发展，地表植被覆盖度减少，成土作用减弱，沙漠化已由逆过程向正过程转变。因而，可将黄土视为沙漠化正逆过程转变的过渡标志（董光荣等，1998）。因此，该区地层中风成沙、黄土和古土壤的叠覆更替，实际上反映了土地沙漠化正逆过程随时间的变化及其在空间上的摆动。

　　在更新世我国北方沙漠化地区也存在人类活动，但迄今为止，发现人类活动遗迹（如河套人等）少，所使用的工具为木棒、骨器和石器，以狩猎和采食为生，对自然界的影响甚微，根本不足以阻挡地球轨道要素控制的自然沙漠化正逆过程的出现（董光荣等，1998）。

### 14.2.2　全新世时期千年或百年尺度沙漠化成因

　　在12000～10000年前的全新世时期，我国北方半干旱和半湿润地区，出现了多次以流沙"生消扩缩"为标志的沙漠化正逆过程。该时期相对时间短，全球特别是我国东亚季风区气候的干冷暖湿波动频率较高，人类的生产活动对环境施加的影响逐渐增大，沙漠化正逆过程的波动较之更新世频繁，但波及的空间范围较小。近 2000 年我国气温更是经历了多次冷暖波动（姚檀栋等，1996；竺可桢，1973）。由于我国地处东亚季风区，温度的变化必然导致降水变化，进而导致沙漠化正逆过程互相转变。如秦汉暖湿期，沙漠化以逆过程为主，科尔沁、毛乌素等沙地大面积固定，沙漠化土地面积减少（董玉祥等，1995；张柏忠，1991）；在隋唐、五代暖湿期，也是以沙漠化逆过程为主，流沙地面积减小时期；东汉至南北朝较寒冷干旱期，沙漠化以正过程为主，流沙地面积扩大；北宋寒冷干旱期也是如此。可见，近 2000 年沙漠化正逆过程旋回应是以百年计周期为主。

　　由于全新世时期该区沙漠化的正逆过程变化与气候的冷干、暖湿变化，无论在千年尺度上，还是在百年尺度上都具有同步性，即风沙活动增大的沙漠化正过程多出现在寒冷干旱期，古土壤发育的沙漠化逆过程多出现在温暖湿润期，而介于两者之间既可以指示沙漠化正过程，又可以指示沙漠化逆过程的黄土沉积多出现在气候的缓慢转型期。因此，全新世时期的气候变化依然是该区沙漠化正逆过程变化的主要控制因素。

　　人类活动对沙漠化的影响也不容忽视。进入全新世以后，随着人口数量的迅速增长，铜器、铁器生产工具的广泛使用，人类对环境施加的影响也逐渐增强。不过，这个时期人类活动对自然环境的影响，存在正反两方面的作用，导致两种截然相反的结果。一方面，人类为了谋求生存，进行了一系列放牧、农耕和采伐等生产活动，甚至在许多时期还出现战乱等大范围的社会活动，破坏了地表植被和土壤，造成了风蚀、风力搬运及风沙堆积等沙漠化正过程，这可能是这个时期人类活动对沙漠化影响的主要形式；另一方面，也不能排除人类在向自然索取的过程中，曾通过植树、封育等措施保护自然环境，尽管这可能是人类活动对沙漠化影响的主要形式，却使局部区域沙漠化过程有不同程度的逆转。

　　这两种表现形式的例证在人类历史上都不乏体现。如宋代由于气候干旱，北方民族入侵并在现今科尔沁沙地和毛乌素沙地垦荒，加速了这些地区的土地沙漠化扩展（董玉祥等，1995）；又如清代建立以后，随着人口的增加，也进行了大量放垦，使该区土地沙漠化大规模扩展。但同样是在清代干冷气候的背景下，由于皇家围猎的需要，在现今河北围场一带进行了封育，使得该区土地沙漠化非但未出现向正过程发展，反而促进了沙漠化的逆转过程，在原流沙地上建立起林木茂盛、风景优美的皇家狩猎区。

　　然而，相对气候变化而言，人类活动对沙漠化的影响始终处于从属地位，只是对气候变化导致的沙漠化正逆过程起某种加速、加剧作用。这是因为，随着全新世以来人口增加，生活必需品势必增长，生产工具和技术的改进和革新，人类对自然环境的影响力不断增加，地表植被和土壤的破坏日趋严重，那么在人类历史时期沙漠化正过程势必不断加强，如果没有适宜的气候背景，不可能出现大范围生草成壤的沙漠化逆过程，即使有逆转现象也应发生在人口较少时期，但这与我国历代人口数量变化和同期的沙漠化过程是相矛盾的（胡焕庸，1983）。如汉朝中期，特别是西汉平帝元始二年（公元 2 年），人口为 5959.5 万人，是我国历史上人口较多的阶段，该时期由于气候温暖湿润沙漠化仍处于逆过程时期；而南北朝时人口已减少到 1000 万人，但由于气候干寒，沙漠化却以正过程为主；又如隋唐时期人口逐渐增多，公元 609 年人口达 4602.0 万人，到公元 775 年人口达 5291.9 万人，可是这一时期气候温暖湿润，作为沙漠化正过程强度指标之一的"雨土"频次却处于低谷（An et al.，1991），许多沙地固定，沙漠化逆转。即使在 1644 年至 19 世纪，此时正处于全新世最后一次小冰期，气候干冷，同时又是我国人口大幅度增加阶段，从而成为我国半干旱和半湿润地区沙漠化正过程急剧发展的时期，也是该区沙漠化土地分布格局的主要奠定时期。

由此可见，全新世时期我国沙漠化正逆过程的变动主要是由千年或百年尺度上的气候干湿波动主宰，人类活动仅在气候变化的基础上起着一定的加速、加剧作用。

### 14.2.3　现代时期年际与年代际尺度沙漠化成因

现代时期的沙漠化是指 1900 年以来有仪器记录气象变化时期内所发生的沙漠化过程。在经历了更新世和 20 世纪前全新世的气候变化和沙漠化之后，我国北方半干旱和半湿润地区的生物气候带已基本处于目前位置。地表沙物质丰富，植被稀疏，气候干燥多风，降水变率大，生态环境十分脆弱，自身已孕育着沙漠化发生、发展的自然因素和过程。因而，在气候干湿波动的控制下，加之受日益增强的人类经济活动的影响，该地区仍然存在时间尺度更短、更为频繁的沙漠化正逆过程。

由于现代时期历时甚短（不足 120 年），目前尚难通过由地层保留的地质记录来揭示和分辨沙漠化变化过程。这种沙漠化过程可以借助不同时期航片和卫星影像上流动沙地与固定沙地的面积比率作为沙漠化正逆过程的直接证据。同时，气象记录提供了 21 世纪以来气候变化的细节，众多文献也记载了不同时期人类活动的强度大小，这就使得在更短时间尺度上揭示沙漠化的正逆过程变化成为可能（王涛等，2004a）。

这一时期由于气候因素变化较少，大规模的人类活动是造成沙漠化迅速扩张的主要原因。人类活动引起沙漠化的发生和发展，有其生态因素与社会、经济因素复杂的相互耦合过程。

（1）滥垦。滥垦是指当不具备垦殖条件又无防护措施时在干旱、半干旱和半湿润地区进行的农业种植活动。它有两种方式：一是随着人口的增长，人均占有粮食的数量不断下降，农牧民在粮食单产较低的生产条件下为增加粮食产量盲目开荒，其规模较小，但量大、面广，数量难以统计。二是有组织的开荒，其特点是规模大、范围广。

（2）滥牧。滥牧是指超过天然草地承载能力的放牧活动。草场只利用不建设，天然草场生产力低，随着人口的增加和受市场利益的驱动，牧民盲目增加牲畜头数，导致草场严重超载，过牧、抢牧、争牧现象也经常发生。由于牲畜的过度啃食使牧草植株变稀、变矮，优良牧草减少，毒草因牲畜不吃，数量急剧增加，草场可食牧草的产草量大幅度下降；而牲畜的过度践踏，使地表结构受到破坏，造成风蚀沙化。

（3）滥樵。荒漠化地区燃料缺乏，由于生活贫困、交通不便，煤炭难以购进，农牧民主要以天然植物和畜粪为燃料。滥樵的方式通常是大片的连根挖掘，使地表植被和土壤遭到彻底破坏，在风力的作用下大面积固定、半固定沙地顷刻之间变成流沙。

（4）滥采。滥采是指农牧民为了增加副业收入，无计划、无节制地掏挖药材、发菜等资源植物。荒漠化地区甘草、肉苁蓉、发菜等易采集、价格高，一些邻近草原地区的农民以挖药材、搂发菜作为脱贫致富的捷径，常年采挖贩卖。由于采挖时铲掉草皮，挖土刨坑，翻动土层，严重破坏草场，大大加速了风蚀荒漠化过程。

# 14.3　中国东北沙地现代时期沙漠化驱动力定量分析

识辨沙漠化过程驱动因素的关键是分析因素的确定和选择，一般都是选择尽可能多的沙漠化影响因素进行定量分析，以便从众多的影响因素中找出现代沙漠化过程的主导性驱动因素（樊胜岳等，2015）。已有的大量研究成果（李振山等，2006；王涛等，2004b；贾宝全等，2003；史培军等，2001；董玉祥等，1995），因考虑到研究的便利、资料的水平和沙漠化影响因素之间的相互关系，自然因素主要选择了年降水量、年均温度、年均风速和大风日数等指标；人为因素主要选择了人均耕地面积、畜均草地面积、人口数量、牲畜数量等指标。

## 14.3.1　气候因素

地质地貌、气象、水文等自然因素影响着中国东北沙地的自然演化过程，但在较短时间尺度内对景观格局影响较小，在自然因素中，气象变化对沙地的自然演化影响最为显著（图 14-2）。因此，本章选取中国东北沙地 1990～2020 年的 5 年移动年均降水量、年均风速、年均蒸发量等分析气象因素对中国东北沙地生态系统服务功能的影响。

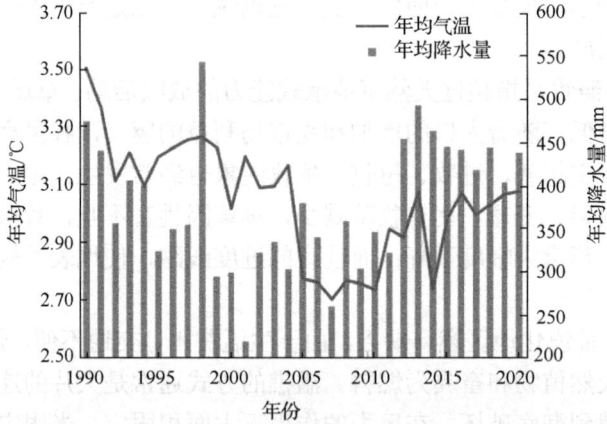

（a）年均气温和年均降水量

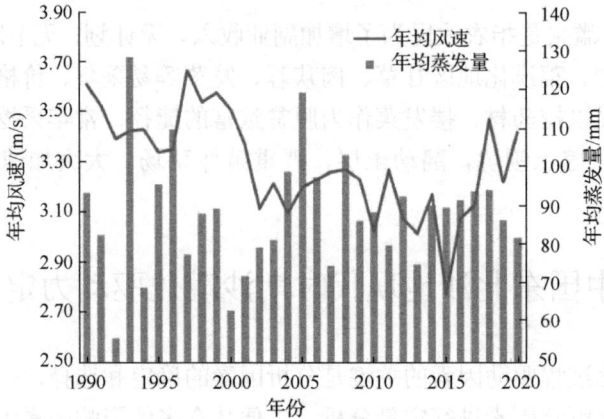

（b）年均风速和年均蒸发量

图 14-2　中国东北沙地气象要素

1990～2020 年，气温年际波动较大，尤其是呼伦贝尔沙地，2005 年之后下降迅速，2010 年后增长速度较快 [图 14-3（a）]，蒸发量也随之升高，科尔沁沙地和松嫩沙地气温变化较一致，呈现波动下降的趋势。研究区年均降水量呈现波动变化，科尔沁沙地年均降水量在 1991 年达到最大值 [图 14-3（b）]，松嫩沙地年均降水量在 1998 年达到最大值，而呼伦贝尔沙地年均降水量在 2013 年达到最大值，1998 年以前为相对多雨期，1998 年以后年均降水量急剧减少，2001 年达到最低值，2001 年以后逐渐恢复，由此可见该区气候变化趋势呈现干湿交替的波动。

平均风速年际波动在呼伦贝尔沙地变化显著，科尔沁沙地和松嫩沙地变化幅度相
对较小，1990～2001 年呈现稳定趋势，变化不大，在 2001 年以后略呈下降趋势，
总的来说风速减小 [图 14-3（c）]，风沙活动相对较弱，国家实施退耕还林还草的
政策和人们对植被保护意识的增强，使得生态环境得到改善。蒸发量是衡量沙地
干旱化程度的重要指标，一般来说，温度高、湿度小、风速大、气压低，则蒸发
量大，研究区内蒸发量的年际波动较大，呼伦贝尔沙地蒸发量大于科尔沁沙地和
松嫩沙地 [图 14-3（d）]。

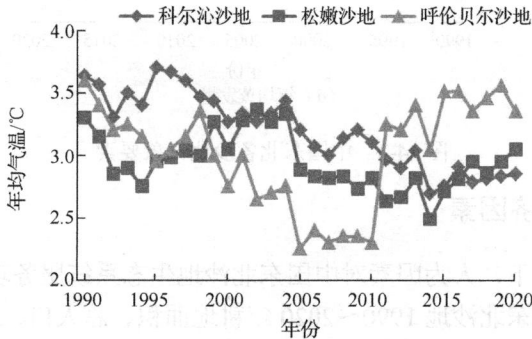

（a）年均气温

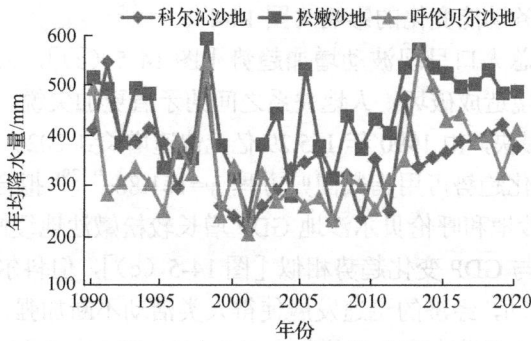

（b）年均降水量

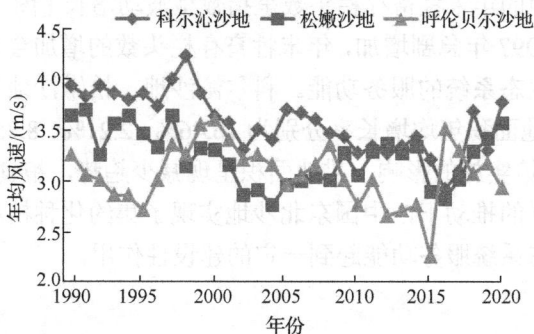

（c）年均风速

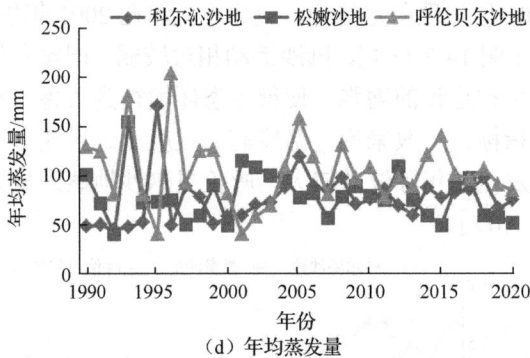

（d）年均蒸发量

图14-3  中国东北各沙地气象要素

## 14.3.2  社会经济因素

在短时间尺度下，人为因素对中国东北沙地生态系统服务功能变化起重要作用，因此选取中国东北沙地1990～2020年耕地面积、总人口、GDP、粮食产量、年末牲畜存栏头数和农牧民人均纯收入等经济数据，研究社会经济因素对中国东北沙地生态系统服务功能变化的影响（图14-4）。

中国东北沙地总人口呈现波动增加趋势［图14-5（a）］，人类活动在一定程度上对区域生态环境造成破坏，人地关系之间的矛盾更加尖锐。GDP呈指数型增长，松嫩沙地增速最快，由1990年165.29亿元快速增长到2020年的6656.32亿元［图14-5（b）］，变化趋势可用指数回归方程 $y=161.88e^{0.139x}$ 拟合，相关系数检验 $R=0.9883$，科尔沁沙地和呼伦贝尔沙地GDP增长较松嫩沙地缓慢。农牧民人均纯收入变化趋势基本与GDP变化趋势相似［图14-5（c）］，但科尔沁沙地在1997～2002年有较小的波动，经济的迅速发展使得人类活动不断加强，对该区域建设用地的修建以及资源的开发力度不断增加，从而影响该区沙漠化的发展。科尔沁沙地和呼伦贝尔沙地的年末牲畜存栏头数呈指数型波动增长［图14-5（d）］，松嫩地区波动较大，在1997年急剧增加，年末牲畜存栏头数的增加会造成草地承载能力增加从而会影响生态系统的服务功能。科尔沁沙地、松嫩沙地和呼伦贝尔沙地在1990～2000年耕地面积年均增长率分别为16.46%、2.21%、8.75%［图14-5（e）］，受2000年以来政策实施的影响，耕地面积呈现减少趋势，粮食产量呈波动变化。在政策和经济引导的推动下，中国东北沙地实现了集约化种植和农牧业发展，人类活动对区域生态系统服务功能起到一定的建设性作用。

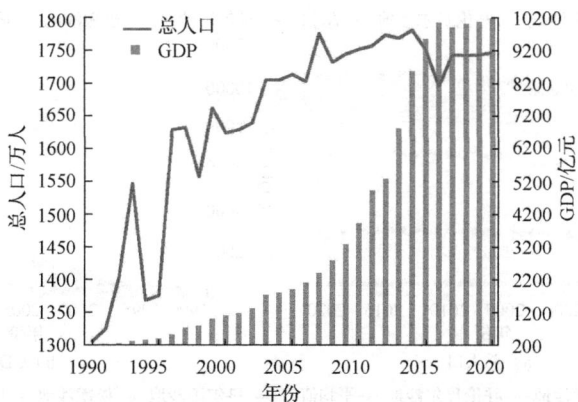

（a）

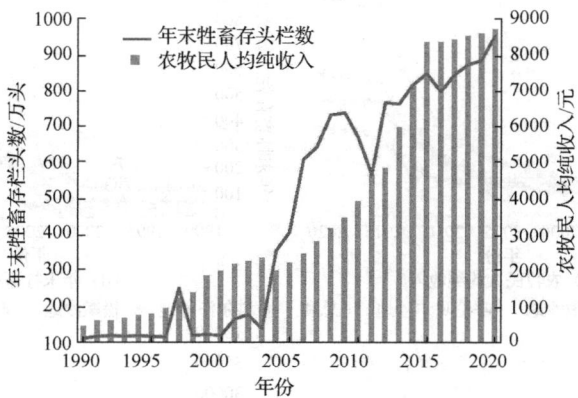

（b）

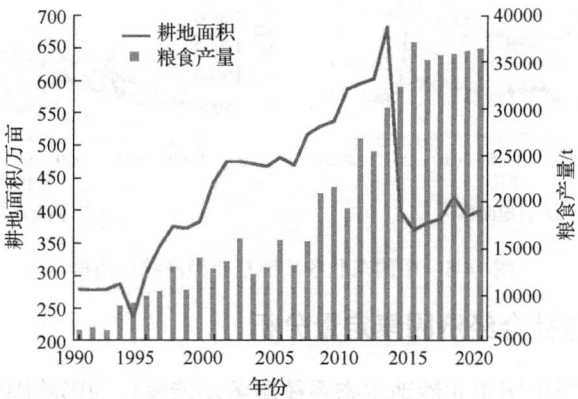

（c）

图 14-4　中国东北沙地社会经济统计数据

1 亩≈666.7m²

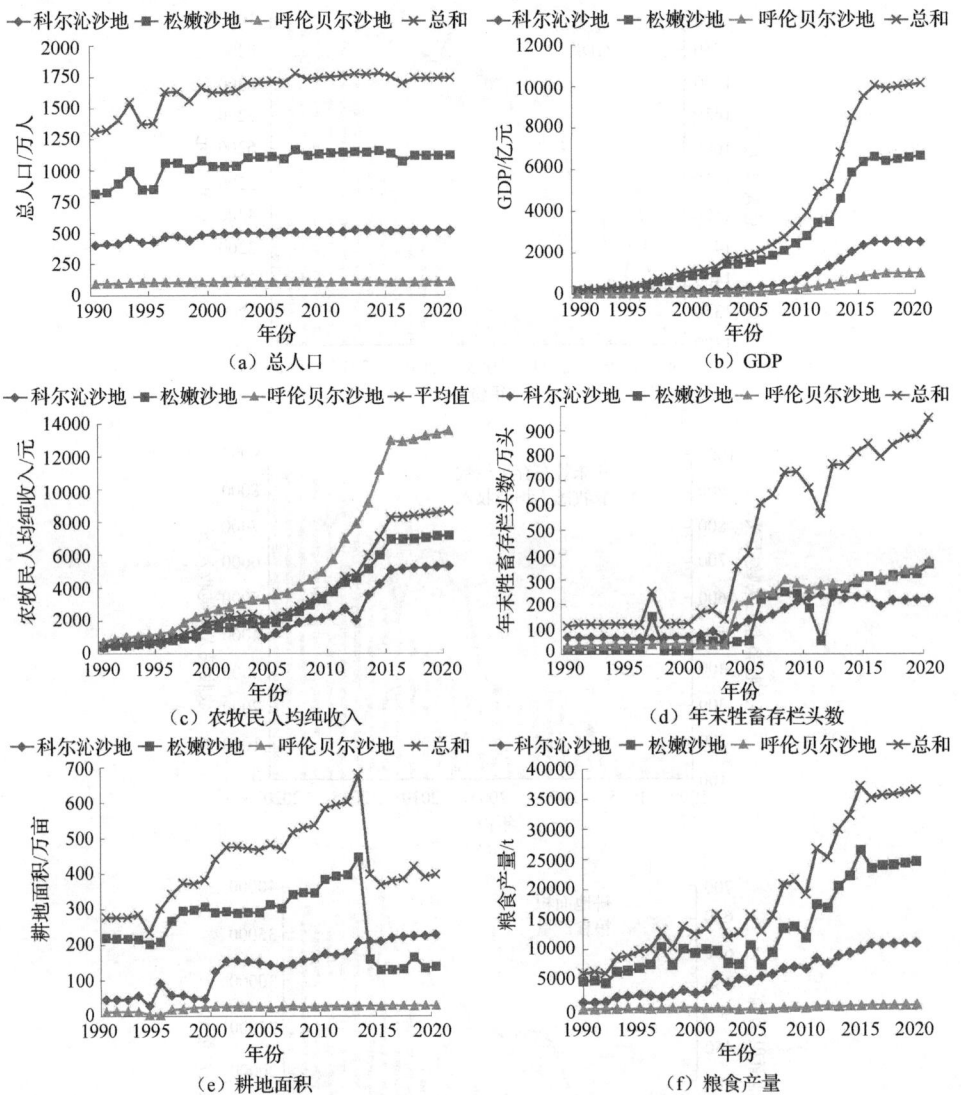

图 14-5　中国东北各沙地社会经济统计数据

## 14.3.3　气候与社会经济因素定量分析

为进一步阐明中国东北沙地生态系统服务功能变化的影响因素,分析自然因素和人为因素在其演化过程中的作用和效力,在上述分析的基础上,采用主成分分析方法,对各影响因素做进一步定量分析。结果表明(表 14-1),贡献率为 54.45% 的第一主成分以人为因子负荷量高,贡献率为 18.92% 的第二主成分以自然因子负荷量高,贡献率为 10.67% 的第三主成分以人为因子负荷量高。由此,从统计学角度来讲，人为因素对中国东北沙地生态系统服务功能变化的影响作用较大。

表 14-1　中国东北沙地生态系统服务功能变化主成分分析　　　　单位：%

| 因子 | 第一主成分 | 第二主成分 | 第三主成分 |
| --- | --- | --- | --- |
| 年均气温 | -0.28 | 0.10 | -0.30 |
| 年均降水量 | 0.41 | 0.57 | 0.17 |
| 年均风速 | -0.10 | 0.18 | -0.17 |
| 年均蒸发量 | -0.03 | -0.60 | 0.57 |
| 总人口 | 0.16 | 0.35 | 0.65 |
| GDP | 0.78 | -0.30 | -0.30 |
| 农牧民人均纯收入 | 0.13 | -0.25 | 0.05 |
| 年末牲畜存栏头数 | 0.30 | 0.02 | -0.10 |
| 耕地面积 | -0.03 | -0.02 | 0.03 |
| 粮食产量 | 0.01 | 0.02 | -0.01 |
| 特征值 | 5.03 | 1.74 | 0.96 |
| 贡献率 | 54.45 | 18.92 | 10.67 |
| 累计贡献率 | 54.45 | 73.37 | 84.04 |

## 14.4　当前沙漠化驱动力解释面临的困境

对于沙漠化过程驱动因素的研究，国内学者从自然因素与人为因素两方面入手，希望通过对尽可能多的沙漠化影响因素进行定量分析，找出现代沙漠化的主导性驱动因素。但是，现有的对现代沙漠化研究和分析结果表明，从 20 世纪 80 年代后期开始，科尔沁沙地、毛乌素沙地等典型沙漠化地区，降水、风速和温度等因素对沙漠化起促进作用，在人均耕地和畜均草地都显著减少，人均土地压力增大的情况下，土地沙漠化却出现了大幅度的逆转（郭坚等，2007；杨永梅等，2007；王涛等，2006）。值得注意的是，我国沙漠化的全面逆转现象是 21 世纪初沙漠化治理的最为重大的事件，它彻底改变了沙漠化"点上治理、面上破坏，局部好转、整体恶化"的局面。利用沙漠化驱动因素理论更加无法解释 21 世纪初沙漠化全面逆转的现象，对于沙漠化形成机制的研究陷入了新的困境。

生态建设与生态破坏现象的背后原因，隐藏着农户作为一个经济主体追求自身经济利益的过程。学术界对于我国的农户行为有许多研究，其主要结论是：农户作为理性小农，行为目标是经济效益的最大化和风险的最小化（胡继连，1992）。改革开放以来，我国农地制度的变革和土地产权的明晰，使得农户重新以"理性经济人"的身份独立决策其生产和经营行为。商品生产和交换的特性，使得封闭和半封闭的小农经济迅速被打破，农业经济在迅速发展的同时，从土地上释放出来的农村劳动力，可以离开土地从事非农业产业，为农户带来了农业之外的大量收益（樊胜岳等，2015）。

从上述分析可以看出，在商品经济的条件下，沙漠化的治理越是深入开展，越是要和农村经济等紧密结合起来，而这一切经济、生态活动的行为主体都是农户（樊胜岳等，2015）。近年来，国际上关于干旱地区生态环境变化的研究，非常重视农户在其中的作用（Sara et al.，2002）。生态治理政策能否真正起到作用在很大程度上取决于其在经济利益上能否被农户所接受，而调动农户经济行为的关键，是政府沙漠化治理的制度安排。

# 14.5　制度因素的引入及其作用

## 14.5.1　制度因素的引入

制度对于沙漠化的作用，已经引起了许多学者的关注。中国北方农牧交错区，为了巩固边防、充实国库和缓解人口增长的压力等，历代农耕范围相继扩大，均导致了沙漠化的扩展（任国玉，1999；王尚义，1987；侯仁之，1984；史念海，1980）。特别是 19 世纪中叶鸦片战争后，东北部草原进入统治者政策导向和驱使下的滥垦、滥牧、滥樵、滥采时期，整个中国也进入现代沙漠化时期（王涛等，2006）。从中华人民共和国成立到改革开放前，"以粮为纲"的政策一直主导着农业发展的思路。在这种政策的影响下，草地被认为是"宜农荒地"。西北地区的内蒙古、新疆、青海等地成立了众多的国营农场，对天然草地进行了有计划的大规模开垦，导致了优质草地的大量流失，使该地区 50%以上的土地发生沙漠化。尤其是 1955~1956 年、1958~1962 年和 1970~1973 年的三次大开荒，使大面积草场沦为裸露沙地（樊胜岳等，2015；于永，2003）。改革开放以后，我国相继实施了"三北"防护林、退耕还林（草）、天然林保护、京津风沙源治理等大规模的生态建设工程。政策对沙漠化治理的作用，得到了许多学者的关注（马骅等，2006；张宝慧等，2001）。但是，已有的研究成果，只是把农户作为一个"黑箱"，从政府的土地政策或者生态政策要素投入的角度，看沙漠化的变化结果。上述研究成果，由于没有揭示制度作用于沙漠化治理的内部机制，难以说明制度和沙漠化之间的相互作用关系，更难以解释一种新制度在实施过程中的变异对沙漠化的影响程度（樊胜岳等，2015）。

学者对沙漠化驱动力的研究主要考虑了自然因素，以及人为因素中的人口因素、经济因素等，对制度因素的认识极为不足，导致了对沙漠化成因和形成机制解释的欠缺。事实上，原因和驱动力是导致生态环境问题的两个层面的因素，前者可直接引发生态环境问题，后者通过引发前者来促使问题的发生，是导致环境问题的根本动力（樊胜岳等，2015）。多个驱动因子会驱动多个原因的发生。沙漠化的主要原因可包括自然和人为两类（樊胜岳等，2015）。在沙漠化的人为原因中，资源利用和农业扩张可以受任何一个沙漠化驱动因子驱动；经济、文化和制度等因素都能驱动基础设施建设因子的发生；人口因素常伴随其他因素驱动农田耕作和牧业的扩张，但人口单一因子驱动力有限；经济因素是驱动力最强的因子，也可以导致除自然因子外所有因素高频率地发生；制度因素可以驱动除自然因素外的所有因子（樊胜岳等，2015）。

　　制度因素的内容包括所有权问题、常规政策、政策失灵等，它对沙漠化的影响是沙漠化成因机制研究的重要内容（樊胜岳等，2015）。在生态环境脆弱的背景下，如果措施得当，人们可以使生态环境恶化的趋势得到逆转。因此，应该在沙漠化治理的研究中，提高对制度因素的重视，配合恰当的制度和政策，促使不合理的经济增长方式发生转变，鼓励引导先进治理技术的引入和应用，从根本上缓解和扭转沙漠化趋势（樊胜岳等，2015）。

## 14.5.2　制度因素的作用

　　自中华人民共和国成立以来，我国的农地制度的变革和产权明晰举措，充分调动了农民生产的积极性，解放了广大农村地区的生产力。尤其是土地产权制度的明晰，使得农户作为身处其中的行为主体，具备了作为经济理性人独立决策其生产和经营的能力。在变革过程中，农户不断地调整自己的经济行为，例如通过改变作物种植结构、饲养结构和方式等举措努力实现个人收益最大化（樊胜岳等，2015）。也就是在人类活动与自然环境相互作用所构成的人地系统中，农户的行为开始与农村经济、生态治理政策等紧密地结合起来，其作为一个独立经济主体追求自身经济利益最大化的本质特征开始成为理论界探求沙漠化的深层原因（樊胜岳等，2015）。

　　人为因素对于沙漠化的治理存在双向作用。一方面，随着人口规模的迅速增长，土地利用的压力随之增加，传统土地利用的合理性遭到破坏，许多地区的生产方式从以放牧为主转变成以农耕为主，土地利用的强度也逐渐加大，这一切导致草地面积锐减，沙漠化的趋势进一步加强；另一方面，随着中央政府出台一系列"退耕还林（草）、封山绿化、以粮代赈、个体承包"生态建设方针后，农户生态保护的意识逐渐提高，沙漠化的趋势受到抑制并且局部出现了逆转的良好局面。随着商品经济在广大农村的深入发展，农户作为一切经济、生态活动的主体，其行为已经对沙漠化治理产生了不容忽视的影响（樊胜岳等，2015）。特别是近年来，国际上关于干旱地区生态环境变化的研究，非常重视农户在其中的反应。在我国，生态治理政策能否真正达到目的在很大程度上取决于其是否满足农户的利益追求，成功的关键也在于政府出台的沙漠化治理制度能够有效调动农户的经济行为。综上，沙漠化驱动力的制度因素已经成为沙漠化成功治理的关键，应该引起我们的高度重视（樊胜岳等，2015）。

# 第 15 章　制度因素作用机制与定量表达

本章讨论中华人民共和国成立后，国家政策与制度安排如农村集体制、改革开放政策、生态补偿政策等对我国东北沙地沙漠化的影响。

## 15.1　农村集体制对沙漠化的影响

农村集体制不仅指的是土地农业合作化和人民公社等制度安排，还包括农产品统购统销政策、地区粮食自给自足政策和城乡隔绝的户籍管理制度等，时间跨度为 1949～1979 年。有研究表明，我国该时段农村集体制的产权安排，造成了土地被大规模开垦，尤其对天然草地大规模的开垦，导致了沙漠化土地的迅速扩张（朱震达等，1989b）。

农村的集体化制度逐步强化了"以粮为纲"、以集体化道路发展农业和农村经济的思路，这种思路在一定程度上弱化了农民的个体自由，并触动了农民的个人利益，造成了国家目标与社会公众目标的不协调，从而对土地的沙漠化产生了影响（图 15-1），这种情况在我国农牧交错带地区表现得尤为突出，因为该区生活粮

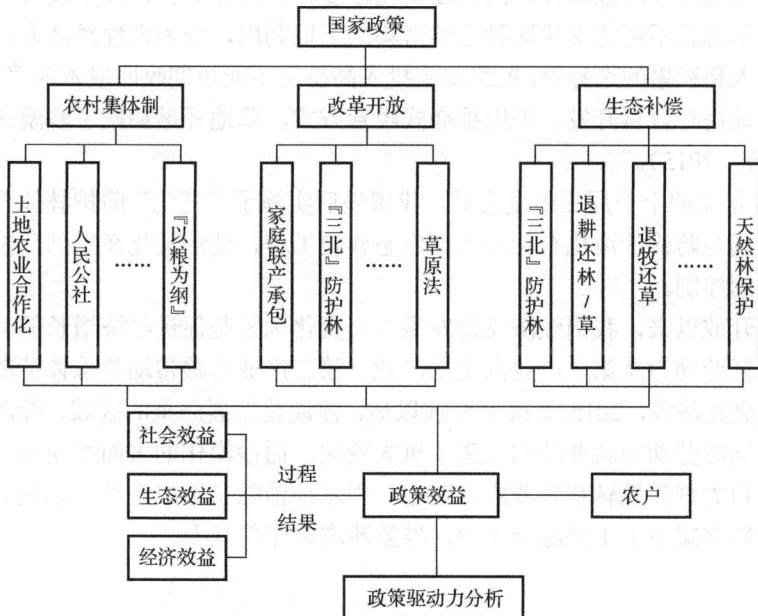

图 15-1　政策驱动力分析

食短缺的压力，必然会迫使人民寻求粮食供需平衡的办法，而把草原开垦为耕地就成为解决粮食短缺问题最便捷的途径（樊胜岳等，2015）。耕地因很少投入肥料和采取相应的保护措施与基本建设，耕作层内肥力迅速下降。而土壤肥力的降低只能以扩大种植面积的方式来弥补，撂荒种植的粗放经营方式造成了土地生产潜力的进一步下降并形成了恶性循环，使得沙漠化土地面积迅速扩大（樊胜岳等，2015；朱震达等，1989b）。

## 15.2　改革开放政策对沙漠化的影响

在改革开放的背景下，家庭联产承包的土地制度使农户产出增长、非农产业就业提高、城市化进程加快，也造成了乡村人口下降等，这些都对土地沙漠化产生了影响（樊胜岳等，2015）。家庭联产承包责任制，使农民获得了经营权和收益权上的个人产权形式，极大地促进了农村经济的发展，由于早期农村土地制度改革的成功，契约变成了农业土地使用期限的正规形式，也被转移到林业和牧业中。1985 年通过的《中华人民共和国草原法》，从法律上规范了牧场承包制度，国家和集体牧场的使用权可以稳定出租给牧户。

家庭联产承包责任制建立后，农民成为自主经营、自负盈亏的独立实体，生产的积极性被充分调动起来。但由于沙漠化地区人口压力大，人地关系紧张，不仅需要对土地进行连续耕种，而且还要轮作复种、间作套种，如果没有精细的养地技术作基础就不可能支撑这种连续密集的土地利用，作为理性经济人，在对土地进行投入和积累的选择中，拒绝实施投入高昂又不能短期收回成本的养地技术，转而对土地进行盲目开发，采用掠夺式经营方式，草地开垦加剧了沙漠化的进程（樊胜岳等，2015）。

1978 年党的十一届三中全会后，我国先后实施了"三北"防护林体系建设工程等一系列与防治沙漠化有关的大型生态建设工程，使沙漠化在局部范围得到了一定程度的控制。

改革开放以来，我国经济飞速发展人口变化因素是促进经济增长的一个重要因素，包括劳动力从第一产业向第二产业、第三产业转移带动的总体劳动生产率的提升（樊胜岳等，2015）。改革开放以后，沙漠化发展严重的区域，经济也在快速发展，同时劳动力就业结构发生了重大变化，而沙漠化的大面积逆转，关键在于农业人口大规模地转移到非农产业中，根本地消除了造成土地沙漠化的人口压力，人口转移减小了土地综合压力，导致沙漠化面积减少。

## 15.3　生态补偿政策对沙漠化的影响

2000 年以后,国家和地方政府利用生态补偿的方式,大规模地开展生态建设,治理沙漠化土地,促使沙漠化面积逐年减少。补偿政策主要体现在退耕还林、退耕还草、天然林保护、“三北”防护林体系建设、京津风沙源治理和水源治理等重大生态工程项目的建设方面。生态补偿政策推行的同时,也构建了以《中华人民共和国防沙治沙法》为主的法律和政策体系,出台了一系列惠农治沙政策措施,有效保障了防沙治沙工作的顺利进行。科尔沁沙地、毛乌素沙地南缘等地区,表现为沙化面积逐渐减少,植被覆盖度增加,生态状况进一步好转;浑善达克沙地、河北坝上等地区通过京津风沙源治理工程实施,沙化扩展趋势得到遏制,植被明显得到恢复,生态状况得到明显改善(樊胜岳等,2015)。2015 年《中国荒漠化和沙化状况公报》显示,截至 2014 年,我国荒漠化土地面积 261.16 万 km²,沙化土地面积 172.12 万 km²。与 2009 年相比,5 年间荒漠化土地面积净减少12120km²,年均减少 2424km²;沙化土地面积净减少 9902km²,年均减少 1980km²。自 2004 年以来,我国荒漠化和沙化状况连续三个监测期“双缩减”,呈现整体遏制、持续缩减、功能增强、成效明显的良好态势。但应指出,在经济利益的驱动下,各种破坏沙区植被的现象还没有得到完全制止,放牧开垦等行为在部分地区仍不同程度地存在。

## 15.4　制度作用的定量化表达

本节基于樊胜岳等(2015)的成果,选择层次分析法来设计评价结构和指标,确定指标权重,对制度作用进行定量化表述。

### 15.4.1　生态建设制度中的行为主体

可从政府和农户两个维度设置参数,对沙漠生态建设政策的绩效进行评价。我国生态建设的制度设计主要可以分为三种形式:一是政府主导行政运作的方式(“三北”防护林工程),二是以政府主导为主、市场运作为辅的方式(退耕还林工程和天然林保护工程),三是以市场运作为主、政府参与为辅的方式(荒地拍卖和典型流域市场化的生态补偿等),在所有的生态建设过程中,始终贯穿着政府和农户这两大行为主体(樊胜岳等,2015)。两者所处的地位不同,在生态建设过程中的目标也不同。

而从政府和农户角度评价生态建设政策是不同的。从对行为主体的分析中可以看出，政府和农户在生态建设中的目标、利益及利益获取方式都是不同的。因此，从政府和农户的角度分别对生态建设政策的效果进行评价，就可能出现三种结果（樊胜岳等，2015）：第一种，两者评价的绩效结果相同。这说明我国生态建设政策既实现了生态效益的目标，也让农户在生态建设中取得了相应收益，这样的结果是最理想的。第二种，从政府角度评价的效果良好，从农户角度评价的效果较差。这说明政府在利用权力推行生态建设，农户的利益没有得到体现，并且可能还有所损失，农民对于生态建设有较大抵触。我国部分地区通过生态移民来促进生态恢复的政策就是如此，这样的生态建设效果是难以长久维持的。第三种，从政府的角度来看，生态效益没有达到目标；从农户角度来看效果却比较令人满意。这样的情况在生态建设地区也不同程度地存在，如退耕还林区的禁止放牧政策。可见，从不同行为主体的角度来研究生态建设政策的绩效是十分必要的，这是形成我国生态政策评价体系的基础。

### 15.4.2 定量化评价指标体系构建

指标构建需要遵循一定原则，樊胜岳等（2015）基于公共价值的内涵和生态建设的特点，从政府和农户两个维度设置指标，通过构建政策过程和生态效果相结合的生态建设政策评价体系，对生态建设政策的绩效进行全面、系统、有效的评价。

基于上文中对生态建设过程中行为主体的分析，为保证评价结果的科学性与准确性，避免单维度评价带来的片面性，在设计生态建设政策绩效评价指标时，从政府和农户两个维度设立大致相同的指标。从公共价值视角对生态建设政策进行绩效评价，在设计与选取指标时还必须与公共价值的含义结合到一起，既要体现公共价值的内涵，又要充分体现生态建设政策自身的特点。政策效率、经济效益、公平性、环境影响、公众的认可程度、公众参与性、可持续性等都是需要被考虑的因素。在构建生态建设政策绩效评价指标体系时需要通过科学合理的分解、归纳和综合，明确各类指标在体系中所处的地位和相互之间的内在联系，需要运用层次分析法来进行构建，生态建设政策绩效评价指标体系由三个层次构成（表 15-1）。

表 15-1　政策绩效评价指标体系（樊胜岳等，2015）

| 第一层 | 第二层 | | 第三层 |
|---|---|---|---|
| 政策过程 $X_1$ | 公平性 $Y_1$ | 政府 | 收益与损失比率 $Z_1$ |
| | | | 直接收益足额率 $Z_2$ |
| | | 农户 | 收益与损失比率 $Z_3$ |
| | | | 直接收益足额率 $Z_4$ |

续表

| 第一层 | 第二层 | | 第三层 |
|---|---|---|---|
| 政策过程 $X_1$ | 效率性 $Y_2$ | 政府 | 按计划完成率 $Z_5$ |
| | | | 直接收益按时到位率 $Z_6$ |
| | | 农户 | 按计划完成率 $Z_7$ |
| | | | 直接收益按时到位率 $Z_8$ |
| | 参与性 $Y_3$ | 政府 | 规划参与 $Z_9$ |
| | | | 生产参与 $Z_{10}$ |
| | | | 管理和维护参与 $Z_{11}$ |
| | | 农户 | 规划参与 $Z_{12}$ |
| | | | 生产参与 $Z_{13}$ |
| | | | 管理和维护参与 $Z_{14}$ |
| | 可持续性 $Y_4$ | 政府 | 遵纪发生率 $Z_{15}$ |
| | | | 管护组织有效性 $Z_{16}$ |
| | | | 政府投入率 $Z_{17}$ |
| | | 农户 | 对直接收益的满意度 $Z_{18}$ |
| | | | 遵纪发生率 $Z_{19}$ |
| | | | 管护组织有效性 $Z_{20}$ |
| | | | 对自身是否有好处 $Z_{21}$ |
| 生态效果 $X_2$ | 项目达标率 $Y_5$ | | — |
| | 林（草）保存率 $Y_6$ | | |
| | 植被生长状态 $Y_7$ | | |
| | 水土保持变化率 $Y_8$ | | |
| | 空间的均一性 $Y_9$ | | |

## 15.4.3 定量化评价方法

### 1. 建立生态建设政策层次结构

基于公共价值的生态建设政策的绩效评价指标体系分为三个层次（樊胜岳等，2015），在层次结构模型中以 $C$ 表示目标层，$X_i(i=1,2)$ 表示第一层指标，以 $Y_i(i=1,2,\cdots,9)$ 表示第二层指标，以 $Z_i(i=1,2,\cdots,21)$ 表示第三层指标。确定表 15-1 中各指标权重值是定量评价生态建设政策的关键环节。运用群组层次分析法建立评价模型，确定各指标的权重。

## 2. 构造生态建设政策评价判断矩阵

确定准则层的每个因素对目标层的影响程度是构造评价矩阵的关键，在单层次结构模型中，假定以上一层次目标因素作为准则，其支配的下一层因素为 $X_1, X_2, X_3, \cdots, X_n$，按照它们对于准则的重要性，采用两两比较的方法确定因素 $X_1, X_2, X_3, \cdots, X_n$ 相应的权重。构造一个判断矩阵（表 15-2），专家需做出判断，针对准则 $C$，两个因素 $X_a$ 和 $X_b$ 哪一个更重要，然后再比较重要程度有多少，并按数值对重要性程度赋值（表 15-3）。如对于决策目标"公共价值绩效"，"生态政策过程 $X_1$"和"生态效果 $X_2$"同样重要；对于"公平性 $Y_1$"，"政府"与"农户"两者具有相同重要性。

表 15-2　比较矩阵中数值重要性说明

| 权重 | 比较关系 |
| --- | --- |
| 1 | 两个因素相比，同等重要 |
| 3 | 两个因素相比，前者比后者稍微重要 |
| 5 | 两个因素相比，前者比后者比较重要 |
| 7 | 两个因素相比，前者比后者十分重要 |
| 9 | 两个因素相比，前者比后者绝对重要 |
| 2、4、6、8 | 上述相邻判断中值 |
| 倒数 | 前者与后者的重要性之比为 $A_i$，则后者与前者的重要性之比为 $A_{ij}=1/A_{ji}$ |

表 15-3　比较判断矩阵

| 目标层 | $X_1$ | $X_2$ | $\cdots$ | $X_n$ |
| --- | --- | --- | --- | --- |
| $X_1$ | $X_{11}$ | $X_{12}$ | $\cdots$ | $X_{1n}$ |
| $X_2$ | $X_{21}$ | $X_{22}$ | $\cdots$ | $X_{2n}$ |
| $\vdots$ | $\vdots$ | $\vdots$ | $\vdots$ | $\vdots$ |
| $X_n$ | $X_{n1}$ | $X_{n2}$ | $\cdots$ | $X_{nn}$ |

可取 $1, 2, \cdots, 9$ 以及它们的倒数作为标度（表 15-4），矩阵中的元素具有下述性质：① $X_{ij} > 0$，② $X_{ij} = 1/X_{ji}$，③ $X_{ij} = 1$。

采用表格调查的方法邀请专家评判，首先调查组邀请在公共管理和生态环境领域知名度较高的专家组成专家团队。然后发出调查表格，确定准则层的每个因素（$X_1$ 和 $X_2$）对目标层（$C$）的影响程度，收回有效问卷，构造评价矩阵。

表 15-4　判断矩阵

| 目标层 | $X_1$ | $X_2$ | $W$ |
|---|---|---|---|
| $X_1$ | 1 | 9 | 0.93109100 |
| $X_2$ | 1/9 | 1 | 0.0809 |

**3. 确定生态建设政策评价指标权重**

确定生态建设政策各评价指标的权重，是评价生态政策绩效的关键步骤。具体步骤为，先计算单层次矩阵的权重，进行层次单排序，然后再计算各矩阵的平均权重，进行层次综合排序。

首先，对判断矩阵 $X$ 求解最大特征值。$XW = \lambda_{\max} W$，特征向量 $W = [W_1, W_2, \cdots, W_n]^T$，即为本层次 $X_1, X_2, X_3, \cdots, X_n$ 对于目标元素 $C$ 的排序权值。

其次，进行单层次判断矩阵 $X$ 的一致性检验。在单层次判断矩阵 $X$ 中，当 $X_{ij} = \dfrac{X_{ik}}{X_{jk}} (i, j, k = 1, 2, \cdots, n)$ 时，称判断矩阵为一致性矩阵。

层次单排序的任务可以归结为计算判断矩阵的特征根和特征向量问题，即对于判断矩阵 $X$，计算公式为

$$XW = \lambda_{\max} W \qquad (15\text{-}1)$$

式中，$\lambda_{\max}$ 为判断矩阵 $X$ 的最大特征根；$W$ 为对应于 $\lambda_{\max}$ 的正规化特征向量，$W$ 的分量 $W_i$ 就是对应元素单排序的权重值。

如果判断矩阵 $X$ 具有完全一致性时，$\lambda_{\max} = n$。但是一般情况下，这是不可能的。因此，在得到 $\lambda_{\max}$ 后，还需对判断矩阵的一致性进行检验。

进行一致性检验的步骤如下。

（1）CI=0 的计算公式为

$$CI = \frac{\lambda_{\max} - n}{n - 1} \qquad (15\text{-}2)$$

式中，$n$ 为判断矩阵的维数；$\lambda_{\max}$ 为判断矩阵的最大特征值。CI=0 时，判断矩阵具有完全一致性；CI 越小，说明一致性越强。

（2）计算平均随机一致性指标 RI。RI 是重复计算随机判断矩阵的特征值后取算术平均数得到的。为了检验判断矩阵是否具有令人满意的一致性，需要将 CI 与平均随机一致性指标 RI 进行比较。

（3）计算一致性比例 CR。一般对于三阶以上的判断矩阵才需要检验一致性。致性偏离可由随机因素引起，在检验判断矩阵的一致性时将 CI 与平均随机一致性指标 RI 进行比较，得出检验数 CR：

$$CR = \frac{CI}{RI} \qquad\qquad (15\text{-}3)$$

当 CR < 0.1 时，认为该层次的比较矩阵通过一致性检验。

上述的计算步骤可以使用相应的计算软件来非常方便地完成，如可以使用 yaahp7.5 软件进行计算。第一层指标的权重采用专家表格打分的调查方法来取得。

用上述方法计算其他专家的判断矩阵和其他层次指标的权重值，并用平均法计算相同层次指标的权重值，可以得到第一层指标矩阵 $X$ 的平均权重。重复上述步骤，可确定生态建设政策绩效评价体系中其他指标层次中各指标的权重。

# 第 16 章　中国东北沙地生态环境恢复与综合治理

## 16.1　中国东北沙地生态环境治理模式

东北西部、内蒙古东部沙区农牧民、干部和科技人员，在防沙治沙的长期实践中积累了丰富的经验（罗刚，2016）。因地制宜地研发出很多防沙、治沙的技术和治理模式，不仅遏制了风沙危害，改善了生态环境，而且充分利用沙地资源优势，取得了显著的经济效益、社会效益和生态效益。在取得重大成果、成绩和经验的同时，也看到了存在的一些问题，今后东北西部沙漠化治理还应遵循自然规律和生态规律，沙漠化土地以营造疏林与灌、草相结合的治理模式，要根据土地沙漠化的不同类型采用不同技术模式和治理途径（裘善文等，2008a）。

### 16.1.1　生物工程治理

沙质荒漠化的治理应根据不同类型采用不同治理模式（裘善文等，2011；李宝林，1999；杨树栋等，1997）。在东北西部根据不同沙漠化类型，可普遍采用以下两种模式。

（1）重度沙漠化土地采用生物多样性的疏林、灌、草相结合的治理模式。东北西部属半干旱半湿润气候区，年平均降水量 350～450mm，一般年降水量小于 600mm 的地区，植物不会自然演变成天然的密林，人工营造郁闭度大的森林，不是自行稀疏成疏林，便是形成"小老树"林，或者成片人工林树冠枯死。水是严重影响该地区生态建设的关键限制因素（郭云义等，2009）。在以往造林工作中，忽视了林木对水分的有效需求问题，林地土壤水分严重亏缺，林分生长不稳定，导致大面积人工林的树冠枯死。因此，遵循沙地水分运移和植物生长的自然规律，采用相对稀植、团块、疏林的人工景观配置，提高林地物种和结构的多样性，改变过去治理模式，采用营造疏林、灌、草相结合的治理模式（杨文斌等，2017），是符合东北西部疏林草原的生态规律。这样做既可以保证疏林草原的正常生长发育，又可以减少因密林蒸腾水分过多而产生的地下水资源的消耗（裘善文等，2008b）。

实践中所采取的技术路线是，草在前，树在后，栽大苗（3 年生），一次成型，大大提前了体系发挥作用的时间，从治理年起，3 年内达到防风固沙效果。这种高、中、低结合设计解决了单一林带防风中存在的带窄防风效果差、带宽投资成本大、经济效益低的问题（荣建东等，2005）；防护林体系中草带的加入，为短期内治理区获得较高的效益开辟了新的途径，疏林、灌、草的结合充分体现了该体系对资源合理的利用，通过地上部植被的高矮、地下部体系的深浅差别可以充分利用光、热、土壤水及养分资源，避免了因争光、争水、争养分而造成的系统失衡（石元亮等，2004）。

（2）轻度沙漠化土地，建设林、果（瓜）、药（草）、杂（杂粮）生态效益型治理模式。现在"三北"防风固沙林林种、林相单一，要改变这种格局，首推树种就是樟子松，它适宜在干旱的沙丘地上生长，在内蒙古呼伦贝尔市的沙丘地上还有原始樟子松林。在科尔沁沙地和辽宁省西北部的干旱风沙地营造的樟子松林的成功经验表明，在沙漠化土地营造防风固沙林，杨树和樟子松是首选优选的树种，营造阔叶林、针叶林和针阔混交林，改变目前单一树种和单一林相的局面（张智一，2015；裘善文等，2008b）。

从综合因素考虑，东北平原西部沙漠化土地适宜发展葡萄（*Vitis vinifera*）、沙棘（*Hippophae rhamnoides*）和杏（*Prunus armeniaca*），尤其是葡萄，它的含糖量高达 3.8～4 糖度，比吉林省中东部葡萄含糖量高，这是因为西部有效积温高、日差较大。所以，在西部沙漠化土地规模种植酿造型葡萄，形成沙地产业。种植西瓜是西部沙漠化土地中又一优势产业，该地区西瓜的含糖量比中东部地区的西瓜高出一个糖度，应有序发展（裘善文等，2008b）。沙漠化土地不仅适宜发展牧草等，而且也适宜发展小杂粮，如绿豆（*Vigna radiata*）、赤豆（*Vigna ungularis*）等（裘善文等，2008b）。

这套综合治理利用体系的功能与特点是：①能最大限度地利用半固定沙地特有的光热资源，发挥土地生产潜力，以及利用不同植物适应性的差异，开发不同地形部位的土壤资源。②体现了半固定沙地多层次的立体开发。这种体系使沙地（丘）的上、中、下部资源得到了利用。甘草与果树的结合，一方面提高了沙地复种指数，另一方面甘草固氮为土壤输入了氮素营养，起到了相互促进的作用。③该复合生态体系引入了经济林与防护林，兼顾了开发与治理的关系。④该体系改变了传统的先治理后开发的做法，从而使生态和经济效益兼得（赵美丽，2012；石元亮等，2004）。

## 16.1.2　水利工程治理

东北西部地区生态环境恶化，荒漠化发展迅速，主要原因之一就是干旱缺水（王进等，2011；张炜等，2006）。西辽河流域缺水是因为水资源匮乏。而松花江、嫩江流域缺水，则是缺少水资源调蓄工程。所以，实施"北水南调、东水西调"（首先将呼玛河的水引到嫩江，再引到东北平原西部）是治理该地区荒漠化的根本途径（裘善文等，2008b）。

调水主要用于东北平原西部、内蒙古东部西辽河平原的生态建设与环境治理，包括农牧业发展、城市工业和生活用水，以及补给松辽平原西部地下水等，这比将水用于"解决辽河中下游水资源短缺"的意义更加重大（裘善文等，2008b；李取生，1990）。

主要输水线路：①从月亮湖东的新店引嫩江水沿原北水南调线路至后八方，与引松线路汇合；②从哈达山引松花江水，沿北水南调输水线路，经前郭县、乾安县、大安市与引嫩线路在后八方汇合后，按原北水南调线路南下，将水引到西辽河平原的舍伯吐—开鲁县北部的他位干水库，同时调给辽河中下游地区部分的水资源量；③在通榆县境内的四海北，什花道乡东的北水南调的干线上，开辟一条西支线，经什花道乡—开通镇—瞻榆。通过该线路将大部分水资源量调向东北平原西部（裘善文等，2008b）。

## 16.1.3　生态环境保护与建设

（1）生态环境的管护问题。生态环境管护与整治同等重要，目前西部生态环境管护问题非常突出，有的地方年年造林不见林，尤其是村屯、路旁造林，不仅成活率低，而且保存率、成林率更低，更坏的情况是还存在边治理边破坏的现象。除要严格执行《环境保护法》《土地管理法》《森林法》《水法》《草原法》《野生动物保护法》等法律外，亟须根据这些法律，结合当地实际情况制定生态环境建设综合管护条例。生态环境管护除专业部门、专业队伍外，乡（镇）、村两级政府应是管护的主体，只有将这两级政府的积极性调动起来，才能管护好良好的生态环境。建议国家责成有关综合部门组成跨部门联合调查组，深入县（市）、乡（镇）、村进行调查研究，制定出符合中国实际、操作性较强的生态环境建设管理条例（裘善文等，2008b）。

（2）生态环境恶劣的乡（镇）的干部稳定问题。生态环境整治是长期过程，需要有长期稳定、强有力的领导才能将生态环境治理好，所以，生态环境的建设需要组织、人事部门的参与，确保干部的稳定性（裘善文等，2008b）。

（3）生态环境整治必须依靠科技进步，强化科技支撑，大力推广先进适用的科技成果。生态环境整治是一项复杂的系统工程，需遵循生态规律，科学性、技术性较强，有许多问题都需要依靠科技来解决，强化科技支撑十分必要（高亮等，2018；朱宾宾，2018）。政府将东北西部生态环境建设列为重中之重。各部门应围绕政府的部署，形成合力，东北西部生态环境整治应继续立项，加强基础研究，尤其是加强适用技术的研究和监测跟踪研究，建立生态环境背景值与动态变化数据库，才能从根本上改变东北西部恶劣的生态环境（景国臣等，2013）。

（4）加大投入力度，集中重点投入。东北西部生态环境整治需要投入大量资金。多渠道、多层次、全方位筹集资金，尤其要鼓励民营企业投资东北西部的生态环境建设（裘善文等，2008b）。

# 16.2 中国东北沙地生态环境恢复与调控措施

## 16.2.1 生态环境恢复

生态系统受到气候波动或人类活动干扰时,其内部各种群落自然演替过程和系统平衡将被打破,随之发生逆行或进展演替(张宝珠等,2013;蒋德明等,2003)。干扰程度不同,生态系统演化存有差异。人们希望把已退化生态系统恢复到原始的或接近原始状态,但有时无法获悉原始生态系统的状态,而只能根据需要把退化生态系统恢复为与原来群落不同的甚至是一个全新的生态系统,其中包括很多原生群落所不具有的特征(石元亮等,2004)。如果消除干扰或停止破坏,并对生态系统进行合理控制和有效利用,受损的生态系统因人类所施行的管理措施不同,可能有 4 种结果:恢复到它原来的状态;重新获得一个既包括原有特性,又包括对人类有益的新特性状态;根据管理技术的使用和经营目的,形成一种改进的和原来不同的状态;因适宜条件不断遭到破坏,生态系统仍然保持退化状态(郭坚等,2007;姜凤岐等,2002)。

由于各种干扰因素的持续作用,科尔沁沙地总体上已不可能再恢复到原有的森林草原、疏林草原和草甸草原生态系统,而只能向新的平衡状态发展(裘善文,2008b)。实际上该地区生态系统已演变为种植业、畜牧业、林业和其他行业复合型的农业生态系统,这种系统与原来的生态系统相比,结构和功能要复杂得多,而且生产力水平也高得多(高景文等,2001;高云生等,2001)。科尔沁沙地生态系统恢复过程,要从立地条件出发,以控制不合理开发利用土地为前提,以恢复生态环境和提高土地生产力为目标,对原有的景观要素进行优化组合或引入新的成分,调整或构建新的景观格局,从而创造出优于现有景观生态系统的经济效益和生态效益(梁宝君等,2008)。

## 16.2.2 中国东北沙地生态环境恢复基本途径

(1)保护。对生态系统进行人为管理,停止人为的各种干扰,避免其被进一步破坏和退化,完全靠生态系统自身的抵抗力和恢复力保持或逐渐恢复其结构和功能(姜凤岐等,2002)。保护应属生态系统管理范畴,需要保护的对象不但是自然条件下的生态系统,以维持其持续的进化和演替功能,而且还包括对一些珍贵物种和生态系统资源进行就地和迁地保护。设立自然保护区是对该地区特有的和具有重要价值的物种及其生境进行保护的基本方法和途径,如科尔沁沙地大青沟天然阔叶林自然保护区(高云生,2013)。

（2）恢复。人们主动地改变某一立地，建立起具有地带性的原生生态系统。对于破坏时间较短、退化程度较轻的生态系统，可恢复到其原来状态；但对于破坏时间较长、退化严重的生态系统，则较难恢复到其原来状态。为此，恢复也可以是修复破坏的或功能受阻的生态系统，提高生产力，把地带性生态系统的结构和功能作为原始模型来效仿，重新创造一个自我维持的生态系统（蒋德明等，2003）。这个生态系统以植物群落的进展演替为主要特征，并具有在自然和人为干扰下进行自我修复的能力，逐渐使生态系统重新返回到其原来状态上。恢复可以直接地、完全地返回到地带性的原生生态系统，也可以是停留在多种可选稳定状态的一种状态，或是生态系统长期目标的某种中间态。

（3）重建。在生态系统经历了各种退化阶段，或者超越了一个或多个不可逆值时所采取的一种恢复途径。与恢复和保护相比，重建要求持久地进行人为经营和连续不断地进行能量、物质的输入（姜凤岐等，2002）。对于退化较为严重的生态系统，尤其是原生植被不复存在或土壤条件已发生根本性改变的地区，应该采取重建途径。重建的生态系统可以与原来的生态系统有很大差别。各类生态系统在历史演化过程中的每一个阶段，都经过长期的自然选择和演替过程，出现了一些与当地气候和土壤条件相适应并相对稳定的植被类型，随着气候的变化和人为的扰动，植被与环境之间的平衡状态逐渐被打破。在土壤条件发生根本性变化的情况下，恢复原生植被是极其困难的，必须选择新的植被类型以适应新的环境条件，重新构建与现实生态状况相适应的生态系统。

（4）维持。经过长时间强烈的自然扰动和人为破坏的地方生态系统失去了自我调节能力，环境退化到原生裸地状态，丧失了原有的生命支持力。在这种立地条件下，植被的恢复与重建极其困难（姜凤岐等，2002）。因此，退化土地的综合治理过程中，一定要因地制宜、宜林则林、宜草则草，对于远离居住区并对生态环境影响不大的地段，没有必要投入大量的人力、物力去治理，而是要停止一切人为的干扰活动，让生物群落自我维持与发展，逐渐适应并改造环境（蒋德明等，2003）。

## 16.2.3　中国东北沙地生态环境调控措施

（1）完善草原生态补偿法律法规。我国从 20 世纪 80 年代开始颁布了一系列与草原使用及草原生态保护相关的法律法规，如《草原法》《野生动物保护法》《水土保持法》《土地管理法》《环境保护法》《草原防火条例》《草原管理条例》等，但由于我国经济快速发展和生态环境的不断恶化，部分法律法规已经不能满足草地资源可持续利用的要求（叶晗，2014）。因此，为改善草原生态环境，保证农牧民基本权益，需要通过立法使草原生态补偿相关制度法制化，为中央和地方政府、社会团体、组织和个人的草原环境保护和建设等活动提供指导。同时，完善现有草原保护相关法律法规等内容，将补偿标准、补偿方式以法律形式确定，明确草原生态补偿主体、补偿对象、补偿范围，根据草原恶化程度制定补偿标准（海山，2013）。

（2）制定环境生态建设与保护规划。针对东北沙地土地退化脆弱性现状、类型及成因，制定与完善生态环境建设与保护规划。把林、草、湿地植被恢复与改造，水土流失与沙漠化防治，天然林工程生态建设示范作为重点，明确目标与责任，分类分期分批实施。

（3）调整土地利用格局，提升生态系统服务功能。合理配置与利用土地资源，特别是优化农、林、牧业结构是实现地区资源可持续的关键（Du et al.，2018；史培军等，2006），在全区范围内应对土地利用进行合理的区划和农牧业生产区划。目前，该地区对土地资源的利用主要分为三种类型，即以生产粮食为主的种植型、农林混合型和农牧结合型。这几种利用方式都存在着结构不合理的问题（姜凤岐等，2002）。在调整土地利用结构时，要根据当地的具体情况，从当地群众的切身利益出发，首先安排好群众的具体生活，在此基础上调整农林牧的比例，在以农业为主的地区应适当增加林业和牧业的比重；在以牧业为主的地区，在保证不破坏环境的前提下，可以在水肥条件较好的地段少量开垦农田，这样一方面可以解决粮食自给，另一方面可作为饲料基地，补充天然草场的不足。最后在该地区应形成以保护性林业为主，自给性农业和商品性畜牧业相结合的结构。

（4）治理流沙，保护天然植被。目前，科尔沁沙地流动半流动沙丘占相当大的比例，给人民生产生活造成极大的危害。因此，沙区生态环境的整治首先要从治理流沙入手，以"因地制宜、因害设防、综合治理"为原则，采用机械和生物固沙相结合的方法不断恢复沙地植被，提高全区植被覆盖率。治理流沙过程中，在材料的选择和固沙技术的应用上既要考虑到在短期内迅速固定沙丘，还应注意所形成的人工固沙群落后期的稳定性和开发利用等问题（蒋德明等，2003）。同时对现有退化植被采用封育保护，设立封沙育林育草区，这样不仅可控制流沙外延，而且可使沙地植被得到一定程度的恢复。

（5）继续营造并不断完善大型综合防护林体系。建立综合防护林体系的主要任务就是防风固沙，减轻风沙干旱危害，控制沙化发展。沙地综合防护林可以控制和固定流沙，而且可以调节小气候，改善生态环境，为提高农牧业生产水平和人民生活质量创造良好条件；同时通过乔灌草结合方式为沙区生产木材、饲料、燃料和肥料，起到除害兴利的作用（蒋德明等，2003）；还可以促进土地利用结构的调整和农林牧生产的紧密结合，使农林牧生产逐渐步入良性循环，所以各种类型的防护林建设和不断完善应引起各级政府和部门的高度重视。

（6）开发科技成果，提高群众科技意识，调动群众防沙治沙积极性。我国北方尤其是科尔沁沙地综合治理取得的科技成果很多，如盐碱地和草场改良，生物固沙技术等。封育沙丘是简单而有效的恢复植被措施（姜凤岐等，2002）。结果一方面在建设，而另一方面则在破坏，且破坏的速度比建设的速度还快，科研成果很难推广。因此，在对沙区进行综合整治过程中，应通过多种渠道，加强对基层干部和群众的宣传教育，普及科技知识，提高群众的生态环境和科技意识（蒋德明等，2003）。另外，人民群众是防沙治沙的主力军，必须调动乡、村两级政府的积极性，使之能有效地组织民众投入到防沙治沙事业中来。

## 16.3　中国东北沙地生态经济建设

经过多年的科学研究和生产实践，在科尔沁沙地形成了多种高效的发展模式，这些模式都与当地的自然社会经济条件相适应，不但改变了局部的生态环境而且都取得了较好的经济效益，具有较强的示范性和推广价值（姜凤岐等，2002）。在进行科尔沁沙地综合整治过程中，要充分利用这些成熟的技术，并不断充实和优化这些模式，更好地合理开发与利用沙地资源，为沙区农牧民群众脱贫致富提供更多更好的途径。

### 1. 沙地庭院生态经济模式

充分利用科尔沁沙地局部优势条件，增加科技、资金和劳力投入，对已取得的科研成果进行合理组装、配套，形成高产高效的生产模式是沙地综合整治的有效途径。利用局部地段优越的光热资源，进行沙地保护地蔬菜、水果生产，引进沙地"四位一体"生态模式，形成了良性循环的生态模式（姜凤岐等，2002）。其中，沙地"四位一体"生态模式是以沙区丰富的太阳能为最初能源，以农牧民家庭为单位，在科尔沁沙区特有的局部小气候环境条件下，通过建立沼气池、温室大棚和开展生态养殖等系列可持续经营方式，形成由日光温室（蔬菜）-沼气池（能源）-生态养殖（养猪）-有机肥（粪便）四个生态子系统有机组成的良性生态循环系统。

### 2. 沙地小生物圈与生态网络整治模式

沙地小生物圈模式适用于分散居住牧民，每个牧户划定一个生产保护区。生产保护区分为三个层次：中心区、保护区和缓冲区（姜凤岐等，2002）。中心区主要用于提供粮食和燃料，区内农田由于有林草保护和水源灌溉，不会发生风蚀；保护区的作用主要是提供冬季饲草和保护居住区及中心区的环境；设立缓冲区主要是为了控制流沙向内部蔓延。由于这种小生物圈模式较好地解决了开发与保护、生产与生活的关系，因而生态效益和经济效益都很好，农户周围环境得到了明显的改善，收入显著增加。而"生态网"整治模式适用于开阔的沙质平地或低缓起伏沙地（蒋德明等，2003）。通过科学设计与规划，营建大范围立体防护林网体系，使每一个网眼形成一个小生态环境，在林网种草固沙、围栏放牧或种植粮食，形成了一个多结构多功能的生态网，生态效益和经济效益十分显著。

### 3. 多元系统整治模式

该模式显示了沙漠化最为严重的农牧交错区综合治理开发的一种有效途径，主要适用于以农业为主、有较大面积甸子地的坨甸交错区，是以沙区行政村为单位进行沙漠化整治和发展农牧业的一种模式（姜凤岐等，2002）。主要做法为：调整土地利用结构，保留原有农田，其余土地退耕还牧；整治流沙减少危害，围封村子周围的流沙，增加植被覆盖度，在农田周围栽植人工植被；平整土地，打井灌溉；调整种植结构，引进葡萄、苹果、西瓜等经济作物，推广种植小麦和水稻，同时输入各种丰产栽培技术；增加对农田的投入，使得单位面积农田的化肥农家肥施用量、投入的劳力和技术大大增加；压缩家畜数量，淘汰对草场破坏性大、效益低的山羊。多元系统整治模式是一个多途径的系统整治模式，从封沙育草入手，从压缩劣质农田退耕还牧起步，围绕基本农田建设，引进技术，增加收入，逐步恢复生态系统的生产能力（蒋德明等，2003）。

### 4. 生态经济型综合防护林体系模式

在科尔沁沙地，综合防护林体系建设是人工植被建设的重要内容之一。营建生态经济型综合防护林，不但可以从根本上逆转恶化的生态环境，防止土地进一步风蚀沙化，还可以为当地居民解决"四料"（木料、燃料、饲料、肥料）短缺的问题，这种模式在全区都具有较高的推广价值。针对该地区自然条件以及不同地类与分布特点，本着乔草、带片，多树种多林种相结合的原则，营建大型综合防护林体系（姜凤岐等，2002），主要包括：薪炭型防风固沙林、阻沙林、果园防护林、水渠防护林、草牧场防护林、农田防护林、公路防护林、村电防护林等。目前已形成切断沙源固定沙丘、保护农田草场、保证交通畅通的综合格局，取得了巨大的生态效益、经济效益和良好的社会效益。

### 5. 沙地农林牧复合家庭沙漠产业模式

根据科尔沁沙地自然资源和自然条件特点，该区以发展畜牧业为主是适宜的，应该把畜牧业作为该区的优势产业。但近百年来已形成了农牧交错的生产方式，有的地区已变成了纯农区（姜凤岐等，2002）。因此根据实际情况，从群众切身利益出发，安排好具体生活，在此基础上调整农、林、牧结构，逐渐建立合理的农林牧复合生态系统。以林业为框架，把治理沙地同发展草业、农业、副业等有机地结合起来，建成高产稳产的复合型实体。沙地农林牧复合家庭沙漠产业模式具体可分为 4 种类型，农-牧-林-草结合型、农-牧结合型、林-牧结合型、农-林-牧-副综合型（蒋德明等，2003）。

### 6. 水生植被改造与利用模式

沙地具有丰富的沼泡或草塘，但初级生产力较低，次级生产力更低。因此，应大力种养水生饲料，实现养殖业与植被利用的良性循环的生态模式，水生饲料如细绿萍、凤眼莲等具有生物量高、营养成分丰富、适口性好、生长快和繁殖方法简单等优点（姜凤岐等，2002）。同时应充分开发利用该地区较为丰富的鱼类资源，并将其与种植业和其他养殖业相结合，形成良性循环的生态模式。

# 第六篇

## 沙地人地系统数据库建设与资源环境信息共享

# 第17章 中国东北沙地人地系统数据分类及数据库建设

## 17.1 中国东北沙地人地系统数据分类体系

科学数据分类是根据科学数据的属性或特征，按照一定的原则和方法对其进行区分和归类，并建立起一定的分类体系和排列顺序，以便更好地管理和使用（胡宝清，2014）。由于地学数据的海量性、多源性，数据分类是数据组织、管理与共享中的一项重要的工作，沙地人地系统数据体系体现在基础地理数据、专题数据、对地观测数据、元数据、其他数据等方面（图 17-1）。沙地人地系统数据不仅包括数字、文字和文档等属性信息，而且还包括大量的卫星影像资料，具有数据海量性、多源性、时空动态性等特点。沙地人地系统数据库划分为基础地理数据、基础背景数据、其他数据等，在此基础上衍生出一系列的专题数据，如土地利用、生态环境、社会经济等，还有记录详细的数据背景、内容、质量、状态等档案资料的元数据。

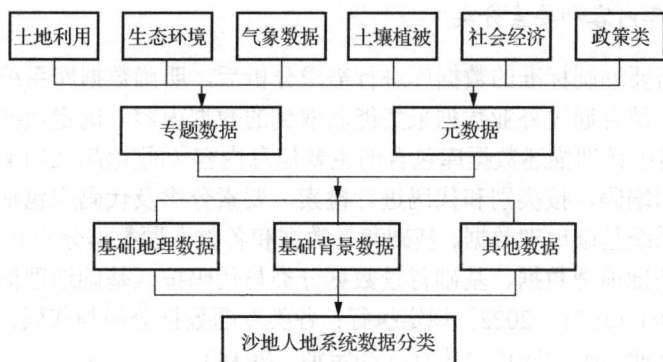

图 17-1 沙地人地系统数据分类体系

## 17.2 中国东北沙地人地系统数据库建设规范和标准

### 17.2.1 中国东北沙地人地系统数据库建设规范和标准制定步骤

构建中国东北沙地人地系统数据建设规范和标准，首先对沙地人地系统数据对应的各项内容进行需求分析，保证与对应的沙地人地系统数据各项内容及成果要求相吻合，同时综合数据更新等一般性需求，为了实现多源数据共享，以及实现多专题研究的综合与对比分析，参照胡宝清（2014）的研究工作，进行数据库规范和标准的制定。

（1）按照沙地人地系统数据分类体系，将待编制标准的数据库进行归类，并针对沙地人地系统数据及其内容特点进行深入研究分析。

（2）对数据标准及建设规范的编制进行需求分析，分析待建库数据的现状、应用需求，以及应执行的标准和规定等，并对应用系统需要的、现有的、可提供的数据进行归纳汇总。

（3）在需求分析基础上，依据沙地人地系统数据库标准及建设规范结构框架，确定待编制沙地人地系统数据库标准及建设规范的主要内容，结合相关标准及规范等要求，从数据库标准化、规范化视角，确定沙地人地系统数据库标准应包含的内容；数据库建设规范的编制要依据相应数据库标准，从数据库建设涉及的各个技术环节或可操作性入手，确定建设规范应包含的内容，并提出相应建设要求。

### 17.2.2 中国东北沙地人地系统数据库标准编制内容及方法

#### 1. 数据库内容和要素分类

经过对需要编制标准的数据库进行需求分析后，明确数据库系统应用要求，在此基础上，结合通过外业数据采集能获取到的数据内容，确定数据库的最终内容，并在说明中详细描述数据库包含的主要信息内容（胡宝清，2014）。将地理信息进行分类和编码，按类别和代码进行检索，要素分类及代码应包括各类中国东北沙地人地系统基础地理数据、基础背景数据和各类专题数据分类和代码，其中，各级比例尺基础地理数据、基础背景数据分类与代码按《基础地理信息要素分类与代码》（GB/T 13923—2022）规定执行；各类专题数据分类与代码，凡是已有国家标准或者行业标准的应遵照执行（胡宝清，2014）。

#### 2. 数据库结构定义

（1）编写内容。若数据库中含有空间信息，则应包括空间信息要素分层和空间信息要素属性数据结构。其中，空间信息要素分层用于说明空间数据要素分层、定义与属性关联；空间信息要素属性数据结构用于说明空间要素所对应的基本属性结构。若数据库中含有非空间信息，则应说明非空间要素所对应的基本属性结构，主要指表格信息，采用二维关系表的方式进行组织管理（胡宝清，2014）。

（2）编写方法与要求。明确规定空间信息要素分层应遵循的原则，应在元数据文件中说明要素分层信息。根据分类编码通用原则，将中国东北沙地人地系统数据库要素依次按主题类、一级类、二级类、三级类和四级类划分，要素代码采用七位数字层次码组成（表 17-1、表 17-2）。

**表 17-1　空间数据信息要素分层表的描述方法**

| 描述项 | | 描述方法 |
| --- | --- | --- |
| | 表题 | 格式为"表×××数据库图形数据分层" |
| 表头 | 序号 | 采用阿拉伯数字，从 1 开始连续编号 |
| | 层名称 | 根据该层的意义，采用汉字自定义名称 |
| | 层代码 | 可用拼音或英文的全称或缩写表示并可以附加使用阿拉伯数字 |
| | 层要素 | 说明数据层所包含的要素内容，与要素名称保持一致，用汉字表示 |
| | 几何特征 | 使用相应几何特征的英文名称，如 Point、Line、Ploygon 或 Annotation 等。注记层视特定数据库需要而定 |
| | 属性表名 | 采用层名称汉语拼音首字母大写表示 |
| | 约束条件 | 明确图形数据图层哪些是必选的，哪些是可选的<br>约束条件取值：M（必选）、O（可选） |
| | 说明 | 对各层数据相关说明，必要时填写，允许为空 |

**表 17-2　空间与非空间信息要素属性数据结构表描述方法**

| 描述项 | | 描述方法 |
| --- | --- | --- |
| | 表题 | 格式为"表×层要素+属性结构（属性表代码：属性表名）"<br>如"表 3 行政区划属性结构（属性表代码：XZQH）" |
| 表头 | 序号 | 采用阿拉伯数字，从 1 开始连续编号 |
| | 字段名称 | 根据该字段的意义，采用汉字自定义名称 |
| | 字段代码 | 采用字段名称的汉语拼音首字母大小写表示，如果出现字段代码相同情况，则在相同字段代码后分别加上一个大写字母（从 A 开始）作为序号信息，以示区别，序号顺序可自定义 |
| | 字段类型 | 用英文缩写形式表示字段类型 |
| | 字段长度 | 采用阿拉伯数字表示 |
| | 小数位数 | 用小写阿拉伯数字，也可以不填写 |

续表

| 描述项 | | 描述方法 |
|---|---|---|
| 表头 | 值域 | 根据字段类型给予相应的取值范围描述<br>可以是数学表达式或属性值代码表等。若是属性值代码表，以"见表×"的字样表示，并在"要素属性数据结构"表后增加该属性值代码表 |
| | 约束条件 | 明确哪些字段值不能为空。约束条件取值：必填，即不能为空，以"M"表示；反之以"O"表示 |
| | 备注 | 备注中说明哪个字段为主键，以"主键"表示，其余留空不填<br>需要说明计量单位时在备注中明示 |
| | 表注 | 统一放在表内最后一行 |

### 3. 数据文件命名

对数据库标准运用过程中产生的各种形式的数据文件制定相应的命名规则，如以标准图幅为基础的数据文件、以行政区划为基础的数据文件和文档数据等。文件命名规则要一致，按照一定原则进行总体设计，使文件名称简洁明确。

（1）数据交换格式。明确数据交换内容以及交换数据文件的存储方式，各类型数据的交换格式可以引用现有的关于交换格式的标准如"本标准按照《地理空间数据交换格式》（GB/T 17798—2007）对 XXXX 数据交换格式进行描述"，也可采用国内外相关软件直接进行交换，或者进行自定义交换格式。

（2）元数据。元数据描述包括数据集标识信息、数据质量、数据源和处理说明、数据内容摘要、数据空间参照系、数据分类、数据分发信息以及其他有关信息。编写元数据时，严格按《地理信息 数据》（GB/T 19710—2005）和《基础地理信息数字产品元数据》（CH/T 1007—2001）执行，并用资料性附录给出元数据使用说明及示例。

## 17.2.3　中国东北沙地人地系统数据库建设规范编制内容及方法

中国东北沙地人地系统数据库建设规范编制要求是以数据库标准，以及中国东北沙地人地系统数据调查的相关标准及规范为依据，在分析各类数据库标准的基础上编制中国东北沙地人地系统数据库的建设规范，指导数据库建设。

数据库建设准备的内容包括数据内容与结构、人员要求、软件要求、硬件要求，以及管理制度要求。根据数据库建设的实际情况，对数据、人员、软硬件、管理制度等方面的要求进行描述（胡宝清，2014），具体编写要求为：①数据内容与结构的要求，根据数据库标准，明确建库数据的组织应满足数据库结构设计，必要时对属性数据结构表等内容进行扩充;②人员要求,参加数据库建设的人员,包括项目负责人、技术负责人、质量检查员、班组长、作业员和数据库应用负责人的要求及分工;③软件要求,描述相应数据库系统软件应具备的主要功能要求;④硬件要求,描述对应于相应数据库空间与非空间数据采集、处理、存储及应用、网络环境等设备的名称、功能性能等技术指标;⑤管理制度要求,对数据库建设单位提出的数据管理、系统管理、安全保密、人员培训、作业记录、问题报告等方面管理制度,以保证数据库建设成果质量。

# 17.3　中国东北沙地人地系统数据库建设

(1)基础地理数据。

基础地理数据从数据格式上可分为矢量数据和栅格数据两类。矢量数据库可包括高程点、水系、交通居民地、行政中心境界等,栅格影像数据库包括数字正射影像图(digital orthophoto map, DOM)、数字栅格图(digital raster graphic, DRG)、DEM,卫星影像、航空相片、无人机影像等。

(2)基础背景数据。

基础背景数据是除基础地理数据以外的相关背景数据,是对基础地理数据的重要补充,主要包括气候资源数据、地质信息、水文信息等数据集。

(3)专题数据。

根据内容专题系列划分为生态环境、土地利用、水土资源、社会经济政策类数据。

(4)元数据。

元数据是关于数据的数据,在地理空间数据中,元数据是说明数据内容、质量、状况和其他有关特征的背景信息,可用于包括数据文档建立、数据发布、数据浏览、数据转换等(胡宝清,2014)。根据地理空间信息系统应用特点,元数据库建设应针对基础数据平台包含的空间信息基础资料,建立详细的数据背景、内容、质量、状态等档案资料,元数据的动态维护与基础数据的动态维护保持同步。

(5)其他数据。

除了以上数据之外的相关数据信息都集中统一在该数据库里边,如政府相关报告、新闻、影像资料、档案等信息。

# 17.4　中国东北沙地人地系统数据获取、入库规范

## 17.4.1　数据获取、信息提取和入库的规范和标准

### 1. 数据采集与处理

1）数据源准备

从该数据库建库目标或数据库对象所支撑的业务系统需求入手进行分析，根据具体数据库建设时涉及的数据源进行分类说明。在数据源类型及其内容中，对各具体的沙地人地系统数据库建设的基本数据源进行分类说明；在数据源的质量要求中，对所有涉及的数据源提出相应质量要求（胡宝清，2014）。

2）数据采集方法与要求

（1）图形数据采集。详细阐述数据库中各要素的采集方法及要求，包括图形数据的校正、要素分层、图形编辑、坐标系变换、图幅接边、拓扑关系建立等图形数据处理的技术要求以及精度要求。

（2）图像数据处理，包括图像数据的几何纠正、坐标系变换、图像镶嵌等技术要求以及精度要求。

（3）属性数据采集，包括属性数据录入、与图形数据挂接处理方面的技术要求以及精度要求。

（4）存档文件采集，若数据库中包括该类型数据，需要对其采集方法与要求进行描述。

（5）元数据采集，依据《地理信息　数据》（GB/T 9710—2005）说明元数据内容、采集方法与要求等。

### 2. 数据入库

（1）编写内容。主要包括数据入库前检查、数据入库、运行测试、编写方法与要求。

（2）数据入库前检查。依据数据库建库目标，对在数据采集阶段获取的不同类型数据（图形、图像、属性、存档、元数据）分别描述质量检查的内容、方法及要求，并对不符合质量要求的数据提出相应处理规定。

（3）数据入库。针对通过数据入库前检查的各类数据，分别描述入库的方法、步骤及要求。在必要情况下，应对具有不同入库方式的同类数据进行单独描述，如需要对 DOM、DEM、数字线划地图（digital line graphic, DLG）、DRG 分别进行阐述入库流程及要求。

（4）运行测试。确定试运行时出现的问题处理方法，以及运行测试通过后需要履行的合格认定方式。

（5）数据库成果内容及要求。①成果内容，详细列出最终成果，有选择性地列出中间成果内容。成果内容可以是数据成果、文字成果、图件成果和表格成果描述，也可依照实际情况按其他分类方式来描述。②成果要求，按照不同的数据分类，提出相应的成果提交要求，给出数据类型、数据精度、验收文档、成果份数、作业单位等信息。

（6）数据库质量控制与评价。提出质量控制与评价中所需要遵循的原则；编写数据质量控制指标、图件及表格质量控制指标、文字报告质量控制指标的详细内容（胡宝清，2014）。

（7）数据库成果检查与验收。①提出建库承担单位自检、上级预检、验收和国家级抽查等不同层次检查验收的规定。②预检，提出预检程序、内容、抽样方法、评价指标、评分标准等。③验收，提出验收工作组织、验收条件、验收抽样、验收方法等（胡宝清，2014）。

（8）数据库更新与应用。①编写内容，数据库更新目的和要求、数据库更新环节和技术方法。②编写方法与要求，为保持数据库现势性，提出数据库更新的重点对象、时间周期等方面要求，根据数据库对象提出相应的数据库更新的技术方法。

（9）数据库安全管理与维护。①编写内容，数据库运行与维护，数据库的管理和安全。②编写方法与要求，数据库运行与维护，数据库成果移交给管理人员的期限，数据库软硬件环境、人员管理，以及运行与维护制度等内容说明，数据库管理和安全，说明安全机制和管理制度的建设要求，数据加密、存取控制、数据管理、用户管理等要求说明（胡宝清，2014）。

## 17.4.2　中国东北沙地人地系统数据库建设流程

中国东北沙地人地系统数据库建设都采用标准的软件工程规范和软件项目的管理模式进行，包括如下阶段：第一阶段为建库准备阶段，即建库方案制订、数据库设计、人员准备、数据源准备、软硬件准备、管理制度建立等；第二阶段为数据采集与处理阶段，即基础地理数据、基础背景数据、专题数据等各要素的采集、编辑、处理和检查等；第三阶段为数据入库阶段，即矢量数据、栅格数据、属性数据，以及各元数据等的检查和入库；第四阶段为成果汇交阶段，即数据成果、表格成果、图件成果和文字成果的汇交（图 17-2）。

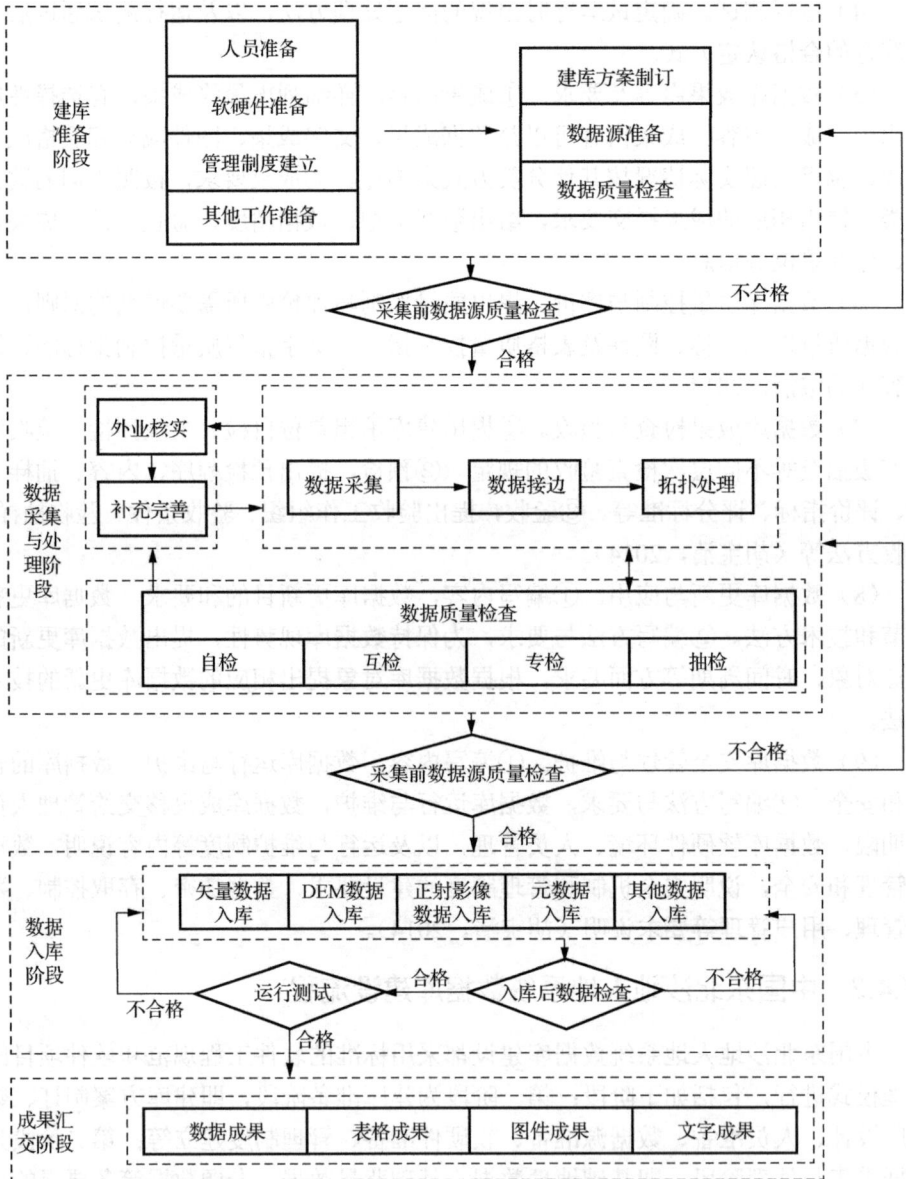

图17-2　中国东北沙地人地系统数据库建立流程（胡宝清，2014）

# 第 18 章　中国东北沙漠化科学数据共享与决策支持平台

在资源环境数据库体系、网络体系的基础上，以网络技术与开放地理信息服务为支撑，采用资源环境空间数据库作为研究的基础数据源，对基于海量异构空间信息的资源环境信息进行分析，形成面向不同应用层次的决策支持系统，实现面向专业应用和社会化服务需求的一体化专业应用平台，为科学研究及管理提供资源、生态、环境基础数据与决策分析依据。

## 18.1　功能需求分析

根据分布式科学数据共享平台的需求分析，每个数据中心的共享系统从横向功能上均分为两大部分，即用户服务功能体系和系统管理功能体系，分别对应于前台共享服务系统和后台管理系统。运用网络技术、GIS 技术、数据库技术、空间建模技术等实现跨区域、跨平台的数据获取、分发及分析。为了有效整合多平台信息服务功能，实现信息服务与决策支持的共享，参照胡宝清（2014）的研究工作，进行中国东北沙地人地系统决策支持平台的建设。

### 18.1.1　一般门户网站服务功能

#### 1. 信息的浏览、分发、检索

可了解相关的工作动态、国内外重要环境会议、有关沙漠化问题的理论方法、治理技术与模式、示范区建设的动态与成果等。还可以通过论坛方式实现用户之间，以及与相关领域专家的交流（胡宝清，2014）。

#### 2. 用户信息管理

可按级别对不同的用户给予相应的权限，对用户浏览、获取相关资料进行限制。对过期的信息及时清除、更新信息，对用户的上传与留言进行审查。

#### 3. WebGIS 地图浏览

对每幅地图，可以放大、缩小、漫游、开窗、查看各地物的属性、控制各图层的显示、查询自己感兴趣的信息，还可进行距离测量、坐标值获取。

### 4. 信息查询

信息查询主要包括属性信息查询和空间信息查询。属性信息查询即通过直接点击地图查询地物属性信息，获取用户感兴趣的地物属性信息（胡宝清，2014）。空间信息查询主要有图形查询，即通过开窗形式进行基于空间位置相交、包含等关系查询，将查询得到的数据在地图上高亮显示，同时在属性表格中显示相关信息。

## 18.1.2　专业服务功能

### 1. GIS 的在线分析

将 GIS 的一些空间分析功能以服务的形式发布，通过客户端技术供用户远程调用使用，提高网站的在线分析服务能力，为用户提供更多的功能体验。

### 2. 辅助决策支持

用户注册登录平台后，可使用平台已建立好的模型库系统，直接在浏览器端调用模型库中的单个模型或者组合模型。在使用过程中发现已有组合模型存在不足或者平台没有满足自身需要，可通过平台提供的图形化操作建模环境建立新模型，并将新模型保存以供后期使用。

# 18.2　平台结构设计

## 18.2.1　平台体系结构

中国东北沙漠化科学数据共享与决策支持平台从内容上可以划分为"两个平台、两个体系、一个网站"。两个平台是指数据管理平台和应用服务平台，两个体系是标准规范体系和运行管理体系，一个网站是服务共享的门户网站（图 18-1）。

## 18.2.2　数据库逻辑结构设计

平台数据库建设的主要功能是对中国东北沙地沙漠化数据进行有效的管理和应用，主要包括五大类数据，即基础地理数据、基础背景数据、专题数据、元数据和其他数据（图 18-2）。

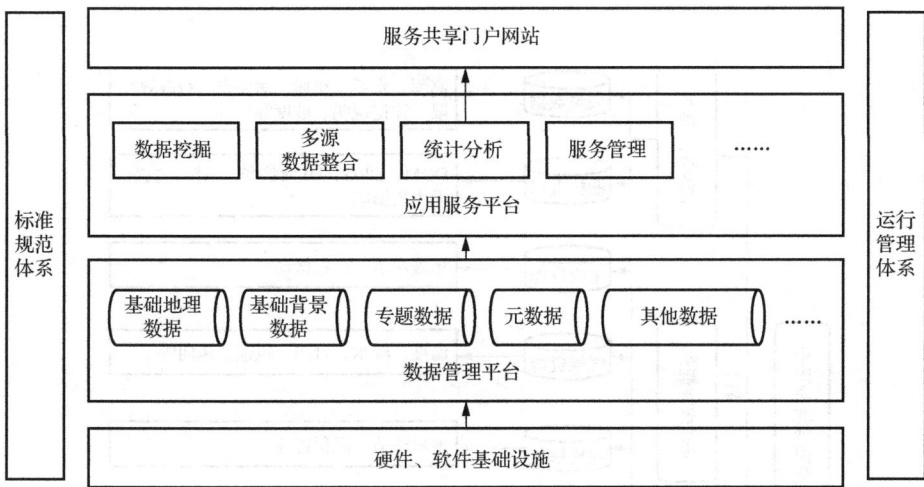

图 18-1　中国东北沙漠化科学数据共享与决策支持平台体系结构

## 18.2.3　基于 ArcGIS Server 的平台技术路线

ArcGIS Server 是功能强大的基于服务器的 GIS 产品，用于构建集中管理的支持多用 GIS 功能的企业级 GIS 应用与服务，如空间数据管理、二维三维地图可视化、数据编辑、空间分析等即拿即用的应用和类型丰富的服务。ArcGIS Server 是用户工作组、部门和企业级 GIS 应用的平台（徐健等，2021），通过 ArcGIS Server 创建集中管理的平台，可支持在分布式环境下实现地理数据管理、制图、地理处理、空间分析、编辑和其他的 GIS 功能（图 18-3）。

### 1. 客户端

ArcGIS Server 支持多种形式客户端，可以是 Web 客户端、Mobile 移动设备、通过 HTTP 链接到 ArcGIS Server Internet 服务或通过 LAN/WAN 链接到 ArcGIS Server Local Services 的 ArcGIS 桌面应用。

### 2. GIS 服务器

宿主程序各种 GIS 资源，如 globes、maps、address locators，通过封装为服务提供给客户端应用。GIS 服务器本身包括服务器管理器（server ojbect manager，SOM）和服务器对象容器（server object containers，SOC），客户端发送请求到 SOM，SOM 将分配的资源提供给客户端，通过 SOM 对 SOC 进行调度与管理。

### 3. Web 服务器

Web 服务器包含 Web 应用部署及 Web 服务，使用 GIS Server 服务资源。

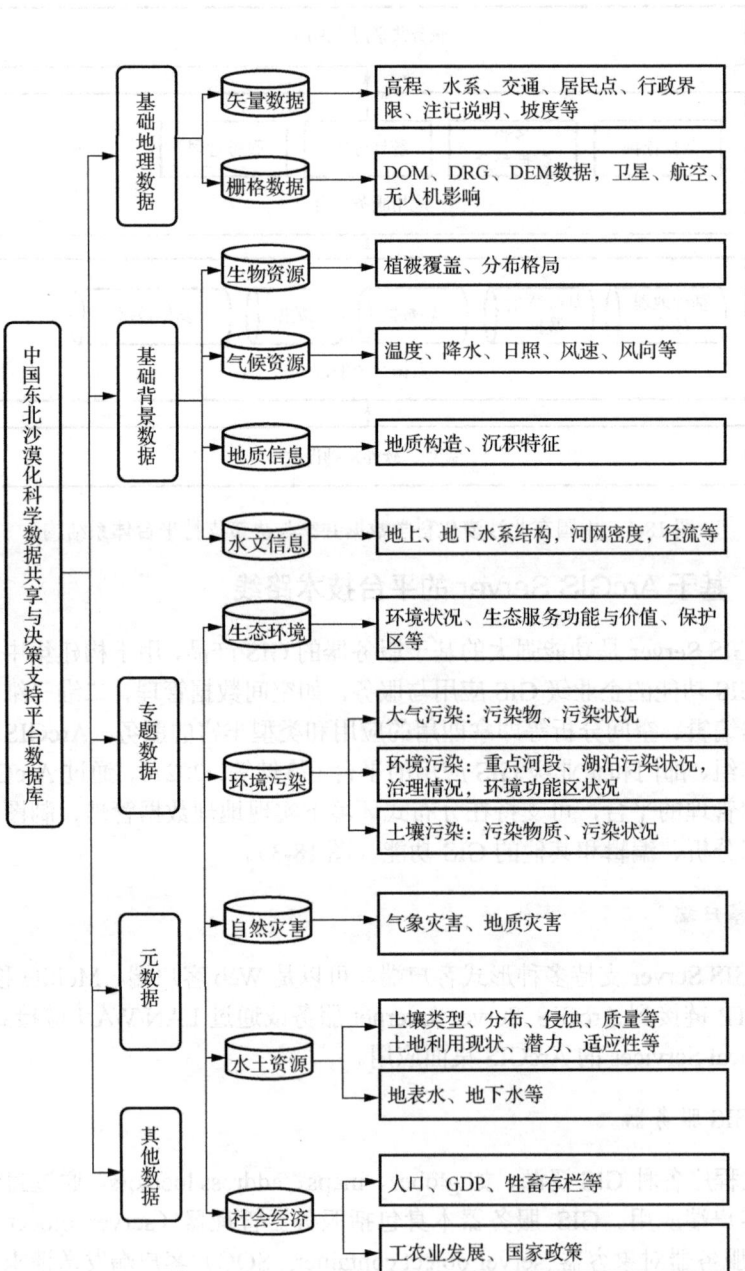

图 18-2 中国东北沙漠化科学数据共享与决策支持平台数据库组织结构

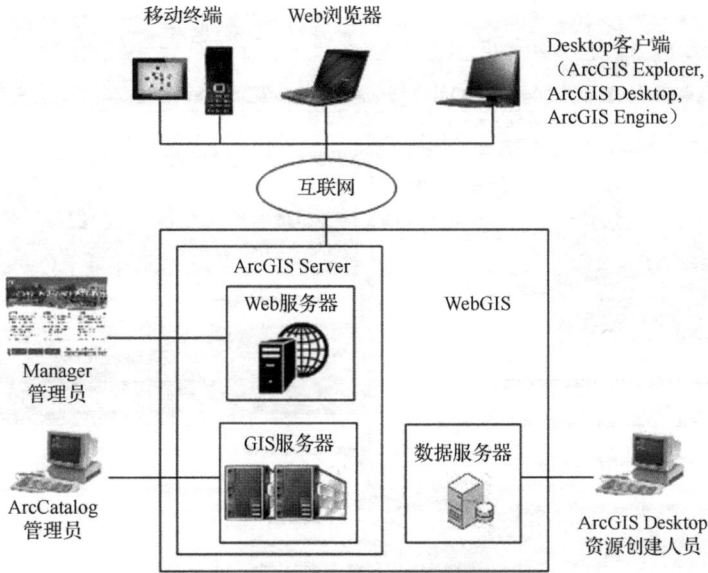

图 18-3　ArcGIS Server 体系结构

**4. 数据服务**

数据服务包含 GIS 服务器上所发布服务的 GIS 资源，可以是 mxd 文档、geodatabase、toolbox。

**5. Manager 和 ArcCatalog 管理员**

用来将 GIS 资源作为服务发布，并进行管理，不同的是一个在 Web 页面上管理，另一个在桌面 Catalog 上管理。

**6. ArcGIS Desktop 资源创建人员**

各种 GIS 资源需要使用各种 ArcGIS Desktop 软件来定制，如果需要为地图服务生成缓存，可以用 ArcCatalog 来创建 cache。

# 18.3　系统功能设计

**1. 基本功能模块**

基本功能模块包括了一般性门户网站功能，如信息发布、浏览、检索、用户、信息管理功能。通过网页浏览，使用者可以了解相关的工作动态、国内外重要环境会议、有关沙漠化问题的理论方法、治理技术与治理模式、示范区建设的动态与成果等，还可以实现用户之间以及与相关领域专家的交流（图 18-4）。

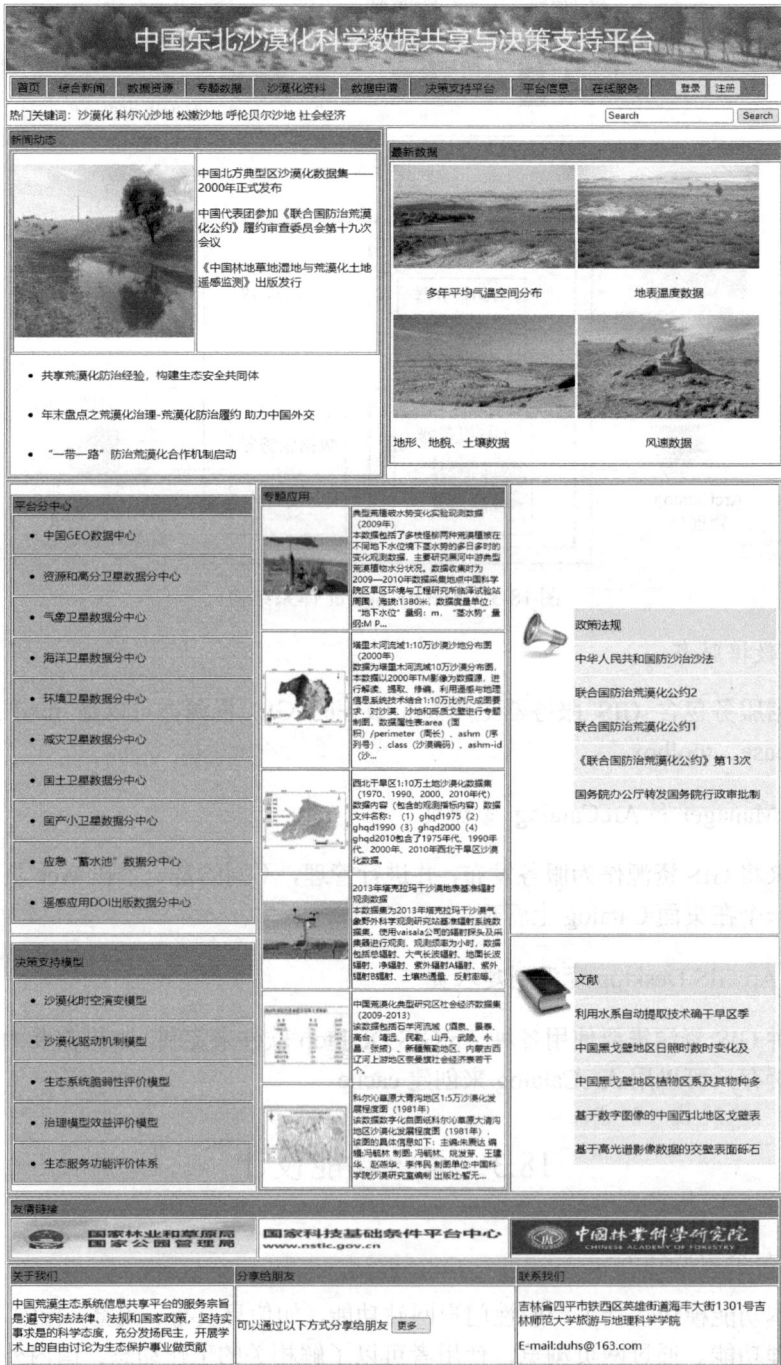

图 18-4　网站主界面

2. 数据共享服务子系统

数据共享服务子系统采用浏览器/服务器（browser/server, B/S）构架，以元数据共享为基础，同时集中保存大量科研背景与基础数据，提供元数据的注册、检索、浏览显示、管理，以及数据的上传、分发、管理等功能。

1）元数据存储和数据上传

利用关系型数据库存储 XML 元数据文本与结构，其中 XML 元数据文本以一个二进制字段存储、元数据关键结构以数据表结构存储，随后从数据库 XML 二进制字段中抽取出 XML 结构转化为 NHTML 文件格式存储，仅当用户编辑更新数据库 XML 元数据时同时更新 XHTML 文件。

2）FTP 空间管理

该功能可划分两个功能区域，即文件传输协议（file transfer protocol, FTP）用户管理和 FTP 文件管理系统。

（1）FTP 用户管理。该模块主要为高级管理员服务，普通用户注册成功以后，可以通过前台申请 FTP 服务空间的功能实现由普通用户升级拥有上传文件到 FTP 服务器空间的功能。

（2）FTP 文件管理系统。该功能模块主要面向开通 FTP 空间服务的用户。用户开通 FTP 服务以后，可以通过 FTP 上传工具将文件传输到 FTP 服务器空间上。

3）元数据注册发布

元数据以顶层核心元数据标准为基础，允许各用户在核心元数据的基础上定义各自学科专业的元数据标准，并以元数据模板的形式保存下来，用户在填写元数据信息时可以选择相应的元数据模板来完成元数据注册信息的填写。

4）数据分发与元数据管理

根据用户的相关权限，下载相应授权的数据实体信息。支持多格式数据实体分发，支持关系型表格数据，支持转化为 Excel、TXT 等用户指定格式的数据，实现批量下载。对用户已发布的元数据信息进行管理，该功能模块主要对用户自己发布的元数据信息进行管理，用列表的形式列出相关的信息，包括元数据名称、创建时间、有效性信息、顺序调整、管理发布信息、有效性设置等。

5）数据信息查询、元数据目录浏览和元数据显示

提供界面友好、功能齐全的地图空间查询功能，查询结果以列表形式列出数据的摘要、元数据与数据连接等信息。提供基于学科分类的元数据目录浏览，按学科分类结构以树状目录的形式显示系统所有元数据，提供根据名称快速查找定位元数据功能，可记录元数据浏览次数，系统根据浏览次数的多少，自动推荐热点信息。

### 3. 平台管理子系统

负责对平台进行信息管理、用户管理、数据管理、平台维护；及时更新信息、数据，删除不良信息与过时数据；对用户的身份、留言进行审核，并进行相关授权；对平台进行更新与升级。

### 4. WebGIS 子系统

系统以空间地理信息数据服务为基础，可以通过基于空间位置的数据检索，使用户快速获取相关信息资料。主要功能包括：一般的空间地理信息系统服务功能，如空间查询、地图缩放、空间分析等；基于主题信息的数据检索服务；空间数据与非空间数据的一体化查询、显示等功能。系统建设采用 ArcGIS for Flex 为开发引擎，使用开源商业地理信息资源与自有地理信息资源相结合的地图底图资源。通过二次开发提供给用户地图的在线操作功能，如地图的放大、缩小、漫游、距离与面积量算、属性与要素查询、多边形查询、矢量/栅格图像显示、专题图显示与生成、基本的空间分析等功能。

### 5. 决策支持子系统

在提供大量准确、翔实数据的基础上，用户更希望方便地得出专业应用的决策支持。为此平台首先通过建立智能模型库系统，然后在智能模型库系统的支持下实现诸如分类分级、演变过程、分异格局、驱动机制、预测预警、优化决策等相关问题的决策支持。

# 第 19 章　沙地人地系统数据外业获取方法

## 19.1　沙地系统无人机遥感监测

无人机是无人驾驶飞机的简称，即 UAV（unmanned aerial vehicle）或 UAS（unmanned aircraft system），是利用无线电遥控设备和自主程序控制装置操纵的不载人飞机（刘波，2017）。无人机按飞行平台构型的不同可分为固定翼式与旋翼式（图 19-1）。与有人飞机相比，无人机有着很多突出优点。由于无人机上不直接搭载飞行员，所以不存在飞行员的伤亡事故，避免了人员的牺牲。无人机不需要考虑人的生理条件、承受能力、工作时间等因素，不需要安装生命保障系统，这就大大减少了无人机的制造成本，减轻了无人机的整体重量，减小了无人机的整体尺寸（袁文帅，2018）。同时，在各种恶劣复杂环境中，无人机依然可以执行任务。此外，无人机还具有易于起降、操作简单、机动灵活等优点。但无人机也有缺点，因无人机质量相对较轻，所以其承载能力有限，且抗风能力也相对较差，如遇大风等特殊天气，无人机容易偏离航线，而靠预装程序控制的无人机，其智能性、灵活性差，无人机难以应对这些意外情况，此外易受到无线电的干扰（杨陆强等，2017）。

图 19-1　无人机航拍

根据无人机搭载传感器不同，获取的数据类型和空间分辨率也不同。一般无人机搭载数码相机、多光谱相机或高光谱相机。飞行完毕后需要对野外观测中采集的航片进行筛选，考虑飞行质量和影像质量的要求，航片重叠度应满足航向重叠度为 60%～80%，最小不应小于 53%；旁向重叠度一般应为 15%～60%，最小不应小于 8%。在无人机航拍完毕后，筛选航片，剔除起飞和降落阶段航拍影像，仅保留无人机航线飞行阶段拍摄的照片。利用添加照片、对齐照片、建立密集点云、生成网格、生成纹理、正射影像、镶嵌等操作，便完成了航拍图的拼接，进一步生成 DEM 和正射影像，即完成了航拍图的预处理，并导出拼接完成的航片。

## 19.2　地表三维形态与沙丘沉积构造测量

### 19.2.1　地表三维形态测量

#### 1. RTK GPS 测量

地表三维形态测量是对影像分析有效的补充，只有获取沙丘三维形态特征参数，才能全面掌握和分析其形态演变规律。沙丘形态实地测量常使用 RTK GPS 来完成外业工作（图 19-2）。在沙丘周围均匀埋设三个以上的标石作为控制点，用于连续测量时检测仪器随机误差。利用 GPS 接收机，在静态模式下同时对控制点进行观测，将测得的 WGS-84 坐标转成北京-54 坐标。在沙丘形态测量时采用动态测量模式，先用流动站测量已知控制点的 WGS-84 坐标，再用七参数法将其转化成北京-54 坐标，最后对沙丘形态进行碎部点测量。

图 19-2　沙丘形态实地测量

RTK GPS 获取的是空间离散点坐标，需用插值方法生成 DEM。空间数据插值是通过探寻收集到的点位数据规律，外推或内插到整个研究区域的方法，即根据已知区域数据求算待估区域（汤国安等，2005）。常用的插值方法如下。

（1）反距离权重（inverse distance weighting）插值，通过对邻近区域的每个单元值平均运算来获得单元值，该方法比较适合样本点较多且分布均匀的情况。

（2）样条（spline）函数插值，利用将表面整体曲率减为最小的函数来计算各单元值，插值后表面平滑，适宜于变化表面，在样本点没有包含最大值、最小值时适用性较好。

（3）克里金（Kriging）插值，地统计学插值方法，建立在包括自相关统计模型基础上，生成结果并给出预测的精度评价。

（4）自然邻域（natural neighbors）法插值，将不规则三角网（triangulated irregular network, TIN）法与栅格插值法结合起来，通过输入数据点及其邻近栅格单元进行插值，先创建一个德洛奈（Delauney）三角形，将样本数据点作为三角形的节点，且每个三角形的外接圆不能够包括其他节点，对每个样本点，邻域为其周围相邻多边形形成的凸集中最小数目的节点，每个相邻点的权重通过评价其影响范围的泰森/沃罗诺伊（Thiessen/Voronoi）技术来计算得出。

2. 三维激光扫描仪测量

三维激光扫描技术是一种先进的全自动高精度立体扫描技术，又称为"实景复制技术"。地面型三维激光扫描系统工作原理为，三维激光扫描仪发射器发出一个激光脉冲信号，经物体表面漫反射后，沿几乎相同的路径反向传回到接收器，可以计算目标点 $P$ 与扫描仪距离 $S$，控制编码器同步测量每个激光脉冲横向扫描角度观测值 $\alpha$ 和纵向扫描角度观测值 $\theta$。三维激光扫描测量时，一般使用仪器自定义的坐标系。$X$ 轴在横向扫描面内，$Y$ 轴在横向扫描面内与 $X$ 轴垂直，$Z$ 轴与横向扫描面垂直，获得目标点 $P$ 的坐标。三维激光扫描仪可以弥补传统 RTK GPS 碎部测量无法表达沙丘微地貌信息的缺陷，获取更高精度沙丘表面形态特征（图 19-3）。扫描时间可以在单日、典型单次风况、风季前后开展。为保证点云数据精度，扫描目标距离控制在 90m 以内，扫描分辨率选择 Middle（其空间分辨率相当于距离基站 10m 远处的两点距离为 6.3mm），用于换站扫描的 8 个靶球要清晰可见、尽量等边三角形布设，靶球坐标利用徕卡 Viva GS14 差分 GPS 静态测量获得；利用 Z+F Laser Control Manual（v8.5）软件进行点云数据去除杂点、拼接、平差、着色等预处理，存成*.asc 格式导入 ArcGIS 中，利用邻域法插值生成 DEM。同一地区多时段沙丘 DEM 的代数相减，可求得不同地貌部位的蚀积变化特征。

图 19-3 三维激光扫描仪测量

## 19.2.2 沙丘沉积构造测量

利用 SIR-3000 地质雷达,选用 400MHz 天线,运用时间模式进行测量,分段手动调增益,沿上倾方向进行沙丘沉积构造测量;用 100MHz 天线测量丘间地或环境本地沉积特征。沿区域主风向布设 5 条平行测线、垂直主风向布设 4 条平行测线,样线以 100m 皮卷尺做标记(皮卷尺去掉金属手摇与金属拉环,以减小对测量精度的影响),从起点开始,整米数时各打一次 Mark,测量完毕后用 RTK GPS 记录每个 Mark 点的三维坐标,用于雷达数据地形校正(图 19-4)。雷达数据导入 GSSI Rand 7 软件中,经背景去除、反值积滤波、偏移处理、增益恢复、地形校正、三维建模等预处理后,结合典型地点的人工挖槽信息,即可对比测量各地貌单元的沉积构造特征,识别层理类型,测定和分析层理单元厚度、形态、产状、接触关系、组合形式等,确定界面成因类型、规模和产状。

图 19-4 地质雷达测量沉积构造

## 19.3　沙地系统地物光谱测量

传统的多光谱遥感只在几个离散的波段，以不同的波段宽度（常为 10~20nm）来获取影像，这样就丢失了对地物识别有用的大量光谱吸收特征信息（Goetz et al., 1985）。而高光谱遥感则利用很多窄的波段（光谱分辨率一般小于 10nm）成像，将观测到的各种地物以完整的光谱曲线记录下来。地物的光谱特性与其内在的理化特性紧密相关，物质成分和结构的差异，导致物质内部对波长光子的选择性吸收和发射不同。因此，这些连续的光谱信息能够用来探测地物的生物物理化学特性（何挺等，2002）。

在野外光谱测量中，一般是测量目标双向反射率因子（bi-directional reflectance factor, BRF）。传感器接收地表的辐射能是一个复杂的物理过程，受多种因素的影响，测量的时间、光照条件（太阳高度角、太阳方位角）、大气特性和稳定性（云、风）、仪器视场角，以及扫描速度等因素都会直接影响所测结果的准确性。为了测定目标的反射率或辐射率，需要测量两类光谱辐射值：一类为参考光谱或标准白光，就是从近似完美的漫辐射体（朗伯体）——标准白板上测得的光谱；另一类为样本光谱或目标光谱，是从所测目标物上测得的光谱。目标的光谱反射率就是目标光谱除以参考光谱所得的比值。它基于一个基本的假设，即我们是在完全相同的光照条件下测量标准白板和目标光谱。测量标准白板和目标光谱时，光照条件的不同会使测量结果产生误差。

在测量野外光谱时需要注意以下四个方面的事项：一是光照条件，地物所接收到的辐射来自直接的太阳光辐射、天空光（漫射光）的辐射、目标物周围各种地物所辐射的能量。因此，在测量时应尽量避开阴影和反射体，并要求测量人员着深色服装，尽量远离测点。二是大气特征，地物的光谱特征是地物通过与到达地面的太阳辐射相互作用后形成的。太阳辐射在大气中传输会产生选择性吸收和散射，使得不同波长的电磁波发生不同程度的能量衰减。因此，测量时刻的大气特征直接影响所测结果的精度，如大气传输、云的影响、风的影响。这就要求在测量过程中，在与获取遥感影像数据近似的光照条件下采集野外地物光谱，即进行同步或准同步的测量；野外光谱测量时间内风力小于 5 级，测量植物时风力小于 3 级；对一般无严重大气污染地区，测量时的水平能见度要求不小于 10km；云量低，无卷云、浓积云等，光照稳定等。三是地物目标特性，由于植被冠层是一个复杂的三维几何体，其辐射特性随着入射方向和观测方向的变化而变化，是外部辐射与植被冠层中散射和吸收介质（主要为叶片）发生相互作用的结果，在野外测量植被的光谱曲线时必须严格控制光线照射和观测的角度，只有这样，植被本身的光谱反射率变化才有可能被探测到。四是使用仪器，仪器的选择取决于野外光谱采集的目的。如果是为了航天和航空遥感影像的解译或光谱重建采集光谱数据，那么地面光谱测量仪器的波长范围、光谱分辨率、采样间隔、测量精确度等技术指标应高于遥感传感器。

野外地物光谱测试是一个需要综合考虑各种光谱影响因素的复杂过程，所获取的光谱数据是太阳高度角、太阳方位角、云量、风速、相对湿度、入射角、探测角、仪器扫描速度、仪器视场角、仪器的采样间隔、光谱分辨率、坡向、坡度及目标本身光谱特性等各种因素共同作用的结果。试验前要根据试验的目标与任务制订相对应的试验方案，排除各种干扰因素对所测结果的影响，使所得的光谱数据尽量反映目标本身的光谱特性，并在观测时详细记录环境参数、仪器参数以及观测目标（如土壤、植被、人工目标）的辅助信息（闫锦城等，2005）。只有这样，所测结果才是可靠的并具有可比性，为以后的图像解译和光谱重建提供依据。在实际测量光谱时，应注意时间选择、采样方法、观测角度、光线照射的角度等，并详细记录辅助参数。辅助参数应包括仪器技术指标、标准参考板参数、环境参数（地形和地貌的描述如坡度坡向，观测时刻大气和光照状况的描述如太阳高度角、风速、风向等，目标物所处的经纬度等）、测量单位和测量时间等。另外，描述观测目标性质的辅助参数也是至关重要的，如植物的学名、土壤或植被等的含水量、土壤的质地和松紧度、植被的生长期和覆盖度等。

### 1. 地物光谱测量原理与规范

反射率（reflectance）定义为物体反射能量与入射能量的比值。光谱反射率（spectral reflectance）为某个特定波长间隔下测定的物体反射率，连续波长测定的物体反射率曲线构成反射率光谱（refletance spectrum），其定义如下：

$$\rho = \frac{\pi L}{E} \tag{19-1}$$

式中，$\rho$ 为反射率；$E$ 为到达物体表面的入射辐照度（irradiance）值；$L$ 为物体表面反射的辐亮度（radiance）值。

由于测定方式的差异，反射率光谱又可以根据入射能量的照明方式及反射能量测定方式给定如下四种定义。

#### 1）方向-方向反射率光谱

入射能量照明方式为平行直射光，没有或可以忽略散射光；光谱测定仪器仅测定某个特定方向的反射能量。地物双向反射特性主要研究方向-方向反射率光谱。晴天条件下，以太阳光为照明光源，利用野外便携式地物光谱仪测定的地物反射率光谱就可以近似为方向-方向反射率光谱。方向-方向反射率的定义与二向反射分布函数（bidirectional reflectance distribution function, BRDF）基本一致，其定义如下：

$$\rho(\theta_i,\varphi_i,\theta_r,\varphi_r)=\frac{\pi L(\theta_r,\varphi_r)}{E(\theta_i,\varphi_i)} \tag{19-2}$$

式中，$\theta_i$、$\varphi_i$ 分别为入射方向的天顶角和方位角；$\theta_r$、$\varphi_r$ 分别为观测方向的天顶角和方位角；$E(\theta_i,\varphi_i)$ 为 $(\theta_i,\varphi_i)$ 方向直射辐射的辐照度值；$L(\theta_r,\varphi_r)$ 为传感器在观测方向 $(\theta_r,\varphi_r)$ 测定的物体表面的辐亮度值。

需要注意的是，式（19-2）定义的方向-方向反射率在测定时要求其他入射方向没有任何散射光。

2）半球-方向反射率光谱

入射能量在 $2\pi$ 半球空间内均匀分布，光谱测定仪器仅测定某个特定方向的反射能量。全阴天条件下，以太阳散射光为照明光源，利用野外便携式地物光谱仪测定的地物反射率光谱就可以近似为半球-方向反射率光谱。半球-方向反射率的定义如下：

$$\rho(\theta_r,\varphi_r)=\frac{\pi L(\theta_r,\varphi_r)}{E_d}=\frac{\pi L(\theta_r,\varphi_r)}{\int_0^{2\pi}\int_0^{\pi/2}E(\theta_i,\varphi_i)\cos\theta_r\sin\varphi_r\mathrm{d}\theta_i\varphi_i} \tag{19-3}$$

式中，$E_d$ 为 $2\pi$ 半球空间内到达物体表面所有辐照度值的总和。

3）方向-半球反射率光谱

入射能量照明方式为平行直射光，没有或可以忽略散射光；光谱测定仪器测定的是 $2\pi$ 半球空间的平均反射能量。利用积分球原理测定的物体反射率光谱就是方向-半球反射率光谱。方向-半球反射率的定义如下：

$$\rho(\theta_r,\varphi_r)=\frac{\pi L_u}{E(\theta_i,\varphi_i)}=\frac{\int_0^{2\pi}\int_0^{\pi/2}L(\theta_r,\varphi_r)\cos\theta_r\sin\varphi_r\mathrm{d}\theta_i\varphi_i}{2E(\theta_i,\varphi_i)} \tag{19-4}$$

式中，$L_u$ 为 $2\pi$ 半球空间内表面反射的平均辐亮度值。

4）半球-半球反射率光谱

入射能量在 $2\pi$ 半球空间内均匀分布，光谱测定仪器测定的是 $2\pi$ 半球空间的平均反射能量。若不严格要求入射能量在 $2\pi$ 半球空间内均匀分布，半球-半球反射率光谱就是地物反照率光谱。半球-半球反射率的定义如下：

$$\rho_{\text{半}}=\frac{\pi L_u}{E_d} \tag{19-5}$$

式中，$\rho_{\text{半}}$ 为半球-半球反射率，也即反照率。

上述四种反射率定义是从反射率光谱测量角度考虑的，尽管其定义不一定完善，但各种定义的反射率光谱有各自的特定遥感用途。由于诸多客观条件限制，很难测定四种定义的理想反射率光谱。航空和卫星光学遥感技术获取的是地物某些特定观测方向的反射太阳光能量，可以近似为方向-方向反射率数据，因此，目前国内外遥感应用研究采用的主要数据源还是方向-方向反射率数据。

2. 野外地物方向反射率光谱数据测定和处理方法

由于大多数传感器测定的是方向反射率数据，因此，以下重点介绍野外条件下，以太阳为光源的方向反射率数据的测定原理和处理方法，这些原理和方法对于室内非太阳光源的方向反射率光谱测量也有一定参考意义。野外地物方向反射率光谱测定包括两个步骤：一是太阳辐照度（solar irradiance）光谱测定；二是野外地物方向反射率光谱测定。

1）太阳辐照度光谱

太阳辐照度光谱近似为5900K的黑体辐射，大气顶层测定的总辐照度大约为1370 W／m²，其中，可见光波段范围内的辐照度占50%左右。太阳电磁波穿过太阳大气和地球大气时，与大气分子发生相互作用，导致特定波段上的光谱被吸收，吸收位置取决于大气化学组成。典型海平面处的太阳辐照度光谱曲线在1900nm、1400nm、950nm和760nm附近有很强的水汽、二氧化碳、氧气的光谱吸收特征。

$$E_d = E_{\text{dir}} + E_{\text{dif}} = E_0 \times \cos\theta_s \times t_s \times \int_0^{2\pi}\int_0^{\pi/2} L_{\text{sky}}(\theta,\varphi) \times \cos\theta \times \sin\varphi \, \mathrm{d}\theta \mathrm{d}\varphi \quad (19\text{-}6)$$

式中，$E_{\text{dir}}$和$E_{\text{dif}}$分别为太阳直射光和散射光的辐照度；$E_0$为地球大气外层的太阳辐照度；$\theta_s$为太阳天顶角；$t_s$为大气透过率；$L_{\text{sky}}(\theta,\varphi)$为地表上半空间的天空散射光。$E_{\text{dir}}$和$E_d$的比值就是天空散射光比例，即

$$f_{\text{dif}} = E_{\text{dif}} / E_d \quad (19\text{-}7)$$

严格意义上说，式（19-6）和式（19-7）没有考虑地表和大气交叉散射的影响，从地表反射到大气并再次被大气反射到地表的散射光被忽略了。因此，地表辐照度可以修正为

$$E_d^* = \frac{E_d}{1 - s\rho^*} \quad (19\text{-}8)$$

式中，$s$为从地表方向观测到的大气边界的等效反射率；$\rho^*$通常为200m半径范围内的周围地表反射率（与大气状况有关）。$s$大小与大气状况紧密相关，晴空条件下非常小，可以忽略，而浑浊天气条件下$s$取值要大一些。$E_d$为不考虑地表和大气交叉散射影响时的太阳辐射度，而$E_d^*$则是考虑到地表和大气交叉散射影响的太阳辐射度。

实际上，由于地表和大气相互作用所增加的辐照度可以近似为天空散射光的增加，因此，式（19-7）和式（19-8）可以修正为

$$E_d^* = E_{\text{dir}} + E_{\text{dif}}^* = E_{\text{dir}} + \frac{s\rho^* E_{\text{dir}} + E_{\text{dif}}}{1 - s\rho^*} \quad (19\text{-}9)$$

$$f_d^* = f_d + (1 - f_d)s\rho^* \tag{19-10}$$

2）野外地物方向反射率光谱测定

野外条件下的太阳辐照度光谱 $E_d$ 或 $E_d^*$ 的测定可以借助一个标定好的朗伯体作为反射参考板，利用便携式地物光谱仪测定参考板的辐亮度光谱，从而计算太阳光源到达地表的辐照度光谱。太阳辐照度光谱计算如下：

$$E_d^*(\lambda) = \frac{\pi L_{\text{Ref}}(\lambda)}{\rho_{\text{Ref}}(\lambda)} \tag{19-11}$$

式中，$L_{\text{Ref}}$ 为光谱仪测定的朗伯体参考板反射的辐亮度；$\rho_{\text{Ref}}$ 为朗伯体参考板的反射率。

根据方向反射率定义和公式，太阳辐照度光谱测定后，只要同步测定目标反射的辐亮度光谱，就可以计算目标的光谱反射率，即

$$\rho_t(\theta_r, \varphi_r, \lambda) = \frac{\pi L_t(\theta_r, \varphi_r, \lambda)}{E_d^*} = \frac{L_t(\theta_r, \varphi_r, \lambda)}{L_{\text{Ref}}(\theta_r, \varphi_r, \lambda)} \rho_{\text{Ref}}(\lambda) \tag{19-12}$$

式中，$L_t(\theta_r, \varphi_r, \lambda)$ 为光谱仪在 $(\theta_r, \varphi_r)$ 方向观测到的目标辐亮度光谱；$\rho_t(\theta_r, \varphi_r, \lambda)$ 为计算的野外地物光谱反射率。

3）野外地物方向反射率光谱测定注意事项

方向反射率光谱数据依赖于光谱测定条件，如直射/散射光比例、直射光方向、观测方向、地物尺度效应及观测对象个体和群体特点等，因此野外地物光谱测定时不仅需要准确记录和获取这些属性数据，还要尽量不破坏现场条件，包括成像条件和观测对象。为了确保野外地物方向反射率光谱数据的准确、客观、可靠，在光谱测定时需要考虑：①尽可能避免试验人员和仪器对太阳入射光的影响，即测量人员或仪器要面向太阳，不能阻挡太阳直射光；尽量减小测量人员或仪器相对于观测对象在上半空间的立体角，即减少测量人员和仪器设备阻挡的天空散射光；测量人员着深色服装，测量仪器要涂黑或用深色物包裹，降低测量人员/仪器与观察对象的交叉辐射影响。②选取观测范围时要观测对象的尺度效应。避免盲人摸象现象，以行播作物的冠层光谱测定为例，观测范围要覆盖 3～5 个行距。③室内分析的取样对象要与观测对象保持一致。特别是植被地物，一是要保证取样范围与光谱测定范围一致，二是要考虑植被的呼吸和光合作用对生理生化指标的影响，尽可能地保证室内分析时植物样品的生理生化状态与光谱测定时一致。④测定天空散射光信息，明确直射光和散射光对入射能量的贡献。⑤参考板和观测对象的反射光谱测定要同步。由于野外条件中气象条件的瞬变特性，特别是风、云对太阳入射能量的影响，要尽可能保证参考板和观测对象光谱测定的同步，避免天气变化造成的反射率光谱数据误差。⑥记录现场天气条件和观测对象的详细描述，并辅以现场照片。

### 3. 地物半球反射率光谱数据测定原理和处理方法

半球反射率光谱数据测定需要辅助实验装置才能完成。积分球是一种广泛采用的半球反射率光谱测定的实验辅助装置。半球反射率光谱计算如下:

$$\sigma_t(\lambda) = \frac{\pi L_t(\lambda)}{E_s(\lambda)} = \frac{L_t(\lambda)}{L_{Ref}(\lambda)} \rho_{Ref}(\lambda) \qquad (19\text{-}13)$$

式中,$L_t(\lambda)$为测定样品反射的半球空间内的光谱辐亮度;$L_{Ref}(\lambda)$为测定朗伯体参考板反射的光谱辐亮度;$\rho_{Ref}(\lambda)$为朗伯体参考板的光谱反射率;$E_s(\lambda)$为积分球照明光源的光谱辐照度。

### 4. 地物光谱测量规范

一套科学、严格、有效的光谱测量规范,是所获光谱数据质量的根本保证。

#### 1)仪器的检验与标定

按地物光谱仪的标称精度对光谱分辨率、中心波长位置、信噪比等主要参数进行定期检验(交国家授权的检测机构进行);对漫反射标准参考板,每半年需重新标定一次,以确保反射比参数的客观准确;观测过程中,每半小时左右进行一次光谱仪暗电流测定,及时校正仪器噪声对观测结果的影响。

#### 2)观测时间与气象条件

观测时间规定为地方时(北京地区即为北京时间)9:30~15:30以确保足够的太阳高度角;观测时段内的气象条件要求为地面能见度不小于 10km。太阳周围90°立体角范围内淡积云量应小于 2%,无卷云和浓积云等。风力应小于 3 级。

#### 3)人员着装与操作程序

为减少测量人员自然反射光对观测目标的影响,观测人员应身着深色服装;观测过程中,观测员应面向太阳站立于目标区的后方,记录员等其他成员均应站立在观测员身后,避免在目标区两侧走动;转向新的观测目标区时,观测组全体成员应面向太阳接近目标区,杜绝践踏观测区,测试结束后应沿进场路线退出目标区;观测时探测头应保持垂直向下,即与机载成像光谱仪观测方向保持一致,注意观测目标的二向反射性影响(图 19-5);在地物光谱仪的输出光谱数据设置项中,每条光谱的平均采样次数应不小于 10;测定暗电流(ASD-VNIR 型)的平均采样次数不小于 20;对同一目标的观测次数(记录的光谱曲线条数)应不小于 10,每组观测均应以测定参考板开始,最后以测定参考板结束。特殊情况下,当太阳周围 90°立体角范围内有微量漂移的淡积云,光照亮度不够稳定时,应适当增加参考板测定密度。

　　（a）高光谱成像光谱仪　　　　　　　　　　　　　（b）地物光谱仪

图 19-5　野外测量地物光谱

4）观测对象、目标选定、影像记录、标记和定位

依据高光谱遥感作物营养诊断这一主目标，田间光谱测量的主要观测对象为包含土壤背景在内的作物冠层。除此以外，为研究土壤背景对冠层综合视场的光谱贡献和纯植冠或叶片光谱对不同生化组分含量的光谱响应，裸露土壤和无背景干扰的植冠或叶片（田间活体）也被列为专题观测对象。观测目标的选定应能准确反映观测对象所处状态的自然特性，如避免在肥水处理水平低的区域选定长势好得反常的目标作为观测对象。为确保观测对象与采样对象的严格一致性，完成对当前目标的光谱测量后，应及时在观测区域中心做易识别标记，并注明编号。对所有田间观测目标，均要拍摄照片，以真实记录目标状态。拍摄要求为：投影姿态与光谱仪探头一致，照片边框短边长度略大于光谱仪观测视场直径，并在照片的短边视场边缘放置刻度清晰的长度标尺，以便准确估计光谱测量视场范围。与航空成像光谱仪同步进行地面光谱测量时，应对当天所有观测区的中心位置用亚米级的动态差分 GPS 定位，保证地面光谱观测点在高光谱遥感图像上精确配准。用于高光谱遥感图像辐射校正的飞行同步场地定标光谱测量，应与飞行过境时间保持高度的一致性，最大滞后时差不得超过 10min。

5）光谱测量与同步采样

光谱测量与同步采样的操作程序定义为：光谱测量组完成某观测点光谱测量，并拍摄照片后，将带有点位编号的标志旗插在观测视场中心；农学采样组在光谱测量组离开 20min 内，按既定采样科目完成农学采样，按标志旗给定编号记录。

与机载成像光谱数据获取同步进行（简称飞行同步）的光谱测量与同步采样，必须精确测定观测点的位置，定位精度与成像光谱数据的空间分辨率有关。为确保地面非成像光谱观测点及采样点在成像光谱图像上精确配准，一般要求地面观测点定位误差小于等于机载成像光谱数据图像的半个像元，即

$$m_p \leqslant \frac{I_s}{2}$$ （19-14）

式中，$m_p$ 为差分 GPS 地面观测点定位误差；$I_s$ 为机载成像光谱数据图像机下点空间分辨率。

依据高光谱遥感田间作物信息获取综合试验的目标和特点，作为基础数据的田间光谱测量与同步采样，总体要求和原则如下。

非飞行同步的光谱测量与同步采样，必须保证光谱测量目标与采样目的高度一致，以确保田间作物光谱属性描述（相应的理化参数）的真实性；飞行同步的光谱测量与同步采样，必须在保证光谱测量目标、采样目标高度一致的基础上，准确测定光谱测量与同步采样点的空间位置，以确保地面成像光谱采集点在成像光谱图像上精确配准。

# 19.4　风沙环境数据测量

## 1. 气象数据

气象数据可通过架设自动气象站来实现数据获取，一般高度为 2m 或 4m，自动记录的参数包括：风速、风向、空气温度、空气湿度、降雨量、蒸发量、大气压力、光合有效辐射、太阳总辐射、土壤湿度、土壤温度、叶片湿度等（图 19-6）。

图 19-6　小型自动气象站观测

## 2. 沙丘表面流场

地表气流场测量时，可在典型样带内，选择沙丘类型在空间上发生变化的区域、走向与主风向一致的典型断面设置为样线，样线上的样点设置需覆盖所有地形变异点，包括沙丘（迎风坡脚、迎风坡中、丘顶、背风坡坡中、背风坡脚）、丘间地、植被区域等，通过架设三维超声风速观测仪，观测频率 1Hz，距地表 30cm，观测沙丘特征点处近地表流场结构特征；同时，使用梯度集沙仪在风速测量点位同步测量输沙率，测量 60cm 高度内共 30 层（每个梯度 2cm），以分析输沙率的水平和垂直变化（图 19-7）。

图 19-7　流场与廓线观测

3. 输沙率

测量输沙率与风速廓线时，可在每个观测点上风向的开阔地区，通过架设 HOBO u30 自动气象站记录 2m 高处的每分钟平均风速风向数据，来作为参考值，利用 ENVI data 风蚀观测系统，在 0.1m、0.2m、0.3m、0.5m、1.0m、1.5m、2.0m 安置 7 个风速和风向探头，计算沙丘不同地貌部位的风速廓线。基于以上观测结果，并结合同步激光扫描仪 DEM 变化检测值，可探讨沙丘表面风沙输移动力过程（图 19-8）。

图 19-8　输沙观测

### 4. 太阳辐射测量

太阳辐射是地球能量的主要来源，它是研究大气光学、大气物理、环境保护的重要数据之一。太阳辐射测量与其他生态环境参数的测量有着较大区别，太阳辐射测量是针对太阳进行的测量，而其他生态环境参数大多是针对地球表面的观测（Cogliati et al.，2015）。太阳辐射的测量从平台上可分为两种，即基于大气层外的太阳辐射测量和基于地球表面的太阳辐射测量。

（1）TERC VHS-1（visual haze sensor）太阳辐射计。美国 Haze-SPAN 项目中使用的仪器，其主要的功能是通过测量直射太阳辐射来测量薄雾，此外，它还可用于测量宇宙常数、气溶胶光学厚度等。该仪器原理简单，它是用普通的发光二极管（light-emitting diode，LED）作为光探测器的，可以探测窄波段的波长。如果不作改进，该仪器只能探测单一波段的光，要添加不同的 LED 和相应的放大器后才能用于测量其他波段的光（张显峰等，2014）。

（2）SIMBIOS 太阳辐射计库。美国国家航空航天局资助的 SIMBIOS 项目用几种太阳辐射计组成了一个 SIMBIOS 太阳辐射计库。①Micro Tops II 太阳辐射计（美国），有 5 个通道，它可以用于测量气溶胶光学厚度、臭氧柱总量和水蒸气总量；其特点是准确度高、操作简单、携带方便、可即时得到结果、存储稳定、成本低。②SIMBAD 太阳辐射计/水上辐射计（法国），有 5 个通道，可以选用海洋观测模式观测海洋表面、测量离水辐射率，或者选用太阳观测模式测量直接太阳光强度和大气气溶胶光学厚度。③PREDE 太阳辐射计（日本），PREDE 是目前商业应用中唯一能自动测量气溶胶属性的太阳辐射计（谢伟，2003）。

（3）Middleton SP01 太阳辐射计。SP01、SP01-A 由澳大利亚气象局研制，用于支持世界气象组织的全球大气观测项目。SP01 太阳辐射计用于窄带频谱太阳辐射测量，它只能以太阳辐射计模式工作。该系列仪器的特点是可同时测量四个窄带，探测器和滤光片在恒温下工作，增强了稳定性，还可以暂停进行信号零点检测。

（4）SPUV-6/10 太阳辐射计。SPUV 是一个精确太阳辐射计，最多能测量 10 个在 UV-B 区域（波长为 280～315nm 的紫外光区）和可见光区域分离波长的直接太阳光谱辐射量；它超过了世界气象组织规定的太阳辐射计的技术指标，是第一台能测量 UV-B 区域窄带的商用太阳辐射计。

# 19.5　沙地植被调查

## 19.5.1　样地布设要求

### 1. 样区

根据研究目的，可将研究区域按气候特征、行政区划、土地利用与土地覆被、地貌成因或生态类型划分为不同的地理单元,即形成不同的样区。

### 2. 样地

在样区内布设样地,原则上应选择具有广泛代表性、地带性的植被类型设置样地,要求生境条件、植物群落种类组成、群落结构、利用方式和利用强度等具有相对一致性;而样地之间要具有异质性,每个样地能够控制的最大范围内,地貌、植被等条件要具有异质性,即地貌以及植被生长状况应相似。此外,还要考虑野外考察交通的可达性。沙地区域的样地大小要求为100m×100m,并且样地要选择在生态系统类型一致(优势植被类型大于70%)的平地或相对均一的缓坡坡面上,两个样地间的水平距离不少于1km。样区每种二级类型的样地不能太少,需要顾及地域特点和种群特点(图19-9)。

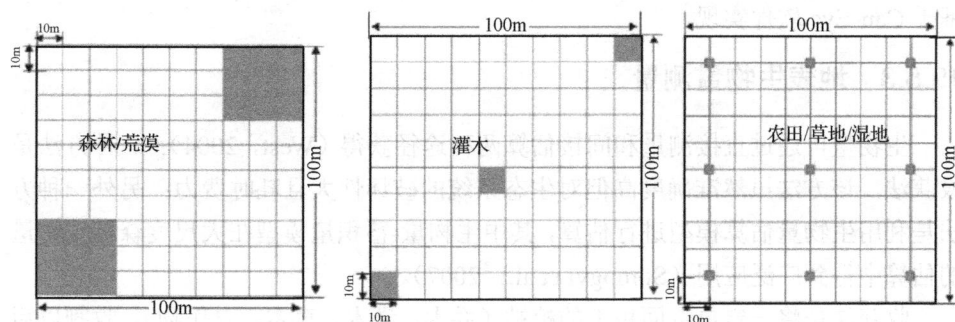

图 19-9　样地布设要求

### 3. 样方

样地内布设样方,样方设计应能反映各个生态系统随地形、土壤和人为环境等的变化。对于不同类型的样地,样方数量和样方大小的要求各不相同。样方均沿样地对角线设置,森林、乔木样地至少两个样方,样方大小为30m×30m;灌丛、灌木样地至少3个样方,样方大小为10m×10m(图19-10)。

图 19-10　科尔沁沙地灌丛样方布设(样地100m×100m,样方10m×10m)

### 19.5.2 植被覆盖度观测

利用鱼眼镜头观测法获得植被覆盖度，其中森林、乔木和湿地样方为分别垂直向上和向下拍摄。针对农田或草地样方，在每个样方布设 3 个采样点，同一个采样点需要至少两次的重复拍摄，样方的植被覆盖度以多个采样点的平均值为准；针对灌丛或灌木湿地样方，在样方内沿对角线布设 5 个采样点，同一个采样点需要至少两次的重复拍摄，样方的植被覆盖度以多个采样点的平均值为准；针对森林、乔木和湿地样方，样方内沿对角线布设 11 个采样点，同一个采样点需要分别向上、向下各至少两次的重复拍摄，其中向上拍摄获得的是样方的郁闭度，向下拍摄的是样方的灌草覆盖度，均以多个采样点的平均值为准。植被覆盖度计算可基于 Can-Eye 软件实现。

### 19.5.3 地表生物量测量

生物量可通过直接测量和间接估算两种途径获得（West，2004）：一种方法是收获法，该方法虽然准确度高但对生态系统的破坏性大且耗时费力；另外一种方法是利用生物量估算模型进行估算，其中生物量-蓄积量模型在大尺度森林生物量的估算中得到广泛应用（Somogyi et al.，2007）。

收获法是将一定单位面积上的植被（乔木、灌木、草本、农作物），收割以后测定其各部分（树干、枝、叶、果和根系等）的鲜重，烘干以后再测干重，将各部分的重量合计。不同植被的生物量地面测量方法有一定的差别，下面具体介绍不同植被生物量测量方法。

#### 1. 乔木

一般选取 50m×50m 样方（至少 20m×20m），做 3～5 次类似样方采样，取均值。

所选样方内，根据乔木的径级或高度分布选择并收获一定数量的平均木，测定平均各部分器官的干物质量，然后用单位面积上的立木株数乘以平均木的总干重，然后对各部分求和，便可得到单位面积上该森林群落此刻的生物量。此法较适合于立木大小一致、分布均匀的同龄人工林，而对异龄林生物量估计的效果要差一些，可根据情况选择大、中、小三类，并分别计算。

对于选取测定对象，分别目测树高（$H$），用皮卷尺量出枝下高（$H_B$）、最下层叶层高（$H_L$）、冠幅（$R$）、地表直径（$D_0$）、地上部分 0.3m（$D_{0.3}$）和胸径（$D_{1.3}$）。

2. 灌木

荒漠灌木和散生于草原中的灌木具有种类少、植丛低、密度小的特点。测定时，先统计一定面积上每种灌木的丛数。然后分组取样，测定标准丛的单丛生物量，经统计便可计算出单位面积上的灌木生物量和净生产量（图 19-11）。荒漠植被和草原灌木植被中还有草本层的存在，因此其生物量应为灌木和草本生物量的总和。草本生物量的测定，一般采取 3～5 个 5m×5m 样方。

（1）统计样方中灌木植物的种类，对每种灌木，依其丛幅和高度相对地划分为大、中、小三个等级组。

（2）按不同等级组，分别统计各种灌木丛的数量，记为 $N_l$、$N_m$、$N_s$。

（3）在每一等级组内，选取 1 或 2 丛标准丛，分别齐地面收割，并挖出地下部分，称重。将地上部分的绿色部分（即当年生枝叶）和木质部分分开，分别称其鲜重。然后取适量样品置于 80℃ 烘箱内烘干后，再称干重，经换算后，求出不同等级组灌木的平均绿色部分重量（$G_l$、$G_m$、$G_s$）、木质部分重量（$V_l$、$V_m$、$V_s$）和地下部分的重量（$R_l$、$R_m$、$R_s$）。

图 19-11　采用收获法获取地上灌木植物鲜物质

3. 草本

草地采用植物生态学野外测量技术测量单位面积地上生物量，测定样方的大小，应以群落最小面积为准，样方面积至少为 1m×1m，3～5 个重复。具体测量指标包括高度、盖度、生物量等。

（1）测定生物量之前，首先需对所要测定的各个样方，按逐个植物种进行数量特征的记载。

（2）然后用剪刀将样方内的植物齐地面剪下。为减少室内分种的工作量，最好在野外分种取样，而且边剪边计株数。最后记录每个种的密度。

（3）将剪下的样品按种分别装入塑料袋中，然后按样方集中进行编号，以便带回实验室内处理（图19-12）。

（4）样品带回室内后，迅速剔除前几年的枯草，然后将每一种的绿色部分和已枯部分分开，分别称其鲜重后，再放入大小适宜的纸袋中，置于鼓风干燥箱内80℃烘干至恒重，则可得到各样方中各个种的活物质与立枯物的烘干重（g/cm$^2$），并将所得到的干重和鲜重数据填入表中。小数点后保留两位有效数字。

（5）如果样品量较多而鼓风干燥箱的容量有限时，应将纸袋中的鲜样品按样方集中放入细纱布口袋中，挂于通风处阴干，待日后室内烘干。或取1/5～1/2集中的样品进行烘干、测定，乘以第二次取样比率，即可获得整体干重值。

图19-12　采用收获法获取地上草本植物鲜物质

4. 农作物

农作物群落生物量的测定采用的是收获法。农作物生物量的测定极为简便，因为它们大多是一年生或二年生的草本植物，结构单一，适合用收获法直接测定其生物量（图19-13）。

（1）样地选取：先调查植株的行株距和每丛苗数，算出植株密度。在同一类型（包括植株密度、高度和生长状况等尽可能相同）田块上选取多个样地，并为样地编号。每个样地选出样方3m×3m。

（2）生物量测定：从样地中将标准植株从所有地上部分沿地表面收割下来，装入预先准备好的塑料袋中；地表面以上所有死组织装进另一个塑料袋中。

（3）将上面所取塑料袋中的样品，带回实验室，立即置于105℃高温下杀青0.5h，接着在80℃下烘干至恒重，再用电子天平称重，将结果填入表中。

图 19-13　采用收获法获取地上农作物植物鲜物质

## 19.5.4　叶面积指数测量

叶面积指数是一个无量纲、动态变化的参数，随着叶子数量的变化而变化。叶面积指数的测量方法分直接测量和间接测量两类（刘刚等，2008；Jiang et al.，2008）。直接测量的精度较高，但费时费力、操作困难，更没有办法进行大范围监测（杜春雨等，2010）。间接测量的发展非常迅速，有着多种不同测量方法的仪器，如冠层分析仪（如 AccuPAR、LAI-2000、SunScan 等）和多波段植被冠层辐射仪（multi-band vegetation canopy radiometer, MVCR）（凌飞龙等，2009）。

### 1. 直接测量法

该方法先测定叶片面积，再计算 LAI 值。直接测量 LAI 的方法是经典的、成熟的和相对准确的，也是间接测量的重要校正方法；其缺点是对植物本身具有一定破坏性，必须人工采集叶子样品，耗时耗力，而且采样不一定具有代表性（杜春雨等，2010）。直接测量包括叶子的采集和叶面积的测量（吴伟斌等，2007）。

（1）叶子的采集。叶子的采集一方面可以用非破坏性的方法，如落叶箱法；另一方面可用破坏性的方法，如区域采样法。落叶箱法利用有防风侧面的开口盒子放在林群中间，定时重复取样。区域采样法，对一个采样区域进行破坏性采样，该方法涉及树群纵向和横向的同态假设，最适合于小个体均匀分布在相对大的区域里面（张显峰等，2014）。

（2）叶面积的测量。叶面积的测量主要有面积法和比叶重（specific leaf weight, SLW）法。面积法利用了叶面积和叶面覆盖的像素成正比的关系检测轮廓，计算出叶子的长、宽和面积；比叶重法是利用单位叶面积与叶子干重的比值来计算得出。在获得比叶重后，把总样品烘干求出总干重，再乘以比叶重就能得到总的叶面积。

　　2. 间接测量法

　　地面间接测量的方法可以更快、更大范围较自动化地测量 LAI，因此被广泛使用。间接测量法适用于单一林群和农作物的地面测量，还可以与直接测量方法一样作为遥感技术监测地表植被状况的建模数据和验证数据。地面间接测量法可分为接触法和非接触法。

　　（1）接触法。接触法可进一步分为相关因子法与倾斜点嵌块法两类（吴伟斌等，2007）。其中，相关因子法利用植物单元的各种测量因子（如茎直径、冠幅直径、植株高度、冠基高度和边材面积等）与叶面积的变异关系来测量 LAI 和生物量。其基础模型理论认为茎和枝是支撑叶子的营养导管的集合。该方法的优点在于测量因子获取方便，相对直接测量方法大大减少了工作量。然而，接触法具有依赖树尺寸、冠层结构、树群密度、季节气候等特点，相关因子法的理论基础不完备，所以具有一定的局限性。倾斜点嵌块法，用长尖针（点嵌块）在已知高度角和方位角的植物冠层上探击，然后计算碰击到冠层元素的次数。该方法的优点在于具有非破坏性和无须叶子是随机分布的假设，缺点是采样数足够大时才能置信，并且对较高的冠层实施比较困难。

　　（2）非接触法。非接触法是现在地面测量 LAI 最高效的方法，它主要使用基于冠层内光透射的光学模型方法。光学模型方法应用基于冠层组分随机分布假设的比尔-朗伯定律（Beer-Lambert law）指数递减模型以及基于叶角分布函数的光分布模型。考虑了冠层辐射的截取与入射光的成分、光属性和冠层结构的关系，使用光量子传感器、电容传感器和激光传感器等传感器测量到地面的辐射（直射、散射和总辐射）。光学模型方法具有速度快、通用性强、非破坏性的优点（张显峰等，2014）。然而，由于 LAI 的推导模型中，对冠层结构和辐射属性进行了一定假设，测量时通常需要晴朗的天空，而且受到了叶倾角、叶型、叶簇（树叶不是均匀分布的，而是群集在枝条周围，这些单位形成了叶簇）和非叶子单元等因素的影响，通常还需要知道包含整个区域和特定树种的消光系数。非接触法测量所需的仪器依据工作原理可分成两类：一类基于对冠层间隙度（gap fraction）分析得到 LAI，这类仪器假定冠层内的各种元素（叶、枝、树干等）随机分布，如 CI-110 植物冠层分析仪、LAI-2000 植物冠层分析仪等；另一类基于对冠层间隙大小的分布（gap size distribution）情况进行分析得到 LAI，如 TRAC 植物冠层分析仪、SunScan 植物冠层分析仪等。

## 19.5.5　光合作用测量

光合速率是衡量绿色植物光合能力大小的重要指标，测定反应物的消耗速率或产物的生成速率（包括物质的交换和能量的储藏）都可以用来计算光合速率，计算过程中用到的指标包括有机物的积累速率、叶片释放 $O_2$ 的速率（化学滴定法和氧电极法）、叶片吸收 $CO_2$ 的速率（化学滴定法、pH 法、同位素法和红外线气体分析法）等。其中，叶片吸收 $CO_2$ 速率法是根据光合过程中吸收 $CO_2$ 的多少，直接计算出光合速率大小的一种测量方法，因而相比之下，叶片吸收 $CO_2$ 的速率法具有省时、省力等优点，更重要的是此法重复性好、数据稳定、准确，是目前最常用的一种方法。叶片吸收 $CO_2$ 的速率法中比较有代表性的测量方法是红外线气体分析法，现阶段推荐使用的美国 LI-COR 公司生产的 Li-6400 光合作用测定仪就基于此法，此仪器在有关光合作用的研究方面有着广泛的应用（向仰州等，2009）。

## 19.5.6　叶绿素浓度测量

叶绿素是植物叶片的主要光合色素，是植物生长过程中的一个重要的生理指标，由于其对周围环境很敏感，并与植物的光合作用、营养吸收等密切相关，被广泛作为植物生长的常规测定指标项目（Duveiller et al.，2016；张显峰等，2014）。叶绿素浓度测量方法主要有分光光度计法、活体叶绿素仪法和光声光谱法，在日常试验中分光光度计法应用最广泛。因所用的溶剂不同又有多种测量方法，早期叶绿素测量广泛采用 Arnon 法（Arnon，1949）。但该方法由于先研磨后除渣，工作量大、步骤多，且容易受光氧化而引起偏差，不适宜田间大量样品的提取和测量。后来学者提出了丙酮、乙醇混合液法浸提叶绿素，研究表明，丙酮与乙醇在等摩尔混合时提取效果最好。除常用的光度计法，荧光法依据叶绿素分子被紫外光照射后可发射出特征红色荧光，其荧光强度与叶绿素浓度成正比，据此定量分析叶绿素浓度（唐尧基等，2004）。同步荧光法是一种新型荧光分析技术，该方法同时扫描荧光分光光度计的激发和发射两个单色器波长，由测得的荧光强度信号与对应的激发波长（或发射波长）构成光谱图。目前已有多款基于该原理研发的叶绿素测量仪器，如由美国 Turn Designs 公司生产的 Aquafluor 手持式叶绿素荧光测定仪是一款轻便、经济的手持荧光仪，是实验室外实现快速测定活体叶绿素 a 的理想工具（Du et al.，2017）。手持式叶绿素荧光测定仪虽然测得的是色素相对浓度指标，但因其具有方便快捷等优点，被广泛应用于遥感反演模型输入参数修订及模型验证中。日本生产的 SPAD 系列叶绿素测定仪、美国生产的 atLEAF+叶绿素仪可快速测定绿色植物叶片的叶绿素浓度。

# 19.6　沙地土壤环境调查

## 19.6.1　土壤取样

### 1. 沙地表层沉积物采集

现代风成过程主要影响沙丘表层分选，故样品只采集 0～2cm 深度，样方面积 0.2m×0.2m，各样品重 50～1000g。

### 2. 容重样品采集

土壤容重是指单位容积烘干土的重量。土壤容重用环刀法或挖坑法。容重与水分分析样品根据用途不同可按土壤层位采集或按剖面深度等间距采集。这两种采集方式都是由下而上进行采集。按照土壤发生层次采样时，首先选择具有代表性的土壤剖面，在采土处先用铁铲铲平，然后将已称过质量的不锈钢环刀垂直压入原状土层内，取出环刀后用锋利的小刀削平环刀两端出露的土壤，擦去环刀外面的土，每个发生层至少取 3 个重复样品，采样时必须注意土壤湿度不宜过小或过大。当土壤发生层次明显或土壤质地结构有明显的变化时，需适当调整采样深度，以不跨越层次为宜。采集工具通常用容积为 100cm$^3$ 的环刀，一般用容积约 120cm$^3$ 的圆形铝盒来装。铝盒上也应标明样品编号，并在野外调查记录表上记录。

应在野外采集后立即进行样品湿重称量并记录，若条件不具备可将铝盒用胶带进行密封（防止水分蒸发散失），拿回室内后尽快称湿重，称量湿重后进行烘干。环刀土样带回实验室后，在 105±2℃下烘干至恒重，测定土壤含水量和容重。

## 19.6.2　土壤含水量测量

土壤含水量（soil water content）是土壤重要物理参数，它是联系地表水与地下水的纽带，在水资源的形成、转化及消耗过程中有重要作用；同时，土壤水分状况对降水产流、植被蒸腾、土壤蒸发及生态环境下垫面植被生态系统的变化等具有重要影响，并在陆地表面与大气之间的物质和能量交换方面扮演着重要角色（Rondeaux et al.，1996）。关于土壤含水量的另外一个叫法是土壤湿度（soil moisture）。目前已有数十种土壤含水量快速测量方法，主要有取样烘干称重法、中子扩散法、时域反射法、频域反射法，以及测量土壤传导性等方法。

### 1. 土壤水分形态

土壤中的水分或被吸附在土粒表面或处在孔隙中，并且和外界的水一样，也以固、液、气三种形态存在。土壤是非均一的多孔介质，土壤颗粒大小、形状和孔隙度等不一样时对土壤水分的吸附、保持或转移作用也大不相同。因此，土壤水分在不同状态下表现出的性质也差别很大。

从形态上，土壤水分大致分为化学结合水、吸湿水和自由水三类（邓英春等，2007）。化学结合水在 600～700℃温度下才能脱离土粒；吸湿水是土粒表面分子力所吸附的极薄水层，须在 105～110℃的温度下转变为气态，才能脱离土粒；自由水可以在土壤颗粒的孔隙中移动。自由水又可进一步区分为：①膜状水，吸湿水的外层所吸附的极薄一层水膜的水分；②毛细管悬着水，由毛细管力所保持在土壤层中的水分，与地下水和土层与土层之间的悬着水无水压上的联系，但能快速移动，以供植物生长吸收；③毛细管支持水，地下水随毛细管上升而被毛细管力所保持在土壤中的水分，毛细管支持水之间以及其与地下水有水压上的联系；④重力水，受重力作用而下渗的土壤水，重力水只能短时间存在于土壤中，随着时间的延长，它将会逐渐下降，补充到地下水（邓英春等，2007）。

### 2. 土壤含水量的表示方法

一般所说的土壤水分，实际上是指用烘干法在 105～110℃温度下能从土壤中被驱逐出来的水。土壤水分含量即土壤含水量，它是指土壤中所含有的水分的数量。土壤含水量可以用不同的方法表示，较常用的表示方法有以下几种（邓英春等，2007）。

质量含水量 $w(\%)$，土壤中实际所含的水的重量 $(W_水)$ 占干土重量 $(W_土)$ 的百分数，即

$$w=W_水/W_土 \cdot 100\% \tag{19-15}$$

体积含水量 $v(\%)$，土壤中水的体积 $(V_水)$ 占土壤体积 $(V_土)$ 的百分数，即

$$v=V_水/V_土 \cdot 100\% \tag{19-16}$$

相对含水量 $r(\%)$，土壤的质量含水量 $w(\%)$ 占土壤田间持水量 $w_田(\%)$ 的百分数，即

$$r=w/w_田 \cdot 100\% \tag{19-17}$$

在实际应用中应根据具体目的选择土壤含水量的表示方法，土壤含水量的几种表示方式可根据需要进行转换。质量含水量表示方法简单易行，并且有足够的精度，是最基本的方法；体积含水量常用于一些土壤水分的理论和土壤结构关系的研究；相对含水量常用于农业旱情评价和指导灌溉的水分指标等。

### 3. 土壤含水量测量方法

（1）烘干称重法，具体包含恒温箱烘干法、酒精燃烧法和红外线烘干法等。其中，恒温箱烘干法被认为是经典和最准确的方法（Schmugge et al，1980），是国际公认的测定土壤水分的标准方法，其他所有土壤水分测定方法都以此法作为标准而进行校对（伍永秋等，2001）。烘干法是一种直接的测量方法，可以求出质量含水量(w)［式（19-18）］、体积含水量(v)［式（19-19）、式（19-20）］。

$$w = \frac{w_1 - w_2}{w_2 - w_0} \cdot 100\% \qquad (19\text{-}18)$$

式中，$w_1$ 为湿土+盒重；$w_2$ 为干土+盒重；$w_0$ 为盒的重量。

$$v = \left( \frac{w_1 - w_2}{w_2 - w_0} \right) \cdot \rho_b \cdot 100\% \qquad (19\text{-}19)$$

式中，$\rho_b$ 为土壤干容重。等式右边分母取值 100，与土壤取样环刀的体积有关，即环刀体积刚好是 100cm$^3$。

$$\rho_b = \frac{w_2 - w_0}{100} \qquad (19\text{-}20)$$

烘干法一般操作步骤为，将用土钻取好的土样置于事先称重的铝盒（若需要测土壤体积含水量或土壤容重，改用环刀取样）中称重，然后一起放入烘箱，在 105～110℃温度下烘至恒重，实际操作中一般烘 12～14h，在干燥器中冷却 20min 称重即可，两次重量的差即为土壤含水量。

烘干法的优点在于可用环刀取样，取样方便且样品采收成本低；土壤含水量计算容易，测量范围宽且精度较高；可以在田间不同位置取土，贯穿整个土壤剖面，能够提供土壤分层、密实度和土壤质地变化等一系列信息；对硬件要求不高，就样品本身而言，结果可靠，尤其在结构疏松的沙土或者沙漠里，其他仪器难以获取含水量的准确结果（张显峰等，2014）。因此，烘干法测得的土壤水分值是可信的，可作为其他各种土壤水分测量方法的校正标准。但其也存在缺点：费时、费力；深层取样困难，取样会破坏土壤；当土壤质地分布不均时，很难取出有代表性的土样；不能进行长期定位观测，无法实现在线快速测量；在土样采集和处理过程中水分容易损失；需采集土样的数量较多，以反映土壤和土壤水分的空间变异性。

（2）时域反射（time domain reflectometry, TDR）法，20 世纪 60 年代末出现的一种确定介电特性、测定土壤含水量的方法。时域反射仪测量电磁脉冲从发射源出发到遇到障碍物产生反射后返回发射源所需时间。由于电磁波的传播速度与传播媒体的介电常数密切相关，而土壤颗粒、水和空气本身的介电常数差异很大，故一定体积土壤中水的比例不同时，其介电常数便有明显的变化，因此由电磁波的传播速度便可判断土壤含水量（张学礼等，2005；Noborio，2001），电磁波的传播速度快慢就反映了土壤含水量的多少。

　　时域反射仪具有测量快速、操作简单、测定精度高和对土壤无破坏等优点，与计算机或记录器相连可做原位连续测量，且测量范围广（图 19-14）。时域反射仪既可以做成轻巧的便携式仪器进行田间即时测量，又可以通过导线与计算机相连，通过信息转换而达到数据自动采集的目的（杜会石，2020）。研究表明，在黄土高原的土壤水分测量中，使用 TDR 法与烘干称重法进行室内校正与野外校正，校正结果表明 TDR 法具有比较高的土壤水分测量精度（伍永秋等，2001）。但该方法也存在一定缺点，如电路复杂，仪器价格昂贵，对于不同类型的土壤，需要对设备进行分别校对，并且需要定期检查和校对（王贵彦等，2000）。

图 19-14　TDR 测量土壤含水量

　　（3）频域反射（frequency domain reflectometry, FDR）法。由于水的介电常数比一般物质要大得多，所以当土壤中的水分增加时，其介电常数就相应增大，测量时水分传感器给出的电容值也随之上升。根据传感器的电容量与土壤水分之间的对应关系，来计算土壤的水分含量。FDR 法是一种行之有效的、快速、简便和可靠的方法，具有快速、准确、连续测定等优点，不扰动土壤，能自动监测土壤水分及其变化，耐用、性能超群、价格便宜且无放射性污染源（李元寿等，2006）。利用该方法测量土壤水分多采用探针方式（Gaskin et al.，1996），但是在低频工作时容易受土壤盐分、质地和容重的影响，因此，如何减小田间土壤质地、结构与含盐量对地面测量的影响是研究的关键问题。

　　（4）中子扩散法，该方法在 20 世纪 50 年代就被用于测定土壤含水量。此后，世界上很多国家对此进行了研究。中子扩散法利用中子源辐射的快中子碰到氢原子时慢化为热中子的原理，通过热中子数量与土壤含水量之间的相关关系来确定土壤水分的多少。中子扩散法适用于田间长期定位观测，测定结果快速、准确且可靠，可以重复进行。中子探测仪可在田间不同位置和不同深度测量土壤含水量，能在同一位置对整个生长季节的土壤含水量进行监测，降低了土壤变异性的影响。中子扩散法特别适用于深层土壤含水量的测量与水分动态变化观察。但中子扩散法难以测量浅层土壤含水量，因为高速中子容易散逸于大气，在距离土壤表面15~20cm 的位置，其监测结果不够准确。而浅层土壤含水量与作物生长关系密切，明显随灌溉、降水和蒸发等变化而变化，需要实时监测。这一缺点极大地限制了中子扩散法的进一步推广应用。另外，这种方法还存在辐射防护问题，需要特别操作培训、操作管理、运输和储存等一系列程序，如果屏蔽不好，易造成射线泄漏，以致环境污染，危害人体健康。目前，这种方法在发达国家已被禁止使用（周凌云等，2003）。

（5）电磁测量技术，依据气、水、土混合物的土壤介电常数与土壤体积含水量常数之间的相互关系，通过测定土壤介电常数，间接得到土壤体积含水量。从电磁学的角度看，土壤母质是由气、土块、束缚水和自由水四部分组成的介电混合体（Hallikainen et al.，1985），土壤相对量极小的自由水却能对气、水、土混合物的土壤介电常数产生很大的影响。在一定含水量时，影响土壤综合介电常数的因素：一是电磁频率、温度和盐含量，二是土壤体积含水量常数，三是土壤束缚水的介质常数与土壤体积含水量常数的比值，四是土壤颗粒的形状和密度等。通过校正，电磁测量方法可快速测定土壤水分含量绝对值，测定精度高；可在同一处反复测量，对土壤无破坏作用。但对于不同类型的土壤，需要对设备进行分别校对，并且必须定期检查和校对设备。

（6）基于驻波率原理的测量方法，针对 TDR 法和 FDR 法的缺陷，Gaskin 等（1996）提出了基于传输线理论（即驻波率原理）的水分测量方法。利用此方法研制的土壤水分测量仪在成本上有了大幅度的降低。该方法测量仪主要是由高频信号发生器、传输线、土壤探针和精密检波电路等组成，高频信号源产生的高频信号沿传输线传播到土壤探针上，由于探针阻抗与传输线阻抗不匹配，部分信号沿传输线反射回来，另一部分继续沿土壤探针传播。这样在传输线上入射波与反射波叠加形成驻波，使传输线上各点的电压幅值存在变化，而土壤探针阻抗取决于土壤的介电特性，土壤的介电特性又主要取决于土壤含水量，因而可通过测量传输线上电压的变化来反映土壤含水量的多少。该测量法可以快速、连续和较高精度地测量土壤水分，而且成本低，适合大多数土壤类型。但是基于驻波率原理的测量方法也受土壤盐分影响，测量精度不及 TDR 法。

（7）张力测定法，张力计式土壤水分传感器是一种广泛、成功地用于某些土壤水分测量的传感器。张力计是一个充水管道，一端是中空的陶瓷头，另一端是真空仪表和密封塞。张力计安装在土壤的合适深度，陶瓷头与土壤紧密接触。通过陶瓷头使张力计中的水与土壤中的水最终达到压力平衡。当土壤吸湿以后，张力梯度下降，水分流回陶瓷头。土壤经过干湿循环，就可获得张力读数。张力计系统的制造价格低，结构及原理都比较简单，可以测定出土壤中张力变化的瞬时差值，得到正的和负的数据，从而为研究土壤中水的蒸发、渗透和地下水静止水位的涨落等问题提供数据；并可以在线实时测量，确定水在土壤内的流动方向和渗透深度。但张力计测量范围很大程度上受土质的影响。该方法所测量的是土壤水的吸力，需要依据土壤水分特征曲线来换算成土壤含水量。此外，该方法测量结果存在滞后，会影响其测量速度（张学礼等，2005）。

### 19.6.3　地温测量

地温（ground temperature, GT）是地表温度或陆面温度和不同深度的土壤温度的总称，是研究地表和大气之间物质和能量交换的重要参数。浅层地温包括离地面 5cm、10cm、15cm、20cm 深度的地中温度，深层地温包括离地面 40cm、80cm、160cm、320cm 深度的地中温度。地表温度的测量一般有自动气象站测量与人工测量两种方式。

#### 1. 自动气象站测量

自动气象站地表温度的测量方式可分为两种：一种是自动气象站早期产品的模式，即取四支传感器采集的数据的平均的测量方式；另一种则是 2003 年推出的并按《地面气象观测规范》（中国气象局，2003）要求设计的单支地表温度传感器的采集模式，比较而言后者相对更简便和实用。

自动气象站工作原理为，来自不同温度传感器的模拟电压信号，由信号电缆进入采集器，通过前端的一个多选一的信号选择电路，分别接入信号测量电路以及信号放大电路，再经 A/D 转换器将模拟电压量转变为对应的数字参数，送入计算机系统，从而完成一系列采集任务（董国庆等，2008）。在测量时，恒流源与运放电路处于稳定状态。通过切换测出电阻上的输出电压值，然后根据特定的计算公式即可得出当时的地面温度值，该传感器有高度的稳定性。它们使用的是同一个变换器，由电子开关按设定程序接通，测定的温度值较准确。自动气象站用于地温测量的硬件电路可分成两部分（胡帆等，2012）：一部分为传感部分，包括地温传感器、地温转接盒和信号传输线，这些均在室外；另一部分为采集器的温度通道部分，它是温度信号的调理转换电路，位于室内的采集器主板上。

#### 2. 人工测量

人工测量主要利用温度表按照一定规范进行测量，其原理是根据液体热胀冷缩的特性，地表最低温度表的感应液是酒精（在 1 个标准大气压下，酒精温度计所能测量的最高温度一般为 78℃，所能测量的最低温度是-114℃），毛细管内有一哑铃型游标，当温度下降时，酒精柱下降，表面张力就带动游标下降（董国庆等，2008）。由于酒精安全性比水银好，其 78℃的上限和-114℃的下限完全能满足测量体温和气温的要求，但由于酒精温度计的误差比水银温度计大，因此，在测量地温要求精度较高时，仍然主要用水银温度计，水银的凝固点是-39℃，沸点是 356.7℃，用来测量-39～357℃的温度。

（1）地面和曲管地温表，地面温度表（又称 0cm 温度表）、地面最高和最低温度表的构造和原理，与测定空气温度用的温度表相同。5cm、10cm、15cm、20cm曲管地温表的结构和原理基本同上，只是表身下部伸长、长度不一，并且在感应部分上端弯折，与表身成 135°夹角。地面温度表必须水平地安放在地段中央偏东的地面，按 0cm、最低、最高的顺序自北向南平行排列，感应部分向东，并使其位于南北向的一条直线上，表间相隔约 5cm；感应部分及表身，一半埋入土中，一半露出地面。埋入土中部分的感应部分与土壤必须密贴，不可留有空隙；露出地面部分的感应部分和表身，要保持干净。曲管地温表安装在地面最低温度表的西边约 20cm 处，按 5cm、10cm、15cm、20cm 深度顺序由东向西排列，感应部分向北，表间相隔约 10cm；表身与地面成 45°夹角，各表身应沿东西向排列，露出地面的表身须用叉形木（竹）架支住。0cm、5cm、10cm、15cm、20cm 地面温度表于每日 2 时、8 时、14 时、20 时观测；地面最高、最低温度表于每日 20 时观测一次，并随即进行调整。各种地温表观测读数要准确到 0.1℃（崔讲学等，2011）。观测时，要踏在踏板上，按 0cm、最低、最高和 5cm、10cm、15cm、20cm地温的顺序读数，观测地面温度时，应俯视读数，不将地温表取离地面，读数记入观测簿相应栏，并进行器差订正。

（2）红外测温仪，温度在绝对零度以上的物体，都会因自身的分子运动而辐射出红外线。通过红外探测器将物体辐射的功率信号转换成电信号后，成像装置的输出信号就可以完全对应地模拟扫描物体表面温度的空间分布，经电子系统处理，传至显示屏上，得到与物体表面热分布相应的热像图。运用这一方法，便能实现对目标进行远距离热成像和分析判断。红外测温仪是一种非接触式测量方法，对于测定植被冠层、裸土表面的温度非常方便，但不同价位的红外测温仪精度差异较大。红外测温仪体积小巧，便于携带，激光指示可以方便地瞄准目标并精确地测量温度，是安全理想的非接触式测温工具。

（3）多通道土壤温度记录仪，既可拿到野外随时测量采集数据，也可长时间放置记录地点。其带 GPS 定位功能，可将数据自动采集、实时实地显示地点的地理坐标（经纬度信息）并保存，测量地温数据既可在主机上查看数据，也可导入计算机进行查看。意外断电后，已保存在主机里的数据不会丢失。

　　总体而言，地表温度测量存在难度主要有以下四个方面的原因（胡玉峰，2004）：一是地温测量的复杂性，太阳辐射加热下垫面后，使土壤温度迅速上升。由于土壤各处的物理化学性能不同，即比热不同，同样的热量，温度升值不同。试验证明，在面积不大的观测场内，土壤中水平温度场分布不均匀，垂直温度梯度很大，特别是在夏日晴天时更为明显。此外，在土壤中，辐射传热作用较弱，对流传热几乎不存在，土壤是热的不良导体，热传导进行较慢，这样就使土壤中温度水平不均匀和垂直梯度不容易达到应有的平衡。二是土壤中水平温度场的不均匀性，当地温变化剧烈时，土壤中水平温度场不均匀性十分明显，即使两地同一类型温度表安装的深度相同，在相距 0.6m 左右的两支温度表的示值一般可相差 0.4~1.6℃（胡玉峰，2004）。水平温度场的不均衡性对土壤温度，尤其是上层的陆面温度有着很大的影响，在空气湿度较低的荒漠地区，地表温度的水平差异在中午前后尤其明显。如果采集的陆面温度作为遥感反演的检验数据，那么采集陆面温度的方法应该与对应的遥感影像的分辨率相关，如 1km×1km 分辨率的遥感影像需要在每个像元范围内取多次测量值的平均。三是土壤中温度的垂直分布明显，如果仪器安装深度误差有±1cm，就可造成 0.70~1.68℃的误差（胡玉峰，2004），仪器探头深度对测量结果有较大影响，所以测量深度一致性很重要。四是遥测地温仪原理的差异，仪器测量原理的不同，会导致两种仪器的测量结果之间有较大偏差（徐艳华，2005）。

# 参 考 文 献

艾南山, 李后强, 徐建华, 1999. 从人文作用的定量模型到人地协同论[J]. 四川师范大学学报(自然科学版), 19(1): 31-37.

白淑英, 吴奇, 史建桥, 等, 2015. 基于时间序列遥感数据的西藏山南地区植被覆盖变化特征分析[J]. 中国沙漠, 35(5): 1396-1402.

白雪梅, 春喜, 斯琴毕力格, 等, 2016. 近45a内蒙古浑善达克沙地湖泊群的变化[J]. 湖泊科学, 28(5): 1086-1094.

蔡运龙, 李双成, 方修琦, 2009. 自然地理学研究前沿[J]. 地理学报, 64(11): 1363-1374.

常学礼, 赵学勇, 韩珍喜, 等, 2005. 科尔沁山地自然与人为因素对沙漠化影响的累加效应分析[J]. 中国沙漠, 25(4): 466-471.

钞振华, 张培栋, 袁赛帅, 2012. 山东省MODIS遥感植被指数时空变化研究[J]. 生态环境学报, 21(10): 1660-1664.

陈波, 2001. 陆地植被净第一性生产力对全球气候变化响应研究的进展[J]. 浙江林学院学报(4): 115-119.

陈盼盼, 2019. 近20年乌拉盖河流域植物群落演替和植被动态变化研究[D]. 呼和浩特: 内蒙古大学.

陈述彭, 曾杉, 1996. 地球系统科学与地球信息科学[J]. 地理研究, 15(2): 1-10.

陈彦光, 刘继生, 2001. 城市土地利用结构和形态的定量描述: 从信息熵到分数维[J]. 地理研究, 20(2): 146-152.

陈昳, 2020. 基于InVEST模型的舟山群岛生态系统服务能值研究[D]. 舟山: 浙江海洋大学.

陈佑启, 杨鹏, 2001. 国际上土地利用/土地覆盖变化研究的新进展[J]. 经济地理(1): 95-100.

陈之荣, 1998. 现代地球系统科学——可持续发展战略的科学基础[J]. 地球科学进展, 13(2): 198-203.

陈仲新, 张新时, 2000. 中国生态系统效益的价值[J]. 科学通报, 45(1): 17-22.

崔讲学, 高学浩, 2011. 地面气象观测[M]. 北京: 气象出版社.

崔丽娟, 庞丙亮, 李伟, 等, 2016. 扎龙湿地生态系统服务价值评价[J]. 生态学报, 36(3): 828-836.

邓英春, 许永辉, 2007. 土壤水分测量方法研究综述[J]. 水文, 27(4): 20-24.

地理科学发展战略研究组, 1996. 中国地理学近期发展战略研究[M]. 北京: 科学出版社.

董丹, 倪健, 2011. 利用CASA模型模拟西南喀斯特植被净第一性生产力[J]. 生态学报, 31(7): 1855-1866.

董光荣, 1994. 科尔沁沙地沙漠化的几个问题[J]. 中国沙漠, 14(16): 253-258.

董光荣, 靳鹤龄, 陈惠忠, 等, 1998. 中国北方半干旱和半湿润地区沙漠化的成因[J]. 第四纪研究, 2(10): 136-144.

董光荣, 申建友, 金炯, 1989. 我国土地沙漠化的分布与危害[J]. 干旱区资源与环境, 4(3): 33-42.

董国庆, 李向军, 李淑君, 2008. 地面最高温度自动观测与人工观测数据的差异分析[J]. 科技信息(科学·教研) (10): 35.

董全, 1999. 生态公益: 自然生态过程对人类贡献[J]. 应用生态学报, 10(2): 233-240.

董玉祥, 刘玉璋, 刘毅华, 1995. 沙漠化若干问题的研究[M]. 西安: 西安地图出版社.

董治宝, 陈渭南, 董光荣, 等, 1996. 植被对风沙土风蚀作用的影响[J]. 环境科学学报, 16(4): 437-443.

杜春雨, 范文义, 2010. 有效叶面积指数与真实叶面积指数的模型转换[J]. 东北林业大学学报, 38(7): 126-128.

杜会石, 2008. 半干旱区土地利用/覆被变化及生态系统服务价值研究[D]. 长春: 东北师范大学.

杜会石, 2020. 科尔沁沙地动态演化[M]. 北京: 科学出版社.

杜会石, 哈斯额尔敦, 李明玉, 2011. 1977~2008 年延吉市城市景观格局演变[J]. 地理科学, 31(5): 608-612.

杜会石, 哈斯额尔敦, 杨一, 等, 2013. 呼伦贝尔草地风蚀坑分布区土地覆被景观变化[J]. 干旱区资源与环境, 27(4): 129-134.

杜会石, 哈斯额尔敦, 李爽, 等, 2018a. 科尔沁沙地风沙与湖泊景观演变及影响因素分析[J]. 地理科学, 38(12): 2109-2117.

杜会石, 哈斯额尔敦, 王宗明, 2017. 科尔沁沙地范围确定及风沙地貌特征研究[J]. 北京师范大学学报(自然科学版), 53(1): 33-37.

杜会石, 马南, 陈智文, 2018b. 科尔沁沙地响水河河岸沙丘粒度特征[J]. 西北师范大学学报(自然科学版), 54(4): 83-88.

杜会石, 南颖, 朱卫红, 2010. 图们江流域土地利用变化对生态系统服务价值的影响[J]. 吉林大学学报(地球科学版), 40(3): 671-677.

杜会石, 王良玉, 陈智文, 等, 2018c. 1980 年以来 5 个时期松嫩沙地湖泊群分布及其变化研究[J]. 湿地科学, 16(3): 352-356.

杜军, 赵胜朝, 邱士可, 等, 2021. 2000~2015 年豫西黄土丘陵区土地利用变化及景观生态风险评价[J]. 水土保持研究, 28(1): 279-284, 291.

杜灵通, 田庆久, 2012. 宁夏植被覆盖动态变化及与气候因子的关系[J]. 中国沙漠, 32(5): 1479-1485.

段翰晨, 王涛, 薛娴, 等, 2012. 科尔沁沙地沙漠化时空演变及其景观格局——以内蒙古自治区奈曼旗为例[J]. 地理学报, 67(7): 917-928.

樊杰, 2018. "人地关系地域系统"是综合研究地理格局形成与演变规律的理论基石[J]. 地理学报, 73(4): 597-607.

樊胜岳, 聂莹, 陈玉玲, 2015. 沙漠化政策作用与耦合模式[M]. 北京: 中国经济出版社.

方创琳, 2004. 中国人地关系研究的新进展与展望[J]. 地理学报, 59(S1): 21-32.

方精云, 刘国华, 徐嵩龄, 1996. 我国森林植被的生物量和净生产量[J]. 生态学报(5): 497-508.

方修琦, 1987. 陕北鄂尔多斯地区降水变化与沙漠化[J]. 北京师范大学学报(1): 90-95

冯断广, 王景升, 姚帅臣, 等, 2017. 基于因子分析的森林资源质量综合评价[J]. 中南林业科技大学学报, 37(1): 27-32, 42.

冯建民, 王涛, 2004. 呼伦贝尔草原沙漠化现状及历史演变研究[J]. 干旱区地理, 27(3): 356-260.

傅伯杰, 于丹丹, 2016. 生态系统服务权衡与集成方法[J]. 资源科学, 38(1): 1-9.

高景文, 白水清, 罗成玉, 等, 2001. 呼伦贝尔沙地林业生态建设与治理[J]. 防护林科技(2): 44-45.

高亮, 高永, 韩彦隆, 等, 2018. 不同治理措施下科尔沁沙地南缘土壤质地与持水特性研究[J]. 水土保持通报, 38(4): 1-6.

高永年, 2004. 区域土地利用结构变化及其动态仿真研究[D]. 南京: 南京农业大学.

高云生, 张静, 袁伟, 等, 2001. 呼伦贝尔沙地的林业生态建设与治理[J]. 内蒙古科技与经济(3): 38-39.

高云生, 2013. 浅议呼伦贝尔沙地治理对生态环境的影响[J]. 内蒙古林业调查设计, 36(2): 41-42.

郭坚, 王涛, 韩邦帅, 等, 2007. 近 30 年来毛乌素沙地及其周边地区沙漠化动态变化过程研究[J]. 中国沙漠, 28(6): 1017-1021.

郭坚, 王涛, 薛娴, 等, 2007. 松嫩沙地荒漠化现状和原因[J]. 干旱区资源与环境(5): 99-103.

郭晓佳, 陈兴鹏, 张子龙, 等, 2009. 宁夏人地系统的物质代谢和生态效率研究——基于能值分析理论[J]. 生态环境学报, 18(3): 967-973.

郭云义, 崔友, 聂彦卿, 等, 2009. 科尔沁沙地综合治理模式[J]. 内蒙古林业调查设计, 32(5): 15-17, 21.

海山, 2013. 内蒙古牧区人地关系演变及调控问题研究[M]. 呼和浩特: 内蒙古教育出版社.

韩会庆, 张娇艳, 马庚, 等, 2018. 气候变化对生态系统服务影响的研究进展[J]. 南京林业大学学报(自然科学版), 42(2): 184-190.

韩连生, 2004. 黑龙江: 迎风而上, 开创林业产业建设的新局面[J]. 中国林业产业(2): 28-31.

郝成元, 吴绍洪, 杨勤业, 2004. 人地关系的科学演进[J]. 软科学, 18(4): 1-3.

何挺, 程烨, 王静, 2002. 野外地物光谱测量技术及方法[J]. 中国土地科学, 16(5): 30-36.

贺伟, 布仁仓, 熊在平, 等, 2013. 1961～2005 年东北地区气温和降水变化趋势[J]. 生态学报, 33(2): 519-531.

侯光良, 游松才, 1990. 用筑后模型估算我国植物气候生产力[J]. 自然资源学报(1): 60-65.

侯仁之, 1984. 历史地理的理论与实践[M]. 上海: 上海人民出版社.

胡宝清, 2014. 喀斯特人地系统研究[M]. 北京: 科学出版社.

胡帆, 陈正一, 2012. 自动气象站地表温度测量方式的改进[J]. 气象, 38(3): 381-384.

胡焕庸, 1983. 人口研究论文集(第二辑)[M]. 上海: 华东师范大学出版社.

胡继连, 1992. 时间紧凑型高效农业初探[J]. 农业现代化研究, 13(3): 147-150.

胡玉峰, 2004. 自动与人工观测数据的差异[J]. 应用气象学报, 15(6): 719-726.

黄秉维, 1996. 论地球系统科学与可持续发展战略科学基础[J]. 地理学报, 51(4): 350-354.

贾宝全, 高志刚, 张红旗, 等, 2003. 鄂尔多斯高原土地沙化过程中自然与人为因素的定量分析[J]. 林业科学, 39(6): 15-20.

姜凤岐, 曹有成, 曾德慧, 等, 2002. 科尔沁沙地生态系统退化与恢复[M]. 北京: 中国林业出版社.

蒋德明, 刘志民, 曹有成, 等, 2003. 科尔沁沙地荒漠化过程与生态恢复[M]. 北京: 中国环境科学出版社.

蒋勇军, 袁道先, 章程, 等, 2005. 典型岩溶农业区土地利用变化对土壤性质的影响——以云南小江流域为例[J]. 地理学报, 72(5): 751-760.

景国臣, 李英杰, 庞立铁, 等, 2013. 松嫩沙地治理技术及效益分析[J]. 水土保持应用技术(5): 15-16, 18.

康相武, 马欣, 吴绍洪, 2007. 基于景观格局的区域沙漠化程度评价模型构建[J]. 地理研究, 26(2): 297-304.

李宝林, 1996. 松嫩沙地沙漠化的气候因素与沙地发育特征[J]. 中国沙漠, 3(16): 253-258.

李宝林, 1999. 松嫩沙地生态系统特点与沙漠化防治对策[J]. 干旱区资源与环境(3): 28-34.

李东, 李矛利, 2004. 科尔沁沙地环境与考古[M]. 长春: 吉林人民出版社.

李锋, 孙时衡, 2001. 景观生态学在荒漠化监测与评价中应用的初步研究——以青海沙珠玉地区为例[J]. 生态学报, 21(3): 481-485.

李佳鸣, 冯长春, 2019. 基于土地利用变化的生态系统服务价值及其改善效果研究——以内蒙古自治区为例[J]. 生态学报, 39(13): 4741-4750.

李健英, 常学礼, 蔡明玉, 等, 2008. 科尔沁沙地土地沙漠化与景观结构变化的关系分析[J]. 中国沙漠, 28(4): 622-626.

李丽锋, 惠淑荣, 宋红丽, 等, 2013. 盘锦双台河口湿地生态系统服务功能能值价值评价[J]. 中国环境科学, 33(8): 1454-1458.

李取生, 1990. 松嫩沙地历史演变的初步研究[J]. 科学通报, 11(40): 854-856.

李生永, 李昂, 王磊, 等, 2020. 基于遥感的纸坊沟流域土地利用时空变化分析[J]. 湖南师范大学学报(自然科学), 43(6): 8-14.

李双成, 蔡运龙, 2005. 地理尺度转换若干问题的初步探讨[J]. 地理研究, 24(1):11-18.

李新, 2011. 基于 MODIS 数据的内蒙古森林净初级生产力遥感估算研究[D]. 内蒙古: 内蒙古农业大学.

李旭旦, 1986. 人文地理学论丛[M]. 北京: 人民教育出版社.

李妍妍, 2018. 基于遥感技术的麦地卡湿地植被净初级生产力研究[D]. 济南: 山东建筑大学.

李琰, 李双成, 高阳, 等, 2013. 连接多层次人类福祉的生态系统服务分类框架[J]. 地理学报, 68(8): 1038-1047.

李元寿, 王根绪, 程玉菲, 等, 2006. FDR 在高寒草地上土壤水分测量中的标定及其应用[J]. 干旱区地理, 29(4): 543-547.

李振山, 贺丽敏, 王海, 2006. 现代草地沙漠化中自然因素贡献率的确定方法[J]. 中国沙漠, 26(5): 687-692.

李振山, 王怡, 贺丽敏, 2009. 半干旱区植被风沙动力过程耦合研究: Ⅰ. 模型[J]. 中国沙漠, 29(1): 23-30.

梁宝君, 魏永新, 2008. 呼伦贝尔沙地治理对策探讨[J]. 中国林业(1): 26-27.

梁晓瑶, 袁丽华, 宁立新, 等, 2020. 基于 InVEST 模型的黑龙江省生境质量空间格局及其影响因素[J]. 北京师范大学学报(自然科学版), 56(6): 864-872.

林栋, 马晖玲, 任正超, 等, 2016. 基于 LUCC 的兰州城市生态系统服务价值动态分析[J]. 生态科学, 35(2): 134-142.

凌飞龙, 李增元, 陈尔学, 等, 2009. 青海云杉林业面积指数半球摄影测量方法研究[J]. 地球科学进展, 24(7): 803-809.

刘波, 2017. 我国小型无人机发展现状与思考[J]. 技术与市场, 24(12): 50-51, 53.

刘畅, 王继富, 2017. 5 个时期黑龙江省天然湿地动态及其影响因素研究[J]. 湿地科学, 15(1): 80-84.

刘刚, 谢云, 高晓飞, 等, 2008. SunScan 冠层分析仪在测量大豆叶面积指数中的应用[J]. 生态学杂志, 27(5): 862-866.

刘纪远, 王绍强, 陈镜明, 等, 2004. 1990~2000 年中国土壤碳氮蓄积量与土地利用变化[J]. 地理学报, 59(4): 483-496.

刘继生, 陈涛, 1997. 人地非线性相关作用的探讨[J]. 地理科学, 17(3): 224-230.

刘继生, 陈彦光, 2002. 基于 GIS 的细胞自动机模型与人地关系的复杂性探讨[J]. 地理研究, 21(2): 155-162.

刘树伟, 纪程, 邹建文, 2019. 陆地生态系统碳氮过程对大气 $CO_2$ 浓度升高的响应与反馈[J]. 南京农业大学学报, 42(5): 781-786.

刘喜云, 孙向阳, 夏朝宗, 等, 2007. 东北地区森林植被生产力遥感定量估测[J]. 林业资源理(6): 78-83.

刘宪锋, 朱秀芳, 潘耀忠, 等, 2015. 1982~2012 年中国植被覆盖时空变化特征[J]. 生态学报, 35(16): 5331-5342.

刘祥, 候兰英, 1993. 长岭隆起与松辽水系变迁[J]. 内蒙古农业大学学报(自然科学版)(4): 55-60.

刘祥, 云岚, 贾永芹, 2002. 新构造运动与西辽河水系演化过程[J]. 内蒙古地质(2): 25-28.

刘彦随, 2020. 现代人地关系与人地系统科学[J]. 地理科学, 40(8): 1221-1234.

刘焱序, 傅伯杰, 王帅, 等, 2021. 旱区人地耦合系统水-粮食-生态关联研究述评[J]. 地理研究, 40(2): 541-555.

刘洋, 2020. 基于 InVEST 模型的疏勒河流域生态系统服务功能时空演变[D]. 兰州: 甘肃农业大学.

柳冬青, 巩杰, 张金茜, 等, 2018. 甘肃白龙江流域生态系统土壤保持功能时空变异及其影响因子[J]. 水土保持研究, 25(4): 98-103.

卢周扬帆, 2019. 阿拉善盟 2000~2015 年土地利用变化与生态系统服务价值的评估[D]. 徐州: 中国矿业大学.

陆大道, 2002. 关于地理学的"人-地系统"理论研究[J]. 地理研究, 21(2): 135-145.

陆大道, 2015. 地理科学的价值与地理学者的情怀[J]. 地理学报, 70(10): 1539-1551.

陆大道, 郭来喜, 1998. 地理学的研究核心——人地关系地域系统: 论吴传钧院士的地理学思想与学术贡献[J]. 地理学报, 53(2): 97-105.

罗刚, 2016. 呼伦贝尔沙地植被恢复与综合治理设计模式研究[J]. 内蒙古林业调查设计, 39(1): 37-40, 81.

马海云, 张林林, 魏学琼, 等, 2021. 2000~2015 年西南地区土地利用与植被覆盖的时空变化[J]. 应用生态学报, 32(2): 618-628.

马骅, 吕永龙, 刑颖, 等, 2006. 农户对禁牧政策的行为响应及其影响因素研究——以新疆策勒县为例[J]. 干旱区地理, 29(6): 902-908.

马世骏, 王如松, 1984. 社会-经济-自然复合生态系统[J]. 生态学报, 4(1): 1-7.

马士龙, 2006. 植被覆盖对土壤风蚀影响机理的研究[D]. 北京: 北京林业大学.

欧阳志云, 王如松, 赵景柱, 1999. 生态系统服务功能及其生态经济价值评估[J]. 应用生态学报, 10(5): 607-613.

欧阳志云, 王效科, 苗鸿, 1999. 中国陆地生态系统服务功能及其生态经济价值的初步研究[J]. 生态学报, 19(5): 607 -613.

潘玉君, 1997. 人地关系地域系统协调共生应用理论初步研究[J]. 人文地理, 12(3): 79-83.

彭少麟, 郭志华, 王伯荪, 2000. 利用 GIS 和 RS 估算广东植被光利用率生[J]. 生态学报(6): 903-909.

朴世龙, 方精云, 贺金生, 等, 2004. 中国草地植被生物量及其空间分布格局[J]. 植物生态学报, 28(4): 491-498.

钱学森, 1987. 发展地理科学的建议[J]. 大自然探索, 6(1): 1-5.

钱学森, 于景元, 戴汝为, 1990. 一个科学的新领域——开放的复杂巨系统及其方法论[J]. 自然杂志, 13(1): 3-10.

裘善文, 2008a. 中国东北西部沙地与沙漠化[M]. 北京: 科学出版社.

裘善文, 2008b. 中国东北地貌第四纪研究与应用[M]. 北京: 科学出版社.

裘善文, 王其存, 陈国双, 等, 2011. 松嫩沙地沙漠化及防治研究——以杜尔伯特蒙古族自治县他拉哈镇为例[J]. 中国沙漠, 31(2): 331-338.

裘善文, 王锡魁, Makhinova N, 等, 2014. 中国东北平原及毗邻地区古水文网变迁研究综述[J]. 地理学报, 69(11): 1604-1614.

裘善文, 王锡魁, 张淑芹, 等, 2012. 松辽平原古大湖演变及其平原的形成[J]. 第四纪研究, 32(5): 1011-1021.

任国玉, 1999. 科尔沁沙地东南缘近 3000 年来植被演化与人类活动[J]. 地理科学, 19(1): 42-48.

任美锷, 2004. 地理科学研究的理论和实践——以长江三角洲为例[J]. 地球科学进展, 19(2): 169-172.

任启平, 2005. 人地关系地域系统结构研究——以吉林省为例[D]. 长春: 东北师范大学.

任启平, 2007. 人地关系地域系统要素及结构研究[M]. 北京: 中国财政经济出版社.

荣建东, 庞立铁, 李英杰, 2005. 松嫩沙地水土保持监测系统建设初探[J]. 防护林科技(4): 82-93.

商令杰, 2018. 基于 NPP 数据的山东省耕地产能时空格局分析[D]. 济南: 山东师范大学.

沈贝贝, 2019. 基于 CASA 模型的呼伦贝尔草原 NPP 模拟与分析[D]. 北京: 中国农业科学院.

沈亚萍, 张春来, 李庆, 等, 2016. 中国东部沙区表层沉积物粒度特征[J]. 中国沙漠, 36(1): 150-157.

石元亮, 孙毅, 徐林书, 等, 2004. 东北沙地与生态建设[M]. 北京: 科学出版社.

史念海, 1980. 两千三百年来鄂尔多斯高原河套平原农牧业的分布及其变迁[J]. 北京师范大学学报(6): 23-34.

史培军, 1997. 人地系统动力学研究的现状与展望[J]. 地学前缘, 4(1-2): 201-204.

史培军, 王静爱, 冯文利, 等, 2006. 中国土地利用/覆盖变化的生态环境安全响应与调控[J]. 地球科学进展, 21(2): 111-119.

史培军, 严平, 袁艺, 2001. 中国北方风沙活动的驱动力分析[J]. 第四纪研究, 21(1): 41-47.

宋洁, 温璐, 王凤歌, 等, 2021. 乌兰布和沙漠生态系统服务价值时空动态[J]. 生态学报, 41(6): 2201-2211.

宋长青, 程昌秀, 史培军, 2018. 新时代地理复杂性的内涵[J]. 地理学报, 73(7): 1204-1213.

宋豫秦, 2002. 中国文明起源的人地关系简论[M]. 北京: 科学出版社.

孙凤华, 杨素英, 陈鹏狮, 2005. 东北地区近 44 年的气候暖干化趋势分析及可能影响[J]. 生态学杂志, 24(7): 751-755.

孙力炜, 2013. 祁连山区植被净第一性生产力的时空分布特征及气候变化和人类活动的影响[D]. 兰州: 西北师范大学.

孙贤斌, 刘红玉, 傅先兰, 2010. 土地利用变化对盐城自然保护区湿地景观的影响[J]. 资源科学, 32(9): 1741-1745.

孙兴辉, 金良, 张文娟, 2020. 内蒙古土地生态系统服务价值时空变化特征[J]. 内蒙古财经大学学报, 18(6): 99-103.

汤国安, 刘学军, 闾国年, 2005. 数字高程模型及地学分析的原理与方法[M]. 北京: 科学出版社.

唐尧基, 游文玮, 陈莹, 等, 2004. 同步萤火法测定海水中的叶绿素 a 的含量[J]. 分析仪器(3): 24-26.

王爱民, 刘加林, 2001. 我国人地关系研究进展评述[J]. 热带地理, 21(4): 364-373.

王爱民, 缪磊磊, 2000. 地理学人地关系研究的理论评述[J]. 地理科学发展, 15(4): 415-420.

王蓓, 赵军, 胡秀芳, 2018. 石羊河流域生态系统服务权衡与协同关系研究[J]. 生态学报, 38(21): 7582-7595.

王贵彦, 史秀捧, 张建恒, 等, 2000. TDR 法、中子法、重量法测定土壤含水量的比较研究[J]. 河北农业大学学报, 23(3): 23.

王进, 周瑞莲, 赵哈林, 等, 2011. 呼伦贝尔沙地和松嫩沙地草地沙漠化过程中土壤理化特性变化规律的比较研究[J]. 中国沙漠, 31(2): 309-314.

王良玉, 杜会石, 2018. 近 35 年松嫩沙地风沙-植被动态演变及模拟预测[J]. 水土保持研究, 25(4): 380-385.

王牧兰, 包玉海, 阿拉腾图雅, 等, 2007. 浑善达克沙地景观格局变化研究[J]. 干旱区资源与环境, 21(5): 123-127.

王鹏涛, 张立伟, 李英杰, 等, 2017. 汉江上游生态系统服务权衡与协同关系时空特征[J]. 地理学报, 72(11): 2064-2078.

王让会, 2018. 全球变化背景下生态气象监测、评价及预警若干问题[J]. 南京信息工程大学学报(自然科学版), 10(5): 623-628.

王尚义, 1987. 历史时期鄂尔多斯高原农牧业的交替及其对自然环境的影响[J]. 历史地理(5): 43-73.

王涛, 陈广庭, 赵哈林, 等, 2006. 中国北方沙漠化过程及其防治研究的新进展[J]. 中国沙漠, 26(3): 507-516.

王涛, 宋翔, 颜长珍, 等, 2011. 近 35a 来中国北方土地沙漠化趋势的遥感分析[J]. 中国沙漠, 31(6): 1351-1356.

王涛, 吴薇, 薛娴, 等, 2004a. 近 50 年来中国北方沙漠化土地的时空变化[J]. 地理学报, 59(2): 203-212.

王涛, 吴薇, 赵哈林, 等, 2004b. 科尔沁地区现代沙漠化过程的驱动因素分析[J]. 中国沙漠, 24(5): 519-528.

王毅, 李景吉, 韩子钧, 等, 2018. 珠穆朗玛峰自然保护区湖泊动态及对区域气候变化的响应[J]. 冰川冻土, 40(2): 378-387.

王永芳, 2012. 科尔沁沙地耕地沙漠化生态风险评价[D]. 呼和浩特: 内蒙古师范大学.

吴波, 慈龙骏, 2001. 毛乌素沙地景观格局变化研究[J]. 生态学报, 21(2): 191-196.

吴传钧, 1981. 地理学的特殊研究领域和今后任务[J]. 经济地理(1): 5-21.

吴传钧, 1991. 论地理学的研究核心: 人地关系地域系统[J]. 经济地理, 11(3): 1-6.

吴传钧, 2008. 人地关系地域系统的理论研究及调控[J]. 云南师范大学学报(哲学社会科学版), 40(2): 1-3.

吴伟斌, 洪添胜, 王锡平, 等, 2007. 叶面积指数地面测量方法的研究进展[J]. 华中农业大学学报, 26(2): 270-275.

吴一帆, 张璇, 李冲, 等, 2020. 生态修复措施对流域生态系统服务功能提升的研究——以潮河流域为例[J]. 生态学报, 40(15): 5168-5178.

吴正, 1987. 风沙地貌学[M]. 北京: 科学出版社.

吴正, 1991. 浅议我国北方地区的沙漠化问题[J]. 地理学报, 46(3): 266-276.

伍光和, 蔡运龙, 2004. 综合自然地理学[M]. 北京: 高等教育出版社.

伍永秋, 刘宝元, van den Elsen E, 等, 2001. 黄土高原土壤水分的自动监测——TDR 系统及其应用[J]. 水土保持学报, 15(2): 108-111.

向仰州, 姚斌, 尚鹤, 等, 2009. 五氯酚胁迫对转基因杨树光合响应特性的影响[J]. 生态环境学报, 18(6): 2150-2164.

谢高地, 鲁春霞, 成升魁, 2001. 全球生态系统服务价值评估研究进展[J]. 资源科学, 23(6): 2-9.

谢高地, 鲁春霞, 冷允法, 等, 2003. 青藏高原生态资产的价值评估[J]. 自然资源学报, 18(2): 189-196.

谢高地, 肖玉, 鲁春霞, 2006. 生态系统服务研究: 进展, 局限和基本范式[J]. 植物生态学报, 30(2): 191-199.

谢高地, 肖玉, 甄霖, 等, 2005. 我国粮食生产的生态服务价值研究[J]. 中国生态农业学报, 13(3): 10-13.

谢高地, 张彩霞, 张雷明, 等, 2015. 基于单位面积价值当量因子的生态系统服务价值化方法改进[J]. 自然资源学报, 30(8): 1243-1254.

谢高地, 甄霖, 鲁春霞, 等, 2008. 中国发展的可持续性状态与趋势——一个基于自然资源基础的评价[J]. 资源科学(9): 1349-1355.

谢伟, 2003. 太阳辐射计技术分析[J]. 红外(3): 9-15.

辛未冬, 2011. 松嫩沙地固定沙丘土壤动物群落特征及其在凋落物分解中的作用研究[D]. 长春: 东北师范大学.

徐建华, 1995. 人类活动对自然环境演变及其定量评估模型[J]. 兰州大学学报(社会科学版), 23(3): 18-23.

徐建华, 2002. 现代地理学中的数学方法[M]. 北京: 高等教育出版社.

徐健, 李国忠, 徐坚, 等, 2021. 智慧水利信息平台设计与实现——以福建省沙县智慧水利信息平台为例[J]. 人民长江, 52(1): 230-234.

徐梦珍, 李艳富, 李志威, 等, 2017. 三江源风沙活动区沙漠化风险与风动沙含量关系[J]. 清华大学学报(自然科学版), 57(4): 337-344.

徐小锋, 田汉勤, 万师强, 2007. 气候变暖对陆地生态系统碳循环的影响[J]. 植物生态学报(2): 175-188.

徐艳华, 2005. 自动与人工观测数据的差异及主要分析[J]. 气象水文海洋仪器(3): 6-8.

颜凤芹, 2017. 三江平原植被净初级生产力时空变化及其影响因素分析[D]. 长春: 中国科学院大学(中国科学院东北地理与农业生态研究所).

闫锦城, 娜日苏, 2005. 地物光谱仪在野外光谱测量中的应用初探[J]. 内蒙古气象(3): 33-44.

杨佳佳, 张一鹤, 冯雨林, 等, 2020. 松嫩平原东部土地利用时空动态变化分析[J]. 地质与资源, 29(6): 602, 627-634.

杨陆强, 果霖, 朱加繁, 等, 2017. 我国农用无人机发展概况与展望[J]. 农机化研究, 39(8): 6-11.

杨青山, 2002. 对人地关系地域系统协调发展的概念性认识[J]. 经济地理, 22(3): 289-292.

杨树栋, 邹继勋, 陈礼耕, 1997. 论松嫩沙地沙漠化的成因及其治理开发原则[J]. 农业环境与发展(2): 25-27.

杨文斌, 王涛, 冯伟, 等, 2017. 低覆盖度治沙的理论与沙漠科技进步[J]. 中国沙漠, 37(1): 1-6.

杨吾扬, 江美球, 1982. 地理学与人地关系[J]. 地理学报, 47(2): 206-214.

杨永梅, 杨改河, 冯永忠, 2007. 近45年毛乌素沙地的气候变化及其与沙漠化的关系[J]. 西北农林科技大学学报(自然科学版), 35(12): 87-92.

姚檀栋, 杨志红, 皇翠兰, 等, 1996. 近2ka来高分辨的连续气候环境变化记录——古里雅冰芯近2ka记录初步研究[J]. 科学通报, 41(12): 1103-1106.

叶晗, 2014. 内蒙古牧区草原生态补偿机制研究[D]. 北京: 中国农业科学院.

依丽米古丽·阿不力孜, 2015. 沙漠干旱地区的人类文化适应研究[M]. 北京: 中国社会科学出版社.

殷贺, 王仰麟, 蔡佳亮, 等, 2009. 区域生态风险评价研究进展[J]. 生态学杂志, 28(5): 969-975.

殷晓峰, 2011. 地域文化对区域经济发展的作用机理与效应评价[D]. 长春: 东北师范大学.

俞祥祥, 李生宇, 马学喜, 等, 2017. 沙漠公路防护林影响下近地表风沙流粒度特征的空间分异[J]. 水土保持研究, 24(1): 334-341.

于永, 2003. 民国以来内蒙古荒漠化的政策因素分析[J]. 内蒙古师范大学学报(哲学社会科学版), 32(3): 79-83.

元志辉, 2017. 2000～2013 年浑善达克沙地植被生产力时空变化及驱动因素分析[D]. 呼和浩特: 内蒙古师范大学.

袁文帅, 2018. 国外小型多旋翼无人机发展现状[J]. 轻兵器(2): 18-19.

岳喜元, 侯孟孜, 常学礼, 等, 2017. 科尔沁城镇化过程对沙地景观的影响[J]. 干旱区研究, 34(4): 912-920.

岳喜元, 左小安, 赵学勇, 等, 2018. 科尔沁沙地沙漠化风险评价[J]. 中国沙漠, 38(1): 8-16.

岳祥飞, 张铜会, 赵学勇, 等, 2016. 科尔沁沙地降雨特征分析——以奈曼旗为例[J]. 中国沙漠, 36(1): 118-123.

翟雅倩, 张翀, 周旗, 等, 2018. 秦巴山区植被覆盖与土壤湿度时空变化特征及其相互关系[J]. 地球信息科学学报, 20(7): 967-977.

张柏忠, 1989. 北魏以前科尔沁沙地的变迁[J]. 中国沙漠, 9(1): 38-45.

张柏忠, 1991. 北魏至金代科尔沁沙地的变迁[J]. 中国沙漠, 11(1): 36-43.

张宝慧, 张瑞麟, 2001. 我国北方沙漠化治理的行为模式与制度安排分析[J]. 中国人口·资源与环境(4): 94-97.

张宝珠, 金维林, 葛士林, 等, 2013. 呼伦贝尔沙地治理布局及治理模式[J]. 中国沙漠, 33(5): 1310-1313.

张彪, 谢高地, 肖玉, 等, 2010. 基于人类需求的生态系统服务分类[J]. 中国人口·资源与环境(6): 64-67.

张存厚, 2013. 内蒙古草原地上净初级生产力对气候变化响应的模拟[D]. 呼和浩特: 内蒙古农业大学.

张峰, 周维芝, 张坤, 2003. 湿地生态系统的服务功益及可持续利用[J]. 地理科学, 23(6): 674-679.

张华, 佟文嘉, 王南, 等, 2012. 基于退耕还草背景的科尔沁沙地土地利用景观格局分析[J]. 干旱区资源与环境, 26(6): 96-101.

张华, 张爱平, 杨俊, 2007. 科尔沁沙地生态系统服务价值变化研究[J]. 中国人口·资源与环境(3): 60-65.

张平宇, 李鹤, 佟连军, 等, 2011. 矿业城市人地系统脆弱性: 理论·方法·实证[M]. 北京: 科学出版社.

张萍, 2012. 风沙-植被相互作用的景观效应[D]. 北京: 北京师范大学.

张萍, 哈斯, 杜会石, 等, 2011. 抛物线形沙丘与油蒿灌丛之间的动态关系[J]. 科学通报, 56(35): 3003-3010.

张启德, 王玉秀, 1994. 科尔沁沙地与大气环境[M]. 北京: 科学出版社.

张世熔, 龚国淑, 邓良基, 等, 2003. 川西丘陵区景观空间格局分析[J]. 生态学报, 23(2): 380-386.

张炜, 杨金恒, 岳太青, 2006. 科尔沁沙地治理问题及对策[J]. 林业经济(7): 18-21.

张显峰, 廖春华, 2014. 生态环境参数遥感协同反演与同化模拟[M]. 北京: 科学出版社.

张晓琴, 苏志珠, 马义娟, 等, 2021. 基于 CNKI 期刊文献数据库的沙产业研究进展分析[J]. 中国沙漠, 41(3): 56-65.

张新时, 1993. 研究全球变化的植被-气候分类系统[J]. 第四纪研究(2): 157-169, 193-196.

张学礼, 胡振琪, 初士立, 2005. 土壤含水量测定方法研究进展[J]. 土壤通报, 36(1): 118-123.

张学儒, 周杰, 李梦梅, 2020. 基于土地利用格局重建的区域生境质量时空变化分析[J]. 地理学报, 75(1): 160-178.

张智一, 2015. 生态经济学视角下沙漠化治理效益分析——以内蒙古科尔沁沙地为例[J]. 内蒙古民族大学学报(自然科学版), 30(6): 497-502.

赵哈林, 2003. 科尔沁沙地沙漠化过程及其恢复机理[M]. 北京: 海洋出版社.

赵哈林, 2012. 沙漠生态学[M]. 北京: 科学出版社.

赵哈林, 赵学勇, 张桐会, 等, 2007. 沙漠生态学[M]. 北京: 科学出版社.

赵美丽, 2012. 科尔沁沙地综合治理研究[J]. 中国城市经济(3): 410.

赵苗苗, 赵海凤, 李仁强, 等, 2017. 青海省 1998～2012 年草地生态系统服务功能价值评估[J]. 自然资源学报, 32(3): 418-433.

赵敏敏, 周立华, 王思源, 2017. 生态政策对库布齐沙漠土地利用格局及生态系统服务价值的影响[J]. 水土保持研究, 24(2): 252-258.

赵明华, 韩荣青, 2004. 地理学人地关系与人地系统研究现状评述[J]. 地域研究与开发, 23(5): 6-10.

赵爽, 夏敦胜, 靳鹤龄, 等, 2013. 科尔沁沙地过去近 5000 年高分辨率气候演变[J]. 第四纪研究, 33(2): 283-292.

赵婷, 赵伟, 张义, 等, 2018. 2001~2015 年北方草地净初级生产力动态及其与气候因子的关系[J]. 江苏农业科学, 46(10): 243-248.

赵文武, 侯焱臻, 刘焱序, 2020. 人地系统耦合与可持续发展: 框架与进展[J]. 科技导报, 38(13): 25-31.

赵艳芳, 2018. 中国东北部沙地过去 2000 年以来的沙漠化[D]. 太原: 山西大学.

郑度, 2002. 21 世纪人地关系研究前瞻[J]. 地理研究, 21(1): 9-13.

郑亚云, 2015. 榆林 NDVI 时空变化及驱动因子研究[D]. 西安: 长安大学.

钟德才, 1998. 中国沙海动态演化[M]. 兰州: 甘肃文化出版社.

中国气象局, 2003. 地面气象观测规范[M]. 北京: 气象出版社.

中华人民共和国地貌集编辑委员会, 2009. 中华人民共和国地貌图集(1∶1000000)[M]. 北京: 科学出版社.

中华人民共和国林业部防治荒漠化办公室, 1996. 联合国关于在发生严重干旱和/或荒漠化的国家特别是在非洲防治荒漠化的公约[M]. 北京: 中国林业出版社.

钟卫, 孔纪名, 杨涛, 2009. 植被沙障对近地表风沙流特征影响的风洞实验[J]. 干旱区研究, 26(6): 872-876.

周彬, 余新晓, 陈丽华, 等, 2010. 基于 InVEST 模型的北京山区土壤侵蚀模拟[J]. 水土保持研究, 17(6): 9-13.

周广胜, 张新时, 1995. 自然植被净第一性生产力模型初探[J]. 植物生态学报(3): 193-200.

周凌云, 陈志雄, 李卫民, 2003. TDR 法测定土壤含水量的标定研究[J]. 土壤学报, 40(1): 59-64.

周伟, 刚成诚, 李建龙, 等, 2014. 1982~2010 年中国草地覆盖度的时空动态及其对气候变化的响应[J]. 地理学报, 69(1): 15-30.

周志强, 黎明, 侯建国, 等, 2011. 沙漠前沿不同植被恢复模式的生态服务功能差异[J]. 生态学报, 31(10): 2797-2804.

朱宾宾, 2018. 新形势下呼伦贝尔沙地治理困境分析[J]. 中国水土保持(3): 39-40.

朱鹤健, 2018. 地理学思维与实践[M]. 北京: 科学出版社.

朱文泉, 2005. 中国陆地生态系统植被净初级生产力遥感估算及其与气候变化关系的研究[D]. 北京: 北京师范大学.

朱文泉, 陈云浩, 徐丹, 等, 2005. 陆地植被净初级生产力计算模型研究进展[J]. 生态学杂志(3): 296-300.

朱文泉, 潘耀忠, 阳小琼, 等, 2007. 气候变化对中国陆地植被净初级生产力的影响分析[J]. 科学通报(21): 2535-2541.

朱震达, 陈广庭, 1994. 中国土地沙质荒漠化[M]. 北京: 科学出版社.

朱震达, 刘恕, 1989a. 中国北方地区的沙漠化过程及其治理区域[M]. 北京: 北京林业出版社.

朱震达, 刘恕, 邱醒民, 1989b. 中国的沙漠化及其治理[M]. 北京: 科学出版社.

竺可桢, 1973. 中国近五千年气候变迁的初步研究[J]. 中国科学, 16(2): 168-189.

Brunhes J, 1935. 人地学原理[M]. 任美锷, 李旭旦, 译. 南京: 钟山书局.

Hare F K, 1988. 气候与沙漠化[M]. 曹鸿兴, 毛贤敏, 李凤翼, 译. 北京: 气象出版社.

James P E, 1982. 地理学思想史[M]. 李旭旦, 译. 北京: 商务印书馆.

Semple E C, 1937. 脆弱生态的概念及分类[J]. 李国栋, 译. 地理译报(1): 18-23.

Adade R, Nyarko B K, Aheto D W, et al., 2017. Fragmentation of wetlands in the south eastern coastal savanna of Ghana[J]. Regional Studies in Marine Science, 12: 40-48.

Amuti T, Luo G, 2014. Analysis of land cover change and its driving forces in a desert oasis landscape of southern Xinjiang, China [J]. Solid Earth, 6(2): 1071-1085.

An Z S, George J K, Stephen C P, et al., 1991. Magnetic susceptibility evidence of monsoon variation on the Loess Plateau of central China during the last 130000 years[J]. Quaternary Research, 36(1): 29-36.

Arnon D I, 1949. Copper enzymes in isolated chloroplasts. Polyphenoloxidase in Beta Vulgaris[J]. Plant Physiology, 24: 1-15.

Brown T C, Bergstrom J C, Loomis J B, 2007. Defining, valuing, and providing ecosystem goods and services[J]. Natural Resources Journal, 47(2): 329-376.

Carlson T N, Ripley D A, 1997. On the relation between NDVI, fractional vegetation cover, and leaf area index[J]. Remote Sensing of Environment, 62(3): 241-252.

Chen Q Y, Liu J L, 2014. Development process and perspective on ecological risk assessment[J]. Acta Ecologica Sinica, 34: 239-245.

Cogliati S, Verhoef W, Kraft S, et al., 2015. Retrieval of sun-induced fluorescence using advanced spectral fitting methods [J]. Remote Sensing of Environment, 169: 344-357.

Costanza R, d'Arge R, de Groot R, et al., 1997. The value of the world's ecosystem services and natural capital[J]. Nature, 387: 253-260.

Costanza R, 1999. The ecological economic and social importance of the oceans[J]. Ecological Economics, 31(2): 199-213.

Côte M, Nightingale A, 2011. Resilience thinking meets social theory situating social change in socio-ecological systems(SES) research[J]. Progress in Human Geography, 36(4): 475-489.

Daily G C, 1997. Nature's Services: Societal Dependence on Natural Ecosystems[M]. Washington, D. C.: Island Press.

David P, 1997. Ecological accountancy[J]. Science, 387: 253-260.

de Groot R S, Wilson M A, Boumans R M J, 2002. A typology for the classification, description and valuation of ecosystem functions, goods and services[J]. Ecological Economics, 41(3): 393-408.

Du H S, Hasi E, Yang Y, et al., 2012. Landscape pattern change and driving force of blowout distribution in the Hulun Buir Sandy Grassland[J]. Sciences in Cold and Arid Regions, 4(5): 431-438.

Du H S, Wang Z M, Mao D H, 2018. Characteristics of sand dune pattern and fluvial-aeolian interaction in Horqin sandy land, Northeast Plain of China[J]. Chinese Geographical Science, 28(4): 624-635.

Du S S, Liu L Y, Liu X J, et al., 2017. Response of canopy solar-induced chlorophy II fluorescence to the absorbed photosynthetically active radiation absorbed by chlorophy II [J]. Remote Sensing, 9(9): 911.

Durr H, 1993. The synopis of large scale maps and the study of man-land systems[J]. Resource Management and Optimization, 2(3): 259-269.

Duveiller G, Cescatti A, 2016. Spatially downscaling sun-induced chlorophyll fluorescence leads to an improved temporal correlation with gross primary productivity[J]. Remote Sensing of Environment, 182: 72-89.

El-Wahab R H A, Al-Rashed A R, Al-Dousari A, 2018. Influences of physiographic factors, vegetation patterns and human impacts on aeolian landforms in arid environment[J]. Arid Ecosystems, 8(2): 97-110.

Fu B J, Wei Y P, 2018. Editorial overview: keeping fit in the dynamics of coupled natural and human systems[J]. Current Opinion in Environmental Sustainability (33): 1-4.

Gary L G, Cort J W, 1989. Geography in America[M]. Ohio: Merrill Publishing Company.

Gaskin G J, Miller J D, 1996. Measurement of soil water content using a simplified impedance measuring technique[J]. Journal of Agricultural Engineering Research, 63(2): 153-159.

Gates J B, Edmunds W M, Darling W G, et al., 2008. Conceptual model of recharge to southeastern Badain Jaran Desert groundwater and lakes from environmental tracers[J]. Applied Geochemistry, 23(12): 3519-3534.

Goetz A F H, Solomon G V J, Rock B N, 1985. Imaging spectrometry for earth remote sensing[J]. Science, 228(4704): 1147-1153.

Grant P F, Nickling W G, 2015. Direct field measurement of wind drag on vegetation for application to windbreak design and modelling [J]. Land Degradation and Development, 9(1): 57-66.

Gutman G, Ignatov A, 1998. The derivation of the green vegetation fraction from NOAA/AVHRR data for use in numerical weather prediction models[J]. International Journal of Remote Sensing, 19(8): 1533-1543.

Haara A, Store R, Leskinen P, 2017. Analyzing uncertainties and estimating priorities of landscape sensitivity based on expert opinions[J]. Landscape and Urban Planning, 163: 56-66.

Hallikainen M T, Ulaby F T, Dobson M C, et al., 1985. Microwave dielectric behavior of wet soil-part 1: empirical models and experimental observations [J]. IEEE Transactions on Geoscience and Remote Sensing, 23(1): 25-34.

Haunreiter E, Cameron D, 2001. Mapping ecosystem services in the Sierra Nevada, CA[J]. The Nature Conservancy, California Program, 12(1): 16-32.

Hunt E R, Piper S C, Nemani R, et al., 1996. Global net carbon exchange and intra-annual atmospheric $CO_2$ concentrations predicted by an ecosystem process model and three-dimensional atmospheric transport model[J]. Global Biogeochemical Cycles, 10(3): 431-456.

Jiang Z, Huete A R, Didan K, et al., 2008. Development of a two-band enhanced vegetation index without a blue band[J]. Remote Sensing of Environment, 112(10): 3833-3845.

Kaduk J, Heimann M, 1996. A prognostic phenology scheme for global terrestrial carbon cycle models[J]. Climate Research, 6: 1-19.

Kang S C, Xu Y W, You Q L, et al., 2010. Review of climate and cryospheric change in the Tibetan Plateau[J]. Environment Research Letter, 5: 1-8.

Kareiva P, Tallis H, Ricketts T H, et al., 2011. Natural Capital: Theory and Practice of Mapping Ecosystem Services[M]. New York: Oxford University Press.

Kosmas C, Kairis O, Karavitis C, et al., 2013. Evaluation and selection of indicators for land degradation and desertification monitoring: methodological approach[J]. Environmental Management, 54(5): 971-982.

Lancaster N, Baas A, 2015. Influence of vegetation cover on sand transport by wind: field studies at Owens Lake, California [J]. Earth Surface Processes and Landforms, 23(1): 69-82.

Lewison R L, An L, Chen X, 2017. Reframing the payments for ecosystem services framework in a coupled human and natural systems context: strengthening the integration between ecological and human dimensions[J]. Ecosystem Health and Sustainability, 3(5): 1335931.

Lieth H, 1973. Primary production: terrestrial ecosystems[J]. Human Ecology, 1(4): 303-332.

Lieth H, 1975. Modeling the primary productivity of the world[J]. Indian Forest, 14(1): 237-263.

Liu B L, Coulthard T J, 2015a. Mapping the interactions between rivers and sand dunes: implications for fluvial and Aeolian geomorphology [J]. Geomorphology, 231: 246-257.

Liu J, Mooney H, Hull V, et al., 2015b. Systems integration for global sustainability[J]. Science, 347(6225): 963.

Liu J G, Dietz T, Carpenter S R, et al., 2007a. Coupled human and natural systems[J]. Ambio, 36(8): 639-649.

Liu J G, Dimtz T, Carpenter S R, et al., 2007b. Complexity of coupled human and natural systems[J]. Science, 317(5844): 1513-1516.

Ma X Y, Wang X C, Wang D, et al., 2016. Function of a landscape lake in the reduction of biotoxicity related to trace organic chemicals from reclaimed water[J]. Journal of Hazardous Materials, 318: 663-670.

Magnuson J J, 2006. Long-term dynamics of lakes in the landscape[J]. Lake and Reservoir Management, 23(4): 452-456.

McGuire A D, Melillo J M, Kicklighter D W, et al., 1995. Equilibrium response of soil carbon to climate change-empirical and process-based estimates[J]. Biogeography, 22(4-5): 785-796.

Mitchell M, Lockwood M, Moore S A, et al., 2015. Incorporating governance influences into social-ecological system models: a case study involving biodiversity conversation[J]. Journal of Environmental Planning and Management, 58(11): 1903-1922.

Noborio K, 2001. Measurement of soil water content and electrical conductivity by time domain refractometer: a review [J]. Computers and Electronics in Agriculture, 31(3): 213-237.

Ostrom E, 2009. A general framework for analyzing sustainability of social-ecological systems[J]. Science, 325: 419-422.

Pagiola S, 2008. Payments for environmental services in Costa Rica[J]. Ecological Economics, 65(4): 712-724.

Porter J, Costanza R, Sandhu H, et al., 2009. The value of producing food, energy, and ecosystem services within an agro-ecosystem[J]. Ambio: A Journal of the Human Environment, 38(4): 186-193.

Potter C S, Randerson J T, Field C B, et al., 1993. Terrestrial ecosystem production: a process model based on global satellite and surface data[J]. Global Biogeochemical Cycles, 7(4): 811-841.

Reynolds J F, Smith D M S, Lambin E F, et al., 2007. Global desertification: building a science for dryland development[J]. Science, 316(5826): 847-851.

Roberts P, 1948. Determinism in geography[J]. Annals of the Association of American Geography, 38(1): 40-45.

Robin A, 1983. The Ethics of Environmental Concern[M]. England Oxford: Basic Blackwell Pub.

Rondeaux G, Steven M, Baret F, 1996. Optimization of soil-adjusted vegetation indices[J]. Remote Sensing of Environment, 55(2): 95-107.

Ruimy A G. Dedieu B, Saugier T, 1996. A diagnostic model of continental gross primary productivity and net primary productivity[J]. Global Biogeochemical Cycles, 10: 269-285.

Running S W, Coughlan J C, 1998. A general model of forest ecosystem process for regional applications I. Hydrologic balance, canopy gas exchange and primary production processes[J]. Ecological Modelling(42): 125-154.

Sara B, Zhao X, 2002. Rural reforms and changes in land management and attitudes: a case study from inner Mongolia, China[J]. Ambio(31): 219-225.

Schirpke U, Kohler M, Leitinger G, et al., 2017. Future impacts of changing land-use and climate on ecosystem services of mountain grassland and their resilience [J]. Ecosystem Services, 26: 79-94.

Schmugge T J, Jackson T J, McKim H L, et al., 1980. Survey of methods for soil moisture determination[J]. Water Resources Research, 16(6): 361-979.

Seitzinger S P, Gaffney O, Brasseur G et al., 2015. International geosphere-biosphere programme and earth system science: three decades of co-evolution[J]. Anthropocene(12): 3-16.

Smith A B, Jackson D W T, Cooper A J G, 2017. Three-dimensional airflow and sediment transport patterns over barchan dunes[J]. Geomorphology, 278: 28-42.

Somogyi Z, Cienciala E, Makipaa R, et al., 2007. Indirect methods of large-scale forest biomass estimation[J]. European Journal of Forest Research, 126: 197-207.

Srinivasan V, Seto K C, Emerson R, et al., 2013. The impact of urbanization on water vulnerability: a coupled human-environment system approach for Chennai, India[J]. Global Environmental Change-human and Policy Dimensions, 23(1): 229-239.

Stringer L C, Reed M S, Fleskens L, et al., 2017. A new dryland development paradigm grounded in empirical analysis of dryland systems science[J]. Land Degradation and Development, 28(7): 1952-1961.

Telfer M W, Hesse P P, Perez-Fernandez M, et al., 2017. Morphodynamics, boundary conditions and pattern evolution within a vegetated linear dunefield[J]. Geomorphology, 290: 85-100.

Thomas N, Hendrix C, Congalton R G, 2003. A comparison of urban mapping methods using high-resolution digital imagery[J]. Photogrammetric Engineering and Remote Sensing, 69(9): 963-972.

Thompson D, Pepys M B, Wood S P, 1999. The physiological structure of human C-reactive protein and its complex with phosphocholine[J]. Structure, 7(2): 169-177.

Tian Q, 2017. Chapter 1 Complex adaptive systems and a sustainability framework[M]// Rural Sustainability: A complex Systems Approach to Policy Analysis. Berlin: Springer International Publishing.

Turner B L, Matson P A, McCarthy J J, et al., 2003. Illustrating the coupled human-environment system for vulnerability analysis: three case studies[J]. Proceedings of the National Academy of Sciences of the United States of America, 100(14): 8074-8079.

Uchijima Z, Seino H, 1985. Agroclimatic evaluation of net primary productivity of natural vegetations[J]. Journal of Agricultural Meteorology, 40(4): 343-352.

Vigiak O, Borselli L, Newham L, et al., 2012. Comparison of conceptual landscape metrics to define hillslope-scale sediment delivery ratio[J]. Geomorphology, 138: 74-88.

Wang S, Fu B, Zhao W, 2018. Structure, function, and dynamic mechanisms of coupled human-natural systems[J]. Current Opinion in Environmental Sustainability, 33: 87-91.

West P W, 2004. Tree and Forest Measurement[M]. Berlin: Springer Verlag.

Wu H, Zeng G, Liang J, et al., 2017. Responses of landscape pattern of China's two largest freshwater lakes to early dry season after the impoundment of Three-Gorges Dam[J]. International Journal of Applied Earth Observation and Geoinformation, 56: 36-43.

Yang T, Cao J, Wang Y, et al., 2017. Soil moisture influences vegetation distribution patterns in sand dunes of the Horqin Sandy Land, Northeast China[J]. Ecological Engineering, 105: 95-101.

Young O R, Berkhout F, Gallopin C, et al., 2006. The globalization of socio-ecological systems: an agenda for scientific research[J]. Global Environmental Change, 16(3), 304-316.

Zaharescu D G, Burghelea C I, Hooda P S, et al., 2016. Small lakes in big landscape: multi-scale drivers of littoral ecosystem in alpine lakes[J]. Science of the Total Environment, 551: 496-505.

Zhang L, Fu B, Lu Y, et al., 2015. Balancing multiple ecosystem services in conservation priority setting[J]. Landscape Ecology, 30: 535-546.

Zheng Y M, Niu Z G, Gong P, et al., 2013. Preliminary estimation of the organic carbon pool in China's wetlands[J]. Chinese Science Bulletin, 58: 662-670.

Zhou W Z, Liu G H, Pan J J, et al., 2005. Distribution of available soil water capacity in China[J]. Journal of Geographical Sciences, 15(1): 3-12.

Zhu L P, Xie M P, Wu Y H, 2010. Quantitative analysis of lake area variations and the influence factors from 1971 to 2004 in the Nam Co basin of the Tibetan Plateau[J]. Chinese Science Bulletin, 55(13): 1294-1303.